인공지능(AI)과
행정관리

인공지능(AI)과
행정관리

ⓒ 홍성삼, 2024

초판 1쇄 발행 2024년 12월 20일

지은이   홍성삼
펴낸이   이기봉
편집   좋은땅 편집팀
펴낸곳   도서출판 좋은땅
주소   서울특별시 마포구 양화로12길 26 지월드빌딩 (서교동 395-7)
전화   02)374-8616~7
팩스   02)374-8614
이메일   gworldbook@naver.com
홈페이지   www.g-world.co.kr

ISBN   979-11-388-3851-1 (03360)

• 이 저서는 2024년도 가천대학교 교내연구비 지원에 의한 결과임(GCU-202405940001)
  This wark was supported by the Gachon University research fund of 2024(GCU-202405940001)

인공지능(AI)과 행정관리

홍성삼 지음

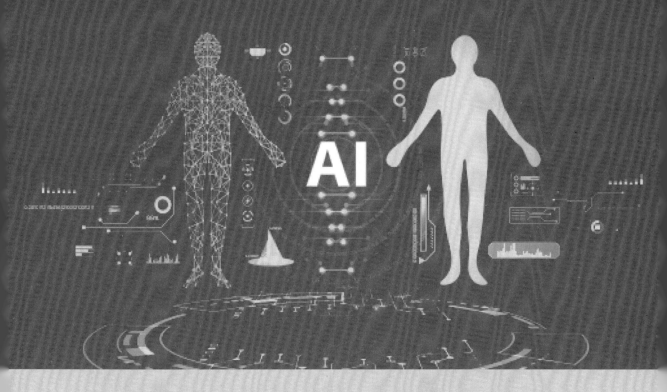

공공 행정에 불고 있는 인공지능(AI)의 새로운 바람을 다루고,
그에 필요한 법적·윤리적 기준에 대한 생각을 제시하는 책

이 책을 통해 AI가 어떻게 사회를 변화시키는지 살펴보며, 기술적 혜택뿐 아니라 그로 인해 발생할 수 있는 잠재적 위험까지 균형 있게 이해할 수 있습니다. 이 책은 AI의 긍정적 영향과 그 이면에 숨겨진 윤리적 고민들을 탐구하고, 사회적 책임을 지닌 행정가로 성장할 수 있는 토대를 마련해 줄 것입니다.

좋은땅

| 머리말 |

    인공지능의 발전은 행정 관리의 패러다임을 근본적으로 변화시키고 있으며, 이러한 변화 속에서 국가 및 지방 행정은 새로운 역할과 책임을 부여받고 있습니다. 대학생들은 이 책을 통해 인공지능이 가져올 수 있는 기회와 위험을 균형 있게 이해하고, 공공의 이익을 위한 책임감 있는 AI 사용 방안을 학습할 것입니다. 유럽연합의 AI 법안을 벤치마킹하여 한국의 행정 관리 시스템에 적합한 법적, 윤리적 기준을 마련하는 것이 시급하며, 이러한 규제와 가이드라인은 AI가 안전하고 신뢰성 있게 활용될 수 있는 사회적 기반을 마련하는 데 기여할 것입니다.

    이 책은 대학생들이 행정 분야에서의 인공지능 활용과 관련된 기초 지식뿐만 아니라, AI 기술이 가진 잠재적 위험성 및 그로 인한 윤리적 문제까지 이해할 수 있도록 돕기 위해 기획되었습니다. 특히 본 교재는 한국이 유럽연합(EU)의 AI 법안을 참고하여 국내의 인공지능 법률 체계를 발전시키고, 공공 행정이 AI 활용의 책임성과 신뢰성을 보장할 필요가 있음을 강조합니다.

    인공지능 기술은 그 특성상 막대한 데이터를 다루며, 이를 통해 더욱 효율적이고 빠른 결정을 내릴 수 있게 합니다. 이에 따라 인공지능이 행정 관리에 접목되면서 행정의 효율성, 생산성, 투명성 등이 크게 향상되고 있습니다. AI는 또한 반복적이고 시간 소모가 많은 업무를 자동화함으로써, 행정 자원의 최적화를 가능하게 합니다. 이를 통해 국가 및 지방자치단체들은 중요한 정책 결정을 위한 데이터 기반의 인사이트를 얻고, 더 나아가 예산 절감 효과까지 기대할 수 있습니다.

    하지만 인공지능 기술이 가져오는 효율성의 이면에는 여러 문제와 도전 과제가 존재합니다. 데이터 처리의 신속성에 치중하다 보면, 자칫 AI가 가진 편향된 학습 결과나 윤리적 문제를 무시할 위험이 있습니다. 이로 인해 특정 집단이 불이익을 받거나 공공서비스의 공정성이 훼손될 수 있습니다. 따라서 AI의 효과적 사용을 위해서는 이를 통제하고 감시하는 제도적 장치와 체계적인 관리가 필요합니다.

또한, AI가 자동화된 결정을 내리는 과정에서 예측할 수 없는 오류가 발생할 가능성, 편향된 데이터에 기반한 의사 결정, 개인정보 보호 문제 등이 있습니다. 이러한 위험 요소들을 감안할 때, 공공 행정에서 AI를 관리하는 적절한 프레임워크가 필요합니다. 대학생들은 이 책을 통해 AI의 기술적 이해와 함께 윤리적이고 법적 규제의 필요성을 체계적으로 학습할 수 있을 것입니다.

유럽연합은 인공지능 기술의 윤리적 문제와 사회적 위험을 줄이기 위해 세계 최초로 AI 법안을 도입하였습니다. EU의 AI 법안은 인공지능 시스템의 사용을 규제하며, 특히 고위험 AI 시스템에 대해 엄격한 조건을 부과하고 있습니다. 예를 들어, 의료, 교통, 공공 안전 분야에서의 AI 사용에 대한 규제 및 투명성 강화를 통해 AI가 시민들의 기본권과 안전을 침해하지 않도록 조치하고 있습니다. 이러한 EU의 노력은 AI 기술의 발전 속도에 맞추어 사회적 안전망을 구축하는 데 큰 기여를 하고 있습니다.

우리나라도 유럽연합의 AI 법안에서 시사점을 얻을 필요가 있습니다. 한국은 AI 기술의 발전과 도입이 빠르게 이루어지고 있는 만큼, 이에 상응하는 법적 제도를 마련해, 규제 및 인공지능산업 진흥 체계를 마련해야 할 필요가 있습니다. 특히 고위험 AI 시스템에 대한 안전성 검증, 사용자 보호, 투명성 강화, 개인정보 보호 등의 분야에서 유럽연합의 접근법을 벤치마킹하는 것이 필요합니다. 이 책은 한국이 AI 법안을 도입하는 과정에서 고려해야 할 점들을 법적, 행정적, 비즈니스 측면 등으로 분석하여, 학생들이 이러한 문제를 이해하고 해결할 수 있는 기초를 제공하고자 합니다.

이 책은 AI의 기본 개념에서부터 AI의 사회적 영향, 법적 규제, 공공 행정에서의 활용까지 폭넓은 내용을 다루고 있습니다. 첫 번째 파트에서는 인공지능의 원리와 기술적 특성, 다양한 AI 시스템의 종류와 그 응용 분야를 설명합니다. 두 번째 파트에서는 유럽연합 AI 법안의 주요 내용과 이를 통해 얻을 수 있는 시사점을 다루며, 특히 고위험 AI 시스템에 대한 규제 방안을 심도 있게 설명합니다.

이 책이 대학생들이 AI와 행정 관리에 대한 심도 있는 이해를 통해 사회적 책임감을 갖춘 공공 인재로 성장하는 데 중요한 밑거름이 되기를 기대합니다.

** 저술 방법 일러두기**

생성형 인공 지능의 발달에 따라 이러한 인공 지능을 활용해 대화를 하고, 대화의 내용을 저술 내용에 포함하였다. Copilot을 주로 사용하고, ChatGPT, 클로바 X, Claude, Gemini 등을 통해 자료 수집, 번역, 문제점 및 원인 분석, 대응에 대한 도움을 받고 이를 참고하여 서술하였다.

목차

AI 행정관리_EU 인공지능법 해설

제1편

인공지능 발전과
국가행정의 개입 필요성

제1장 인공지능(Artificial Intelligence) 소개

1. 인공지능 의의

인공지능(AI) 기술은 컴퓨터가 인간과 유사한 방식으로 학습하고 문제 해결을 할 수 있도록 발전시키는 기술이다. 인공지능(Artificial Intelligence)은 인간의 인지 기능을 모방하는 시스템 또는 기술로 볼 수 있다. 디지털 컴퓨터 또는 컴퓨터 제어 로봇이 일반적으로 지능적인 존재와 관련된 작업을 수행하는 능력을 말하기도 한다. 이 용어는 추론하거나, 의미를 발견거나, 일반화하거나, 과거 경험에서 배우는 능력과 같은 인간 특유의 지적 과정을 부여받은 시스템을 개발하는 프로젝트에 자주 적용되고 있다. 인공 지능은 의료 진단, 컴퓨터 검색 엔진, 음성 또는 필기 인식, 챗봇과 같은 다양한 응용 프로그램에서 찾을 수 있다.

인공지능(AI)은 현대 기술 혁신의 중심에 있으며, 특히 생성형 인공지능(Generative AI)은 정보를 창출하고 문제 해결을 돕는 강력한 도구로 자리 잡고 있다. 생성형 AI는 사람의 창의적 작업을 모방하거나 대체할 수 있는 AI 기술로, 대표적으로 OpenAI의 ChatGPT, Google의 Bard, Microsoft의 Bing Copilot이 있다. 생성형 AI는 주로 대규모 데이터 학습을 통해 자연어 처리(NLP)와 이미지 생성 같은 작업을 수행하며, 교육, 의료, 비즈니스 등 다양한 분야에서 응용된다.

OpenAI, Google, Microsoft, Meta와 같은 선두 AI 기업들은 생성형 AI의 학습 능력과 상호작용성을 강화하여 정보의 효율적 창출을 목표로 하고 있다. 예를 들어 OpenAI는 최신 모델인 ChatGPT를 통해 언어 생성, 요약, 번역, 코딩, 문제해결, 서비스 등 고급 기능을 제공하고 있으며, 이를 통해 의료, 법률 분야에서도 활용 가능성을 넓혔다. 또한, Google의 Gemini와 Microsoft의 Copilot 같은 도구는 사용자의 요구를 실시간으로 반영하여 업무 생산성을 높이고 있다.

2. AI의 유형

인공지능의 유형은 기술과 성능의 발전에 따라 급속히 증가하고 있다. 예를 들어 보면 다음과 같은 유형이 주요한 것들이다. 계속해서 다양한 분야에서 폭발적으로 증가하는 중이다.

- **가상 비서:** Siri, Alexa, Google Assistant는 음성 명령을 이해하고 응답하며, 알림 설정, 음악 재생, 날씨 업데이트 제공 등의 작업을 수행한다.
- **추천 시스템:** Netflix, Amazon, YouTube와 같은 플랫폼은 사용자 선호도와 시청 기록을 기반으로 콘텐츠를 추천하는 AI를 사용한다.
- **이미지 인식 시스템:** 얼굴 인식, 의료 영상, 자율 주행 차량에서 객체를 식별하고 분류하는 데 사용되는 AI이다.
- **일반화:** AGI는 한 도메인에서 얻은 지식을 다른 도메인에 적용하여 새로운 문제를 해결할 수 있다.
- **자율성:** AGI는 독립적으로 작동하며, 인간의 지침 없이도 결정을 내리고 새로운 상황에 적응할 수 있다.
- **학습:** AGI는 경험을 통해 지속적으로 학습하고 성능을 향상시킬 수 있다.
- **우수한 문제 해결 능력:** ASI는 현재 인간의 이해를 넘어서는 복잡한 문제를 해결할 수 있다.
- **고급 창의성:** ASI는 인간의 창의성을 능가하는 혁신적인 아이디어, 예술, 솔루션을 생성할 수 있다.
- **감정 지능:** ASI는 인간의 감정을 더 큰 공감과 정확성으로 이해하고 대응할 수 있다.

3. 생성형 AI 트랜스포머 기술

트랜스포머 기술은 인공지능 중에서 생성형 인공지능이 사용하는 주요한 기술이며, 복잡한 패턴 학습과 생성과정에 사용된다.

- **멀티헤드 어텐션(Multi-Head Attention):** 입력 시퀀스의 각 요소 간의 관계를 파악하여 중요한 정보를 강조한다.
- **포지션 와이즈 피드포워드 네트워크(Position-wise Feed-Forward Network):** 각 위치의 정보를 독립적으로 처리하여 더 복잡한 패턴을 학습한다.
- **포지셔널 인코딩(Positional Encoding):** 시퀀스 내에서 각 요소의 위치 정보를 추가하여 순서 정보를 유지한다.

4. 인공지능의 활용 분야

인공지능(AI)은 다양한 산업과 분야에서 혁신적인 변화를 일으키고 있다. 주요 AI 기업들의 보고서와 연구 자료를 바탕으로 AI의 활용 영역을 살펴보면 다양한 영역들에서 사용되고 있음을 알 수 있다. 인공지능(AI)은 주요 AI 기업들에 의해 다양한 산업과 응용 분야에서 활용되고 있는데, 다음은 AI가 큰 영향을 미치고 있는 주요 분야들을 찾아본 것들이다.[1]

첫째, **헬스케어** 분야에서 AI는 조기 진단, 개인 맞춤형 치료 계획, 의료 기록의 효율적인 관리 등을 가능하게 하여 혁신을 일으키고 있다. Insitro와 같은 회사들은 AI를 이용해 신약 개발을 진행하고 있으며, 다른 회사들은 질병을 조기에 감지할 수 있는 AI 기반 진단 도구를 개발하고 있다.[2]

둘째, **금융** 분야에서는 AI가 사기 탐지, 리스크 관리, 알고리즘 거래 등에 사용되고 있다. 예를 들어, OpenAI는 모건 스탠리와 같은 고객을 대상으로 금융 서비스를 향상시키기 위해 AI를 활용하고 있다.[3]

셋째, **소매 및 전자상거래** 분야에서 AI는 개인 맞춤형 추천, 재고 관리, 공급망 최적화를 통해 고객 경험을 향상시키고 있다. 아마존은 AI를 사용하여 제품 목록을 개선하고, 재고 수준을 최적화하며, Alexa를 더 대화형으로 만들고 있다.[4]

넷째, **자율주행 차량** 분야에서는 테슬라와 같은 회사들이 자율주행을 위해 AI에 막대한 투자를

---

1) Copilot과의 대화, 2024. 9. 27.
2) Forbes 2024 AI 50 List - Top Artificial Intelligence Startups 2024. 9. 27.
3) Forbes 2024 AI 50 List - Top Artificial Intelligence Startups 2024. 9. 27.
4) 10 Top Companies Using AI ｜ The Motley Fool 2024. 9. 27.

인공지능(AI)과 행정관리

하고 있다. AI 알고리즘은 센서와 카메라로부터 방대한 데이터를 처리하여 자율주행 기능을 가능하게 한다.[5]

다섯째, **소셜 미디어 및 콘텐츠 추천** 분야에서 Meta Platforms는 Facebook, Instagram, WhatsApp과 같은 소셜 플랫폼에서 콘텐츠 추천 및 실시간 번역을 위해 AI를 사용하고 있다.[6] AI는 사용자에게 맞춤형 콘텐츠를 큐레이팅하여 전반적인 경험을 향상시켜 주고 있다.

여섯째, **국방 및 보안** 분야에서 AI는 감시, 위협 탐지, 자율 시스템을 위해 사용되고 있다. 예를 들어, Anduril은 AI 기반 국방 기술 개발을 위해 상당한 자금을 모았다고 한다.[7]

일곱째, **자연어 처리(NLP)** 분야에서 AI는 언어 이해 및 생성 능력을 향상시키고 있다. OpenAI와 Anthropic과 같은 회사들은 인간과 유사한 텍스트를 이해하고 생성할 수 있는 고급 NLP 모델 개발의 최전선에 있는 회사들이다.[8]

여덟째, **로봇공학** 분야에서 AI는 복잡한 작업을 수행할 수 있는 지능형 기계를 만들기 위해 통합되고 있다. Figure AI 회사는 인간과 상호작용하고 다양한 기능을 수행할 수 있는 휴머노이드 로봇을 개발하고 있다.[9]

아홉째, **데이터 분석** 분야에서 AI는 기업들이 대규모 데이터를 효율적으로 처리하고 분석할 수 있도록 변혁을 일으키고 있다. 예를 들어, Databricks는 Shell과 미국 우편 서비스와 같은 조직에 AI 배포 소프트웨어를 제공하고 있다고 한다.[10]

열째, **음성 인식 및 언어 요약** 분야에서 AI는 음성 인식 시스템과 언어 요약 도구를 개발하는 데 사용되고 있다. Abridge는 AI를 사용하여 의료 방문의 자동 문서화를 제공하고 있다.[11]

이것은 주요 기업들이 다양한 분야에서 AI를 활용하는 몇 가지 예에 불과하다. AI의 잠재적 응용 분야는 광범위하며 기술이 발전함에 따라 계속 확장되고 있다. 이처럼 AI는 다양한 산업과 분야에서 혁신적인 변화를 일으키며, 우리의 삶을 더욱 편리하고 풍요롭게 만들고 있다. 앞으로도 AI 기술의 발전과 함께 새로운 활용 영역이 계속해서 등장할 것으로 기대되고 있다.

---

5) 10 Top Companies Using AI ｜ The Motley Fool 2024. 9. 27.
6) 10 Top Companies Using AI ｜ The Motley Fool 2024. 9. 27.
7) Forbes 2024 AI 50 List - Top Artificial Intelligence Startups 2024. 9. 27.
8) Forbes 2024 AI 50 List - Top Artificial Intelligence Startups 2024. 9. 27.
9) Forbes 2024 AI 50 List - Top Artificial Intelligence Startups 2024. 9. 27.
10) Forbes 2024 AI 50 List - Top Artificial Intelligence Startups 2024. 9. 27.
11) Forbes 2024 AI 50 List - Top Artificial Intelligence Startups 2024. 9. 27.

5. 인공지능 발전 전망

AI 사용의 미래는 Microsoft, Google, Amazon, Facebook, Apple과 같은 주요 AI 개발 회사들이 추구하는 것들을 바탕으로 전망해 볼 수 있다.

Microsoft는 AI가 비즈니스와 개인 생활의 다양한 측면에 깊이 통합되는 미래를 구상하고 있다. 그들은 생성형 AI 애플리케이션을 관리, 확장 및 보안하는 데 중점을 둔 Generative AI Operations(GenAIOps)에 집중하고 있다. 이 프레임워크는 올바른 모델 선택, 데이터 품질 보장, 운영 성능 최적화, 비용 균형 유지, 보안 및 규정 준수 유지와 같은 과제를 해결하는 데 주력하고 있다.[12] Microsoft는 또한 개인과 비즈니스의 생산성을 변혁하기 위해 AI를 활용하고 있다. 예를 들어, **Microsoft Copilot**은 개인이 작업을 탐색하는 데 도움을 주는 AI 기반 파트너로, 창의성을 증대시키고 결과 생성 속도를 높여 가고 있다. 이 도구는 이미 Visa와 General Motors와 같은 회사에서 사용되고 있다.[13]

Google은 다양한 산업에서 생성형 AI의 잠재력을 실제 사례를 통해 보여 주고 있다. 그들은 AI 에이전트가 생산성을 향상시키고, 프로세스를 자동화하며, 고객 경험을 현대화하는 데 어떻게 개발되고 있는지를 보여 주고자 한다. 이러한 AI 에이전트는 텍스트, 음성, 비디오, 코드 등 다양한 통신 모드를 처리할 수 있다. Google Cloud의 AI 인프라, Gemini 모델, Vertex AI 플랫폼, Google Workspace는 이러한 발전을 가능하게 하는 기술 중 일부라고 할 수 있다.[14] 또한 Google은 고객 서비스, 직원 역량 강화, 창의적 아이디어 생성, 데이터 분석, 코드 생성, 사이버 보안과 같은 산업을 변혁하는 데 있어 생성형 AI의 중요성을 강조하고 있다.[15]

Amazon Web Services(AWS)는 생성형 AI의 가치가 판매 및 마케팅, 연구 개발, 소프트웨어 엔지니어링, 고객 운영과 같은 기능에서 주로 나타난다고 강조한다. 즉, 새로운 기술을 사용하여 프로세스를 재구상함으로써 가치를 창출하는 것이 중요하다고 한다. AWS는 또한 생성형 AI를 위한 리소스와 사용 사례를 제공하며, 챗봇, 가상 어시스턴트, 에이전트 지원, 개인화, 콘텐츠 생성과 같은

---

12) The Future of AI: The paradigm shifts in Generative AI Operations - Microsoft Community Hub 2024. 9. 27.
13) Shaping the future with the cloud built for the era of AI ｜ The Microsoft Cloud Blog 2024. 9. 27.
14) 185 real-world gen AI use cases from the world's leading organizations ｜ Google Cloud Blog 2024. 9. 27.
15) Where gen AI is impacting industries in 2024 ｜ Google Cloud Blog 2024. 9. 27.

것들의 예시를 제시해 주고 있다.[16]

Facebook(현재 Meta)은 인간-기계 협업을 통한 AI의 미래를 탐구하고 있다. 또한, 생성형 AI가 잘못된 정보와 같은 실제 문제를 해결할 잠재력을 강조한다. Meta는 AI의 책임 있는 사용을 보장하기 위해 프라이버시 보호 기술, 공통 아키텍처, 견고한 프레임워크에 중점을 두고 있다고 한다.[17]

Apple은 AI를 비즈니스 운영에 통합하여 생산성과 혁신을 향상시키고 있다. 그들은 AI 리더들과의 심도 있는 대화를 통해 AI의 인간적인 측면을 탐구하고 있다. Apple은 AI가 산업을 변혁하고, 소비자 경험을 개선하며, 사회적 상호작용을 촉진하는 역할을 강조한다.[18]

IBM은 AI 거버넌스, 데이터 관리 및 애플리케이션 개발에 중점을 두고 있으며, 생성 AI 모델을 훈련, 조정하기 위한 도구를 제공하고 있다.[19] 접근 방식은 책임 있는 AI 관행과 규제 준수의 중요성을 강조하며, AI 솔루션이 효과적이고 윤리적이 되도록 보장하기 위해 노력하고 있다고 한다.[20]

요약하자면, AI 사용의 미래는 생성형 AI, 인간-기계 협업, 다양한 비즈니스 기능에 AI 통합에 중점을 둔 주요 회사들에 의해 형성되고 있다. 이러한 발전은 혁신을 촉진하고, 생산성을 향상시키며, 전반적인 산업을 변혁할 것으로 기대된다. AI 미래는 주요 AI 회사들이 고급 도구, 프레임워크 및 플랫폼을 결합하여 추진하고 있다. 이러한 노력은 AI를 더 접근 가능하고 확장 가능하며 책임감 있게 만들기 위한 것이며, 궁극적으로 조직이 다양한 애플리케이션을 위해 AI의 전체 잠재력을 활용할 수 있도록 하는 방향성을 가지고 있는 것으로 볼 수 있다.

---

16) 생성형 AI 현황 │ AWS Executive Insights (amazon.com) 2024.9.27.
　　생성형 AI 사용 사례 및 리소스 - AWS (amazon.com) 2024.9.27.
17) https://www.facebook.com/the.university.of.oxford/videos/the-future-of-ai-oxfordai/1542826909865300/ 2024.9.27.
　　https://www.facebook.com/singaporetechnologiesengineeringltd/videos/the-future-of-ai-human-machine-collaboration/5436349743156546/ 2024.9.27.
18) https://podcasts.apple.com/gb/podcast/the-future-of-ai-integration-in-business/id1613968949?i=1000663003879 2024.9.27.
　　https://podcasts.apple.com/us/podcast/ai-ignition-exploring-the-future-of-ai-in-the-enterprise/id1529622615 2024.9.27.
19) https://www.ibm.com/architectures/hybrid/genai-capability-model 2024.9.27.
20) https://www.ibm.com/topics/artificial-intelligence 2024.9.27.

제2장 인공지능의 문제점들과 행정 개입 필요성

인공지능의 문제는 인공지능의 기술적 문제뿐만 아니라 인공지능을 이용하는 사람의 문제도 크게 작용한다.

1. 기술적 문제

인공지능의 능력을 개발하고 적극적으로 사용하기 위해서 기술적인 문제들은 여러 가지가 있다. 우선 데이터 품질 및 가용성이 낮고, 인공지능을 개발하는 인재의 전문성이 부족한 점 등을 들 수 있다.[21][22] 인공지능의 기술개발이 가속화되면서, 다양한 산업과 일자리 시장에 혼란을 가져오기도 하며, 새로운 기회가 창출될 수 있지만 일자리 상실과 경제적 불평등을 낳기도 한다.[23]

2. Open AI 보고서

인공지능을 개발하는 선두주자에 있는 Open AI 회사에서 이미 인공지능의 악의적 사용을 우려하고 예측하여 보고서를 낸 것이 있다. 인공지능의 악용 대비(Preparing for malicious uses of AI)라는 보고서로 이 보고서에 여러가지 우려와 대응을 위한 준비에 대해 논하고 있다. 인공지능(AI)과 머신 러닝의 발전은 긍정적인 응용 가능성뿐만 아니라 악의적인 사용의 위험을 증가시키고 있다. 이 보고서는 AI의 악의적인 사용으로 인한 다양한 보안 위협을 분석하고, 이에 대한 예측, 예방

---

21) https://robots.net/ai/what-are-the-most-common-challenges-in-ai-development/ What Are the Most Common Challenges in AI Development? | Robots.net 2024.9.30.

22) https://robots.net/ai/what-are-the-most-common-challenges-in-ai-development/ What Are the Most Common Challenges in AI Development? | Robots.net 2024.9.30.

23) Leech, G., Garfinkel, S., Yagudin, M., Briand, A., & Zhuravlev, A. (2024). Ten Hard Problems in Artificial Intelligence We Must Get Right. arXiv preprint arXiv:2402.04464. https://arxiv.org/abs/2402.04464 2024.9.30.

인공지능(AI)과 행정관리

및 완화 방안을 제안한다. 특히 디지털 보안, 물리적 보안, 정치적 보안의 세 가지 보안 도메인의 위협을 다루고 있으며, AI의 발전에 따라 위협의 특성과 범위가 변화할 것임을 강조한다. 이 보고서의 주요 내용은 다음과 같은 것들을 포함하고 있다.[24]

- AI 기술의 발전은 기존 위협의 비용을 낮추고 새로운 공격 수단을 제공하여 공격자의 범위를 넓힌다.
- 디지털 보안 분야에서 AI는 자동화된 사이버 공격을 통해 기존의 공격 방법을 강화시킨다.
- 물리적 보안에서는 자율 시스템이 사용돼 인명 피해를 포함한 공격 가능성을 증가시킨다.
- AI의 사용은 정치적 보안에 있어서 허위 정보가 대량으로 퍼질 수 있는 기회를 제공한다.
- 정책 입안자와 AI 연구자는 악용 가능성이 있는 AI 기술의 사용을 예방하기 위해 더욱 긴밀히 협력해야 한다.
- AI 안전 및 보안 관련 분야에서 협업 및 책임 있는 연구 문화를 조성할 필요가 있다.
- 이러한 예상된 위협에 대한 경고와 예방 조치가 긴급하게 필요하다.

3. EU 보고서

유럽연합은 〈인공지능의 악의적인 사용과 남용 Malicious Uses and Abuses of Artificial Intelligence〉 보고서에서 인공지능의 악의적인 사용과 남용에 대한 분석 및 향후 전망과 우려를 잘 정리하여 제시하고 이에 대한 대비가 필요하다고 하였다. 이 보고서는 트렌드 마이크로 리서치, 유엔 범죄 및 사법 연구소(UNICRI), 유로폴 유럽 사이버 범죄 센터(EC3) 공동으로 작성한 것이다. 보고서의 내용 중에서 'AI의 악용 및 남용의 미래 시나리오'[25] 부분은 AI가 악용되거나 남용될 수 있는 다양한 시나리오를 설명하며, 이러한 위협에 대응하기 위한 사전 조치의 필요성을 강조하였다. 정

---

24) Open AI(2018), Preparing for malicious uses of AI. Preparing for malicious uses of AI ㅣ OpenAI1802.07228 (arxiv.org) 2024.10.8.
25) European Union Agency for Law Enforcement Cooperation(2020), Malicious Uses and Abuses of Artificial Intelligence. https://www.europol.europa.eu/cms/sites/default/files/documents/malicious_uses_and_abuses_of_artificial_intelligence_europol.pdf 2024.10.25.

리해 보면 다음과 같다.

1) 대규모 사회 공학

자동화된 사기: AI 시스템은 잠재적 피해자를 자동으로 탐지하고 속도를 높여 사기꾼이 쉬운 표적에 집중할 수 있게 하다.

문서 스크래핑 악성코드: 미래의 악성코드는 고급 성명 인식(NER) 기술을 사용하여 문서에서 개인정보 등 특정 정보를 식별하고 추출할 수 있다.

2) 향상된 사회적 프로필 사용

사용자 행동 모방: AI는 생체 인식 및 특정 인간 행동을 기반으로 보안 시스템을 회피하기 위해 인간 행동을 모방할 수 있다.

금융 기관: AI 탐지 시스템은 이미 비정상적인 지출 또는 자금 이체 패턴을 감지하는 데 사용되고 있다.

3) 실시간 생산 네트워크에서의 AI

5G 네트워크: 실시간 생산 네트워크에서 실행되는 AI는 예상치 못한 반응을 유발하여 재난을 초래할 수 있다.

4) 비즈니스 프로세스 손상

차량 내비게이션 설계 격차: AI는 내비게이션 시스템을 조작하여 교통 혼잡을 일으키고 긴급 대응을 방해할 수 있다.

5) AI 지원 암호화폐 거래

수익화 계획: AI 지원 봇은 역사적 데이터를 통해 성공적인 거래 전략을 학습하여 암호화폐 시장에서 수익성 있는 거래를 할 수 있다.

인공지능(AI)과 행정관리

6) AI 지원 해킹

DeepHack 및 DeepExploit과 같은 AI 프레임워크는 침투 테스트 및 해킹 프로세스를 자동화할 수 있다.

비밀번호 추측 도구: AI 기반 소프트웨어는 대규모 비밀번호 데이터 세트를 분석하여 추측 도구를 최적화할 수 있다.

7) 사회 공학에서의 AI

음성 복제: AI 도구는 몇 초의 녹음만으로 대상의 음성을 복제하여 사회 공학 공격을 강화할 수 있다.

정찰 도구: AI 지원 도구는 얼굴 인식 알고리즘을 사용하여 특정 프로필과 관련된 모든 소셜 미디어 계정을 찾을 수 있다.

8) 자동 콘텐츠 생성에서의 AI

텍스트 및 이미지 합성: AI 시스템은 사실적인 이미지와 텍스트를 생성하여 실제 콘텐츠와 가짜 콘텐츠를 구별하기 어렵게 만들 수 있다.

9) 스마트 및 연결 기술에서의 AI

드론 및 자율주행차: AI는 스마트 기술을 조작하여 새로운 유형의 공격을 생성하고 공격 표면을 넓힐 수 있다.

10) 주식 시장 조작에서의 AI

고빈도 거래: AI 기반 알고리즘은 자동 거래 시스템을 악용하여 주식 시장을 조작할 수 있다.

11) 방어 시스템에서의 AI

사용자 행동 모방: 범죄자는 AI를 사용하여 사용자 행동을 모방하여 AI 기반 방어 시스템을 회피

할 수 있다.

12) 일상 자동화에서의 AI

통제 상실: AI를 사용한 자동화 증가로 인해 생활의 다양한 측면에서 통제력을 상실하여 새로운 취약성이 발생할 수 있다.

13) 5G 및 스마트 기술에서의 AI

표적화 및 조작: 범죄자는 AI 지원 기술인 5G를 표적화하거나 조작하여 산업 및 서비스를 방해할 수 있다.

14) 사이버 보안에서의 AI

AI-as-a-Service: AI-as-a-Service의 광범위한 가용성은 범죄자의 진입 장벽을 낮추어 AI가 남용될 가능성을 높일 수 있다.

15) 법 집행 및 사이버 보안에서의 AI 대응

사전 조치: 범죄자가 AI를 사용할 가능성에 대한 지식을 구축하면 법 집행 및 사이버 보안 산업이 공격을 예상하고 완화할 수 있는 능력이 향상될 수 있다.

4. 인공지능 악용 사례 및 행정개입의 필요성

AI 악용 범죄는 기존의 범죄 수법과 비교할 때 더 정교하고 예측이 어려운 형태로 발전하고 있다. 이러한 범죄는 사기, 개인정보 탈취, 여론 조작, 기밀 정보 유출, 무기화 등 다양한 영역에 걸쳐 발생하고 있으며, 기술적 대응이 어려운 상황에 직면해 있다. 따라서 법 집행 기관과 행정 기관의 개입이 필수적이다. AI 기술을 악용한 범죄를 방지하기 위해서는 각국 정부가 법적 규제를 강화하고, AI 기반 범죄 대응에 필요한 기술적 역량을 확보해야 한다. 또한 국제적인 협력을 통해 AI 악용 범죄에 대한 공동 대응 체계를 구축하는 것이 중요하다.

AI 악용 범죄는 단순히 개인의 문제를 넘어 국가적, 사회적 안전을 위협하는 요인이 되고 있다. 대중의 신뢰와 사회적 안정성을 보호하기 위해서는 AI 기술의 안전한 사용을 보장하는 체계가 시급히 마련되어야 한다. AI 기술의 발전이 계속되는 상황에서, AI가 악용되지 않도록 철저한 법적 장치와 안전망을 구축하는 것이 중요한 과제이다.

사건 유형 1: AI 음성 클로닝 사기

AI 음성 클로닝 사기는 기존 전화 사기보다 훨씬 정교한 기술을 이용한 신종 범죄 수법으로, 사회적 및 경제적 측면에서 심각한 위협을 제기한다. 영국에서 발생한 사건에서는 범인이 AI를 이용해 에너지 회사 CEO의 음성을 클로닝하고, 재무팀에 전화를 걸어 약 24만 달러를 송금하도록 지시하였다. 이러한 음성 클로닝은 인간이 거의 구별할 수 없을 정도로 실제 음성과 유사하게 만들어져, 피해자가 이를 가짜 음성으로 인식하지 못하게 한다는 점에서 매우 위험하다. 기존의 전화 사기에서 흔히 드러나는 어색한 음성이나 통신의 비일관성 문제를 AI가 완벽히 해결함으로써 피해자들이 쉽게 속아 넘어가게 된다.

AI 음성 클로닝 사기의 가장 큰 문제는 이를 방지하기 위한 효과적인 검증 방법이 현재 부족하다는 것이다. 일반적인 보안 절차로는 사칭 전화를 구별하기 어려우며, 단순한 신원 확인 절차를 우회할 수 있다. 이러한 문제는 대형 기업과 공공기관의 재무 및 보안 시스템에 큰 위협이 되고 있으며, 사회적 신뢰를 무너뜨릴 위험이 크다. 이에 따라 AI 기술을 악용한 범죄를 방지하기 위한 행정 개입이 절실하다. 행정 기관은 AI 음성 클로닝 사기와 같은 새로운 유형의 범죄를 인지하고, 이를 예방하기 위한 법적, 기술적 대책을 마련해야 할 것이다. 또한, AI 기술이 악용되지 않도록 사기 예방 교육 및 기술적 대응책을 강화하고, 기업들이 신원 확인 절차를 강화할 수 있도록 권고하는 등의 행정적 지원이 필요하다.

사건 사례

- 발생 일시: 2020년
- 발생 장소: 영국

- 피해자: 영국의 에너지 회사

- 용의자: 미상

- 범행 목적: 금전 탈취

- 범행 수법: AI 기술을 이용하여 CEO의 음성을 클로닝한 후, 해당 음성으로 재무팀에 전화를 걸어 송금을 지시함. 피해 회사는 약 24만 달러의 손실을 입음. 음성 클로닝을 통한 사기 수법은 기존의 전화 사기보다 더 정교하고 설득력 있게 피해자를 속이는 데 사용됨.

- AI 악용 특징: 음성 클로닝을 통한 사칭으로 고위 관리자를 가장하여 송금을 유도.

- 출처: Europol. (2023). Criminals leverage AI for malicious use: Voice cloning. Retrieved from [Europol](https://www.europol.europa.eu/media-press/newsroom/news/new-report-finds-criminals-leverage-ai-for-malicious-use-%E2%80%93-and-it%E2%80%99s-not-just-deep-fakes). 검색일: 2024.10.09.

사건 유형 2: AI 피싱 및 소셜 엔지니어링 공격

AI를 이용한 피싱과 소셜 엔지니어링 공격은 기존 피싱 사기보다 한층 더 고도화된 수법으로, 사회적 경각심을 불러일으키고 있다. 2024년 5월 미국에서 발생한 이 사건은 AI가 자동으로 맞춤형 피싱 이메일을 작성하여 개인과 기업을 대상으로 피해를 유발한 사례이다. AI는 피해자 개인의 프로필 정보를 기반으로 특정 관심사나 취약점을 공략하는 개인화된 메시지를 만들어 피해자가 의심 없이 피싱에 속아 넘어가도록 유도하였다. 특히, AI는 음성 및 영상 클로닝 기술까지 활용하여 신뢰할 만한 인물로 가장하며, 피해자들에게 경제적 손실을 초래하고 개인 정보를 탈취하였다.

이 AI 피싱 수법의 심각성은 AI가 일반적인 피싱 공격의 한계를 뛰어넘어 매우 정교한 기만 기술을 제공한다는 점에 있다. 기존의 피싱은 주로 언어 오류나 문법 오류, 콘텐츠의 부자연스러움 등을 통해 탐지할 수 있었으나, AI 기반 피싱은 이를 완벽히 교정해 매우 신뢰성 있는 메시지를 제공한다. 이는 AI가 사람의 행동 패턴을 학습하고 이를 반영한 맞춤형 메시지를 자동 생성할 수 있기 때문에 가능한 일이다. 이로 인해 피해자들이 신뢰를 잃고 기업과 조직의 기밀 정보가 유출될 위험이 증가하고 있다.

따라서 AI를 악용한 피싱 및 소셜 엔지니어링 공격을 방지하기 위해 행정적 개입이 절실히 필요

인공지능(AI)과 행정관리

하다. 경찰 및 법 집행 기관은 이러한 공격의 특성과 AI 기술을 이용한 범죄 방식을 분석하여 대응 전략을 마련해야 할 것이다. 또한, 기업과 개인이 AI 기반 피싱에 대한 경각심을 갖도록 교육 프로그램을 강화하고, 이메일 보안 시스템을 더욱 견고히 하는 등 행정적 조치와 기술적 지원이 뒷받침되어야 할 것이다.

사건 사례

- 발생 일시: 2024년 5월
- 발생 장소: 미국
- 피해자: 다수의 기업 및 개인
- 용의자: 미상
- 범행 목적: 개인 정보 탈취 및 금전적 이득
- 범행 수법: AI를 이용해 매우 정교하고 맞춤형 피싱 이메일을 제작. 피해자들이 쉽게 속도록 개인 맞춤형 메시지를 작성하고, 문법 오류 없는 설득력 있는 내용을 제공하여 기업 및 개인 정보를 탈취함. AI로 음성 및 영상 클로닝 기술을 활용해 신뢰할 만한 인물로 가장하여 거래를 유도하기도 함.
- AI 악용 특징: AI가 자동으로 맞춤형 메시지를 생성하여 피싱의 성공률을 높임.
- 출처: FBI. (2024). FBI warns of increasing AI phishing threats. Retrieved from [FBI](https://www.fbi.gov). 검색일: 2024.10.09.

사건 유형 3: AI 악성코드 제작

AI를 이용한 악성코드 제작은 전 세계의 대형 기업 및 개인을 대상으로 점차 고도화된 공격 수법으로 변모하고 있다. 특히 AI가 악성코드를 자가 변형할 수 있는 능력을 부여함으로써, 보안 시스템이 이를 탐지하기 어려운 형태로 진화하고 있다. 이와 같은 AI 기반 악성코드는 기존의 단순한 악성코드와 달리, 보안 소프트웨어의 탐지 규칙을 회피하고 다양한 환경에서 유동적으로 대응하는 능력을 갖추고 있다. 이에 따라 랜섬웨어와 같은 공격 방식이 더욱 정교화되고, 피해자는 금전적 손실뿐 아니라 중요한 데이터의 손실 위험에 노출되고 있다.

이 AI 악성코드 제작 수법의 심각성은 단순히 보안 위협을 넘어 사이버 범죄의 범위와 파급력을 확장한다는 데 있다. AI가 악성코드를 학습하고 환경에 맞춰 변형함에 따라, 기업 및 기관의 보안 시스템이 현재 수준에서는 이를 실시간으로 대응하는 것이 어려워졌다. 기존의 보안 방어 체계가 이를 탐지하고 차단하는 데 한계가 있음을 의미하며, 이에 따른 피해가 증가하고 있다. 특히 대규모 데이터 탈취와 금전적 요구가 결합된 이 형태의 공격은 국가적 차원의 사이버 보안까지 위협할 수 있는 요인이 된다.

따라서 행정적 개입이 필요하며, 국가 및 국제적 수준에서 사이버 보안 강화와 AI 악성코드 탐지 기술 개발을 위한 투자가 절실하다. 또한, 법 집행 기관은 사이버 범죄 조직을 대상으로 한 수사를 강화하고, AI 악성코드를 탐지하고 방어할 수 있는 기술적 역량을 확충해야 할 것이다. 나아가 AI 기술을 악용한 사이버 범죄에 대한 법적 규제를 도입하여, AI의 악용을 방지하고 사회적 안전을 확보하는 것이 중요할 것이다.

사건 사례

- 발생 일시: 최근 몇 년간 지속 발생
- 발생 장소: 전 세계
- 피해자: 대형 기업 및 개인
- 용의자: 조직화된 사이버 범죄 조직
- 범행 목적: 데이터 탈취 및 금전적 이득
- 범행 수법: AI를 이용해 스스로 변형 가능한 악성코드를 생성하여 보안 시스템을 회피함. AI를 통해 악성코드가 환경에 따라 변형되고, 탐지가 어려운 형태로 발전함. 이를 통해 랜섬웨어 공격이 더 정교해지고 피해자에게 금전을 요구하는 방식으로 발전함.
- AI 악용 특징: 자가 변형 및 보안 우회 기능을 갖춘 악성코드.
- 출처: Talos Intelligence. (2023). AI-powered malware evolution. Retrieved from [Talos Intelligence](https://blog.talosintelligence.com). 검색일: 2024.10.09.

사건 유형 4: 딥페이크를 이용한 허위 정보 확산

딥페이크 기술을 이용한 허위 정보 확산은 전 세계적으로 대중에게 심각한 영향을 미치고 있는 AI 악용 범죄이다. 딥페이크는 AI를 이용하여 영상 속 인물의 외모와 음성을 조작하여 가짜 영상을 만들어 내는 기술로, 이 기술을 악용하면 특정 인물의 이미지를 왜곡하거나 허위 발언을 제작하여 대중을 혼란에 빠뜨릴 수 있다. 2020년대 초반, 범죄 조직과 정치적 단체들은 이 딥페이크 기술을 사용하여 특정 정치적 이득을 얻기 위해 소셜 미디어에 허위 뉴스와 가짜 영상을 퍼뜨리며 여론을 조작하였다.

딥페이크를 통한 허위 정보 확산의 심각성은 크게 두 가지로 나눌 수 있다. 첫째, 딥페이크는 기존의 허위 정보보다 더욱 설득력이 있어 대중의 신뢰를 쉽게 얻을 수 있다는 점이다. 예를 들어, 유명 인사의 발언을 조작하거나 특정 상황에서의 행동을 왜곡함으로써 대중은 이를 실제로 발생한 사건으로 믿을 가능성이 높다. 둘째, 딥페이크는 사회적 혼란과 불안을 조장할 수 있으며, 특히 정치적 목적으로 이용될 경우 특정 집단의 이익을 위해 여론을 왜곡하는 데 큰 영향을 미칠 수 있다. 이는 민주주의와 공공 신뢰를 훼손하는 결과를 초래하며, 사회적 불안을 가중시킬 위험이 있다.

이와 같은 문제에 대응하기 위해서는 행정적 개입이 필수적이다. 딥페이크의 생산과 유통을 규제하고, 허위 정보의 유포를 신속하게 탐지할 수 있는 기술을 개발하는 것이 필요하다. 또한, 대중에게 딥페이크의 위험성을 알리고, 이러한 허위 정보를 비판적으로 분석할 수 있는 교육과 프로그램이 제공되어야 할 것이다. 나아가 법 집행 기관은 딥페이크 제작 및 배포를 범죄로 규정하고, 이에 따른 처벌을 강화하는 법적 조치를 마련함으로써 허위 정보 확산을 예방해야 할 것이다.

사건 사례

- 발생 일시: 2020년대 초반

- 발생 장소: 전 세계

- 피해자: 대중

- 용의자: 범죄 조직 및 정치적 단체

- 범행 목적: 정치적 이득 및 여론 조작

- 범행 수법: AI를 사용하여 딥페이크 영상을 제작하고, 정치적 이득을 위해 이를 활용하여 허위

정보를 확산시킴. 허위 뉴스 및 영상을 소셜 미디어에 퍼뜨려 대중을 혼란스럽게 함. 딥페이크를 통해 신뢰할 만한 인물의 이미지나 영상을 왜곡하여 여론을 조작함.

- AI 악용 특징: 딥페이크 기술을 이용한 허위 정보 및 가짜 뉴스 확산.
- 출처: FBI. (2024). Disinformation and AI use in social media manipulation. Retrieved from [FBI](https://www.fbi.gov). 검색일: 2024.10.09.

사건 유형 5: AI 랜섬웨어 공격

AI 기반 랜섬웨어 공격은 최근 몇 년간 전 세계적으로 중소기업 및 대형 기업들을 위협하는 심각한 사이버 범죄 수단으로 떠올랐다. 사이버 범죄 조직은 AI 기술을 이용해 랜섬웨어의 공격 방식을 더욱 정교하게 자동화하고 있으며, 피해 기업의 데이터를 암호화한 후 이를 해제하는 대가로 금전을 요구하는 수법을 사용하고 있다. AI의 도움으로 랜섬웨어는 보안 시스템의 취약점을 분석하여 그 공격 경로를 최적화할 뿐 아니라, 다양한 보안 시스템을 우회할 수 있는 능력을 갖추게 되었다. 이는 피해 기업들이 기존 보안 체계만으로는 이러한 공격을 방어하기 어려운 상황을 초래하고 있다.

이러한 AI 랜섬웨어의 심각성은 크게 두 가지 측면에서 파악할 수 있다. 첫째, AI가 랜섬웨어의 공격 경로를 자동으로 학습하고 분석함에 따라, 범죄 조직은 인간 개입 없이도 랜섬웨어의 위협을 점점 더 빠르고 광범위하게 확산시킬 수 있다. 이는 기존 랜섬웨어보다 탐지가 어려워 기업들에게 더 큰 금전적 피해와 운영 중단을 초래한다. 둘째, AI 기반 랜섬웨어는 대규모 데이터 손실을 야기할 수 있으며, 기업의 중요한 정보를 인질로 삼음으로써 그 파급력이 크다. 이러한 피해는 단순한 기업 손실을 넘어, 경제 전반에 걸친 신뢰도 하락과 사회적 불안을 야기할 수 있다.

따라서 행정적 개입의 필요성은 매우 중요하다. 정부와 법 집행 기관은 AI 기반 랜섬웨어를 탐지하고 방어할 수 있는 기술적 인프라를 강화해야 할 것이다. 또한 기업들이 사이버 보안 역량을 높일 수 있도록 지원하고, 랜섬웨어 공격에 대한 대비책을 교육하는 프로그램을 제공해야 할 것이다. 특히 AI를 악용한 사이버 범죄에 대해 강력한 법적 규제와 처벌 방안을 마련함으로써, 랜섬웨어 공격의 발생을 줄이고 사회 전반의 안전성을 제고할 필요가 있다.

인공지능(AI)과 행정관리

사건 사례

- 발생 일시: 최근 몇 년간

- 발생 장소: 전 세계

- 피해자: 중소기업 및 대형 기업

- 용의자: 사이버 범죄 조직

- 범행 목적: 금전적 이득

- 범행 수법: AI를 사용하여 더 정교한 랜섬웨어를 자동화하고 개발하여 기업 데이터를 암호화하고, 이를 해제하는 대가로 금전을 요구함. AI로 랜섬웨어의 공격 패턴을 분석하고, 보안 시스템을 우회함.

- AI 악용 특징: AI로 자동화된 랜섬웨어 공격.

- 출처: Europol. (2023). AI and ransomware: Emerging trends. Retrieved from [Europol] (https://www.europol.europa.eu/media-press/newsroom/news/new-report-finds-criminals-leverage-ai-for-malicious-use-%E2%80%93-and-it%E2%80%99s-not-just-deep-fakes). 검색일: 2024.10.09.

사건 유형 6: AI 기반 금융 사기

AI 기반 금융 사기는 최근 몇 년간 전 세계 금융 기관과 개인을 대상으로 빈번하게 발생하고 있으며, 사이버 범죄 조직들이 금전적 이득을 목표로 AI를 활용하여 금융 시스템의 취약점을 악용하고 있다. 이러한 범죄는 AI가 금융 보안 시스템을 면밀히 분석하여 취약점을 찾아내는 능력을 기반으로 한다. AI는 방대한 데이터를 실시간으로 분석하고 금융 시스템 내 보안 허점을 탐지함으로써, 전통적인 금융 보안 체계를 우회하여 부정 거래를 수행할 수 있다. 이로 인해 대규모 금융 사기가 발생하며, 금융 기관과 고객 모두 큰 피해를 입게 된다.

이 AI 기반 금융 사기의 심각성은 두 가지로 요약할 수 있다. 첫째, AI의 고도화된 분석 능력은 금융 시스템에 존재하는 작은 보안 허점까지 악용 가능하게 만든다. 금융 보안은 일반적으로 방대한 데이터를 기반으로 하고 있어, AI의 데이터 분석 능력은 기존의 범죄와 달리 빠르고 정밀하게 금융 시스템을 파고들 수 있다는 문제를 야기한다. 둘째, 이러한 금융 사기는 단순히 금전적 피해를 넘어서 금융 시스템 전체에 대한 신뢰도를 훼손하고 있다. 고객들은 이러한 사건을 통해 금융 기관에 대한 신뢰를 잃고, 이는 금융 시장의 안정성에 악영향을 미칠 수 있다.

따라서 이러한 금융 사기에 대응하기 위해 행정적 개입이 필요하다. 금융 감독 당국은 AI 기반 금융 사기를 탐지하고 방어할 수 있는 기술을 발전시키고, 금융 기관들이 보안 시스템을 강화하도록 지원해야 한다. 또한, 금융 기관과 협력하여 AI를 이용한 금융 사기 방지 교육을 강화하고, 금융 거래 감시 시스템의 강화를 법적으로 의무화하는 등 행정적 조치가 필수적이다. 나아가 금융 사기를 방지하기 위한 법적 규제를 마련함으로써, 금융 범죄의 발생을 줄이고 금융 시스템의 안정성을 확보해야 할 것이다.

사건 사례

- 발생 일시: 최근 몇 년간 지속 발생
- 발생 장소: 전 세계 금융 기관
- 피해자: 금융 기관 및 개인
- 용의자: 사이버 범죄 조직
- 범행 목적: 금전적 이득
- 범행 수법: AI를 통해 금융 기관의 보안 시스템을 분석하고, 취약점을 찾아 부정 거래를 수행함. AI를 이용해 금융 보안 시스템을 우회하여 대규모 금융 사기를 저지름.
- AI 악용 특징: 금융 시스템의 취약점을 분석해 악용하는 AI.
- 출처: Europol. (2023). Criminals use AI for financial fraud. Retrieved from [Europol](https://www.europol.europa.eu). 검색일: 2024.10.09.

사건 유형 7: AI 기반 사이버 스파이 활동

AI 기반 사이버 스파이 활동은 최근 몇 년간 국가 기관과 대기업을 대상으로 기밀 정보를 탈취하는 신종 사이버 범죄로 확산되고 있다. 국가 지원 해커 조직들은 AI의 대규모 데이터 분석 능력을 이용해 특정 목표의 보안 취약점을 탐지하고, 이를 통해 기밀 정보를 탈취하는 데 성공하고 있다. 이러한 사이버 스파이 활동은 AI의 신속한 데이터 분석과 문제 해결 능력 덕분에 효율성과 정밀도가 높아졌으며, 단순한 해킹을 넘어 국가 및 기업의 전략적 이익을 위협하는 심각한 문제가 되었다.

이 AI 기반 사이버 스파이의 심각성은 두 가지 관점에서 파악할 수 있다. 첫째, AI가 기존의 보안 시스템에서 발생할 수 있는 작은 결함까지 포착할 수 있다는 점이다. AI는 수많은 보안 데이터를 실시간으로 모니터링하며, 보안 장치들이 탐지하지 못하는 취약점을 찾아내는 데 탁월한 능력을 발휘한다. 둘째, 이러한 스파이 활동은 국가 안보와 경제적 안정을 위협할 수 있다. 국가 기관과 대기업에서 탈취된 기밀 정보는 민감한 정치적·경제적 정보가 포함될 수 있으며, 이러한 정보가 유출될 경우 국가 간의 갈등이 심화되거나 경제적 손실이 발생할 수 있다.

따라서 이와 같은 사이버 스파이 활동에 대응하기 위해 강력한 행정적 개입이 필요하다. 국가와 법 집행 기관은 AI를 악용한 스파이 행위를 탐지하고 차단할 수 있는 보안 기술을 강화하고, 첨단 보안 인프라를 구축하여 주요 기관과 기업의 데이터를 보호해야 할 것이다. 또한, 이러한 공격에 대비하여 보안 담당자들에게 AI 기반의 사이버 위협 대응 교육을 강화하고, 국제적으로 협력하여 AI 기반 사이버 범죄에 대한 법적 규제와 처벌을 강화하는 것이 필요하다.

사건 사례

- 발생 일시: 최근 몇 년간

- 발생 장소: 전 세계

- 피해자: 주요 국가 기관 및 대기업

- 용의자: 국가 지원 해커 조직

- 범행 목적: 기밀 정보 탈취

- 범행 수법: AI를 이용해 대규모 데이터를 분석하고, 보안 취약점을 찾아내어 기밀 정보를 탈취함. 특정 국가나 대기업을 대상으로 하는 사이버 스파이 활동을 통해 전략적 이점을 추구함.

- AI 악용 특징: 대규모 데이터 분석을 통한 보안 취약점 탐지 및 기밀 정보 탈취.

- 출처: Talos Intelligence. (2023). AI in cyber espionage. Retrieved from [Talos Intelligence] (https://blog.talosintelligence.com). 검색일: 2024.10.09.

사건 유형 8: AI 봇을 통한 여론 조작

AI 봇을 통한 여론 조작은 전 세계 소셜 미디어 플랫폼에서 범죄 조직과 정치적 단체가 정치적 이득을 추구하고 여론을 왜곡하는 목적으로 악용되고 있다. 이러한 여론 조작은 AI 기반의 자동화된 봇이 가짜 계정을 생성하고 특정 주제나 정치적 이슈와 관련된 허위 정보를 대량으로 확산시키는 방식으로 이루어진다. AI 봇은 특정 이슈에 대한 가짜 뉴스나 왜곡된 정보를 끊임없이 퍼뜨려 대중의 인식을 조작하고, 이를 통해 사회적, 정치적 갈등을 조장할 수 있다.

이와 같은 AI 봇 여론 조작의 심각성은 크게 두 가지로 설명할 수 있다. 첫째, AI 봇이 자동으로 운영되기 때문에 인간의 개입 없이도 대량의 정보를 생산하고 배포할 수 있다. 이는 허위 정보가 빠르게 확산되고, 일반 사용자들이 이를 진실로 받아들일 가능성을 높인다. 둘째, 소셜 미디어는 정보가 빠르게 전달되고 확산되는 공간으로, AI 봇에 의한 조작이 공공 여론을 크게 왜곡할 수 있다. 특히 정치적 이슈와 관련된 허위 정보는 선거 결과나 정책 결정에까지 영향을 미칠 수 있으며, 민주주의의 근간을 흔들 위험이 크다.

따라서 AI 봇을 통한 여론 조작을 방지하기 위해 행정적 개입이 필수적이다. 정부와 법 집행 기관은 AI 봇의 활동을 탐지하고 차단할 수 있는 기술적 인프라를 강화하고, 소셜 미디어 플랫폼과 협력하여 AI 봇을 통한 허위 정보 확산을 신속히 식별하고 차단하는 방안을 마련해야 한다. 나아가 AI 봇을 이용한 여론 조작을 범죄로 규정하고 이에 대한 처벌을 강화하는 법적 조치가 필요하다. 이러한 조치를 통해 공공 여론의 신뢰성을 보호하고, 민주적 절차가 왜곡되지 않도록 사회적 안전망을 구축할 것이다.

사건 사례

- 발생 일시: 2020년대 초반
- 발생 장소: 전 세계 소셜 미디어 플랫폼
- 피해자: 소셜 미디어 사용자
- 용의자: 범죄 조직 및 정치적 단체
- 범행 목적: 정치적 이득 및 여론 조작
- 범행 수법: AI 봇을 사용하여 가짜 계정을 생성하고, 특정 주제나 정치적 이슈를 홍보하기 위해

대량의 허위 정보를 퍼뜨림. 소셜 미디어 상에서 여론을 조작하는 수단으로 AI 봇을 활용.

- AI 악용 특징: 자동화된 AI 봇을 통해 여론을 조작함.

- 출처: Europol. (2023). AI bots in social media manipulation. Retrieved from [Europol](https://www.europol.europa.eu). 검색일: 2024.10.09.

사건 유형 9: AI 자율 무기 오용

AI 자율 무기의 오용은 현대 전쟁과 테러리즘에서 가장 위협적인 문제로 부각되고 있다. 2020년대 초반 분쟁 지역에서 AI 자율 무기는 테러리스트 및 무장 단체에 의해 악용되어 군인뿐만 아니라 민간인에게도 큰 피해를 주었다. AI 자율 무기는 목표물을 자동으로 탐지하고 타격하는 방식으로 작동하여, 특정 명령이 없어도 무차별 공격이 가능하다. 이러한 특성 때문에 자율 무기는 인간의 통제 없이도 광범위한 파괴를 초래할 수 있으며, 특히 분쟁 지역의 민간인들에게는 예측 불가능한 위험이 된다.

이 AI 자율 무기의 오용은 두 가지 측면에서 매우 심각한 문제를 야기한다. 첫째, 자율 무기는 인간의 개입 없이 독립적으로 작동하기 때문에 윤리적, 법적 책임을 묻기 어렵다. 자율 무기의 피해가 발생하였을 때, 그 책임을 누가 지고 어떻게 통제할 수 있을지 불분명하여 심각한 인도적 문제를 초래할 수 있다. 둘째, 자율 무기가 테러나 전쟁에 악용되면 국제 안보가 위협받고, 무력 충돌의 파급력이 증대될 수 있다. 특히 무장 단체들이 자율 무기를 소지하게 될 경우 통제가 불가능한 상황에 빠질 수 있으며, 이는 전 세계적인 안보 위기를 불러올 수 있다.

따라서 AI 자율 무기의 오용을 방지하기 위해 강력한 행정적 개입이 필요하다. 각국 정부는 자율 무기의 개발 및 배포를 엄격히 규제하고, 국제적 차원에서 자율 무기의 사용을 제한하는 조약을 체결해야 할 것이다. 또한, 무장 단체에 자율 무기가 유입되지 않도록 무기 거래를 감시하고, 이를 위반하는 경우 강력한 처벌을 가하는 법적 장치를 마련해야 할 것이다. 이러한 규제와 행정적 대응이 이루어질 때만이 AI 자율 무기의 위험으로부터 전 세계의 평화와 안전을 지킬 수 있을 것이다.

사건 사례

- 발생 일시: 2020년대 초반

- 발생 장소: 전 세계 분쟁 지역

- 피해자: 군인 및 민간인

- 용의자: 테러리스트 및 무장 단체

- 범행 목적: 테러 및 전쟁에 의한 파괴 활동

- 범행 수법: AI 자율 무기를 사용하여 특정 목표물을 자동으로 타격하는 방식으로 테러 및 전쟁에 악용됨. 이 기술을 통해 무차별 공격이 가능하며, 민간인에 대한 피해도 발생.

- AI 악용 특징: AI를 기반으로 한 자율 무기 시스템이 목표를 탐지하고 타격을 자동으로 실행함.

- 출처: Europol. (2023). Autonomous weapons and AI abuse. Retrieved from [Europol](https://www.europol.europa.eu). 검색일: 2024. 10. 09.

사건 유형 10: AI로 생성된 허위 의료 정보 확산

AI를 이용한 허위 의료 정보의 확산은 COVID-19 팬데믹 기간 동안 전 세계적으로 심각한 사회적 혼란을 초래하였다. 사이버 범죄 조직들은 AI를 통해 대규모로 허위 의료 정보를 생성하고, 이를 소셜 미디어에 퍼뜨려 대중의 불안과 공포를 조장하였다. 특히 COVID-19 관련 가짜 뉴스와 허위 의료 정보는 질병에 대한 잘못된 인식과 공포심을 확산시키며 사회적 혼란을 가중시켰다. 이로 인해 대중은 혼란을 겪었으며, 효과적인 방역 대책이나 백신 접종에 대한 신뢰도가 저하되었다.

이 AI 허위 의료 정보의 확산이 가지는 심각성은 크게 두 가지로 요약할 수 있다. 첫째, AI는 다량의 허위 정보를 자동으로 생성할 수 있어 대중의 신뢰를 무너뜨리며 공포를 조장하는 데 큰 역할을 한다. AI가 생성한 가짜 뉴스는 진짜 정보와 구분하기 어려울 정도로 정교하여, 일반 대중이 이를 구별하지 못해 잘못된 정보를 사실로 받아들이게 된다. 둘째, 허위 의료 정보는 공공 보건 시스템에 심각한 부정적 영향을 미칠 수 있다. 팬데믹과 같은 대규모 위기 상황에서는 신속하고 정확한 정보 전달이 중요한데, AI로 생성된 허위 정보는 이러한 과정에 혼란을 일으키며 사회적 불안을 증폭시킨다.

이러한 문제에 대응하기 위해서는 행정적 개입이 필수적이다. 정부와 보건 당국은 소셜 미디어와 협력하여 허위 의료 정보를 신속히 탐지하고 차단하는 시스템을 구축해야 할 것이다. 또한, AI를 통한 정보 생성과 확산에 대한 규제 방안을 마련하고, 허위 정보 유포를 범죄로 규정하여 강력

인공지능(AI)과 행정관리

한 처벌을 도입하는 것이 필요하다. 나아가 대중에게 허위 정보를 비판적으로 분석할 수 있는 미디어 리터러시 교육을 강화함으로써, AI가 초래할 수 있는 사회적 혼란을 방지하고 공공의 안전을 확보해야 할 것이다.

사건 사례

- 발생 일시: 2020년부터 2022년까지, COVID-19 팬데믹 기간

- 발생 장소: 전 세계, 특히 소셜 미디어

- 피해자: 대중

- 용의자: 사이버 범죄 조직

- 범행 목적: 사회적 혼란 및 공포 조성

- 범행 수법: AI를 통해 허위 의료 정보를 생성하고, 이를 소셜 미디어에 퍼뜨려 공포심을 조장함. 특히 COVID-19 관련 가짜 뉴스가 급격히 확산되며, 대중의 혼란을 가중시킴.

- AI 악용 특징: AI를 통해 대규모로 허위 정보를 자동 생성하고 배포.

- 출처: FBI. (2024). Fake medical information and AI. Retrieved from [FBI](https://www.fbi.gov). 검색일: 2024.10.09.

제3장 행정의 인공지능 개입 양상

1. 주요국가 인공지능 관리 법제도

최근 인공지능(AI)의 확산과 그로 인한 사회적·경제적 영향에 대응하여 미국과 유럽연합(EU)을 비롯한 주요 국가들은 AI 규제, 관리, 지원 법안을 강화하고 있다. 이들 국가의 규제 방향은 AI의 책임 있는 개발과 사용을 촉진하면서도 기술 혁신을 저해하지 않도록 균형을 유지하는 데 중점을 두고 있다.

1) 미국의 AI 규제와 행정 명령

미국은 AI에 대한 전반적인 규제 체계를 구축하기 위해 2023년 10월, 바이든 대통령이 행정명령 (E.O. 14110)을 발표하였다. 이 명령은 AI의 안전성과 신뢰성을 강화하기 위한 주요 기준을 제시하며, AI가 공공 안전과 경제적 안정에 미치는 잠재적 위험을 줄이기 위한 실질적 규제를 도입하였다. 해당 명령은 고위험 AI 모델을 개발하는 회사들이 정부에 보고하고 모델의 보안 및 안전성을 검사하도록 요구한다. 특히, AI가 국가 안보와 직결된 상황에서의 사용을 철저히 통제하도록 규정하고 있다. 또한, 미국은 표준 및 베스트 프랙티스 개발을 위해 국립표준기술원(NIST)이 주도하는 AI 리스크 관리 프레임워크(RMF)를 수립하여 AI 모델 개발 전 단계에서 발생할 수 있는 리스크를 관리하고자 한다. 주요 AI 기업인 OpenAI, Microsoft, Google 등은 이 규제 원칙을 준수하기 위해 자율적 안전 규제와 기술 개선에 협력하고 있다 (Brookings, 2023).[26]

2) EU의 AI 규제와 AI 법률

유럽연합은 전 세계에서 가장 포괄적인 AI 규제법으로 평가받는 "AI법(AI Act)"을 2023년에 최종

---

26) Brookings. (2023). Regulating general-purpose AI: Areas of convergence and divergence across the EU and the US. Retrieved from https://www.brookings.edu

인공지능(AI)과 행정관리

승인하고 2024년부터 시행할 예정이다. EU AI법은 AI 시스템을 리스크 수준에 따라 최소 위험, 제한적 위험, 고위험, 금지 대상으로 구분하여, 고위험 AI 시스템에는 엄격한 투명성, 안전성, 및 데이터 관리 요건을 부과한다. 이를 통해 AI가 공공 영역에서 사용하는 경우에는 감시, 개인 정보 보호, 비차별 원칙을 보장하며, 특히 얼굴 인식 기술 등 생체 정보 감시 시스템의 사용을 엄격히 제한한다. 유럽연합은 이러한 규제에 따라 OpenAI와 Meta, Google 등 주요 AI 기업들과 협력해 AI 모델의 투명성과 책임성을 강화하고, 허위 정보 확산을 방지하는 기술적 기준을 마련하였다. 이를 통해 EU는 AI 기술의 윤리적 사용을 보장하고, 규제를 위반할 경우 기업에 최대 연간 글로벌 매출의 6%에 달하는 벌금을 부과할 계획이다(World Economic Forum; 2023. PYMNTS, 2023).[27]

2. 주요 민간 AI 기업의 자율 규제와 글로벌 협력

OpenAI, Microsoft, Google, Anthropic 등 주요 AI 기업들은 Frontier Model Forum을 설립하여 AI의 안전한 개발과 관리를 위한 공동 노력에 착수하였다. 이 포럼은 AI 안전 연구 및 독립적 테스트를 지원하고, 투명성과 위험 완화를 위한 기술 표준을 수립하는 것을 목표로 한다. 또한 이들 기업은 미국 백악관의 자발적 규제 안에도 서명하여 AI 시스템의 투명성, 보안성, 그리고 신뢰성 강화를 약속하였다. 이러한 자발적 협력은 AI의 위험 요소를 경감하고, AI를 통한 사회적 책임을 다하기 위한 기반을 다지는 역할을 할 것이다(Google, 2023; Brookings, 2023).[28]

3. 주요 AI 규제 동향과 향후 과제

미국과 EU의 AI 규제는 AI의 혁신을 지원하면서도 그로 인한 사회적·경제적 영향을 최소화하기

---

27) World Economic Forum. (2023). EU sets global standards with first major AI regulations. Retrieved from https://www.weforum.org
   - PYMNTS. (2023). Meta and OpenAI CEOs Back EU Artificial Intelligence Rules. Retrieved from https://www.pymnts.com
28) Google. (2023). Anthropic, Google, Microsoft and OpenAI launch Frontier Model Forum. Retrieved from https://blog.google
   Brookings. (2023). Regulating general-purpose AI: Areas of convergence and divergence across the EU and the US. Retrieved from https://www.brookings.edu

위한 균형점을 모색하고 있다. AI는 의료, 금융, 보안 등 다양한 분야에서 고위험 상황을 초래할 수 있는 가능성을 지니고 있으며, 특히 생성형 AI의 확산으로 개인정보 보호와 공공 안전에 대한 우려가 커지고 있다. 이에 따라, 규제 당국은 AI 기술의 급속한 발전에 발맞춰, 신속하고 유연한 법률과 기술적 기준을 마련하고, 기업들과의 협력을 통해 AI 규제와 혁신을 조화롭게 추진해 가야 한다.

4. 한국의 인공지능에 대한 행정개입 방향

한국 방송통신위원회와 한국지능정보사회진흥원이 공동으로 2023년 12월에 생성형 AI 윤리 가이드북을 제작하여 배포하였다. 저작권, 책임성, 허위조작정보, 개인정보 및 인격권, 오남용 등의 문제에 대한 실용적 가이드를 제시하고 있다. 그러나 이것은 법률이 아니라 사용자들에게 잘못된 사용을 예방하기 위한 가이드라인을 제시하고 올바른 사용을 유도하기 위한 국가의 노력이라고 할 수 있다.[29]

인공지능(AI) 윤리 국가표준(KS) 첫 제정(국가기술표준원, 2023. 6. 14.) 산업통상자원부 국가기술표준원은 'AI 윤리 점검 서식'에 대한 국가 표준(KS)을 제정, 발표하였다.[30] 최근 생성형 AI의 윤리적인 사용 문제가 제기되는 시점에서 AI 제품, 서비스 개발 시에 필요한 윤리적 고려 항목을 제시하고 자체 점검할 수 있는 체크리스트를 공개해 기본적인 가이드라인의 역할을 할 수 있을 것으로 전망된다.

우리나라에서는 인공지능을 민간에서는 활발하게 이용하고 있고, 행정서비스에서도 활용을 추진하는 중이다. 우리 한국의 경우 아직 인공지능을 규제하거나 지원하는 법률은 제정을 위한 논의를 하면서 입법추진을 하고 있는 단계이고, 법제정을 기다리고 있는 상태이다. AI의 발전 속도가 규제의 진전에 비해 빠르기 때문에, 주요 국가들을 벤치마킹하여 보다 강력하고 통합된 규제체계를 지속적으로 구축해야 할 것이다. 이를 위해 미국과 EU는 AI의 투명성과 책임성 강화를 목표로 하는 글로벌 표준을 설정하고, 각국이 공통된 규제 프레임워크 안에서 협력할 수 있도록 하는 방향

---

29) 방송통신위원회, NIA 한국지능정보사회진흥원 공동(2023). AI 윤리 가이드북, 71쪽. 생성형 AI 윤리 가이드북은 생성형 AI를 윤리적이고 생산적으로 활용하는데 참고할 수 있도록 방송통신위원회와 한국지능정보사회진흥원에서 기획·발간한 보고서다.
30) 방송통신위원회, NIA 한국지능정보사회진흥원 공동(2023). AI 윤리 가이드북, 57쪽.

으로 나아갈 필요가 있다. AI가 가져올 긍정적 사회 변화를 극대화하기 위해서는 기술적 혁신과 윤리적 책임 간의 균형을 유지하는 것이 중요하다.

제2편

AI 행정관리_
EU 인공지능법 해설

유럽연합 인공지능법(EU Artificial Intelligence Act) 전체를 인공지능법 제정의 목적에 비추어 분석해 보고, 향후 유럽은 물론이고 인공지능에 대한 국가 행정관리의 관점에서 법제정의 긍정적 효과와 부정적 영향을 균형되게 비교하고, 평가해 본다. 유럽연합 인공지능법 조문별 논의 및 법적 측면, 행정적 측면, 비즈니스 측면에서의 시사점 서술을 하였다. 저술방법은 각주를 참고하기 바란다.[31]

---

31) 유럽연합 인공지능법(EU Artificial Intelligence Act) 전체를 인공지능법 제정의 목적에 비추어 분석해 보고, 향후 유럽은 물론이고 인공지능에 대한 규제가 가져올 국가 행정관리의 관점에서 법제정의 긍정적 효과와 부정적 영향을 균형되게 비교하고, 평가하기 위해 이 책을 저술하기로 하였다.
유럽연합 인공지능법(EU Artificial Intelligence Act) 조문별 논의 및 시사점 서술 방법을 다음과 같이 정하여 저술에 적용하였다. 법조항 영어판 원문을 홈페이지에서 가져다가 사용하여 대화에 사용하였으며, 코파일럿과 챗지피티4o 버전을 사용하여 대화하였다. Rag 사용: Eu AI ACT, recitals, summary 등이다. 정리방법: 엣지에서 The AI Act Explorer를 검색해 들어가, 조항별로 열기, 한국어로 번역하였다. 이어서 대화 내용에 대한 검토와 수정은 저자가 직접 하고 편집하였다. 인공지능 프롬프트는 예를 들면, 다음과 같다. "유럽연합 인공지능법(EU Artificial Intelligence Act) 제정목적에 비추어 조문 해설해 줘. 논술 형식으로 균형되게 해설해 줘. 내용은 판사 수준으로 서술해 줘. 문장 서술 형태: 과거는~ 했다 현재는~ 하다~ 이다. 미래는~ 할 것이다. 존경어투 사용 금지함. 서술 항목 소제목 및 서술 순서: 도입 배경, 악용범죄 사례, 조문 내용 요약, 규제 찬반 논의 –유럽연합 인공지능법의 규제를 중심으로, 금지 사항과 형벌 또는 행정벌 적절성 논의, 한국행정에 대한 제언 등을 포함하여 대화를 하였다.

인공지능(AI)과 행정관리

· 유럽연합 인공지능법 EU AI Act 개요

유럽연합 인공지능법(EU Artificial Intelligence Act)은 인공지능(AI) 기술이 빠르게 발전하고 있는 현대 사회에서 AI 사용의 안전성과 신뢰성을 보장하기 위해 제정되었다. 과거에는 인공지능 기술이 초기 단계에 머물러 있었고, 관련 법이나 규제가 없어 AI 시스템의 오남용 사례가 발생하고 있었다. 현재는 유럽연합 인공지능법이 AI의 사용을 규제하고 이를 활용하는 데 있어서의 안전성을 높이는 데 목적을 두고 있으며, 투명성, 책임성, 데이터 보호를 강조하고 있다. 미래에는 이러한 법적 기준을 통해 AI 기술의 안전한 발전과 혁신을 추구할 것으로 보인다.[32]

유럽연합 인공지능법의 장별 제목을 통해 법의 체계와 내용의 개요를 다음과 같이 정리할 수 있다:[33]

제1장 총칙

이 장에서는 법의 목적과 범위를 규정하고, 주요 용어를 정의한다. 이는 전체 법의 기초를 제공하며, 법의 일관성을 유지하는 데 중요한 역할을 한다.

제2장 금지된 인공지능 관행

과거에는 특정 AI 활용이 윤리적으로나 사회적으로 문제가 많았던 시기가 있었다. 이 장에서는 법적으로 금지된 AI 관행을 명확히 하고, 인간의 기본권을 침해하거나 심각한 위험을 초래할 수 있는 AI 활용을 엄격히 금한다.

제3장 고위험 AI 시스템

고위험 AI 시스템에 대한 기준을 설정하고, 이러한 시스템의 설계, 개발, 사용에 있어 엄격한 규제를 적용한다. 현재까지의 고위험 AI 시스템은 의료, 교통, 인프라 등 중요 분야에서 사용되며, 안전성 검증이 필수적이다.

---

32) EU Artificial Intelligence Act ｜ Up-to-date developments and analyses of the EU AI Act 2024. 7. 12.
33) The AI Act Explorer ｜ EU Artificial Intelligence Act 2024. 11. 11. 전체 유럽연합 인공지능법 원문을 제공하며, 법의 목적과 체계, 개정 사항 등 최신 뉴스를 해설하고 있는 사이트이다.

제4장 특정 AI 시스템 및 GPAI 모델의 제공자 및 배포자에 대한 투명성 의무

이 장은 특정 AI 시스템 및 범용 AI 모델에 대해 제공자와 배포자에게 투명성 의무를 부과한다. 이는 정보의 비대칭성을 줄이고, 소비자와 사용자에게 신뢰를 제공한다.

제5장 범용 AI 모델

범용 AI 모델의 정의와 이에 대한 규제를 다루며, 다양한 분야에 적용 가능한 AI 모델의 안전성과 효율성을 보장한다.

제6장 혁신 지원 조치

새로운 AI 기술의 개발과 이와 관련된 혁신을 장려하기 위한 제도적 지원과 조치를 규정한다. 이는 미래의 AI 발전을 촉진하는 데 중요한 역할을 한다.

제7장 거버넌스

AI 관련 규제를 실행하고 감독하기 위한 거버넌스 구조를 설정한다. 효과적이고 공정한 관리체계를 확립하여 법의 집행을 보장한다.

제8장 고위험 AI 시스템을 위한 EU 데이터베이스

고위험 AI 시스템과 관련된 데이터를 중앙화된 EU 데이터베이스에 수집, 보관, 관리하여 보다 체계적으로 모니터링하고, 투명성을 높인다.

제9장 시판 후 모니터링, 정보 공유, 시장 감시

AI 시스템이 시장에 출시된 이후의 모니터링과 정보 공유, 시장 감시 체계를 구축하여 지속적인 안전성과 신뢰성을 확보한다.

제10장 행동 강령 및 지침

AI 개발과 활용에 있어서의 모범 규범과 지침을 제공하여 자율적인 준수를 유도한다.

제11장 권한 위임과 위원회 절차

법의 실행과 관련된 위원회 절차와 권한 위임에 대해 명확히 규정하여 효과적인 법 집행을 도모한다.

제12장 비밀 유지 및 처벌

법이 정한 비밀 유지 의무와 이를 위반했을 경우의 처벌 규정을 명시하여 법의 권위를 유지한다.

법의 적용 시작일, 이행 방법 등의 최종 사항을 규정하여 법의 완결성을 제공한다.

제13장 최종 조항

배경 해설서

부속서

제1장 **총칙**

제1조: 목적

1. 이 규정의 목적은 내부 시장의 기능을 개선하고 인간 중심적이고 신뢰할 수 있는 인공지능 (AI)의 활용을 촉진하는 동시에 민주주의, 법치주의 및 환경 보호를 포함하여 헌장에 명시된 건강, 안전, 기본권을 높은 수준으로 보호하고 연합 내 AI 시스템의 유해한 영향으로부터 보호하고 혁신을 지원하는 것이다.

2. 이 규정은 다음사항을 규정한다.

    (a) 유럽연합에서 AI 시스템의 시장 출시, 서비스 제공 및 사용에 대한 통일된 규칙;

    (b) 특정 AI 관행의 금지;

    (c) 고위험 AI 시스템에 대한 특정 요구 사항 및 해당 시스템 운영자에 대한 의무

    (d) 특정 AI 시스템에 대한 통일된 투명성 규칙;

    (e) 범용 AI 모델의 시장 출시를 위한 통일된 규칙;

    (f) 시장 모니터링, 시장 감시, 거버넌스 및 집행에 관한 규칙;

    (g) 스타트업을 포함한 중소기업에 특히 초점을 맞춘 혁신 지원 조치.

해설

도입 배경

과거에는 AI 기술의 급격한 발전이 일어났으나, 그로 인해 생겨난 여러 사회적, 윤리적 문제들이 규제의 부재로 인해 적절히 대응되지 못했다. 이러한 문제들에는 개인정보 침해, 자동화된 의사결정에서의 편향성, 안전성 문제 등이 포함되었다. 현재 유럽연합 인공지능법은 이러한 문제들을 해

인공지능(AI)과 행정관리

결하고, AI 기술의 안전하고 윤리적인 활용을 촉진하기 위해 제정되었다. 이는 인간 중심적이고 신뢰할 수 있는 AI 시스템을 구축하여, 민주주의와 법치주의, 환경 보호 등의 가치를 지키는 것을 목표로 한다. 미래에는 이 법이 AI 기술의 책임 있는 발전을 유도하고, 사회 전반의 신뢰를 높일 것이다.

악용범죄 사례

과거에 AI 기술의 악용으로 인한 범죄 사례가 다수 발생했다. 예를 들어, AI를 이용한 사이버 범죄, 개인정보 도용, 심지어 자율 무기의 개발 및 사용 등 다양한 형태의 악용이 있었다. 이러한 범죄들은 AI 기술의 무분별한 사용이 개인과 사회에 미치는 심각한 위험을 보여 주었다. 현재 유럽연합 인공지능법은 이러한 악용 사례를 방지하고자, AI 시스템의 사용에 대한 엄격한 규제와 감독을 도입하고 있다. 미래에는 이러한 규제를 통해 AI 기술의 악용을 효과적으로 억제할 것이다.

조문 내용 요약

제1조는 유럽연합 인공지능법의 목적을 명시하고 있다. 이 법의 목적은 내부 시장의 기능을 개선하고, 인간 중심적이고 신뢰할 수 있는 AI 기술의 활용을 촉진하며, 건강, 안전, 기본권을 높은 수준으로 보호하는 것이다. 또한, AI 시스템의 유해한 영향으로부터 보호하고, 혁신을 지원하는 것을 목표로 한다. 이를 위해 AI 시스템의 시장 출시, 서비스 제공 및 사용에 대한 통일된 규칙을 규정하고, 특정 AI 관행의 금지, 고위험 AI 시스템에 대한 특정 요구 사항 및 해당 시스템 운영자에 대한 의무, 통일된 투명성 규칙 등을 도입한다. 또한, 스타트업을 포함한 중소기업에 초점을 맞춘 혁신 지원 조치도 포함하고 있다.

규제 찬반 논의

찬성하는 측에서는 AI 기술의 안전성과 윤리성을 보장하기 위해 규제가 필요하다고 주장한다. 규제를 통해 AI 기술의 부작용을 최소화하고, 사용자와 사회의 신뢰를 얻을 수 있기 때문이다. 반면, 반대하는 측에서는 과도한 규제가 AI 기술의 혁신을 저해할 수 있다고 주장한다. 특히, 중소기업과 스타트업의 경우 규제 준수 비용이 큰 부담이 될 수 있다. 이러한 규제는 기술 발전 속도를 늦추고, 글로벌 경쟁력에 부정적인 영향을 미칠 수 있다.

금지 사항과 형벌 또는 행정벌 적절성 논의

제1조는 특정 AI 관행의 금지와 관련된 내용을 포함하고 있다. 이러한 금지는 AI 기술의 오남용을 방지하기 위한 중요한 조치이다. 금지 사항에 대한 형벌 또는 행정벌의 적절성에 대해서는, 위반 행위의 심각성에 따라 차별화된 접근이 필요하다. 중대한 위반에 대해서는 강력한 형벌을 통해 억지 효과를 얻을 수 있으며, 경미한 위반에 대해서는 행정벌을 통해 개선을 유도하는 것이 바람직하다. 이를 통해 법의 실효성을 높이고, AI 기술의 책임 있는 사용을 촉진할 수 있다.

결론: 한국행정에 대한 제언

한국에서도 AI 기술의 발전과 함께 그에 따른 사회적, 윤리적 문제들이 대두되고 있다. 유럽연합 인공지능법의 제정 목적과 내용을 참고하여, 한국도 AI 기술의 안전성과 윤리성을 보장할 수 있는 법적 틀을 마련할 필요가 있다. 이를 위해 AI 기술의 위험 수준에 따른 차별화된 규제, 특정 AI 관행의 금지, 고위험 AI 시스템에 대한 엄격한 요구 사항 등을 도입할 수 있다. 또한, 중소기업과 스타트업에 대한 혁신 지원 조치를 통해 기술 발전과 경제 성장을 동시에 추구해야 할 것이다. 이를 통해 한국은 AI 기술의 책임 있는 발전과 신뢰성 있는 활용을 달성할 수 있을 것이다.

제2조: 범위

요약

1. 이 규정은 다음에 적용된다.
   (a) 제공업체가 EU 내에 설립 또는 소재하는지 또는 제3국에 설립되었는지 여부와 관계없이 EU 내 AI 시스템을 시장에 출시하거나 서비스에 투입하거나 범용 AI 모델을 시장에 출시하는 제공업체
   (b) 설립 장소가 있거나 연합 내에 위치한 AI 시스템의 배포자
   (c) 설립 장소가 있거나 제3국에 위치한 AI 시스템의 제공자 및 배포자로, AI 시스템에 의해 생

산된 결과물이 EU에서 사용되는 경우

(d) AI 시스템의 수입업자 및 유통업자

(e) AI 시스템을 제품과 함께 자체 이름 또는 상표로 시장에 출시하거나 서비스하는 제품 제조업체

(f) 연방에 설립되지 않은 제공자의 공식 대표

(g) 연방에 위치한 영향을 받는 사람

2. 부속서 I의 섹션 B에 나열된 연합 조화 법률이 적용되는 제품과 관련된 제6(1)조에 따라 고위험 AI 시스템으로 분류된 AI 시스템의 경우, 제6(1), 제102조 내지 제109조 및 제112조만 적용된다. 제57조는 이 규정에 따른 고위험 AI 시스템에 대한 요건이 동 연합 조화 법률에 통합된 경우에만 적용된다.

3. 이 규정은 연합법의 범위를 벗어난 영역에는 적용되지 않으며, 어떠한 경우에도 회원국이 국가안보와 관련된 업무를 수행하도록 위임한 단체의 유형에 관계없이 국가안보에 관한 회원국의 권한에 영향을 미치지 않는다. 이 규정은 이러한 활동을 수행하는 주체의 유형에 관계없이 군사, 국방 또는 국가 안보 목적으로만 시장에 출시되거나, 사용되거나, 수정 여부에 관계없이 사용되는 AI 시스템에는 적용되지 않는다. 이 규정은 시장에 출시되지 않거나 유럽연합에서 서비스되지 않은 AI 시스템에는 적용되지 않으며, 해당 활동을 수행하는 주체의 유형에 관계없이 출력물이 연합에서 군사, 국방 또는 국가 안보 목적으로만 사용되는 경우이다.

4. 이 규정은 제3국의 공공기관 또는 제1항에 따라 이 규정의 범위에 속하는 국제기구에 적용되지 않으며, 해당 기관 또는 조직이 국제 협력 또는 EU 또는 하나 이상의 회원국과의 법 집행 및 사법 협력을 위한 협정의 틀에서 AI 시스템을 사용하는 경우, 단, 그러한 제3국 또는 국제기구가 개인의 기본권 및 자유 보호와 관련하여 적절한 보호조치를 제공하는 경우.

5. 이 규정은 규정(EU) 2022/2065의 제2장에 명시된 중개 서비스 제공자의 책임에 관한 조항의 적용에 영향을 미치지 않는다.

6. 이 규정은 과학 연구 및 개발의 목적으로만 특별히 개발되어 사용되는 AI 시스템 또는 AI 모델(결과물 포함)에는 적용되지 않는다.

7. 개인 데이터 보호, 개인 정보 보호 및 통신 기밀성에 관한 연합법은 본 규정에 명시된 권리 및 의무와 관련하여 처리되는 개인 데이터에 적용된다. 이 규정은 이 규정의 10(5)조 및 59조를

침해하지 않고 규정

(EU) 2016/679 또는 (EU) 2018/1725 또는 지침 2002/58/EC 또는 (EU) 2016/680에 영향을 미치지 않는다.

8. 이 규정은 AI 시스템 또는 AI 모델이 시장에 출시되거나 서비스되기 전에 관련 연구, 테스트 또는 개발 활동에는 적용되지 않는다. 이러한 활동은 해당 연합 법률에 따라 수행되어야 한다. 실제 조건에서의 테스트에는 해당 제외 사항이 적용되지 않는다.

9. 이 규정은 소비자 보호 및 제품 안전과 관련된 다른 연합 법률에서 정한 규칙을 침해하지 않는다.

10. 이 규정은 순전히 개인적인 비전문적 활동 과정에서 AI 시스템을 사용하는 자연인인 배포자의 의무에는 적용되지 않는다.

11. 이 규정은 노동조합 또는 회원국이 고용주의 AI 시스템 사용과 관련하여 근로자의 권리를 보호하는 측면에서 근로자에게 더 유리한 법률, 규정 또는 행정 조항을 유지 또는 도입하거나 근로자에게 더 유리한 단체협약의 적용을 장려하거나 허용하는 것을 배제하지 않는다.

12. 이 규정은 고위험 AI 시스템 또는 제5조 또는 제50조에 해당하는 AI 시스템으로 시장에 출시되거나 서비스에 투입되지 않는 한, 무료 및 오픈 소스 라이선스에 따라 출시된 AI 시스템에는 적용되지 않는다.

해설

적용 범위 요약

- **적용 대상**: EU 내에서 AI 시스템을 시장에 출시하거나 사용하는 모든 제공자, 배포자, 수입업자, 유통업체, 제조업체, 공식 대표자 및 영향을 받는 사람.
- **적용 제외**: 군사, 국방, 국가 안보 목적의 AI 시스템, 과학 연구 및 개발 목적의 AI 시스템, 개인적 비전문적 활동에서 사용되는 AI 시스템.
- **기타 규정**: 개인 데이터 보호, 소비자 보호 및 제품 안전 관련 기존 EU 법률과의 관계, 근로자 보호를 위한 더 유리한 법률 허용.

규제범위의 적절성에 대한 찬반 의견

찬성 의견:

- **포괄적 적용**: 다양한 AI 시스템 제공자와 사용자를 포함하여 규제의 포괄성을 높임.
- **개인 데이터 보호**: 기존 EU 법률과의 조화를 통해 개인 데이터 보호를 강화함.
- **근로자 보호**: 근로자 보호를 위한 더 유리한 법률을 허용하여 노동자의 권익을 보호함.

반대 의견:

- **복잡성 증가**: 다양한 예외 조항으로 인해 규정의 복잡성이 증가할 수 있음.
- **과학 연구 제한**: 과학 연구 및 개발 목적의 AI 시스템에 대한 규제가 연구의 자유를 제한할 수 있음.
- **국가 안보 제외**: 국가 안보 목적의 AI 시스템이 규제에서 제외되어 잠재적 위험을 초래할 수 있음.

제3조: 정의

이 규정의 목적상, 다음 개념 정의가 적용된다.

(1) 'AI 시스템'이라 함은 다양한 수준의 자율성으로 작동하도록 설계되고 배포 후 적응성을 나타낼 수 있는 기계 기반 시스템을 의미하며, 명시적 또는 묵시적 목적을 위해 수신된 입력으로부터 물리적 또는 가상 환경에 영향을 미칠 수 있는 예측, 콘텐츠, 권장 사항 또는 결정과 같은 출력을 생성하는 방법을 추론한다.

(2) '위험'이라 함은 위해의 발생 가능성과 그 위해의 심각성의 조합을 의미한다.

(3) '제공자'라 함은 AI 시스템 또는 범용 AI 모델을 개발하거나, AI 시스템 또는 범용 AI 모델을 개발하여 시장에 출시하거나, AI 시스템을 자신의 이름 또는 상표로 유료 또는 무상으로 서비스하는 자연인 또는 법인, 공공 기관, 기관 또는 기타 단체를 의미한다.

(4) '배포자'는 AI 시스템이 개인의 비전문적 활동 과정에서 사용되는 경우를 제외하고 AI 시스템을 사용하는 자연인 또는 법인, 공공 기관, 기관 또는 기타 기관을 의미한다.

(5) '권한을 위임받은 대리인'이라 함은 연방에 소재하거나 설립된 자연인 또는 법인으로서 인공지능 시스템 또는 범용 인공지능 모델의 제공자로부터 이 규정에 의해 정한 의무 및 절차를 각각 수행하고 이행하기 위한 서면 위임장을 수령하고 수락한 자를 말한다.

(6) '수입업자'라 함은 제3국에 설립된 자연인 또는 법인의 이름 또는 상표를 지닌 AI 시스템을 시장에 출시하는 유럽연합에 소재하거나 설립된 자연인 또는 법인을 의미한다.

(7) '유통업체'라 함은 공급자 또는 수입업자를 제외한 공급망의 자연인 또는 법인으로서 연합 시장에서 AI 시스템을 사용할 수 있도록 하는 사람을 의미한다.

(8) '운영자'는 공급자, 제품 제조업체, 배포자, 권한 있는 대리인, 수입업체 또는 유통업체를 의미한다.

(9) '시장에 내놓는다'는 것은 AI 시스템 또는 범용 AI 모델을 유니온 시장에 최초로 출시하는 것을 의미한다.

(10) '시장에 출시'라 함은 상업 활동 과정에서 연합 시장에서 유통 또는 사용하기 위해 AI 시스템 또는 범용 AI 모델을 대금 또는 무상으로 공급하는 것을 의미한다.

(11) '서비스 투입'이라 함은 최초로 배포자에게 직접 또는 연방에서 의도된 목적을 위해 자체적으로 사용할 수 있는 AI 시스템을 공급하는 것을 말한다.

(12) '의도된 목적'은 제공자가 사용 지침, 판촉 또는 판매 자료 및 진술 및 기술 문서에 제공한 정보에 명시된, 특정 맥락 및 사용 조건을 포함하여, 제공자가 의도하는 AI 시스템 사용을 의미한다.

(13) '합리적으로 예측 가능한 오용'은 의도된 목적에 부합하지 않지만 합리적으로 예측 가능한 인간의 행동 또는 다른 AI 시스템을 포함한 다른 시스템과의 상호 작용으로 인해 발생할 수 있는 방식으로 AI 시스템을 사용하는 것을 의미한다.

(14) '안전 구성 요소'는 해당 제품 또는 AI 시스템에 대한 안전 기능을 수행하는 제품 또는 AI 시스템의 구성 요소, 또는 고장 또는 오작동으로 인해 인명 또는 재산의 건강과 안전을 위협하는, 제품 또는 AI 시스템의 구성 요소를 의미한다.

(15) '사용 지침'이라 함은 특히 AI 시스템의 의도된 목적과 적절한 사용을 배포자에게 알리기 위해 제공자가 제공하는 정보를 의미한다.

(16) 'AI 시스템의 리콜'이라 함은 제공자에 대한 반환을 달성하거나 배포자가 사용할 수 있는 AI 시스템의 사용을 중단하거나 비활성화하는 것을 목표로 하는 모든 조치를 의미한다.

(17) 'AI 시스템의 철회'는 공급망의 AI 시스템이 시장에 출시되는 것을 방지하기 위한 모든 조치를 의미한다.

(18) '인공지능 시스템의 성능'이라 함은 인공지능 시스템이 의도한 목적을 달성할 수 있는 능력을 말한다.

(19) '통보기관'이라 함은 적합성평가기관의 평가, 지정 및 통지 및 그 모니터링에 필요한 절차를 수립하고 수행할 책임이 있는 국가기관을 말한다.

(20) '적합성평가'라 함은 고위험 인공지능 시스템과 관련하여 제3장 제2절에 규정된 요건이 충족되었는지 여부를 입증하는 과정을 말한다.

(21) '적합성평가기관'이라 함은 시험, 인증 및 심사를 포함한 제3자 적합성평가활동을 수행하는 기관을 말한다.

(22) '인증기관'이라 함은 이 규정 및 기타 관련 연합조화법에 따라 통보된 적합성평가기관을 말한다.

(23) '실질적 수정'이라 함은 인공지능 시스템이 시장에 출시되거나 서비스에 투입된 후 제공자가 수행한 초기 적합성 평가에서 예측되거나 계획되지 않은 변경을 의미하며, 그 결과 인공지능 시스템이 제3장에 규정된 요건을 준수하는 것을 의미한다. 섹션 2는 AI 시스템이 평가된 의도된 목적에 영향을 받거나 수정을 초래한다.

(24) 'CE 마크'라 함은 제공자가 인공지능 시스템이 제3장 제2절 및 그 부착을 규정하는 기타 적용 가능한 연합 조화 법률에 규정된 요건을 준수함을 나타내는 마크를 말한다.

(25) '시판 후 모니터링 시스템'이라 함은 필요한 시정 또는 예방 조치를 즉시 적용할 필요성을 식별하기 위해 AI 시스템 제공자가 시장에 출시하거나 서비스에 투입한 AI 시스템의 사용으로 얻은 경험을 수집 및 검토하기 위해 수행하는 모든 활동을 의미한다.

(26) '시장감시기관'이라 함은 규정(EU) 2019/1020에 따라 활동을 수행하고 조치를 취하는 국가기관을 말한다.

(27) '조화 표준'은 규정 (EU) No 1025/2012의 2(1) 항 (c)에 정의된 조화 표준을 의미한다.

(28) '공통 사양'은 규정(EU) No 1025/2012의 제2조 (4)항에 정의된 일련의 기술 사양을 의미하며, 이 규정에 따라 설정된 특정 요구 사항을 준수하기 위한 수단을 제공한다.

(29) '학습 데이터'라 함은 AI 시스템의 학습 가능한 파라미터를 피팅하여 학습시키기 위해 사용되는 데이터를 의미한다.

(30) '검증 데이터'라 함은 훈련된 인공지능 시스템에 대한 평가를 제공하고, 특히 과소적합 또는 과적합을 방지하기 위해 학습할 수 없는 파라미터 및 학습 과정을 조정하기 위해 사용되는 데이터를 의미한다.

(31) '검증 데이터 세트'라 함은 별도의 데이터 세트 또는 학습 데이터 세트의 일부를 고정 또는 변수 분할된 것을 의미한다.

(32) '테스트 데이터'라 함은 AI 시스템이 시장에 출시되거나 서비스에 투입되기 전에 해당 시스템의 예상 성능을 확인하기 위해 AI 시스템에 대한 독립적인 평가를 제공하는 데 사용되는 데이터를 의미한다.

(33) '입력 데이터'라 함은 AI 시스템에 제공되거나 AI 시스템이 직접 획득한 데이터를 말하며, 이를 기반으로 시스템이 출력을 생성한다.

(34) '생체 인식 데이터'는 얼굴 이미지 또는 dactyloscopic 데이터와 같이 자연인의 신체적, 생리적 또는 행동적 특성과 관련된 특정 기술적 처리로 인한 개인 데이터를 의미한다.

(35) '생체인식 식별'이라 함은 자연인의 생체인식 데이터를 데이터베이스에 저장된 개인의 생체인식 데이터와 비교하여 자연인의 신원을 확립할 목적으로 인간의 신체적, 생리적, 행동적 또는 심리적 특징을 자동으로 인식하는 것을 말한다.

(36) '생체인식 인증'이라 함은 자연인의 생체인식 데이터를 이전에 제공된 생체인식 데이터와 비교하여 자연인의 신원에 대한 인증을 포함한 자동화된 일대일 검증을 의미한다.

(37) '특수 범주의 개인 데이터'는 규정 (EU) 2016/679의 9(1)항, 지침(EU) 2016/680의 10항 및 규정 (EU) 2018/1725의 10(1)항에 언급된 개인 데이터의 범주를 의미한다.

(38) '민감한 운영 데이터'는 형사 범죄의 예방, 탐지, 조사 또는 기소 활동과 관련된 운영 데이터를 의미하며, 공개될 경우 형사 절차의 무결성을 위태롭게 할 수 있다.

(39) '감정인식시스템'이라 함은 자연인의 생체인식 데이터를 기초로 자연인의 감정 또는 의도를

식별 또는 추론할 목적으로 하는 인공지능 시스템을 말한다.

(40) '생체인식 분류 시스템'이라 함은 다른 상업적 서비스에 부수적이고 객관적인 기술적 이유로 반드시 필요한 경우를 제외하고는 생체인식 데이터를 기반으로 자연인을 특정 범주에 할당할 목적으로 하는 AI 시스템을 의미한다.

(41) '원격 생체인식 식별 시스템'이라 함은 자연인의 적극적인 개입 없이, 일반적으로 개인의 생체인식 데이터와 참조 데이터베이스에 포함된 생체인식 데이터의 비교를 통해 원거리에서 자연인을 식별할 목적으로 하는 AI 시스템을 의미한다.

(42) '실시간 원격 생체 인식 시스템'이라 함은 원격 생체 인식 시스템을 말하며, 이에 따라 생체인식 데이터의 수집, 비교 및 식별이 모두 큰 지연 없이 이루어지며, 즉각적인 식별뿐만 아니라 우회를 피하기 위한 제한된 짧은 지연도 포함된다.

(43) '사후 원격 생체 식별 시스템'은 실시간 원격 생체 식별 시스템 이외의 원격 생체 식별 시스템을 의미한다.

(44) '공개적으로 접근 가능한 공간'이라 함은 특정 접근 조건이 적용될 수 있는지 여부와 잠재적 수용 인원 제한에 관계없이 불특정 수의 자연인이 접근할 수 있는 공공 또는 개인 소유의 물리적 장소를 의미한다.

(45) '법 집행 기관'이라 함은 다음을 의미한다.

   (a) 공공 안전에 대한 위협에 대한 보호 및 예방을 포함하여 형사 범죄의 예방, 조사, 탐지 또는 기소 또는 형사 처벌의 집행을 담당하는 공공 기관 또는

   (b) 공공 안전에 대한 위협에 대한 보호 및 예방을 포함하여 형사 범죄의 예방, 조사, 탐지 또는 기소 또는 형사 처벌의 집행을 위해 공권력 및 공권력을 행사하도록 회원국 법률에 의해 위임받은 기타 기관 또는 단체

(46) '법 집행'이라 함은 공공 안전에 대한 위협에 대한 보호 및 예방을 포함하여 형사 범죄의 예방, 조사, 탐지 또는 기소 또는 형사 처벌의 집행을 위해 법 집행 당국이 또는 법 집행 기관을 대신하여 수행하는 활동을 의미한다.

(47) 'AI 사무국'은 2024년 1월 24일 위원회 결정에 규정된 AI 시스템 및 범용 AI 모델의 구현, 모니터링 및 감독, AI 거버넌스에 기여하는 위원회의 기능을 의미한다. 이 규정에서 AI 사무국

에 대한 언급은 위원회에 대한 언급으로 해석된다.

(48) '국가관할관청'이라 함은 신고기관 또는 시장감시기관을 말한다. 연합 기관, 기관, 사무소 및 단체가 서비스에 투입하거나 사용하는 AI 시스템과 관련하여 본 규정에서 국가 관할 당국 또는 시장 감시 당국에 대한 언급은 유럽 데이터 보호 감독자에 대한 언급으로 해석된다.

(49) '중대 사건'이라 함은 인공지능 시스템의 사고 또는 오작동으로 인하여 직간접적으로 다음 각호의 어느 하나에 해당하는 경우를 말한다.

　(a) 사람의 사망 또는 사람의 건강에 심각한 해를 끼친 경우;

　(b) 중요 인프라의 관리 또는 운영에 대한 심각하고 돌이킬 수 없는 중단.

　(c) 기본권을 보호하기 위한 연합법에 따른 의무 위반

　(d) 재산 또는 환경에 심각한 해를 끼치는 행위

(50) '개인 데이터'는 규정 (EU) 2016/679의 4조 (1)항에 정의된 개인 데이터를 의미한다.

(51) '비개인 데이터'는 규정(EU) 2016/679의 4조 (1)항에 정의된 개인 데이터 이외의 데이터를 의미한다.

(52) '프로파일링'은 규정(EU) 2016/679의 제4조 (4)항에 정의된 프로파일링을 의미한다.

(53) '실제 테스트 계획'이라 함은 실제 조건에서 테스트의 목표, 방법론, 지리적, 인구 및 시간적 범위, 모니터링, 조직 및 수행을 설명하는 문서를 의미한다.

(54) '샌드박스 계획'이라 함은 샌드박스 내에서 수행되는 활동의 목표, 조건, 기간, 방법론 및 요건을 설명하는 참여 제공자와 관할 당국 간에 합의된 문서를 의미한다.

(55) 'AI 규제 샌드박스'라 함은 규제 감독하에 제한된 기간 동안 샌드박스 계획에 따라 AI 시스템의 제공자 또는 잠재적 제공자에게 실제 조건에서 적절한 경우 혁신적인 AI 시스템을 개발, 훈련, 검증 및 테스트할 수 있는 가능성을 제공하는 관할 당국이 설정한 통제된 프레임워크를 의미한다.

(56) 'AI 리터러시'라 함은 제공자, 배포자 및 영향을 받는 개인이 이 규정의 맥락에서 각자의 권리와 의무를 고려하여 정보에 입각한 AI 시스템 배포를 수행하고 AI의 기회와 위험 및 AI가 야기할 수 있는 피해에 대한 인식을 얻을 수 있도록 하는 기술, 지식 및 이해를 의미한다.

(57) '실제 조건에서의 테스트'라 함은 신뢰할 수 있고 강력한 데이터를 수집하고 AI 시스템이 이

규정의 요건에 부합하는지 평가 및 검증하기 위해 실험실 또는 기타 시뮬레이션된 환경 외부의 실제 조건에서 의도된 목적을 위해 AI 시스템을 일시적으로 테스트하는 것을 의미하며, AI 시스템을 시장에 출시하거나 다음 의미의 범위 내에서 서비스에 투입하는 것으로 인정되지 않는다. 이 규정은 제57조 또는 제60조에 규정된 모든 조건이 충족되는 경우에 한한다.

(58) '피험자'라 함은 실제 조건에서의 실험에 참여하는 자연인을 말한다.

(59) '정보에 입각한 동의'라 함은 피험자의 참여 결정과 관련된 실험의 모든 측면에 대해 통보를 받은 후, 실제 상황에서 특정 실험에 참여하겠다는 피험자의 자유롭고, 구체적이고, 모호하지 않고, 자발적인 표현을 말한다.

(60) '딥 페이크(deep fake)'라 함은 AI가 생성하거나 조작한 이미지, 오디오 또는 비디오 콘텐츠를 말하며, 이는 기존의 사람, 사물, 장소, 단체 또는 사건과 유사하며, 사람에게 진짜이거나 진실한 것처럼 거짓으로 보일 수 있다.

(61) '광범위한 침해'라 함은 개인의 이익을 보호하는 연방법에 반하는 행위 또는 부작위를 말하며, 다음과 같은 행위를 말한다.

   (a) 다음과 같은 회원국이 아닌 최소 2개 회원국에 거주하는 개인의 집단적 이익에 해를 끼쳤거나 해를 끼칠 가능성이 있는 경우:

      (i) 작위 또는 부작위가 발생했거나 발생한 경우;

      (ii) 관련 제공자 또는 해당되는 경우 권한을 위임받은 대리인이 위치하거나 설립된 경우;

      (iii) 배포자가 침해를 저질렀을 때 배포자가 조사대상자가 된다.

   (b) 개인의 집단적 이익에 해를 끼쳤거나, 해를 끼칠 가능성이 있거나, 동일한 불법 행위 또는 동일한 이익이 침해되는 것을 포함하여 공통된 특징을 가지고 있으며, 최소 3개 회원국에서 동일한 운영자에 의해 동시에 발생하고 있는 경우.

(62) '중요 인프라'는 지침(EU) 2022/2557의 2조 (4)항에 정의된 중요 인프라를 의미한다.

(63) '범용 인공지능 모델'이라 함은 인공지능 모델을 말하며, 이러한 인공지능 모델이 대규모로 자기감독을 이용하여 대량의 데이터로 훈련되는 경우를 포함하며, 상당한 일반성을 나타내고, 모델이 시장에 출시되는 방식에 관계없이 광범위한 별개의 작업을 유능하게 수행할 수 있으며, 다양한 다운스트림 시스템 또는 애플리케이션에 통합될 수 있는 인공지능 모델을

말한다. 시장에 출시되기 전에 연구, 개발 또는 프로토타이핑 활동에 사용되는 AI 모델은 제외된다.

(64) '고영향 능력'이라 함은 가장 진보된 범용 AI 모델에 기록된 능력과 동등하거나 이를 능가하는 능력을 말한다.

(65) '체계적 위험'이라 함은 범용 인공지능 모델의 영향력이 큰 능력에 특정하는 위험, 그 도달 범위로 인해 연합 시장에 상당한 영향을 미치거나, 공중 보건, 안전, 공공 안전, 기본권 또는 사회 전체에 대한 실제적이거나 합리적으로 예측 가능한 부정적 영향으로 인해 가치 사슬 전반에 걸쳐 대규모로 전파될 수 있는 위험을 의미한다.

(66) '범용 AI 시스템'이라 함은 범용 AI 모델을 기반으로 하며, 직접 사용 및 다른 AI 시스템과의 통합을 위해 다양한 목적을 수행할 수 있는 능력을 갖춘 AI 시스템을 의미한다.

(67) '부동소수점 연산'이라 함은 부동소수점을 포함하는 모든 수학적 연산 또는 대입을 말하며, 부동소수점은 컴퓨터에서 일반적으로 고정된 기수의 정수 지수에 의해 스케일링된 고정정밀도의 정수로 표현되는 실수의 부분집합이다.

(68) '다운스트림 제공자'라 함은 AI 모델이 스스로 제공되고 수직적으로 통합되거나 계약관계에 기초하여 다른 주체에 의해 제공되는지 여부에 관계없이 AI 모델을 통합하는 범용 AI 시스템을 포함하는 AI 시스템의 제공자를 말한다.

해설

EU 인공지능법 제3조는 다양한 용어를 정의하고 있다. 이 조항의 해설을 도입 이유, 조문 내용 요약, 그리고 법적, 행정적, 비즈니스 측면에서의 의미로 나누어 설명한다.

도입 이유

EU 인공지능법 제3조는 인공지능 시스템과 관련된 다양한 용어를 명확히 정의함으로써 법의 적용 범위와 규제 대상의 명확성을 높이기 위해 제정되었다. 이는 법적 불확실성을 줄이고, 이해관계자들이 법을 준수하는 데 필요한 명확한 기준을 제공하기 위함이다.

인공지능(AI)과 행정관리

조문 내용 요약

제3조는 총 68개의 용어를 정의하고 있으며, 주요 내용은 다음과 같다:

- **AI 시스템**: 자율적으로 작동하고 배포 후 적응할 수 있는 기계 기반 시스템.
- **제공자**: AI 시스템을 개발하고 시장에 내놓는 자연인 또는 법인.
- **배포자**: AI 시스템을 사용하는 자연인 또는 법인.
- **수입자**: 제3국에서 개발된 AI 시스템을 EU 시장에 내놓는 자연인 또는 법인.
- **배포자**: 공급망 내에서 AI 시스템을 EU 시장에 제공하는 자연인 또는 법인.
- **운영자**: 제공자, 제품 제조업체, 배포자, 수입자 등을 포함한 AI 시스템의 운영자.
- **시장 감시 당국**: AI 시스템의 규제 및 모니터링을 담당하는 국가 당국.

법적 측면

법적 측면에서 제3조는 다음과 같은 의미를 가진다:

- **명확성 제공**: 법적 용어의 명확한 정의를 통해 법의 적용 범위와 규제 대상이 명확해진다. 이는 법적 분쟁 시 해석의 혼란을 줄이고, 법적 안정성을 높이는 데 기여한다.
- **책임 소재 명확화**: 제공자, 배포자, 수입자 등의 역할과 책임을 명확히 정의함으로써, 법적 책임 소재를 명확히 할 수 있다. 이는 법적 분쟁 시 책임을 명확히 규명하는 데 도움이 된다.
- **규제 일관성**: EU 전역에서 일관된 규제를 적용할 수 있도록 용어를 통일함으로써, 각국의 법적 해석 차이를 줄이고, 법적 일관성을 유지할 수 있다.

행정적 측면

행정적 측면에서 제3조는 다음과 같은 의미를 가진다:

- **규제 효율성 향상**: 명확한 용어 정의를 통해 규제 당국이 효율적으로 법을 집행할 수 있다. 이는 규제의 효율성을 높이고, 행정적 부담을 줄이는 데 기여한다.

- **감시 및 집행 강화**: 시장 감시 당국의 역할을 명확히 정의함으로써, AI 시스템의 규제 및 모니터링을 강화할 수 있다. 이는 AI 시스템의 안전성과 신뢰성을 높이는 데 도움이 된다.
- **국제 협력 촉진**: EU 내에서 통일된 용어를 사용함으로써, 국제적인 협력과 조화를 촉진할 수 있다. 이는 글로벌 AI 규제 환경에서 EU의 리더십을 강화하는 데 기여한다.

비즈니스 측면

비즈니스 측면에서 제3조는 다음과 같은 의미를 가진다:

- **시장 접근성 향상**: 명확한 규제 기준을 제공함으로써, 기업들이 법을 준수하는 데 필요한 명확한 지침을 제공한다. 이는 기업들이 EU 시장에 진출하는 데 도움이 된다.
- **혁신 촉진**: 규제 샌드박스와 같은 제도를 통해, 기업들이 혁신적인 AI 시스템을 개발하고 테스트할 수 있는 환경을 제공한다. 이는 AI 기술의 발전과 혁신을 촉진하는 데 기여한다.
- **경쟁력 강화**: 명확한 규제 기준을 통해, 기업들이 법적 리스크를 줄이고, 안정적인 비즈니스 환경을 조성할 수 있다. 이는 기업들의 경쟁력을 강화하는 데 도움이 된다.

이와 같이, EU 인공지능법 제3조는 법적, 행정적, 비즈니스 측면에서 중요한 의미를 가지며, AI 시스템의 안전성과 신뢰성을 높이는 데 기여한다.

제4조: AI 리터러시

AI 시스템의 제공자 및 배포자는 기술 지식, 경험, 교육 및 훈련과 AI 시스템이 사용되는 맥락을 고려하여 직원 및 AI 시스템의 운영 및 사용을 처리하는 기타 사람의 충분한 수준의 AI 리터러시를 최대한 보장하기 위한 조치를 취해야 한다. AI 시스템이 사용될 개인 또는 개인 그룹을 고려해야 한다.

인공지능(AI)과 행정관리

EU 인공지능법 제4조는 AI 시스템을 개발하고 사용하는 기업들이 해당 시스템을 운영하거나 사용하는 직원 및 기타 관련자들이 AI에 대해 충분히 교육받도록 해야 한다고 명시하고 있다. 이 조항은 직원들의 기술적 지식, 경험, 교육 및 훈련 수준을 고려하고, AI 시스템이 사용될 맥락과 그 시스템이 영향을 미칠 사람들을 고려해야 한다고 강조한다.

도입 이유

이 조항의 도입 이유는 AI 시스템의 안전하고 윤리적인 사용을 보장하기 위함이다. AI 시스템이 점점 더 복잡해지고 다양한 분야에서 사용됨에 따라, 이를 운영하는 사람들의 이해도와 숙련도가 중요해졌다. 따라서, 충분한 교육과 훈련을 통해 AI 시스템의 오용이나 오작동을 방지하고, 시스템의 신뢰성을 높이는 것이 필요하다.

조문 내용 요약:

- **교육 및 훈련**: AI 시스템을 운영하거나 사용하는 직원들이 충분한 교육과 훈련을 받아야 함.
- **기술적 지식 고려**: 직원들의 기술적 지식, 경험, 교육 및 훈련 수준을 고려해야 함.
- **사용 맥락 고려**: AI 시스템이 사용될 맥락과 그 시스템이 영향을 미칠 사람들을 고려해야 함.

법적 측면

이 조항은 AI 시스템의 책임 있는 사용을 촉진하고, 법적 분쟁 시 기업의 책임을 명확히 하는 데 기여한다. 행정 측면에서는 기업들이 직원 교육 프로그램을 마련하고, 이를 통해 AI 시스템의 안전성과 효율성을 높이는 데 도움이 된다. 비즈니스 측면에서는 직원들의 AI 이해도를 높여, AI 시스템의 효과적인 활용과 혁신을 촉진할 수 있다.

제5조: 금지된 인공 지능 관행

1. 다음과 같은 AI 행위는 금지된다.

   (a) 정보에 입각한 결정을 내릴 수 있는 능력을 현저히 손상시킴으로써 개인 또는 집단의 행동을 실질적으로 왜곡하는 목적 또는 효과와 함께 개인의 의식을 넘어서는 잠재의식 기술 또는 의도적으로 조작하거나 기만적인 기술을 배포하는 AI 시스템을 시장에 출시, 서비스 또는는 사용하는 행위 그로 인해 그 사람, 다른 사람 또는 집단에 심각한 해를 끼치거나 초래할 합리적으로 가능성이 있는 방식으로 취하지 않았을 결정을 내리게 하는 행위

   (b) 연령, 장애 또는 특정 사회적, 경제적 상황으로 인해 자연인 또는 특정 집단의 취약성을 악용하는 AI 시스템을 시장에 출시, 서비스 또는 사용하는 행위 그 사람 또는 다른 사람에게 심각한 해를 끼치는 행위

   (c) 사회적 행동 또는 알려지거나, 추론되거나, 예측된 개인적 또는 성격적 특성을 기반으로 특정 기간 동안 자연인 또는 집단을 평가 또는 분류하기 위해 AI 시스템을 시장에 출시하거나, 서비스하거나, 사용하는 행위(사회적 점수가 다음 중 하나 또는 둘 다로 이어지는 경우)

      (i) 데이터가 원래 생성되거나 수집된 맥락과 관련이 없는 사회적 맥락에서 특정 자연인 또는는 집단에 대한 해롭거나 불리한 대우;

      (ii) 특정 자연인 또는 집단에 대한 해롭거나 불리한 대우가 정당화되지 않거나 그들의 사회적 행동 또는 그 심각성에 불균형한 경우;

   (d) 자연인의 프로파일링 또는 성격 특성 및 특성 평가만을 기반으로 자연인이 범죄를 저지를 위험을 평가하거나 예측하기 위해 자연인의 위험 평가를 수행하기 위해 시장에 출시하거나, 이러한 특정 목적을 위해 서비스를 제공하거나, AI 시스템을 사용하는 행위 이 금지 조항은 범죄 행위와 직접 관련된 객관적이고 검증 가능한 사실에 이미 기반하고 있는 범죄 행위에 대한 사람의 연루에 대한 인간의 평가를 지원하는 데 사용되는 AI 시스템에는 적용되지 않는다.

   (e) 시장에 출시하거나, 이러한 특정 목적을 위해 서비스를 제공하거나, 인터넷 또는 CCTV 영상에서 얼굴 이미지를 표적화하지 않고 스크래핑하여 얼굴 인식 데이터베이스를 생성하

거나 확장하는 AI 시스템의 사용;

(f) 의료 또는 안전상의 이유로 AI 시스템을 사용하거나 시장에 출시하려는 경우를 제외하고, 직장 및 교육 기관 영역에서 자연인의 감정을 추론하기 위해 AI 시스템을 시장에 출시하거나, 특정 목적으로 서비스하거나, 사용하는 행위

(g) 인종, 정치적 견해, 노동조합 가입 여부, 종교적 또는 철학적 신념, 성생활 또는 성적 취향을 추론하거나 추론하기 위해 생체 데이터를 기반으로 자연인을 개별적으로 분류하는 생체 인식 분류 시스템의 사용. 특정 목적을 위한 서비스 또는 사용 이 금지 조항은 생체 인식 데이터를 기반으로 이미지와 같이 합법적으로 획득한 생체 인식 데이터 세트의 레이블 지정 또는 필터링 또는 법 집행 영역에서 생체 인식 데이터의 분류에는 적용되지 않는다.

(h) 법 집행 목적을 위해 공개적으로 접근 가능한 공간에서 '실시간' 원격 생체 인식 시스템을 사용하는 행위(단, 다음 목적 중 하나를 위해 반드시 필요한 경우는 제외).

(i) 납치, 인신매매 또는 성적 착취의 특정 피해자에 대한 표적 수색 및 실종자 수색

(ii) 자연인의 생명 또는 신체적 안전에 대한 구체적이고 실질적이며 임박한 위협 또는 테러 공격의 실질적이고 현재 또는 진정하고 예측 가능한 위협의 방지;

(iii) 범죄 수사 또는 기소를 수행하거나 부속서 II에 언급된 범죄에 대해 형사 처벌을 집행할 목적으로 범죄를 저지른 것으로 의심되는 사람의 소재 파악 또는 식별 및 관련 회원국에서 최대 4년의 구금 또는 구금 명령에 의해 처벌될 수 있다. 첫 번째 하위 단락의 (h)항은 법 집행 이외의 목적을 위한 생체 인식 데이터 처리에 대한 규정(EU) 2016/679의 9항을 침해하지 않는다.

2. 제1항 제1항 (h)항에 언급된 목적을 위해 법 집행을 위해 공개적으로 접근 가능한 공간에서 '실시간' 원격 생체 인식 시스템을 사용하는 것은 해당 항에 명시된 목적을 위해서만 구체적으로 표적이 된 개인의 신원을 확인하기 위해 배포되어야 하며 다음 요소를 고려해야 한다.

(a) 사용 가능성을 야기하는 상황의 특성, 특히 시스템을 사용하지 않을 경우 발생할 수 있는 피해의 심각성, 가능성 및 규모;

(b) 관련된 모든 사람의 권리와 자유를 위한 시스템 사용의 결과, 특히 그러한 결과의 심각성, 가능성 및 규모. 또한, 본 조 제1항 제1항 (h)항에 언급된 목적을 위해 법 집행을 위해 공개

적으로 접근 가능한 공간에서 '실시간' 원격 생체 인식 시스템을 사용하는 것은 그 사용을 승인하는 국내법에 따라 사용과 관련하여 필요하고 비례적인 보호 장치 및 조건을 준수해야 한다. 특히 시간적, 지리적, 개인적 한계와 관련하여. 공개적으로 접근할 수 있는 공간에서 '실시간' 원격 생체 인식 시스템의 사용은 법 집행 기관이 제27조에 규정된 기본권 영향 평가를 완료하고 제49조에 따라 시스템을 EU 데이터베이스에 등록한 경우에만 승인된다. 그러나 정당하게 정당화되는 긴급한 경우, 그러한 등록이 부당한 지체 없이 완료되는 경우 EU 데이터베이스에 등록하지 않고도 그러한 시스템의 사용을 시작할 수 있다.

3. 제1항 제1항, 제1항 (h)항 및 제2항의 목적상, 공개적으로 접근 가능한 공간에서 '실시간' 원격 생체 인식 시스템을 법 집행 목적으로 사용하는 것은 사법 당국 또는 독립 행정 당국의 사전 승인을 받아야 하며, 해당 결정은 사용이 이루어지는 회원국이 구속력을 갖는다. 합리적인 요청에 따라 그리고 5항에 언급된 국내법의 세부 규칙에 따라 발행된다. 그러나 정당하게 정당화되는 긴급한 상황에서는 늦어도 24시간 이내에 부당한 지체 없이 승인을 요청하는 경우 승인 없이 해당 시스템의 사용을 시작할 수 있다. 이러한 승인이 거부되면 즉시 사용이 중지되고 모든 데이터와 해당 사용의 결과 및 출력은 즉시 폐기 및 삭제되어야 한다. 관할 사법 당국 또는 구속력이 있는 결정을 내린 독립 행정 당국은 객관적인 증거 또는 제시된 명확한 표시에 근거하여 해당 '실시간' 원격 생체 인식 시스템의 사용이 제1항에 명시된 목표 중 하나를 달성하는 데 필요하고 이에 비례한다는 사실이 충족되는 경우에만 승인을 해야 한다. 첫 번째 하위 단락 (h)는 요청서에 명시되어 있으며 특히 기간과 지리적 및 개인적 범위와 관련하여 엄격하게 필요한 것으로 제한된다. 요청을 결정할 때 해당 기관은 2항에 언급된 요소를 고려해야 한다. 개인에게 불리한 법적 영향을 미치는 결정은 '실시간' 원격 생체 인식 시스템의 결과만을 근거로 내려질 수 없다.

4. 제3항을 침해하지 않는 범위 내에서, 법 집행 목적으로 공개적으로 접근할 수 있는 공간에서 '실시간' 원격 생체 인식 시스템을 사용할 때마다 제5항에 언급된 국가 규칙에 따라 관련 시장 감시 당국 및 국가 데이터 보호 당국에 통지해야 한다. 통지에는 최소한 6항에 명시된 정보가 포함되어야 하며 민감한 운영 데이터는 포함되지 않아야 한다.

5. 회원국은 제1항 제1항 제(h)항 및 제2항 및 제3항에 열거된 한도 내에서 그리고 조건 하에서

법 집행을 목적으로 공개적으로 접근 가능한 공간에서 '실시간' 원격 생체인식 식별 시스템의 사용을 완전히 또는 부분적으로 승인할 수 있는 가능성을 제공하기로 결정할 수 있다. 관련 회원국은 제3항에 언급된 허가의 요청, 발급 및 행사, 감독 및 보고에 필요한 세부 규칙을 자국의 국내법에 규정한다. 이러한 규칙은 또한 제1항 제1항 (h)항 (h)항에 열거된 목적 중 (h)(iii)항에 언급된 형사 범죄 중 어떤 것이 관할 당국이 법 집행 목적으로 해당 시스템을 사용할 수 있는 권한을 부여할 수 있는지 명시해야 한다. 회원국은 이 규칙을 채택한 후 늦어도 30일 이내에 위원회에 통보해야 한다. 회원국은 연합법에 따라 원격 생체 인식 시스템 사용에 대해 보다 제한적인 법률을 도입할 수 있다.

6. 제4항에 따라 법 집행 목적으로 공개적으로 접근 가능한 공간에서 '실시간' 원격 생체인식 식별 시스템을 사용하는 것에 대해 통보를 받은 회원국의 국가 시장 감시 당국 및 국가 데이터 보호 당국은 그러한 사용에 대한 연례 보고서를 위원회에 제출해야 한다. 이를 위해 위원회는 회원국과 각국의 시장감시 및 정보보호당국에 제3항에 따른 승인 요청에 구속력을 갖는 관할 사법당국 또는 독립행정기관이 내린 결정의 수와 그 결과에 대한 정보를 포함한 템플릿을 제공한다.

7. 위원회는 제6항에 언급된 연례보고서에 기초하여 회원국에서 집계된 자료에 기초하여 법 집행 목적을 위해 공개적으로 접근 가능한 공간에서의 실시간 원격 생체인식 시스템 사용에 관한 연례 보고서를 발간한다. 이러한 연례 보고서에는 관련 법 집행 활동에 대한 민감한 운영 데이터가 포함되어서는 안 된다.

8. 이 조항은 AI 관행이 다른 연합 법률을 위반하는 경우에 적용되는 금지 사항에 영향을 미치지 않는다.

해설

EU 인공지능법(EU AI Act) 제5조는 특정 인공지능(AI) 사용을 금지하는 조항이다. 이 조항의 도입 이유, 조문 내용 요약, 그리고 법적, 행정적, 비즈니스 측면에서의 의미를 살펴보면 다음과 같다.

도입 이유

EU 인공지능법 제5조는 AI 시스템의 남용을 방지하고, 개인의 권리와 자유를 보호하기 위해 도입되었다. 특히, AI 기술이 사람들의 결정을 조작하거나 취약성을 악용하는 것을 방지하고, 사회적 점수화나 범죄 예측과 같은 부적절한 AI 사용을 금지하는 것을 목표로 한다.

조문 내용 요약

1. **조작 및 취약성 악용 금지**: 사람들의 결정을 조작하거나 취약성을 악용하는 AI 시스템의 사용을 금지한다.
2. **사회적 점수화 금지**: 사람들의 사회적 행동이나 개인적 특성을 기반으로 평가하거나 분류하는 AI 시스템의 사용을 금지한다.
3. **범죄 예측 금지**: 범죄 예측을 위해 사람들의 프로파일링이나 성격 특성을 평가하는 AI 시스템의 사용을 금지한다.
4. **얼굴 인식 데이터베이스 생성 금지**: 인터넷이나 CCTV 영상을 무차별적으로 스크래핑하여 얼굴 인식 데이터베이스를 생성하는 AI 시스템의 사용을 금지한다.
5. **감정 추론 금지**: 직장이나 교육 기관에서 사람들의 감정을 추론하는 AI 시스템의 사용을 금지한다.
6. **생체 인식 분류 금지**: 생체 데이터를 기반으로 사람들을 분류하는 AI 시스템의 사용을 금지한다.
7. **실시간 원격 생체 인식 금지**: 공공장소에서 법 집행 목적으로 실시간 원격 생체 인식 시스템의 사용을 금지한다. 단, 특정 조건하에서는 예외가 인정된다.

법적 측면

법적 측면에서 제5조는 개인의 권리와 자유를 보호하는 데 중점을 두고 있다. AI 시스템이 사람들의 결정을 조작하거나 취약성을 악용하는 것을 방지함으로써, 개인의 자율성과 프라이버시를 보호하도록 한다. 또한, 사회적 점수화나 범죄 예측과 같은 부적절한 AI 사용을 금지함으로써, 차별과 불공정한 대우를 방지하고자 한다.

행정적 측면

행정적 측면에서 제5조는 AI 시스템의 사용을 규제하고 감독하는 역할을 한다. 각 회원국은 이 조항을 준수하기 위해 필요한 법적, 행정적 절차를 마련해야 한다. 또한, 실시간 원격 생체 인식 시스템의 사용에 대한 엄격한 조건과 절차를 마련함으로써, 법 집행 기관의 책임성과 투명성을 강화하도록 한다.

비즈니스 측면

비즈니스 측면에서 제5조는 AI 기술을 개발하고 사용하는 기업들에게 중요한 규제 요건을 제시한다. 기업들은 이 조항을 준수하기 위해 AI 시스템의 설계와 운영 방식을 조정해야 한다. 이는 기업들에게 추가적인 비용과 부담을 초래할 수 있지만, 동시에 AI 기술의 신뢰성과 윤리성을 강화하는 데 기여할 수 있다.

이와 같이, EU 인공지능법 제5조는 AI 기술의 남용을 방지하고, 개인의 권리와 자유를 보호하며, 법 집행 기관의 책임성과 투명성을 강화하는 중요한 역할을 한다.

제6조: 고위험 AI 시스템에 대한 분류 규칙

1. AI 시스템이 (a) 및 (b)에 언급된 제품과 독립적으로 시장에 출시되거나 서비스에 투입되는지 여부에 관계없이 해당 AI 시스템은 다음 두 조건이 모두 충족되는 경우 고위험으로 간주된다.
   (a) AI 시스템이 제품의 안전 구성 요소로 사용되도록 의도된 경우, 또는 AI 시스템 자체가 부속서 I에 나열된 연합 조화 법률의 적용을 받는 제품인 경우;
   (b) (a)항에 따른 안전 구성 요소가 AI 시스템 또는 제품으로서의 AI 시스템 자체인 제품은 부속서 I에 나열된 연합 조화 법률에 따라 해당 제품의 시장 출시 또는 서비스 제공을 위해 제3자 적합성 평가를 받아야 한다.
2. 제1항에 언급된 고위험 AI 시스템 이외에 부속서 III에 언급된 AI 시스템은 고위험으로 간주된다.

3. 제2항을 적용제외, 부속서 III에 언급된 인공지능 시스템은 의사결정의 결과에 실질적으로 영향을 미치지 않는 것을 포함하여 자연인의 건강, 안전 또는 기본권에 중대한 위해를 가할 위험이 없는 경우 고위험으로 간주되지 않는다. 첫 번째 항은 다음 조건 중 하나가 충족되는 경우에 적용된다.

   (a) AI 시스템은 좁은 절차적 작업을 수행하기 위한 것이다.

   (b) AI 시스템은 이전에 완료된 인간 활동의 결과를 개선하기 위한 것이다.

   (c) AI 시스템은 의사 결정 패턴 또는 이전 의사 결정 패턴과의 편차를 감지하기 위한 것이며, 적절한 인간 검토 없이 이전에 완료된 인간 평가를 대체하거나 영향을 미치기 위한 것이 아니다.

   (d) AI 시스템은 부속서 III에 나열된 사용 사례의 목적과 관련된 평가에 대한 준비 작업을 수행하기 위한 것이다. 첫 번째 하위 조항에도 불구하고, 부속서 III에 언급된 AI 시스템은 AI 시스템이 자연인의 프로파일링을 수행하는 경우 항상 고위험으로 간주된다.

4. 부속서 III에 언급된 AI 시스템이 고위험성이 아니라고 판단하는 제공자는 해당 시스템을 시장에 출시하거나 서비스에 투입하기 전에 평가를 문서화해야 한다. 이러한 제공자는 제49(2)조에 명시된 등록 의무의 적용을 받는다. 국가 관할 당국의 요청이 있을 경우, 제공자는 평가 문서를 제공해야 한다.

5. 위원회는 유럽인공지능위원회(이하 '위원회')와 협의한 후 늦어도 … [이 규정 시행일로부터 18개월] 제96조에 따라 이 조의 실질적 이행을 명시한 지침과 함께 고위험 및 고위험이 아닌 AI 시스템의 실제 사용 사례에 대한 포괄적인 목록을 제공한다.

6. 위원회는 부속서 III의 범위에 속하는 인공지능 시스템의 존재에 대한 구체적이고 신뢰할 수 있는 증거가 있는 경우, 이 조 제3항 제2항을 개정하기 위하여 제97조에 따라 위임행위를 채택할 권한이 있다. 그러나 자연인의 건강, 안전 또는 기본권에 심각한 해를 끼칠 위험이 없어야 한다.

7. 위원회는 이 규정이 규정하는 건강, 안전 및 기본권의 보호 수준을 유지하기 위하여 필요하다고 구체적이고 신뢰할 수 있는 증거가 있는 경우, 이 조 제3항 제2항을 개정하기 위하여 제97조에 따른 위임행위를 채택한다.

8. 이 조 제6항 및 제7항에 따라 채택된 제3항 제2항에 규정된 조건의 개정은 이 규정에 규정된

건강, 안전 및 기본권 보호의 전반적인 수준을 감소시키지 아니하며, 제7조 (1)항에 따라 채택된 위임 행위와의 일관성을 보장하도록 한다. 시장 및 기술 발전을 고려해야 한다.

해설

도입 이유

제6조는 고위험 인공지능 시스템의 분류와 평가를 규정하고 있다. 이는 인공지능 시스템이 사람들의 건강, 안전, 기본권에 미치는 영향을 최소화하고, 시장에 출시되기 전에 적절한 평가를 받도록 하기 위함이다. 이러한 규정은 인공지능 기술의 안전성과 신뢰성을 보장하고, 사용자와 소비자의 권리를 보호하기 위해 도입되었다.

조문 내용 요약

1. 인공지능 시스템이 제품의 안전 구성 요소로 사용되거나 자체적으로 제품인 경우, 해당 시스템은 고위험으로 간주된다. 이러한 시스템은 시장에 출시되기 전에 제3자 평가를 받아야 한다.
2. Annex III에 명시된 인공지능 시스템도 고위험으로 간주된다.
3. Annex III에 명시된 인공지능 시스템이 건강, 안전, 기본권에 중대한 위험을 초래하지 않는 경우, 고위험으로 간주되지 않는다. 예외 조건이 명시되어 있다.
4. 고위험이 아니라고 판단한 제공자는 이를 문서화하고, 요청 시 관련 당국에 제공해야 한다.
5. EU 위원회는 실질적인 구현 지침과 고위험 및 비고위험 인공지능 시스템의 사례 목록을 제공할 것이다.
6. 위원회는 새로운 조건을 추가하거나 수정할 수 있는 권한을 가진다.
7. 위원회는 조건을 삭제할 수 있는 권한을 가진다.
8. 조건의 수정은 보호 수준을 저하시키지 않아야 한다.

법적 측면

제6조는 인공지능 시스템의 고위험 분류와 평가 절차를 명확히 규정함으로써 법적 명확성을 제

공한다. 이는 인공지능 시스템의 안전성과 신뢰성을 보장하기 위한 법적 틀을 마련하며, 제공자가 고위험 여부를 판단하고 문서화해야 하는 의무를 부과한다. 또한, EU 위원회가 조건을 수정하거나 추가할 수 있는 권한을 부여하여, 기술 발전에 따른 유연성을 제공한다.

행정적 측면

제6조는 행정 당국이 인공지능 시스템의 고위험 여부를 평가하고, 제공자가 제출한 문서를 검토할 수 있는 권한을 부여한다. 이는 인공지능 시스템의 안전성을 보장하기 위한 행정적 절차를 강화하며, 제공자가 고위험 여부를 판단할 때 필요한 지침과 사례를 제공함으로써 행정적 부담을 줄인다. 또한, 위원회가 조건을 수정하거나 추가할 수 있는 권한을 부여하여, 행정 당국이 최신 기술 동향에 맞춰 규제를 조정할 수 있도록 한다.

비즈니스 측면

제6조는 인공지능 시스템 제공자가 고위험 여부를 판단하고, 이를 문서화해야 하는 의무를 부과함으로써, 비즈니스 운영에 영향을 미친다. 이는 제공자가 시장에 출시하기 전에 제3자 평가를 받아야 하는 추가적인 절차를 요구하며, 이는 비용과 시간을 증가시킬 수 있다. 그러나 이러한 규정은 인공지능 시스템의 안전성과 신뢰성을 보장함으로써, 소비자 신뢰를 높이고, 장기적으로 비즈니스에 긍정적인 영향을 미칠 수 있다. 또한, 위원회가 제공하는 지침과 사례는 제공자가 고위험 여부를 판단하는 데 도움을 줄 수 있다.

제7조: 부속서 III의 개정

1. 위원회는 제97조에 따라 다음 두 가지 조건이 모두 충족되는 고위험 AI 시스템의 사용 사례를 추가하거나 수정하여 부속서 III을 개정하기 위해 위임 행위를 채택할 권한이 있다.

   (a) AI 시스템은 부속서 III에 나열된 모든 영역에서 사용하도록 되어 있다;

   (b) AI 시스템이 건강과 안전에 해를 끼치거나 기본권에 부정적인 영향을 미칠 위험이 있고,

인공지능(AI)과 행정관리

그 위험이 부속서 III에 이미 언급된 고위험 AI 시스템에 의해 제기되는 위해성 또는 부정적 영향의 위험과 동등하거나 더 큰 경우.

2. 위원회는 제1항 (b)항에 따른 조건을 평가할 때 다음 기준을 고려한다.

   (a) AI 시스템의 의도된 목적;

   (b) AI 시스템이 사용되었거나 사용될 가능성이 있는 정도;

   (c) AI 시스템에 의해 처리되고 사용되는 데이터의 성격 및 양, 특히 특수 범주의 개인 데이터가 처리되는지 여부;

   (d) AI 시스템이 자율적으로 행동하는 정도와 인간이 잠재적인 피해를 초래할 수 있는 결정이나 권고를 무시할 수 있는 가능성;

   (e) AI 시스템의 사용이 이미 건강과 안전에 해를 끼쳤거나, 기본권에 부정적인 영향을 미쳤거나, 그러한 피해 또는 부정적인 영향의 가능성과 관련하여 중대한 우려를 야기한 정도(예: 국가 관할 당국에 제출된 보고서 또는 문서화된 혐의 또는 기타 보고서에 의해 입증됨);

   (f) 그러한 피해 또는 그러한 부정적인 영향의 잠재적 범위, 특히 그 강도와 여러 사람에게 영향을 미치거나 특정 그룹의 사람들에게 불균형적으로 영향을 미칠 수 있는 능력;

   (g) 잠재적으로 피해를 입거나 부정적인 영향을 받는 사람이 AI 시스템으로 생성된 결과에 의존하는 정도, 특히 실질적 또는 법적 이유로 해당 결과에서 옵트아웃(opt-out)하는 것이 합리적으로 불가능하기 때문이다.

   (h) 힘의 불균형이 있는 정도, 또는 잠재적으로 해를 입거나 부정적인 영향을 받는 사람이 특히 지위, 권한, 지식, 경제적 또는 사회적 상황 또는 나이로 인해 AI 시스템의 배포자와 관련하여 취약한 위치에 있는 경우;

   (i) 건강, 안전 또는 기본권에 부정적인 영향을 미치는 결과를 쉽게 구제하거나 되돌릴 수 있는 것으로 간주하지 않는 AI 시스템과 관련하여 생성된 결과가 쉽게 교정 가능하거나 되돌릴 수 있는 정도;

   (j) 제품 안전의 개선 가능성을 포함하여 개인, 그룹 또는 사회 전반을 위한 AI 시스템 배포의 이익 규모 및 가능성;

   (k) 현행 연방법이 다음을 규정하는 범위:

(i) 손해 배상 청구를 제외하고 AI 시스템에 의해 제기되는 위험과 관련된 효과적인 구제 조치;

(ii) 이러한 위험을 예방하거나 실질적으로 최소화하기 위한 효과적인 조치.

3. 위원회는 제97조에 따라 다음 두 가지 조건이 모두 충족되는 경우 고위험 AI 시스템을 제거함으로써 부속서 III의 목록을 수정하기 위해 위임 행위를 채택할 권한이 있다.

(a) 관련 고위험 AI 시스템이 제2항에 열거된 기준을 고려할 때 기본권, 건강 또는 안전에 더 이상 중대한 위험을 초래하지 않는다.

(b) 삭제가 연합법에 따른 건강, 안전 및 기본권 보호의 전반적인 수준을 감소시키지 않는다.

해설

도입 이유

EU 인공지능법 제7조는 고위험 AI 시스템 목록을 수정할 수 있는 권한을 EU 집행위원회에 부여하기 위해 도입되었다. 이는 기술의 발전과 AI 시스템의 사용 증가에 따라 새로운 위험이 발생할 수 있기 때문에, 기존의 고위험 AI 시스템 목록을 지속적으로 업데이트하여 공공의 건강, 안전, 그리고 기본권을 보호하기 위함이다.

조문 내용 요약

제7조는 다음과 같은 주요 내용을 포함하고 있다:

1. **고위험 AI 시스템 목록 수정 권한**: EU 집행위원회는 특정 조건을 충족하는 경우, 고위험 AI 시스템 목록을 수정할 수 있는 권한을 가진다.

2. **조건**: AI 시스템이 Annex III에 나열된 영역에서 사용될 의도가 있으며, 건강과 안전 또는 기본권에 대한 위험이 기존 고위험 AI 시스템과 동등하거나 더 큰 경우.

3. **평가 기준**: AI 시스템의 목적, 사용 빈도, 처리 데이터의 성격과 양, 자율성, 이전 피해 사례, 잠재적 피해 정도, 피해 복구 가능성 등을 고려하여 평가한다.

4. **목록에서 제거**: 고위험 AI 시스템이 더 이상 중요한 위험을 초래하지 않으며, 제거가 전체 보

인공지능(AI)과 행정관리

호 수준을 감소시키지 않는 경우 목록에서 제거할 수 있다.

법적 측면

법적 측면에서 제7조는 EU 집행위원회에 상당한 권한을 부여한다. 이는 AI 기술의 빠른 발전에 대응하기 위해 필요하다. 집행위원회는 고위험 AI 시스템 목록을 수정함으로써, 새로운 기술이 공공의 안전과 기본권에 미치는 영향을 신속하게 반영할 수 있다. 또한, 이 조항은 법적 안정성을 제공하며, AI 시스템의 위험 평가와 관리에 대한 명확한 기준을 제시한다.

행정적 측면

행정적 측면에서 제7조는 EU 집행위원회가 고위험 AI 시스템을 평가하고 목록을 수정하는 절차를 명확히 규정한다. 이는 행정적 투명성과 책임성을 높이는 데 기여한다. 집행위원회는 AI 시스템의 위험을 평가할 때 다양한 기준을 고려해야 하며, 이는 행정적 결정의 공정성과 신뢰성을 보장한다. 또한, 고위험 AI 시스템 목록의 수정은 회원국과의 협력을 통해 이루어지며, 이는 EU 전체의 일관된 AI 규제 체계를 유지하는 데 중요하다.

비즈니스 측면

비즈니스 측면에서 제7조는 AI 기술을 개발하고 사용하는 기업들에게 중요한 의미를 가진다. 고위험 AI 시스템으로 분류된 기술은 추가적인 규제와 감독을 받게 되며, 이는 기업의 운영에 영향을 미칠 수 있다. 따라서 기업들은 AI 시스템의 개발 단계에서부터 이러한 규제를 고려해야 한다. 또한, 제7조는 기업들이 AI 시스템의 안전성과 윤리성을 강화하는 데 기여할 수 있는 기회를 제공한다. 이는 장기적으로 기업의 신뢰성과 경쟁력을 높이는 데 도움이 될 수 있다.

제8조: 요구 사항 준수

1. 고위험 AI 시스템은 의도된 목적과 AI 및 AI 관련 기술에 대해 일반적으로 인정되는 최신 기

술을 고려하여 이 섹션에 명시된 요구 사항을 준수해야 한다. 제9조에 언급된 위험 관리 시스템은 이러한 요구 사항의 준수를 보장할 때 고려되어야 한다.

2. 제품에 AI 시스템이 포함되어 있고 이 규정의 요구 사항과 부속서 I의 섹션 A에 나열된 연합 조화 법률의 요구 사항이 적용되는 경우, 공급업체는 제품이 해당 연합 조화 법률에 따라 적용 가능한 모든 요구 사항을 완전히 준수하는지 확인할 책임이 있다. 제1항에 언급된 고위험 AI 시스템이 본 항에 명시된 요건을 준수하도록 보장하고, 일관성을 보장하고, 중복을 피하고, 추가 부담을 최소화하기 위해, 부속서 I의 섹션 A에 나열된 법률을 준수하면서, 제공업체는 제품과 관련하여 제공하는 필수 테스트 및 보고 프로세스, 정보 및 문서를 이미 존재하고 연합 조화에 따라 필요한 문서 및 절차에 적절하게 통합할 수 있다.

해설

도입 이유

EU 인공지능법 제8조는 고위험 AI 시스템의 규제와 관련된 요구사항을 명확히 하기 위해 도입되었다. 고위험 AI 시스템은 그 특성상 잘못된 작동이나 오용 시 큰 사회적, 경제적 피해를 초래할 수 있기 때문에, 이러한 시스템이 안전하고 신뢰할 수 있도록 보장하는 것이 중요하다. 이를 통해 EU는 AI 기술의 발전을 촉진하면서도, 시민들의 안전과 권리를 보호하고자 한다.

조문 내용 요약

1. **고위험 AI 시스템의 요구사항**: 고위험 AI 시스템은 해당 시스템의 목적과 AI 기술의 일반적으로 인정된 최신 상태를 고려하여 이 섹션에 명시된 요구사항을 준수해야 한다. 이 과정에서 제9조에 언급된 위험 관리 시스템을 고려해야 한다.

2. **제품 내 AI 시스템의 규제 준수**: 제품에 AI 시스템이 포함된 경우, 해당 제품은 이 규정과 부속서 I의 섹션 A에 나열된 EU 조화 법률의 요구사항을 모두 준수해야 한다. 이를 위해, 제공자는 필요한 테스트, 보고 및 문서화를 기존의 EU 조화 법률에 따라 요구되는 절차와 문서에 통합할 수 있다.

법적 측면

법적 측면에서 제8조는 고위험 AI 시스템의 규제 준수를 명확히 하고 있다. 이는 고위험 AI 시스템이 EU 내에서 사용될 때 반드시 준수해야 하는 최소한의 안전 및 성능 기준을 설정함으로써, 법적 일관성을 유지하고 규제의 중복을 피하는 데 기여한다. 또한, 제공자가 기존의 EU 조화 법률에 따라 이미 수행하고 있는 절차와 문서화를 활용할 수 있도록 허용함으로써, 규제 준수의 부담을 줄이고 효율성을 높인다.

행정적 측면

행정적 측면에서 제8조는 고위험 AI 시스템의 규제 준수를 위한 명확한 지침을 제공한다. 이는 규제 당국이 고위험 AI 시스템의 안전성과 신뢰성을 평가하고 감독하는 데 필요한 기준을 제공함으로써, 행정적 효율성을 높인다. 또한, 제공자가 기존의 절차와 문서화를 활용할 수 있도록 함으로써, 행정적 부담을 줄이고 규제 준수 과정을 간소화한다.

비즈니스 측면

비즈니스 측면에서 제8조는 고위험 AI 시스템을 개발하고 제공하는 기업에게 명확한 규제 준수 지침을 제공한다. 이는 기업이 고위험 AI 시스템을 개발할 때 필요한 안전 및 성능 기준을 명확히 이해하고, 이를 준수하기 위한 절차를 효율적으로 통합할 수 있도록 돕는다. 또한, 기존의 절차와 문서화를 활용할 수 있도록 함으로써, 규제 준수의 부담을 줄이고 비용을 절감할 수 있다. 이는 궁극적으로 기업이 혁신을 지속하면서도, 안전하고 신뢰할 수 있는 AI 시스템을 제공할 수 있도록 지원한다.

제9조: 위험 관리 시스템

1. 고위험 AI 시스템과 관련하여 위험 관리 시스템을 구축, 구현, 문서화 및 유지 관리해야 한다.

2. 리스크 관리 시스템은 고위험 AI 시스템의 전체 라이프사이클에 걸쳐 계획되고 실행되는 연

속적인 반복 프로세스로 이해되어야 하며, 정기적인 체계적인 검토 및 업데이트가 필요한다. 다음 단계로 구성된다.

(a) 고위험 AI 시스템이 의도된 목적에 따라 사용될 때 고위험 AI 시스템이 건강, 안전 또는 기본권에 미칠 수 있는 알려지고 합리적으로 예측 가능한 위험을 식별하고 분석한다.

(b) 고위험 AI 시스템이 의도된 목적에 따라 합리적으로 예측 가능한 오용 조건에서 사용될 때 나타날 수 있는 위험의 추정 및 평가

(c) 제72조에 언급된 시판 후 모니터링 시스템으로부터 수집된 데이터의 분석에 기초하여 발생할 수 있는 기타 위험에 대한 평가;

(d) (a)항에 따라 식별된 위험을 해결하기 위해 고안된 적절하고 표적화된 위험 관리 조치의 채택.

3. 본 조항에서 언급하는 위험은 고위험 AI 시스템의 개발 또는 설계 또는 적절한 기술 정보의 제공을 통해 합리적으로 완화되거나 제거될 수 있는 위험에만 적용된다.

4. 제2항 (d)항에 언급된 위험 관리 조치는 위험을 보다 효과적으로 최소화하는 동시에 이러한 요구 사항을 이행하기 위한 조치를 이행하는 데 있어 적절한 균형을 달성하기 위해 이 섹션에 명시된 요구 사항의 결합된 적용으로 인한 효과와 가능한 상호 작용을 충분히 고려해야 한다.

5. 제2항 (d)에 언급된 위험 관리 조치는 각 위험과 관련된 관련 잔여 위험 및 고위험 AI 시스템의 전반적인 잔여 위험이 수용 가능한 것으로 판단되는 것이어야 한다. 가장 적절한 위험 관리 조치를 식별할 때 다음 사항을 보장해야 한다.

(a) 고위험 AI 시스템의 적절한 설계 및 개발을 통해 기술적으로 실현 가능한 범위 내에서 제2항에 따라 식별되고 평가된 위험의 제거 또는 감소;

(b) 적절한 경우, 제거할 수 없는 위험을 다루는 적절한 완화 및 통제 조치의 구현;

(c) 제13조에 따라 요구되는 정보의 제공 및 적절한 경우 배치자에 대한 교육. 고위험 AI 시스템의 사용과 관련된 위험을 제거하거나 줄이기 위해 기술 지식, 경험, 교육, 배포자가 기대하는 훈련 및 시스템이 사용되도록 의도된 추정 가능한 상황을 충분히 고려해야 한다.

6. 고위험 AI 시스템은 가장 적절하고 표적화된 위험 관리 조치를 식별하기 위해 테스트되어야 한다. 테스트는 고위험 AI 시스템이 의도한 목적에 맞게 일관되게 작동하고 이 섹션에 명시된 요구 사항을 준수하는지 확인해야 한다.

7. 시험 절차에는 제60조에 따른 실제 조건에서의 시험이 포함될 수 있다.

8. 고위험 AI 시스템의 테스트는 개발 과정 전반에 걸쳐 언제든지, 그리고 어떤 경우에도 시장에 출시되거나 서비스에 투입되기 전에 적절하게 수행되어야 한다. 테스트는 고위험 AI 시스템의 의도된 목적에 적합한 사전에 정의된 메트릭 및 확률적 임계값에 대해 수행되어야 한다.

9. 제공자는 제1항부터 제7항까지에 규정된 위험관리제도를 시행할 때, 그 의도된 목적에 비추어 볼 때 고위험 인공지능 시스템이 18세 미만 및 기타 취약계층에 악영향을 미칠 가능성이 있는지 여부를 고려해야 한다.

10. 연합법의 다른 관련 조항에 따라 내부 위험 관리 프로세스에 관한 요구 사항의 적용을 받는 고위험 AI 시스템 제공자의 경우, 제1항부터 제9항까지에 규정된 측면은 해당 법률에 따라 수립된 위험 관리 절차의 일부이거나 결합될 수 있다.

해설

EU 인공지능법(EU AI Act) 제9조는 고위험 인공지능 시스템에 대한 위험 관리 시스템의 도입을 규정하고 있다. 이 조문은 고위험 AI 시스템이 건강, 안전, 또는 기본권에 미칠 수 있는 잠재적 위험을 식별하고 분석하며, 이를 관리하기 위한 조치를 채택하도록 요구한다. 이는 AI 시스템의 전체 수명 주기 동안 지속적으로 검토되고 업데이트되어야 한다.

도입 이유

제9조의 도입 이유는 고위험 AI 시스템이 사용자와 사회에 미칠 수 있는 잠재적 위험을 최소화하고, 이러한 시스템이 안전하고 신뢰할 수 있도록 보장하기 위함이다. AI 기술의 발전과 함께, 고위험 AI 시스템이 다양한 분야에서 사용되면서 발생할 수 있는 위험을 사전에 식별하고 관리하는 것이 중요해졌다. 이를 통해 AI 시스템의 오작동이나 오용으로 인한 피해를 예방하고, 사용자와 사회의 신뢰를 확보할 수 있다.

조문 내용 요약

1. **위험 관리 시스템의 도입**: 고위험 AI 시스템에 대해 위험 관리 시스템을 수립, 구현, 문서화, 유지해야 한다.

2. **지속적 검토와 업데이트**: 위험 관리 시스템은 AI 시스템의 전체 수명 주기 동안 지속적으로 검토되고 업데이트되어야 한다.

3. **위험 식별 및 분석**: 고위험 AI 시스템이 건강, 안전, 또는 기본권에 미칠 수 있는 잠재적 위험을 식별하고 분석해야 한다.

4. **위험 평가 및 관리**: 식별된 위험을 평가하고, 이를 관리하기 위한 적절한 조치를 채택해야 한다.

5. **잔여 위험의 수용 가능성**: 관리 조치 후에도 남아 있는 잔여 위험이 수용 가능한 수준인지 평가해야 한다.

6. **테스트 및 검증**: 고위험 AI 시스템이 의도된 목적에 맞게 일관되게 작동하는지 확인하기 위해 테스트를 수행해야 한다.

7. **취약 계층 고려**: 고위험 AI 시스템이 18세 미만의 미성년자나 기타 취약 계층에 미칠 수 있는 영향을 고려해야 한다.

법적 측면

법적 측면에서 제9조는 고위험 AI 시스템의 개발자와 제공자가 준수해야 할 의무를 명확히 규정하고 있다. 이는 AI 시스템의 안전성과 신뢰성을 보장하기 위한 법적 기준을 제공하며, 이를 위반할 경우 법적 책임을 물을 수 있다. 또한, 제9조는 고위험 AI 시스템의 위험 관리에 대한 명확한 지침을 제공함으로써, 법적 분쟁 발생 시 중요한 기준이 될 수 있다.

행정적 측면

행정적 측면에서 제9조는 고위험 AI 시스템의 위험 관리 시스템을 수립하고 유지하기 위한 행정적 절차와 요구사항을 규정하고 있다. 이는 AI 시스템의 개발자와 제공자가 위험 관리 시스템을 효과적으로 운영할 수 있도록 지원하며, 이를 통해 AI 시스템의 안전성과 신뢰성을 높일 수 있다. 또한, 제9조는 행정 기관이 고위험 AI 시스템의 위험 관리 시스템을 감독하고 평가할 수 있는 기준을 제공함으로써, 행정적 효율성을 높일 수 있다.

비즈니스 측면

비즈니스 측면에서 제9조는 고위험 AI 시스템의 개발자와 제공자가 위험 관리 시스템을 도입하고 운영함으로써, AI 시스템의 안전성과 신뢰성을 높일 수 있다. 이는 사용자와 사회의 신뢰를 확보하고, AI 시스템의 시장 경쟁력을 높이는 데 기여할 수 있다. 또한, 제9조는 고위험 AI 시스템의 개발자와 제공자가 법적 책임을 회피할 수 있는 기준을 제공함으로써, 비즈니스 리스크를 줄일 수 있다. 이를 통해 AI 시스템의 개발과 제공이 보다 안전하고 신뢰할 수 있는 방식으로 이루어질 수 있다.

제10조: 데이터 및 데이터 거버넌스

도입 이유

EU 인공지능법 제10조는 고위험 AI 시스템의 개발에 사용되는 데이터 세트의 품질을 보장하기 위해 도입되었다. 이는 AI 시스템이 공정하고, 안전하며, 신뢰할 수 있도록 하기 위한 것이다. 특히, 데이터 세트의 품질이 낮을 경우 AI 시스템이 편향되거나 부정확한 결과를 초래할 수 있으며, 이는 개인의 권리와 자유를 침해할 수 있다. 따라서, 이 조항은 데이터 세트의 관리 및 거버넌스에 대한 엄격한 기준을 설정하여 이러한 문제를 예방하고자 한다.

요약

1. 데이터를 이용한 인공지능 모델의 학습과 관련된 기술을 사용하는 고위험 인공지능 시스템은 이러한 데이터 세트가 사용될 때마다 제2항 내지 제5항에 언급된 품질 기준을 충족하는 훈련, 검증 및 테스트 데이터 세트를 기반으로 개발되어야 한다.
2. 학습, 검증 및 테스트 데이터 세트는 고위험 AI 시스템의 의도된 목적에 적합한 데이터 거버넌

스 및 관리 관행의 적용을 받아야 한다. 이러한 관행은 특히 다음과 관련이 있다.

(a) 관련 디자인 선택;

(b) 데이터 수집 프로세스 및 데이터의 출처, 개인 데이터의 경우 데이터 수집의 원래 목적

(c) 주석, 라벨링, 정리, 업데이트, 보강 및 집계와 같은 관련 데이터 준비 처리 작업;

(d) 특히 데이터가 측정하고 나타내야 하는 정보와 관련된 가정의 공식화;

(e) 필요한 데이터 세트의 가용성, 수량 및 적합성에 대한 평가;

(f) 개인의 건강과 안전에 영향을 미치거나, 기본권에 부정적인 영향을 미치거나, 연방법에 의해 금지된 차별로 이어질 가능성이 있는 편견을 고려한 조사, 특히 데이터 출력이 향후 운영을 위한 입력에 영향을 미치는 경우

(g) (f)항에 따라 식별된 가능한 편향을 감지, 예방 및 완화하기 위한 적절한 조치;

(h) 본 규정의 준수를 방해하는 관련 데이터 격차 또는 단점의 식별 및 이러한 격차 및 단점을 해결할 수 있는 방법.

3. 교육, 검증 및 테스트 데이터 세트는 관련성이 있고, 충분히 대표적이며, 가능한 한 최상의 범위에서, 오류가 없고, 의도된 목적에 비추어 완전해야 한다. 해당되는 경우 고위험 AI 시스템을 사용하려는 개인 또는 개인 그룹과 관련된 적절한 통계적 특성을 가져야 한다. 데이터 세트들의 이러한 특성들은 개별적인 데이터 세트들의 레벨 또는 이들의 조합의 레벨에서 충족될 수 있다.

4. 데이터 세트는 의도된 목적에 필요한 범위 내에서 고위험 AI 시스템이 사용되도록 의도된 특정 지리적, 맥락적, 행동 또는 기능적 설정에 특정한 특성 또는 요소를 고려해야 한다.

5. 본 조의 (2), (f) 및 (g)항에 따라 고위험 AI 시스템과 관련하여 편향 탐지 및 수정을 보장하기 위해 엄격하게 필요한 경우, 해당 시스템의 제공자는 자연인의 기본권과 자유에 대한 적절한 보호 조치에 따라 예외적으로 특수 범주의 개인 데이터를 처리할 수 있다. 규정 (EU) 2016/679 및 (EU) 2018/1725 및 지침 (EU) 2016/680에 명시된 조항 외에도 이러한 처리가 수행되려면 다음 조건을 모두 충족해야 한다.

(a) 편향 감지 및 수정은 합성 또는 익명화된 데이터를 포함한 다른 데이터를 처리하여 효과적으로 이행할 수 없다.

(b) 특수 범주의 개인 데이터는 개인 데이터의 재사용에 대한 기술적 제한과 가명화를 포함한 최첨단 보안 및 개인 정보 보호 조치의 적용을 받는다.

(c) 특수 범주의 개인 데이터는 오용을 방지하고 적절한 기밀 유지 의무를 가지고 승인된 사람만 해당 개인 데이터에 액세스할 수 있도록 하기 위해 액세스에 대한 엄격한 통제 및 문서화를 포함한 적절한 보호 조치를 적용 받고 처리되는 개인 데이터가 안전하게 보호되도록 하는 조치의 적용을 받는다.

(d) 특수 범주의 개인 데이터는 다른 당사자가 전송, 전송 또는 액세스할 수 없다.

(e) 특수 범주의 개인 데이터는 편향이 수정되거나 개인 데이터가 보존 기간이 종료되는 시점 중 먼저 도래하는 시점에 삭제된다.

(f) 규정 (EU) 2016/679 및 (EU) 2018/1725 및 지침 (EU) 2016/680에 따른 처리 활동 기록에는 편향을 감지하고 수정하기 위해 특수 범주의 개인 데이터 처리가 반드시 필요한 이유와 다른 데이터 처리로 해당 목적을 달성할 수 없는 이유가 포함된다.

6. AI 모델 학습과 관련된 기술을 사용하지 않는 고위험 AI 시스템 개발의 경우 단락 2-5는 테스트 데이터 세트에만 적용된다.

해설

조문 내용 요약

1. **고위험 AI 시스템의 데이터 세트 품질 기준**: 고위험 AI 시스템은 훈련, 검증 및 테스트 데이터 세트가 품질 기준을 충족해야 한다.

2. **데이터 거버넌스 및 관리 관행**: 데이터 세트는 설계 선택, 데이터 수집 과정, 데이터 준비 처리 작업, 가정의 공식화, 데이터 세트의 가용성, 양 및 적합성 평가, 편향 가능성 검사 및 완화 조치, 데이터 격차 식별 및 해결 방법 등을 포함한 관리 관행을 따라야 한다.

3. **데이터 세트의 특성**: 데이터 세트는 관련성, 대표성, 오류 없음, 완전성 등의 특성을 가져야 하며, 통계적 특성을 고려해야 한다.

4. **특정 맥락 고려**: 데이터 세트는 고위험 AI 시스템이 사용될 특정 지리적, 맥락적, 행동적, 기능

적 설정을 고려해야 한다.

5. **특수 범주의 개인 데이터 처리**: 편향 탐지 및 수정이 필요한 경우, 엄격한 조건 하에 특수 범주의 개인 데이터를 처리할 수 있다.

법적 측면

법적 측면에서 제10조는 고위험 AI 시스템의 데이터 세트 관리에 대한 명확한 법적 기준을 제공한다. 이는 AI 시스템의 개발자가 데이터 세트를 수집, 준비 및 관리하는 과정에서 준수해야 할 법적 의무를 명시한다. 특히, 개인 데이터의 경우, 데이터 보호 규정(EU 2016/679, EU 2018/1725, EU 2016/680)을 준수해야 하며, 편향 탐지 및 수정을 위해 특수 범주의 개인 데이터를 처리할 때 추가적인 보호 조치를 취해야 한다. 이러한 법적 기준은 AI 시스템의 투명성과 책임성을 높이고, 개인의 권리와 자유를 보호하는 데 기여한다.

행정적 측면

행정적 측면에서 제10조는 고위험 AI 시스템의 데이터 세트 관리에 대한 구체적인 절차와 관행을 규정한다. 이는 AI 시스템의 개발자가 데이터 세트를 관리하는 과정에서 따라야 할 절차를 명확히 하여, 데이터 세트의 품질을 보장하고, 편향을 예방하며, 데이터 격차를 식별하고 해결하는 데 도움을 준다. 또한, 데이터 세트의 관리 및 거버넌스에 대한 명확한 기준을 제공함으로써, AI 시스템의 개발자가 데이터 세트를 관리하는 과정에서 일관성을 유지할 수 있도록 한다.

비즈니스 측면

비즈니스 측면에서 제10조는 고위험 AI 시스템의 개발자가 데이터 세트를 관리하는 과정에서 준수해야 할 기준을 제공함으로써, AI 시스템의 품질과 신뢰성을 높이는 데 기여한다. 이는 AI 시스템의 개발자가 데이터 세트를 관리하는 과정에서 발생할 수 있는 편향 및 오류를 예방하고, 데이터 세트의 품질을 보장함으로써, AI 시스템의 성능을 향상시키는 데 도움을 준다. 또한, 데이터 세트의 관리 및 거버넌스에 대한 명확한 기준을 제공함으로써, AI 시스템의 개발자가 데이터 세트를 관리하는 과정에서 일관성을 유지할 수 있도록 한다. 이는 AI 시스템의 개발자가 데이터 세트를 관리하는 과정에서 발생할 수 있는 비용과 시간을 절감하고, AI 시스템의 개발 및 운영에 대한 신뢰성을 높이는 데 기여한다.

제11조: 기술 문서

요약

1. 고위험 AI 시스템의 기술 문서는 해당 시스템이 시장에 출시되거나 서비스에 투입되기 전에 작성되어야 하며 최신 상태로 유지되어야 한다. 기술 문서는 고위험 AI 시스템이 이 섹션에 명시된 요구 사항을 준수함을 입증하고 AI 시스템이 이러한 요구 사항을 준수하는지 평가하기 위해 국가 관할 당국 및 인증 기관에 명확하고 포괄적인 형식으로 필요한 정보를 제공하는 방식으로 작성되어야 한다. 여기에는 최소한 부속서 IV에 명시된 요소가 포함되어야 한다. 신생 기업을 포함한 중소기업은 부속서 IV에 명시된 기술 문서의 요소를 간소화된 방식으로 제공할 수 있다. 이를 위해 위원회는 중소기업 및 소기업의 요구에 맞는 간소화된 기술 문서 양식을 수립해야 한다. 스타트업을 포함한 중소기업이 부속서 IV에서 요구하는 정보를 간소화된 방식으로 제공하기로 선택한 경우, 이 항에 언급된 양식을 사용해야 한다. 인증기관은 적합성 평가를 위해 이 양식을 수락해야 한다.

2. 부속서 I의 섹션 A에 열거된 연합 조화 법률이 적용되는 제품과 관련된 고위험 AI 시스템이 시장에 출시되거나 서비스에 투입되는 경우, 제1항에 명시된 모든 정보와 해당 법률 행위에 따라 요구되는 정보를 포함하는 단일 기술 문서 세트를 작성해야 한다.

3. 위원회는 필요한 경우 부속서 IV를 개정하기 위해 제97조에 따라 위임 행위를 채택할 권한이 있으며, 이는 기술적 진보에 비추어 기술 문서가 이 조에 명시된 요구 사항에 대한 시스템의 준수 여부를 평가하는 데 필요한 모든 정보를 제공하도록 하기 위함이다.

도입 이유

EU 인공지능법 제11조는 고위험 인공지능 시스템의 기술 문서화를 규정하고 있다. 이 조항의 도입 이유는 고위험 인공지능 시스템이 시장에 출시되거나 서비스되기 전에 해당 시스템이 법적 요구사항을 충족하는지 확인하기 위함이다. 이를 통해 인공지능 시스템의 투명성과 책임성을 높이고, 사용자와 사회에 미치는 잠재적 위험을 최소화하고자 한다.

조문 내용 요약

1. **기술 문서화 작성 및 유지**: 고위험 인공지능 시스템의 기술 문서화는 시스템이 시장에 출시되거나 서비스되기 전에 작성되어야 하며, 최신 상태로 유지되어야 한다. 이 문서화는 시스템이 법적 요구사항을 충족함을 입증하고, 국가 권한 당국 및 통지 기관이 시스템의 준수 여부를 평가할 수 있도록 명확하고 포괄적인 정보를 제공해야 한다. 최소한의 요소는 부속서 IV에 명시되어 있다. 중소기업, 특히 스타트업은 간소화된 방식으로 이 요소들을 제공할 수 있다. 이를 위해 위원회는 중소기업의 필요에 맞춘 간소화된 기술 문서 양식을 마련할 것이다. 중소기업이 간소화된 방식으로 정보를 제공하기로 선택한 경우, 해당 양식을 사용해야 하며, 통지 기관은 이를 준수 평가 목적으로 수용해야 한다.

2. **단일 기술 문서화**: 고위험 인공지능 시스템이 부속서 I의 섹션 A에 나열된 연합 조화 법률에 의해 규제되는 제품과 관련이 있는 경우, 단일 기술 문서화가 작성되어야 하며, 이는 1항에 명시된 모든 정보와 해당 법률에 요구되는 정보를 포함해야 한다.

3. **부속서 IV 수정 권한**: 위원회는 기술 발전에 비추어 시스템이 법적 요구사항을 충족하는 데 필요한 모든 정보를 제공할 수 있도록 부속서 IV를 수정할 수 있는 권한을 가진다.

법적 측면

법적 측면에서 제11조는 고위험 인공지능 시스템의 투명성과 책임성을 강화하는 역할을 한다. 기술 문서화는 시스템이 법적 요구사항을 충족하는지 입증하는 중요한 증거 자료로 사용되며, 이를 통해 법적 분쟁 시 중요한 역할을 할 수 있다. 또한, 국가 권한 당국과 통지 기관이 시스템의 준수 여부를 평가할 수 있도록 명확하고 포괄적인 정보를 제공함으로써 법적 투명성을 높인다.

행정적 측면

행정적 측면에서 제11조는 고위험 인공지능 시스템의 기술 문서화를 통해 국가 권한 당국과 통지 기관이 시스템의 준수 여부를 효율적으로 평가할 수 있도록 돕는다. 이를 통해 행정 절차의 효율성을 높이고, 시스템의 준수 여부를 신속하게 확인할 수 있다. 또한, 중소기업을 위한 간소화된 기술 문서 양식을 마련함으로써 중소기업의 행정 부담을 줄이고, 이들이 법적 요구사항을 충족하는 데 필요한 자원을 효율적으로 사용할 수 있도록 돕는다.

비즈니스 측면

비즈니스 측면에서 제11조는 고위험 인공지능 시스템을 개발하고 시장에 출시하려는 기업들에게 중요한 지침을 제공한다. 기술 문서화는 시스템이 법적 요구사항을 충족하는지 입증하는 중요한 자료로 사용되며, 이를 통해 기업은 법적 분쟁을 예방하고, 시장에서의 신뢰성을 높일 수 있다. 또한, 중소기업을 위한 간소화된 기술 문서 양식을 통해 중소기업의 법적 준수 비용을 줄이고, 이들이 시장에서 경쟁력을 유지할 수 있도록 돕는다.

제12조: 기록 보관

요약

1. 고위험 AI 시스템은 기술적으로 시스템 수명 동안 이벤트(로그)를 자동으로 기록할 수 있어야 한다.
2. 시스템의 의도된 목적에 적합한 고위험 AI 시스템의 기능에 대한 추적 가능성을 보장하기 위해 로깅 기능을 통해 다음과 관련된 이벤트를 기록할 수 있어야 한다.

(a) 고위험 AI 시스템이 제79조(1)의 의미 내에서 또는 상당한 수정을 통해 위험을 초래할 수 있는 상황을 식별한다.

(b) 제72조에 언급된 시판 후 모니터링을 촉진한다. 그리고

(c) 제26조 (5)항에 언급된 고위험 AI 시스템의 운영을 모니터링한다.

3. 부속서 III의 1(a)항에 언급된 고위험 AI 시스템의 경우, 로깅 기능은 최소한 다음을 제공해야 한다.

(a) 각 시스템 사용 기간(각 사용의 시작 날짜 및 시간 및 종료 날짜 및 시간) 기록;

(b) 시스템에 의해 입력 데이터가 확인된 참조 데이터베이스;

(c) 검색이 일치로 이어진 입력 데이터;

(d) 제14(5)조에 언급된 결과 검증에 관련된 자연인의 식별.

해설

도입 이유

EU 인공지능법 제12조는 고위험 인공지능 시스템의 투명성과 책임성을 강화하기 위해 도입되었다. 인공지능 시스템이 점점 더 복잡해지고 다양한 분야에서 사용됨에 따라, 이러한 시스템의 작동 과정을 추적하고 기록하는 것이 중요해졌다. 이는 특히 고위험 인공지능 시스템이 예상치 못한 위험을 초래하거나 중요한 변경이 발생할 경우, 그 원인을 파악하고 적절한 조치를 취할 수 있도록 하기 위함이다.

조문 내용 요약

제12조는 고위험 인공지능 시스템이 자동으로 이벤트를 기록할 수 있는 기술적 능력을 갖추어야 한다고 명시하고 있다. 이는 시스템의 수명 동안 지속적으로 이루어져야 한다. 기록 기능은 다음과 같은 목적을 위해 사용된다:

1. 고위험 인공지능 시스템이 위험을 초래할 수 있는 상황을 식별하기 위해.

2. 시장 이후 모니터링을 용이하게 하기 위해.

3. 고위험 인공지능 시스템의 운영을 모니터링하기 위해.

또한, 특정 고위험 인공지능 시스템의 경우, 최소한 다음과 같은 정보를 기록해야 한다:

1. 시스템 사용 기간(시작 날짜 및 시간, 종료 날짜 및 시간).

2. 시스템이 입력 데이터를 확인한 참조 데이터베이스.

3. 검색 결과 일치한 입력 데이터.

4. 결과 검증에 관여한 자연인의 식별.

법적 측면

법적 측면에서 제12조는 고위험 인공지능 시스템의 투명성과 책임성을 법적으로 보장한다. 이는 인공지능 시스템이 예상치 못한 결과를 초래할 경우, 그 원인을 추적하고 책임을 명확히 할 수 있도록 한다. 또한, 이러한 기록은 법적 분쟁 시 중요한 증거로 사용될 수 있다. 이는 인공지능 시스템의 운영자와 개발자가 법적 책임을 다하도록 하는 중요한 장치이다.

행정적 측면

행정적 측면에서 제12조는 고위험 인공지능 시스템의 모니터링과 감독을 용이하게 한다. 기록된 데이터는 규제 기관이 시스템의 안전성과 성능을 평가하는 데 중요한 자료로 사용될 수 있다. 이는 규제 기관이 고위험 인공지능 시스템의 운영을 지속적으로 모니터링하고, 필요 시 적절한 조치를 취할 수 있도록 한다. 또한, 이러한 기록은 시장 이후 모니터링을 통해 시스템의 성능을 평가하고 개선하는 데 중요한 역할을 한다.

비즈니스 측면

비즈니스 측면에서 제12조는 고위험 인공지능 시스템의 신뢰성과 투명성을 높이는 데 기여한다. 이는 고객과 파트너에게 시스템의 안전성과 책임성을 보장하는 중요한 요소이다. 또한, 기록된 데이터는 시스템의 성능을 평가하고 개선하는 데 중요한 자료로 사용될 수 있다. 이는 기업이 고위험 인공지능 시스템의 운영을 최적화하고, 시장에서 경쟁력을 유지하는 데 중요한 역할을 한다.

제13조: 배포자에 대한 투명성 및 정보 제공

요약

1. 고위험 AI 시스템은 배포자가 시스템의 출력을 해석하고 적절하게 사용할 수 있도록 운영이 충분히 투명하도록 설계 및 개발되어야 한다. 섹션 3에 명시된 제공자 및 배포자의 관련 의무를 준수하기 위해 적절한 유형과 수준의 투명성이 보장되어야 한다.

2. 고위험 AI 시스템에는 적절한 디지털 형식 또는 배포자가 관련성 있고 접근 가능하며 이해할 수 있는 간결하고 완전하며 정확하고 명확한 정보가 포함된 사용 지침이 수반되어야 한다.

3. 사용 지침에는 최소한 다음 정보가 포함되어야 한다.

   (a) 제공자 및 해당되는 경우 권한을 위임받은 대리인의 신원 및 연락처 세부 정보;

   (b) 다음을 포함한 고위험 AI 시스템의 특성, 기능 및 성능 한계:

      (i) 의도된 목적;

      (ii) 제15조에 언급된 지표, 견고성 및 사이버 보안을 포함한 정확도 수준, 고위험 AI 시스템이 테스트 및 검증되었고 예상할 수 있는 정확성, 견고성 및 사이버 보안 수준에 영향을 미칠 수 있는 알려지고 예측 가능한 상황;

      (iii) 의도된 목적에 따라 또는 합리적으로 예측 가능한 오용 조건하에서 고위험 AI 시스템의 사용과 관련하여 제9(2)조에 언급된 건강 및 안전 또는 기본권에 대한 위험을 초래할 수 있는 알려지거나 예측 가능한 상황

      (iv) 해당되는 경우, 고위험 AI 시스템의 기술적 역량 및 특성으로 그 결과를 설명하는 데 관련된 정보를 제공한다.

      (v) 적절한 경우, 시스템이 사용되도록 의도된 특정 개인 또는 개인 그룹에 대한 성능;

인공지능(AI)과 행정관리

(vi) 적절한 경우, 고위험 AI 시스템의 의도된 목적을 고려하여 사용된 훈련, 검증 및 테스트 데이터 세트와 관련하여 입력 데이터에 대한 사양 또는 기타 관련 정보;

(vii) 해당되는 경우, 배포자가 고위험 AI 시스템의 출력을 해석하고 적절하게 사용할 수 있도록 하는 정보;

(c) 초기 적합성 평가 시점에 제공자가 미리 결정한 고위험 AI 시스템 및 그 성능에 대한 변경 사항(있는 경우)

(d) 제14조에 언급된 인적 감독 조치(배포자가 고위험 AI 시스템의 결과물을 쉽게 해석할 수 있도록 하기 위해 마련된 기술적 조치 포함)

(e) 필요한 컴퓨팅 및 하드웨어 리소스, 고위험 AI 시스템의 예상 수명, 소프트웨어 업데이트를 포함하여 해당 AI 시스템의 적절한 기능을 보장하기 위해 필요한 유지 관리 및 관리 조치(빈도 포함)

(f) 해당되는 경우, 배포자가 제12조에 따라 로그를 적절하게 수집, 저장 및 해석할 수 있도록 하는 고위험 AI 시스템에 포함된 메커니즘에 대한 설명.

해설

도입 이유

EU 인공지능법 제13조는 고위험 AI 시스템의 투명성을 보장하기 위해 도입되었다. 이는 사용자가 시스템의 출력을 이해하고 적절하게 사용할 수 있도록 하기 위함이다. 투명성은 AI 시스템의 신뢰성을 높이고, 사용자가 시스템의 한계와 위험을 인지할 수 있도록 하여 안전성을 확보하는 데 기여한다.

조문 내용 요약

제13조는 고위험 AI 시스템의 투명성을 보장하기 위한 구체적인 요구사항을 명시하고 있다. 첫째, 시스템은 사용자가 출력을 해석하고 적절히 사용할 수 있도록 충분히 투명하게 설계되고 개발되어야 한다. 둘째, 시스템은 디지털 형식 또는 기타 형식으로 제공되는 사용 지침을 포함해야 하

며, 이 지침은 간결하고 완전하며 정확하고 명확한 정보를 포함해야 한다. 셋째, 사용 지침에는 제공자 및 대리인의 신원 및 연락처, 시스템의 특성, 성능 한계, 의도된 목적, 정확성 수준, 사이버 보안, 인간 감독 조치, 유지 보수 요구사항 등이 포함되어야 한다.

법적 측면

법적 측면에서 제13조는 고위험 AI 시스템의 투명성을 보장함으로써 사용자와 제공자 간의 책임을 명확히 한다. 이는 사용자가 시스템의 출력을 이해하고 적절히 사용할 수 있도록 하여, 시스템의 오용으로 인한 법적 분쟁을 예방하는 데 기여한다. 또한, 제공자는 시스템의 성능과 한계를 명확히 설명해야 하므로, 제공자의 책임이 강화된다. 이는 AI 시스템의 신뢰성을 높이고, 법적 안정성을 확보하는 데 중요한 역할을 한다.

행정적 측면

행정적 측면에서 제13조는 고위험 AI 시스템의 투명성을 보장하기 위한 구체적인 지침을 제공한다. 이는 규제 당국이 AI 시스템의 투명성을 평가하고 감독하는 데 중요한 기준이 된다. 또한, 제공자는 시스템의 사용 지침을 제공해야 하므로, 행정적 부담이 증가할 수 있다. 그러나 이는 AI 시스템의 안전성과 신뢰성을 높이는 데 기여하므로, 장기적으로는 긍정적인 영향을 미칠 수 있다.

비즈니스 측면

비즈니스 측면에서 제13조는 고위험 AI 시스템의 투명성을 보장함으로써 기업의 신뢰성을 높이는 데 기여한다. 이는 고객이 AI 시스템을 신뢰하고 사용할 수 있도록 하여, 기업의 경쟁력을 강화하는 데 중요한 역할을 한다. 또한, 제공자는 시스템의 성능과 한계를 명확히 설명해야 하므로, 고객의 기대를 관리하고, 불필요한 분쟁을 예방하는 데 도움이 된다. 이는 기업의 평판을 보호하고, 장기적인 비즈니스 성장을 촉진하는 데 중요한 역할을 한다.

제14조: 인간 감독

요약

1. 고위험 AI 시스템은 적절한 인간-기계 인터페이스 도구를 포함하여 사용 기간 동안 자연인이 효과적으로 감독할 수 있는 방식으로 설계 및 개발되어야 한다.

2. 인간의 감독은 고위험 AI 시스템이 의도된 목적에 따라 또는 합리적으로 예측 가능한 오용 조건에서 사용될 때, 특히 이 섹션에 명시된 다른 요구 사항의 적용에도 불구하고 그러한 위험이 지속되는 경우 발생할 수 있는 건강, 안전 또는 기본권에 대한 위험을 예방하거나 최소화하는 것을 목표로 해야 한다.

3. 감독 조치는 고위험 AI 시스템의 위험, 자율성 수준 및 사용 상황에 비례해야 하며 다음 유형의 조치 중 하나 또는 둘 다를 통해 보장되어야 한다.

   (a) 기술적으로 가능한 경우, 시장에 출시되거나 서비스에 투입되기 전에 공급자가 고위험 AI 시스템을 식별하고 구축한 조치;

   (b) 고위험 AI 시스템을 시장에 출시하거나 서비스에 투입하기 전에 제공자가 식별한 조치로, 배포자가 구현하기에 적절한 조치.

4. 제1항, 제2항 및 제3항의 이행을 목적으로, 고위험 인공지능 시스템은 인간의 감독이 할당된 자연인이 적절하고 비례적으로 활성화되는 방식으로 배포자에게 제공되어야 한다.

   (a) 고위험 AI 시스템의 관련 용량과 한계를 적절하게 이해하고 이상, 기능 장애 및 예기치 않은 성능을 감지하고 해결하는 것을 포함하여 작동을 적절하게 모니터링할 수 있다.

   (b) 고위험 AI 시스템에 의해 생성된 출력에 자동으로 의존하거나 과도하게 의존하는 경향(자동화 편향)을 인식하기 위해, 특히 자연인이 취해야 할 결정에 대한 정보 또는 권장 사항을 제공하는 데 사용되는 고위험 AI 시스템의 경우;

   (c) 예를 들어, 사용 가능한 해석 도구 및 방법을 고려하여 고위험 AI 시스템의 출력을 올바르게 해석한다.

   (d) 특정 상황에서 고위험 AI 시스템을 사용하지 않기로 결정하거나 고위험 AI 시스템의 출력

을 무시, 무시 또는 되돌리는 행위

   (e) 고위험 AI 시스템의 작동에 개입하거나 '중지' 버튼 또는 시스템이 안전한 상태에서 정지할 수 있도록 하는 유사한 절차를 통해 시스템을 중단한다.

5. 부속서 III의 1(a)항에 언급된 고위험 AI 시스템의 경우, 이 조 3항에 언급된 조치는 필요한 능력을 갖춘 최소 2명의 자연인에 의해 식별이 별도로 확인 및 확인되지 않는 한, 시스템에서 발생하는 식별을 기반으로 배포자가 어떠한 조치나 결정도 취하지 않도록 하는 것과 같다. 훈련과 권위. 최소 2명의 자연인에 의한 별도의 검증 요건은 법 집행, 이주, 국경 통제 또는 망명 목적으로 사용되는 고위험 AI 시스템에는 적용되지 않으며, 연방 또는 국내법이 이 요건의 적용이 불균형하다고 간주한다.

해설

EU 인공지능법(EU AI Act) 제14조는 고위험 인공지능 시스템의 인간 감독에 관한 규정을 다루고 있다. 이 조문은 고위험 AI 시스템이 사용되는 동안 인간이 효과적으로 감독할 수 있도록 설계되어야 한다는 내용을 포함하고 있다.

도입 이유

제14조의 도입 이유는 고위험 AI 시스템이 건강, 안전, 또는 기본권에 미칠 수 있는 위험을 예방하거나 최소화하기 위함이다. 이러한 시스템은 그 자체로 높은 자율성을 가지며, 예상치 못한 오작동이나 성능 저하가 발생할 수 있다. 따라서 인간 감독을 통해 이러한 위험을 관리하고, 시스템의 오작동을 조기에 발견하여 대응할 수 있도록 하는 것이 중요하다.

조문 내용 요약

1. **설계 및 개발**: 고위험 AI 시스템은 인간이 효과적으로 감독할 수 있도록 설계 및 개발되어야 한다.

2. **감독의 목적**: 인간 감독은 건강, 안전, 기본권에 대한 위험을 예방하거나 최소화하는 것을 목

인공지능(AI)과 행정관리

표로 한다.

3. **감독 조치**: 감독 조치는 시스템의 위험 수준, 자율성, 사용 맥락에 따라 적절하게 조정되어야 하며, 시스템 제공자나 사용자에 의해 구현될 수 있다.

4. **제공 방식**: 고위험 AI 시스템은 인간 감독자가 시스템의 능력과 한계를 이해하고, 시스템의 작동을 모니터링하며, 필요 시 시스템의 출력을 무시하거나 중단할 수 있도록 제공되어야 한다.

5. **추가 검증**: 특정 고위험 AI 시스템의 경우, 시스템의 식별 결과에 따른 조치나 결정은 최소 두 명의 유능한 개인에 의해 별도로 검증되어야 한다.

법적 측면

법적 측면에서 제14조는 고위험 AI 시스템의 책임성을 강화하는 역할을 한다. 시스템 제공자는 시스템이 인간 감독을 통해 안전하게 운영될 수 있도록 설계해야 하며, 사용자는 시스템의 출력을 신뢰하기 전에 이를 검증할 책임이 있다. 이는 AI 시스템의 오작동으로 인한 법적 분쟁을 예방하고, 시스템의 투명성을 높이는 데 기여한다.

행정적 측면

행정적 측면에서는 제14조가 고위험 AI 시스템의 감독 및 검증 절차를 명확히 규정함으로써, 공공 기관이나 기업이 이러한 시스템을 도입하고 운영하는 데 필요한 지침을 제공한다. 이는 행정 기관이 AI 시스템의 안전성을 평가하고, 필요한 경우 시스템의 사용을 중단하거나 수정할 수 있는 권한을 부여한다.

비즈니스 측면

비즈니스 측면에서는 제14조가 고위험 AI 시스템의 시장 진입 장벽을 높이는 역할을 한다. 시스템 제공자는 시스템이 인간 감독을 통해 안전하게 운영될 수 있도록 설계해야 하며, 이는 추가적인 비용과 시간이 소요될 수 있다. 그러나 이는 장기적으로 AI 시스템의 신뢰성을 높이고, 소비자와 기업 간의 신뢰를 구축하는 데 기여할 수 있다.

제15조: 정확성, 견고성 및 사이버 보안

요약

1. 고위험 AI 시스템은 적절한 수준의 정확성, 견고성 및 사이버 보안을 달성하고 수명 주기 동안 이러한 측면에서 일관되게 수행되도록 설계 및 개발되어야 한다.

2. 제1항에 규정된 적절한 수준의 정확도 및 견고성 및 기타 관련 성과 지표를 측정하는 방법에 대한 기술적 측면을 다루기 위해, 위원회는 도량형 및 벤치마킹 당국과 같은 관련 이해관계자 및 조직과 협력하여 적절한 경우 벤치마크 및 측정 방법론의 개발을 장려한다.

3. 고위험 AI 시스템의 정확도 수준 및 관련 정확도 지표는 동봉된 사용 지침에 명시되어야 한다.

4. 고위험 AI 시스템은 시스템 또는 시스템이 작동하는 환경 내에서 발생할 수 있는 오류, 결함 또는 불일치, 특히 자연인 또는 기타 시스템과의 상호 작용으로 인해 발생할 수 있는 오류, 결함 또는 불일치에 대해 가능한 한 탄력적이어야 한다. 이와 관련하여 기술적, 조직적 조치를 취해야 한다. 고위험 AI 시스템의 견고성은 백업 또는 페일 세이프 계획을 포함할 수 있는 기술 이중화 솔루션을 통해 달성할 수 있다. 시장에 출시되거나 서비스에 투입된 후에도 계속 학습하는 고위험 AI 시스템은 향후 운영(피드백 루프)을 위한 입력에 영향을 미칠 수 있는 편향된 출력의 위험을 최대한 제거하거나 줄이는 방식으로 개발되어야 하며, 이러한 피드백 루프가 적절한 완화 조치로 적절하게 처리되도록 해야 한다.

5. 고위험 AI 시스템은 시스템 취약성을 악용하여 사용, 출력 또는 성능을 변경하려는 승인되지 않은 제3자의 시도에 대해 탄력적이어야 한다. 고위험 AI 시스템의 사이버 보안을 보장하는 것을 목표로 하는 기술 솔루션은 관련 상황과 위험에 적합해야 한다. AI 관련 취약성을 해결하기 위한 기술 솔루션에는 적절한 경우 학습 데이터 세트를 조작하려는 공격(데이터 중독) 또는 학습에 사용되는 사전 학습된 구성 요소(모델 중독), AI 모델이 실수를 하도록 설계된 입력(적대적 예 또는 모델 회피)을 방지, 탐지, 대응, 해결 및 제어하는 조치가 포함되어야 한다.

EU 인공지능법(EU AI Act) 제15조는 고위험 인공지능 시스템의 정확성, 견고성, 사이버 보안성을 보장하기 위해 도입되었다. 이 조문은 고위험 AI 시스템이 전체 수명 주기 동안 일관되게 성능을 발휘하도록 설계되고 개발되어야 한다는 것을 명시하고 있다.

도입 이유

제15조는 고위험 AI 시스템이 사회에 미치는 영향을 최소화하고, 사용자와 관련된 위험을 줄이기 위해 도입되었다. AI 시스템의 오류나 보안 취약점으로 인해 발생할 수 있는 잠재적 위험을 방지하고, 시스템의 신뢰성을 높이기 위한 것이다. 이는 AI 기술이 점점 더 많은 분야에서 사용됨에 따라, 그 안전성과 신뢰성을 보장하기 위한 필수적인 조치이다.

조문 내용 요약

1. **정확성, 견고성, 사이버 보안성**: 고위험 AI 시스템은 적절한 수준의 정확성, 견고성, 사이버 보안성을 달성하도록 설계되고 개발되어야 한다.
2. **측정 방법 개발**: 정확성과 견고성의 적절한 수준을 측정하기 위한 방법론을 개발하기 위해 관련 이해관계자 및 조직과 협력해야 한다.
3. **사용 설명서에 정확성 명시**: 고위험 AI 시스템의 정확성 수준과 관련된 정확성 지표는 사용 설명서에 명시되어야 한다.
4. **오류 및 결함에 대한 회복력**: 고위험 AI 시스템은 시스템 내 또는 시스템이 작동하는 환경에서 발생할 수 있는 오류, 결함 또는 불일치에 대해 가능한 한 회복력이 있어야 한다.
5. **사이버 보안성**: 고위험 AI 시스템은 무단 제3자가 시스템의 사용, 출력 또는 성능을 변경하려는 시도에 대해 회복력이 있어야 한다.

법적 측면

법적 측면에서 제15조는 고위험 AI 시스템의 개발 및 운영에 대한 명확한 기준을 제공한다. 이는

AI 시스템의 제조업체와 운영자가 법적 책임을 다하도록 요구하며, 시스템의 안전성과 신뢰성을 보장하기 위한 법적 프레임워크를 제공한다. 또한, 이 조문은 AI 시스템의 오류나 보안 취약점으로 인해 발생할 수 있는 법적 분쟁을 예방하는 데 중요한 역할을 한다.

행정적 측면

행정적 측면에서 제15조는 규제 당국이 고위험 AI 시스템의 성능을 평가하고 모니터링하는 데 필요한 기준을 제공한다. 이는 규제 당국이 AI 시스템의 정확성, 견고성, 사이버 보안성을 평가하고, 시스템이 규제 요구 사항을 준수하는지 확인하는 데 도움을 준다. 또한, 이 조문은 규제 당국이 AI 시스템의 안전성과 신뢰성을 보장하기 위한 정책을 개발하고 시행하는 데 중요한 역할을 한다.

비즈니스 측면

비즈니스 측면에서 제15조는 AI 시스템의 제조업체와 운영자가 시스템의 안전성과 신뢰성을 보장하기 위한 기술적 및 조직적 조치를 취하도록 요구한다. 이는 AI 시스템의 품질을 향상시키고, 사용자 신뢰를 구축하는 데 도움을 준다. 또한, 이 조문은 AI 시스템의 제조업체와 운영자가 시장에서 경쟁력을 유지하고, 규제 요구 사항을 준수하는 데 필요한 기준을 제공한다. 이는 AI 기술의 발전과 함께 비즈니스 환경에서의 혁신을 촉진하는 데 중요한 역할을 한다.

제16조: 고위험 AI 시스템 제공자의 의무

요약

고위험 AI 시스템 제공업체는 다음을 수행해야 한다.

(a) 고위험 AI 시스템이 섹션 2에 명시된 요구 사항을 준수하는지 확인한다.

(b) 고위험 AI 시스템 또는 가능하지 않은 경우 포장 또는 동봉 문서에 해당 이름, 등록 상호 또는

등록 상표, 연락 가능한 주소를 표시한다.

(c) 제17조를 준수하는 품질경영시스템을 갖추어야 한다;

(d) 제18조에 언급된 문서를 보관한다;

(e) 그들의 통제 하에 있을 때, 제19조에 언급된 바와 같이 그들의 고위험 AI 시스템에 의해 자동으로 생성된 로그를 보관한다;

(f) 고위험 인공지능 시스템이 시장에 출시되거나 서비스에 투입되기 전에 제43조에 언급된 관련 적합성 평가 절차를 거치도록 보장한다.

(g) 제47조에 따른 EU 적합성 선언 작성;

(h) 제48조에 따라 본 규정의 적합성을 나타내기 위해 고위험 AI 시스템에 CE 마크를 부착하거나, 가능하지 않은 경우 포장 또는 동봉된 문서에 부착한다;

(i) 제49조(1)에 언급된 등록 의무를 준수한다.

(j) 필요한 시정 조치를 취하고 제20조에서 요구하는 정보를 제공한다.;

(k) 국가 관할 당국의 합리적인 요청에 따라 고위험 AI 시스템이 섹션 2에 명시된 요구 사항을 준수함을 입증한다.

(l) 고위험 AI 시스템이 지침 (EU) 2016/2102 및 (EU) 2019/882에 따른 접근성 요구 사항을 준수하는지 확인한다.

해설

EU 인공지능법(EU AI Act) 제16조는 고위험 인공지능 시스템 제공자에게 특정 의무를 부과하고 있다. 이 조문은 고위험 인공지능 시스템의 안전성과 신뢰성을 보장하기 위해 도입되었다.

도입 이유

제16조는 고위험 인공지능 시스템의 안전성과 신뢰성을 보장하기 위해 도입되었다. 인공지능 시스템이 점점 더 많은 분야에서 사용됨에 따라, 이러한 시스템의 오작동이나 악용이 심각한 결과를 초래할 수 있다. 따라서, 고위험 인공지능 시스템의 제공자는 이러한 위험을 최소화하고, 시스

템의 안전성과 신뢰성을 보장하기 위해 특정 의무를 준수해야 한다.

조문 내용 요약

제16조는 고위험 인공지능 시스템 제공자가 준수해야 할 의무를 상세히 규정하고 있다. 주요 내용은 다음과 같다:

- **시스템의 적합성 보장**: 제공자는 고위험 인공지능 시스템이 규정된 요구사항을 준수하도록 해야 한다.
- **연락처 정보 표시**: 제공자는 시스템 또는 포장지에 연락처 정보를 표시해야 한다.
- **품질 관리 시스템**: 제공자는 품질 관리 시스템을 갖추어야 한다.
- **문서 보관**: 제공자는 관련 문서를 보관해야 한다.
- **로그 보관**: 제공자는 시스템이 자동으로 생성하는 로그를 보관해야 한다.
- **적합성 평가**: 제공자는 시스템이 시장에 출시되기 전에 적합성 평가를 받아야 한다.
- **EU 적합성 선언**: 제공자는 EU 적합성 선언을 작성해야 한다.
- **CE 마크 부착**: 제공자는 시스템에 CE 마크를 부착해야 한다.
- **등록 의무**: 제공자는 시스템을 등록해야 한다.
- **시정 조치**: 제공자는 필요한 시정 조치를 취하고 정보를 제공해야 한다.
- **적합성 증명**: 제공자는 요청 시 시스템의 적합성을 증명해야 한다.
- **접근성 준수**: 제공자는 시스템이 접근성 요구사항을 준수하도록 해야 한다.

법적 측면

법적 측면에서 제16조는 고위험 인공지능 시스템 제공자에게 명확한 의무를 부과함으로써, 법적 책임을 강화하고 있다. 제공자는 시스템의 안전성과 신뢰성을 보장하기 위해 필요한 조치를 취해야 하며, 이를 준수하지 않을 경우 법적 제재를 받을 수 있다. 또한, 제공자는 시스템의 적합성을 증명해야 할 의무가 있으며, 이를 통해 규제 당국의 감독을 강화하고 있다.

행정적 측면

행정적 측면에서 제16조는 고위험 인공지능 시스템의 관리와 감독을 강화하고 있다. 제공자는 품질 관리 시스템을 갖추고, 관련 문서와 로그를 보관해야 하며, 시스템의 적합성 평가를 받아야 한다. 이를 통해 행정 당국은 고위험 인공지능 시스템의 안전성과 신뢰성을 보다 효과적으로 감독할 수 있다. 또한, 제공자는 시스템을 등록하고, 필요한 시정 조치를 취해야 하며, 이를 통해 행정 당국의 관리와 감독을 강화하고 있다.

비즈니스 측면

비즈니스 측면에서 제16조는 고위험 인공지능 시스템 제공자에게 추가적인 의무를 부과함으로써, 기업의 부담을 증가시키고 있다. 제공자는 시스템의 적합성을 보장하기 위해 품질 관리 시스템을 갖추고, 관련 문서와 로그를 보관해야 하며, 시스템의 적합성 평가를 받아야 한다. 이는 기업에게 추가적인 비용과 시간을 요구할 수 있다. 그러나, 이러한 의무를 준수함으로써 기업은 시스템의 안전성과 신뢰성을 보장할 수 있으며, 이를 통해 소비자 신뢰를 확보하고, 시장에서의 경쟁력을 강화할 수 있다.

제17조: 품질 경영 시스템

요약

1. 고위험 AI 시스템 제공자는 이 규정을 준수할 수 있는 품질 관리 시스템을 구축해야 한다. 이 시스템은 서면 정책, 절차 및 지침의 형태로 체계적이고 질서 정연한 방식으로 문서화되어야 하며 최소한 다음과 같은 측면을 포함해야 한다.

   (a) 적합성 평가 절차 및 고위험 AI 시스템에 대한 수정 관리 절차 준수를 포함한 규정 준수 전략;

   (b) 고위험 AI 시스템의 설계, 설계 제어 및 설계 검증에 사용되는 기술, 절차 및 체계적인 조치;

   (c) 고위험 AI 시스템의 개발, 품질 관리 및 품질 보증에 사용되는 기술, 절차 및 체계적인 조치;

(d) 고위험 AI 시스템의 개발 전, 개발 중 및 이후에 수행되어야 하는 검사, 테스트 및 검증 절차와 수행해야 하는 빈도

(e) 적용할 표준을 포함한 기술 사양 및 관련 조화 표준이 완전히 적용되지 않거나 섹션 2에 명시된 모든 관련 요구 사항을 다루지 않는 경우 고위험 AI 시스템이 해당 요구 사항을 준수하는지 확인하는 데 사용할 수단

(f) 데이터 수집, 데이터 수집, 데이터 분석, 데이터 라벨링, 데이터 저장, 데이터 필터링, 데이터 마이닝, 데이터 집계, 데이터 보존 및 고위험 AI 시스템을 시장에 출시하거나 서비스를 제공하기 전에 수행되는 데이터와 관련된 기타 작업을 포함한 데이터 관리를 위한 시스템 및 절차

(g) 제9조에 언급된 위험관리체계;

(h) 제72조에 따른 시판 후 모니터링 시스템의 설치, 시행 및 유지;

(i) 제73조에 따른 중대 사건의 보고에 관한 절차;

(j) 국가 관할 당국, 데이터에 대한 액세스를 제공하거나 지원하는 기관을 포함한 기타 관련 당국, 인증 기관, 기타 운영자, 고객 또는 기타 이해 당사자와의 커뮤니케이션 처리;

(k) 모든 관련 문서 및 정보의 기록 보관을 위한 시스템 및 절차;

(l) 공급 보안 관련 조치를 포함한 자원 관리;

(m) 이 단락에 나열된 모든 측면과 관련하여 경영진 및 기타 직원의 책임을 설명하는 책임 프레임워크.

2. 제1항에 언급된 측면의 구현은 제공자의 조직 규모에 비례해야 한다. 제공업체는 어떠한 경우에도 고위험 AI 시스템이 본 규정을 준수하도록 보장하는 데 필요한 엄격함과 보호 수준을 존중해야 한다.

3. 관련 부문별 연합법에 따라 품질경영시스템 또는 이와 동등한 기능에 관한 의무가 적용되는 고위험 AI 시스템 제공자는 해당 법률에 따른 품질경영시스템의 일부로 제1항에 열거된 측면을 포함할 수 있다.

4. 연합 금융서비스법에 따라 내부 지배구조, 약정 또는 프로세스에 관한 요건의 적용을 받는 금융기관인 제공자의 경우, 본 조 제1항 (g), (h) 및 (i)항을 제외하고 품질경영시스템을 마련할 의무는 관련 조합 금융서비스법에 따른 내부지배구조 또는 프로세스에 관한 규칙을 준수함으로

써 이행된 것으로 간주한다. 이를 위해 제40조에 언급된 모든 통일된 기준이 고려되어야 한다.

도입 이유

EU 인공지능법 제17조는 고위험 AI 시스템 제공자가 품질 관리 시스템을 구축하도록 요구한다. 이는 고위험 AI 시스템의 안전성과 신뢰성을 보장하고, 규제 준수를 체계적으로 관리하기 위함이다. 이러한 요구사항은 AI 시스템의 설계, 개발, 테스트, 검증, 데이터 관리, 위험 관리, 사후 모니터링, 사고 보고, 기록 보관, 자원 관리, 책임 프레임워크 등을 포함한다. 이를 통해 고위험 AI 시스템의 전반적인 품질과 안전성을 높이고, 사용자와 사회에 미치는 잠재적 위험을 최소화하려는 목적이다.

조문 내용 요약

1. 고위험 AI 시스템 제공자는 규정 준수를 보장하는 품질 관리 시스템을 구축해야 한다. 이 시스템은 문서화되어야 하며, 최소한 다음과 같은 측면을 포함해야 한다:

   ○ 규제 준수 전략
   ○ 설계 및 개발 절차
   ○ 테스트 및 검증 절차
   ○ 기술 사양
   ○ 데이터 관리 시스템
   ○ 위험 관리 시스템
   ○ 사후 모니터링 시스템
   ○ 사고 보고 절차
   ○ 의사소통 절차
   ○ 기록 보관 시스템

○ 자원 관리

○ 책임 프레임워크

2. 이러한 측면의 구현은 제공자의 조직 규모에 비례해야 한다. 그러나 고위험 AI 시스템의 규정 준수를 보장하기 위해 필요한 엄격성과 보호 수준은 항상 준수해야 한다.

3. 관련 부문별 EU 법률에 따라 품질 관리 시스템 또는 동등한 기능에 대한 의무가 있는 고위험 AI 시스템 제공자는 제1항에 나열된 측면을 해당 법률에 따른 품질 관리 시스템의 일부로 포함할 수 있다.

4. 금융 서비스 법률에 따라 내부 거버넌스, 조치 또는 프로세스에 대한 요구 사항이 있는 금융 기관 제공자는 제1항의 (g), (h), (i) 항목을 제외한 품질 관리 시스템을 구축할 의무를 해당 법률에 따른 내부 거버넌스 조치 또는 프로세스를 준수함으로써 충족한 것으로 간주된다.

법적 측면

제17조는 고위험 AI 시스템 제공자가 규제 준수를 보장하기 위해 품질 관리 시스템을 구축하도록 법적으로 의무화한다. 이는 AI 시스템의 안전성과 신뢰성을 보장하기 위한 법적 장치로, 규제 당국이 제공자의 품질 관리 시스템을 평가하고, 규정 준수 여부를 확인할 수 있도록 한다. 또한, 제공자가 규제 준수를 위해 필요한 절차와 시스템을 체계적으로 문서화하고 유지하도록 요구함으로써, 법적 투명성과 책임성을 강화한다.

행정적 측면

행정적으로 제17조는 고위험 AI 시스템 제공자가 품질 관리 시스템을 구축하고 유지하기 위한 내부 절차와 시스템을 마련하도록 요구한다. 이는 제공자가 규제 준수를 위해 필요한 모든 절차와 시스템을 체계적으로 관리하고, 규제 당국과의 의사소통을 원활하게 하기 위함이다. 또한, 제공자가 규제 준수를 위해 필요한 자원을 적절히 관리하고, 사고 발생 시 신속하게 대응할 수 있도록 한다. 이를 통해 행정적 효율성을 높이고, 규제 준수의 일관성을 유지할 수 있다.

비즈니스 측면

비즈니스적으로 제17조는 고위험 AI 시스템 제공자가 품질 관리 시스템을 구축함으로써, AI 시스템의 안전성과 신뢰성을 보장하고, 시장에서의 경쟁력을 강화할 수 있도록 한다. 이는 제공자가 규제 준수를 통해 고객과의 신뢰를 구축하고, 시장에서의 평판을 높일 수 있는 기회를 제공한다. 또한, 품질 관리 시스템을 통해 AI 시스템의 개발과 운영 과정에서 발생할 수 있는 위험을 최소화하고, 비용 효율성을 높일 수 있다. 이를 통해 제공자는 시장에서의 경쟁력을 유지하고, 지속 가능한 비즈니스 성장을 도모할 수 있다.

제18조: 문서 보관

요약

1. 제공자는 고위험 AI 시스템이 시장에 출시되거나 서비스에 투입된 후 10년 동안 국가 관할 당국의 처분에 따라 다음을 수행해야 한다.

   (a) 제11조에 언급된 기술 문서;

   (b) 제17조에 언급된 품질경영시스템에 관한 문서;

   (c) 해당되는 경우 인증 기관이 승인한 변경 사항에 관한 문서;

   (d) 해당되는 경우 인증 기관에서 발행한 결정 및 기타 문서;

   (e) 제47조에 언급된 EU 적합성 선언.

2. 각 회원국은 제1항에 언급된 문서가 자국 영토에 설립된 제공자 또는 그 권한 있는 대리인이 파산하거나 그 기간이 끝나기 전에 활동을 중단하는 경우에 대해 해당 항에 명시된 기간 동안 국가 관할 당국의 처분에 남아 있는 조건을 결정한다.

3. 연합 금융 서비스법에 따라 내부 지배 구조, 약정 또는 프로세스에 관한 요구 사항의 적용을 받는 금융 기관인 제공자는 관련 연합 금융 서비스법에 따라 보관되는 문서의 일부로 기술 문서를 유지해야 한다.

제18조는 고위험 AI 시스템 제공자가 시스템 출시 후 10년 동안 특정 문서를 보관해야 한다고 명시하고 있다. 이 조항의 도입 이유, 조문 내용 요약, 그리고 법적, 행정적, 비즈니스 측면에서의 의미를 다음과 같이 설명한다.

도입 이유

제18조는 고위험 AI 시스템의 투명성과 책임성을 보장하기 위해 도입되었다. AI 시스템의 복잡성과 잠재적 위험성을 고려할 때, 시스템의 개발 및 운영 과정에서 발생하는 모든 문서를 체계적으로 보관하는 것이 중요하다. 이를 통해 규제 당국은 필요 시 해당 시스템의 안전성과 신뢰성을 검토할 수 있으며, 문제가 발생했을 때 신속하게 대응할 수 있다.

조문 내용 요약

제18조는 다음과 같은 주요 내용을 포함하고 있다:

1. **문서 보관 기간**: 고위험 AI 시스템이 시장에 출시되거나 서비스가 시작된 후 10년 동안 문서를 보관해야 한다.
2. **보관해야 할 문서**: 기술 문서, 품질 관리 시스템 문서, 승인된 변경 사항, 통지 기관의 결정 및 기타 문서, EU 적합성 선언서 등이 포함된다.
3. **파산 또는 활동 중단 시 문서 보관**: 제공자가 파산하거나 활동을 중단할 경우, 각 회원국은 문서가 규제 당국에 계속 제공될 수 있는 조건을 결정한다.
4. **금융 기관의 경우**: 금융 기관이 제공자인 경우, 기술 문서를 금융 서비스 법에 따라 보관해야 한다.

법적 측면

법적 측면에서 제18조는 고위험 AI 시스템의 투명성과 책임성을 강화하는 역할을 한다. 문서 보관 의무는 규제 당국이 AI 시스템의 안전성과 신뢰성을 검토할 수 있는 근거를 제공하며, 문제가 발생했을 때 신속하게 대응할 수 있는 법적 기반을 마련한다. 또한, 문서 보관 의무는 제공자가 시스템의 개발 및 운영 과정에서 발생하는 모든 변경 사항을 기록하고, 이를 통해 시스템의 지속적인 개선과 안전성을 보장할 수 있도록 한다.

행정적 측면

행정적 측면에서 제18조는 규제 당국이 고위험 AI 시스템을 효과적으로 감독할 수 있는 도구를 제공한다. 문서 보관 의무는 규제 당국이 필요 시 해당 시스템의 안전성과 신뢰성을 검토할 수 있는 자료를 제공하며, 이를 통해 규제 당국은 AI 시스템의 운영 및 관리에 대한 투명성을 확보할 수 있다. 또한, 문서 보관 의무는 제공자가 시스템의 개발 및 운영 과정에서 발생하는 모든 변경 사항을 기록하고, 이를 통해 시스템의 지속적인 개선과 안전성을 보장할 수 있도록 한다.

비즈니스 측면

비즈니스 측면에서 제18조는 고위험 AI 시스템 제공자가 시스템의 개발 및 운영 과정에서 발생하는 모든 문서를 체계적으로 보관하도록 요구함으로써, 제공자의 책임성을 강화한다. 이는 제공자가 시스템의 안전성과 신뢰성을 보장하기 위해 필요한 모든 조치를 취하고 있음을 입증할 수 있는 근거를 제공하며, 이를 통해 제공자는 고객과 규제 당국의 신뢰를 얻을 수 있다. 또한, 문서 보관 의무는 제공자가 시스템의 개발 및 운영 과정에서 발생하는 모든 변경 사항을 기록하고, 이를 통해 시스템의 지속적인 개선과 안전성을 보장할 수 있도록 한다.

제19조: 자동으로 생성된 로그

요약

1. 고위험 AI 시스템 제공자는 제12조(1)항에 언급된 로그를 고위험 AI 시스템에 의해 자동으로

생성되며, 해당 로그가 통제되는 범위 내에서 보관해야 한다. 해당 연합 또는 국내법을 침해하지 않고, 해당 연합 또는 국내법, 특히 개인 데이터 보호에 관한 연합 법률에 달리 규정되지 않는 한, 로그는 고위험 AI 시스템의 의도된 목적에 적합한 최소 6개월 동안 보관되어야 한다.

2. 유럽연합 금융서비스법에 따라 내부 지배구조, 약정 또는 프로세스에 관한 요구 사항의 적용을 받는 금융기관인 제공업체는 관련 금융서비스법에 따라 보관되는 문서의 일부로 고위험 AI 시스템에서 자동으로 생성된 로그를 유지해야 한다.

해설

제19조는 고위험 인공지능 시스템 제공자가 자동으로 생성된 로그를 보관해야 한다는 내용을 다루고 있다. 이 조문은 고위험 인공지능 시스템의 투명성과 책임성을 강화하기 위해 도입되었다.

도입 이유

고위험 인공지능 시스템은 그 특성상 잘못된 작동이나 오용 시 큰 사회적, 경제적 영향을 미칠 수 있다. 따라서 이러한 시스템의 작동 기록을 보관함으로써, 문제가 발생했을 때 원인을 추적하고 책임을 명확히 할 수 있는 근거를 마련하는 것이 중요하다. 이는 사용자와 사회 전체의 신뢰를 높이는 데 기여한다.

조문 내용 요약

1. **로그 보관 의무:** 고위험 인공지능 시스템 제공자는 해당 시스템이 자동으로 생성한 로그를 보관해야 한다. 이 로그는 제공자가 통제할 수 있는 범위 내에서 보관되어야 하며, 최소 6개월 이상 보관해야 한다. 단, 유럽연합 또는 국가 법률에 따라 더 긴 기간 동안 보관해야 할 수도 있다.

2. **금융 기관의 추가 의무:** 금융 기관인 제공자는 금융 서비스 법에 따라 내부 관리, 절차 등의 일환으로 자동 생성된 로그를 보관해야 한다.

법적 측면

법적 측면에서 제19조는 고위험 인공지능 시스템의 투명성과 책임성을 강화하는 역할을 한다. 로그 보관 의무는 문제가 발생했을 때 법적 책임을 명확히 할 수 있는 근거를 제공하며, 법적 분쟁 시 중요한 증거로 활용될 수 있다. 또한, 개인정보 보호법 등 다른 관련 법률과의 조화를 이루어야 하므로, 로그 보관 기간과 방식에 대한 세부 규정이 필요하다.

행정적 측면

행정적 측면에서는 로그 보관 의무가 인공지능 시스템의 운영 및 관리에 대한 체계적인 접근을 요구한다. 제공자는 로그를 안전하게 보관하고, 필요 시 이를 제출할 수 있는 체계를 갖추어야 한다. 이는 행정 기관이 인공지능 시스템의 운영 상태를 모니터링하고, 규제 준수 여부를 확인하는 데 도움이 된다.

비즈니스 측면

비즈니스 측면에서는 로그 보관 의무가 기업의 운영 비용과 절차에 영향을 미칠 수 있다. 로그 보관을 위한 인프라 구축과 유지, 보안 관리 등이 추가적인 비용으로 작용할 수 있다. 그러나 이러한 의무를 준수함으로써 기업은 신뢰성을 높이고, 규제 준수 기업으로서의 이미지를 강화할 수 있다. 이는 장기적으로 고객과의 신뢰 관계를 구축하는 데 긍정적인 영향을 미칠 수 있다.

제20조: 시정 조치 및 정보 의무

요약

1. 시장에 출시하거나 서비스에 투입한 고위험 AI 시스템이 본 규정에 부합하지 않는다고 판단하거나 고려할 이유가 있는 고위험 AI 시스템 제공자는 해당 시스템을 적합하게 만들거나, 철회하거나, 비활성화하거나, 리콜하기 위해 필요한 시정 조치를 즉시 취해야 한다. 적절하게.

해당 기관은 관련 고위험 AI 시스템의 유통업체에 알려야 하며, 해당되는 경우 배포자, 공식 대리인 및 수입업체에 해당 정보를 알려야 한다.

2. 고위험 AI 시스템이 제79조(1)항의 의미 내에서 위험을 초래하고 제공자가 그 위험을 인지하게 된 경우, 제공자는 해당되는 경우 신고 배포자와 협력하여 즉시 원인을 조사하고, 해당 고위험 AI 시스템에 대한 시장 감시 당국 및 해당되는 경우 제44조에 따라 해당 고위험 AI 시스템에 대한 인증서를 발급한 인증 기관에 알려야 한다, 특히 규정 미준수의 성격 및 취해진 관련 시정 조치 등을 알려야 한다.

해설

도입 이유

EU 인공지능법 제20조는 고위험 인공지능 시스템의 안전성과 규정 준수를 보장하기 위해 도입되었다. 인공지능 시스템이 규정을 위반하거나 위험을 초래할 경우, 신속한 조치를 통해 문제를 해결하고 관련 당국에 보고함으로써 사용자와 사회에 미치는 부정적 영향을 최소화하는 것이 목적이다.

조문 내용 요약

제20조는 고위험 인공지능 시스템 제공자가 해당 시스템이 규정을 준수하지 않거나 위험을 초래할 경우, 즉시 필요한 시정 조치를 취하고, 시스템을 철회하거나 비활성화하거나 회수해야 한다고 명시하고 있다. 또한, 관련 배포자, 배치자, 대리인 및 수입업자에게 이를 통지해야 한다. 만약 시스템이 위험을 초래할 경우, 제공자는 원인을 조사하고 시장 감시 당국 및 인증 기관에 이를 보고해야 한다.

법적 측면

제20조는 고위험 인공지능 시스템의 규정 준수를 강제하는 법적 근거를 제공한다. 이를 통해 인공지능 시스템의 안전성과 신뢰성을 확보하고, 규정 위반 시 신속한 시정 조치를 통해 법적 책임을 명확히 한다. 또한, 시장 감시 당국과의 협력을 통해 규정 준수 여부를 지속적으로 모니터링하고,

필요한 경우 추가적인 법적 조치를 취할 수 있는 기반을 마련한다.

행정적 측면

제20조는 고위험 인공지능 시스템의 관리와 감독을 위한 행정적 절차를 명확히 한다. 제공자는 시스템의 규정 준수 여부를 지속적으로 점검하고, 문제가 발생할 경우 신속하게 대응해야 한다. 또한, 관련 당국과의 협력을 통해 문제 해결 과정을 투명하게 공개하고, 필요한 정보를 제공함으로써 행정적 신뢰성을 높인다. 이를 통해 인공지능 시스템의 안전성과 신뢰성을 확보하고, 사용자와 사회에 미치는 부정적 영향을 최소화할 수 있다.

비즈니스 측면

제20조는 고위험 인공지능 시스템 제공자에게 규정 준수와 안전성 확보를 위한 책임을 부여한다. 이를 통해 기업은 인공지능 시스템의 품질과 신뢰성을 높이고, 시장에서의 경쟁력을 강화할 수 있다. 또한, 규정 준수를 통해 법적 리스크를 최소화하고, 신뢰할 수 있는 제품을 제공함으로써 고객의 신뢰를 얻을 수 있다. 이는 장기적으로 기업의 평판과 수익성에 긍정적인 영향을 미칠 수 있다.

제21조: 관할 당국과의 협력

요약

1. 고위험 AI 시스템 제공자는 관할 당국의 합리적인 요청에 따라 해당 회원국이 지정한 EU 기관의 공식 언어 중 하나로 당국이 쉽게 이해할 수 있는 언어로 제2항에 명시된 요건에 대한 고위험 AI 시스템의 적합성을 입증하는 데 필요한 모든 정보와 문서를 해당 기관에 제공해야 한다.
2. 관할 당국의 합리적인 요청이 있는 경우, 제공자는 요청 관할 당국에 해당되는 경우 해당 로그가 통제되는 범위 내에서 제12조 (1)항에 언급된 고위험 AI 시스템의 자동 생성 로그에 대한 액세스 권한을 부여해야 한다.

3. 이 조에 따라 관할 당국이 취득한 모든 정보는 제78조에 규정된 기밀 유지 의무에 따라 취급되어야 한다.

EU 인공지능법(EU AI Act) 제21조는 고위험 인공지능 시스템 제공자가 관련 당국의 요청 시 해당 시스템이 요구 사항을 충족하는지 입증하기 위해 필요한 모든 정보를 제공해야 한다고 명시하고 있다. 이 정보는 당국이 쉽게 이해할 수 있는 언어로 제공되어야 하며, 자동 생성된 로그에 대한 접근도 허용해야 한다. 또한, 당국이 얻은 모든 정보는 기밀로 취급되어야 한다.

도입 이유

EU 인공지능법 제21조는 고위험 인공지능 시스템의 투명성과 책임성을 강화하기 위해 도입되었다. 인공지능 기술의 발전과 함께 고위험 AI 시스템이 사회에 미치는 영향이 커짐에 따라, 이러한 시스템이 규제 요구 사항을 준수하는지 확인할 필요성이 증가했다. 이를 통해 공공의 안전과 신뢰를 확보하고, 인공지능 기술의 오용을 방지하고자 한다.

조문 내용 요약

1. **정보 제공 의무**: 고위험 AI 시스템 제공자는 관련 당국의 합리적인 요청 시, 해당 시스템이 요구 사항을 충족하는지 입증하기 위해 필요한 모든 정보와 문서를 제공해야 한다. 이 정보는 당국이 쉽게 이해할 수 있는 언어로 제공되어야 한다.
2. **로그 접근 허용**: 관련 당국의 합리적인 요청 시, 제공자는 자동 생성된 로그에 대한 접근을 허용해야 한다. 이는 제공자가 해당 로그를 통제하는 범위 내에서 이루어진다.
3. **기밀 유지**: 관련 당국이 얻은 모든 정보는 기밀로 취급되어야 한다.

법적 측면

법적 측면에서 제21조는 고위험 AI 시스템의 규제 준수 여부를 확인하기 위한 법적 근거를 제공한다. 이는 규제 당국이 필요 시 정보를 요청하고, 제공자가 이를 제공해야 하는 법적 의무를 명확히 함으로써, 규제의 실효성을 높인다. 또한, 기밀 유지 조항을 통해 제공자의 상업적 비밀과 개인정보 보호를 보장한다.

행정적 측면

행정적 측면에서 제21조는 규제 당국이 고위험 AI 시스템의 준수 여부를 효율적으로 모니터링하고 평가할 수 있는 도구를 제공한다. 이를 통해 규제 당국은 고위험 AI 시스템의 운영과 관련된 데이터를 신속하게 확보하고, 필요한 경우 적절한 조치를 취할 수 있다. 또한, 제공자가 정보를 제공해야 하는 의무를 명확히 함으로써, 행정 절차의 투명성과 효율성을 높인다.

비즈니스 측면

비즈니스 측면에서 제21조는 고위험 AI 시스템 제공자가 규제 요구 사항을 준수해야 하는 명확한 지침을 제공한다. 이는 기업이 규제 준수를 위해 필요한 절차와 시스템을 마련하도록 유도하며, 이를 통해 기업의 신뢰성과 투명성을 높인다. 또한, 기밀 유지 조항을 통해 기업의 상업적 비밀과 개인정보 보호를 보장함으로써, 기업의 경쟁력을 유지할 수 있도록 한다.

제22조: 고위험 AI 시스템 제공업체의 공인 대리인

요약

1. 고위험 AI 시스템을 유럽연합 시장에 출시하기 전에, 제3국에 설립된 제공자는 서면 위임에 따라 유럽연합에 설립된 권한을 위임받은 대리인을 임명해야 한다.
2. 제공자는 권한을 위임 받은 대리인이 제공자로부터 받은 위임장에 명시된 업무를 수행할 수 있도록 해야 한다.
3. 권한 있는 대리인은 제공자로부터 받은 위임장에 명시된 업무를 수행해야 한다. 위원회는 요

청 시 관할 당국이 지정한 대로 연합 기관의 공식 언어 중 하나로 시장 감시 당국에 위임장 사본을 제공해야 한다. 이 규정의 목적상, 위임장은 권한을 위임 받은 대리인에게 다음 작업을 수행할 수 있는 권한을 부여해야 한다.

(a) 제47조에 언급된 EU 적합성 선언 및 제11조에 언급된 기술 문서가 작성되었으며 제공자가 적절한 적합성 평가 절차를 수행했는지 확인한다.

(b) 고위험 AI 시스템이 시장에 출시되거나 서비스에 투입된 후 10년 동안 제74조(10)에 언급된 관할 당국 및 국가 당국 또는 기관의 처분에 따라 권한 있는 대리인을 임명한 제공자의 연락처 세부 정보, 제47조에 언급된 EU 적합성 선언 사본, 기술 문서 및 해당되는 경우 인증 기관에서 발행한 인증서;

(c) 합리적인 요청에 따라, 12(1)항에 언급된 로그에 대한 액세스를 포함하여 고위험 AI 시스템이 2항에 명시된 요구 사항에 부합함을 입증하는 데 필요한 모든 정보 및 문서(본 항의 (b)항에 언급된 것을 포함하여, 고위험 AI 시스템에 의해 자동으로 생성되는 로그에 대한 액세스를 포함하여, 권한 있는 당국에 제공한다. 이러한 로그가 공급자의 통제하에 있는 범위 내에서;

(d) 합리적인 요청에 따라 고위험 AI 시스템과 관련하여 후자가 취하는 모든 조치, 특히 고위험 AI 시스템으로 인한 위험을 줄이고 완화하기 위해 관할 당국과 협력한다.

(e) 해당되는 경우, 제49(1)조에 언급된 등록 의무를 준수하거나, 등록이 제공자 자체에 의해 수행되는 경우, 부속서 VIII의 섹션 A의 3항에 언급된 정보가 정확한지 확인한다. 이 위임장은 권한 있는 대리인이 제공자 외에 또는 제공자 대신 이 규정의 준수 보장과 관련된 모든 문제에 대해 관할 당국에 의해 처리될 수 있는 권한을 부여해야 한다.

4. 권한을 위임 받은 대리인은 제공자가 이 규정에 따른 의무에 반하는 행동을 하고 있다고 간주하거나 간주할 이유가 있는 경우 위임을 종료해야 한다. 이 경우, 즉시 관련 시장감독기관 및 해당되는 경우 관련 인증기관에 위임 종료 및 그 사유를 알려야 한다.

도입 이유

EU 인공지능법 제22조는 EU 시장에 고위험 인공지능 시스템을 제공하는 비EU 국가의 제공자가 EU 내에 대리인을 임명하도록 요구한다. 이는 고위험 인공지능 시스템의 안전성과 규제 준수를 보장하기 위한 조치이다. 비EU 국가의 제공자가 EU 규제를 준수하지 않을 경우, 대리인이 이를 대신하여 책임을 지도록 함으로써 규제의 실효성을 높이고자 한다.

조문 내용 요약

1. 비EU 국가의 제공자는 고위험 인공지능 시스템을 EU 시장에 출시하기 전에 EU 내에 대리인을 임명해야 한다.
2. 제공자는 대리인이 제공자의 의무를 수행할 수 있도록 지원해야 한다.
3. 대리인은 제공자로부터 받은 위임장에 명시된 업무를 수행해야 한다. 여기에는 EU 적합성 선언서와 기술 문서의 작성 여부 확인, 관련 문서의 보관, 당국의 요청 시 정보 제공, 위험 관리 협력 등이 포함된다.
4. 대리인은 제공자가 규제를 위반할 경우 위임을 종료할 수 있으며, 이 경우 관련 당국에 이를 즉시 통보해야 한다.

법적 측면

제22조는 비EU 국가의 제공자가 EU 규제를 준수하도록 강제하는 법적 장치를 마련한다. 대리인은 제공자의 규제 준수 여부를 확인하고, 필요한 경우 당국에 정보를 제공해야 한다. 이는 규제의 실효성을 높이고, 고위험 인공지능 시스템의 안전성을 보장하는 데 기여한다. 또한, 대리인이 제공자의 규제 위반을 발견할 경우 위임을 종료할 수 있도록 하여, 규제 위반에 대한 신속한 대응을 가능하게 한다.

행정적 측면

제22조는 EU 내에서 고위험 인공지능 시스템의 관리와 감독을 강화하는 행정적 장치를 제공한다. 대리인은 제공자의 규제 준수 여부를 지속적으로 모니터링하고, 필요한 경우 당국과 협력하여 위험을 관리해야 한다. 이는 고위험 인공지능 시스템의 안전성을 높이고, 규제 준수 여부를 효과적으로 관리하는 데 기여한다. 또한, 대리인이 제공자의 규제 위반을 발견할 경우 이를 즉시 당국에 통보하도록 하여, 규제 위반에 대한 신속한 대응을 가능하게 한다.

비즈니스 측면

제22조는 비EU 국가의 제공자가 EU 시장에 진출하기 위해 추가적인 비용과 노력을 필요로 한다. 제공자는 EU 내에 대리인을 임명하고, 대리인이 제공자의 의무를 수행할 수 있도록 지원해야 한다. 이는 비EU 국가의 제공자에게 추가적인 부담을 줄 수 있지만, 동시에 EU 시장에 진출하기 위한 필수적인 절차로서, 고위험 인공지능 시스템의 안전성과 규제 준수를 보장하는 데 기여한다. 또한, 대리인이 제공자의 규제 위반을 발견할 경우 이를 즉시 당국에 통보하도록 하여, 규제 위반에 대한 신속한 대응을 가능하게 한다.

제23조: 수입업자의 의무

요약

1. 고위험 AI 시스템을 시장에 출시하기 전에 수입업자는 다음 사항을 확인하여 시스템이 본 규정을 준수하는지 확인해야 한다.

    (a) 제43조에 언급된 관련 적합성 평가 절차가 고위험 AI 시스템의 제공자에 의해 수행된 경우

    (b) 제공자가 제11조 및 부속서 IV에 따라 기술 문서를 작성한다.

    (c) 시스템에는 필수 CE 마크가 있으며 47조에 언급된 EU 적합성 선언 및 사용 지침이 수반된다.

    (d) 제공자가 제22(1)조에 따라 권한 있는 대리인을 임명한 경우.

인공지능(AI)과 행정관리

2. 수입업자는 고위험 AI 시스템이 이 규정을 준수하지 않거나, 위조되었거나, 위조된 문서를 첨부했다고 간주할 충분한 이유가 있는 경우, 해당 시스템이 적합하게 출시될 때까지 해당 시스템을 시장에 출시하지 않는다. 고위험 AI 시스템이 제79조 (1)항의 의미 내에서 위험을 초래하는 경우, 수입업자는 시스템 제공자, 권한 있는 대리인 및 시장 감시 당국에 해당 사실을 알려야 한다.

3. 수입업자는 고위험 AI 시스템 및 포장 또는 동봉된 문서에 자신의 이름, 등록 상호 또는 등록 상표, 연락 가능한 주소를 표시해야 한다.

4. 수입업자는 고위험 AI 시스템이 자국의 책임하에 있는 동안 해당되는 경우 보관 또는 운송 조건이 섹션 2에 명시된 요구 사항의 준수를 위태롭게 하지 않도록 해야 한다.

5. 수입업자는 고위험 인공지능 시스템이 시장에 출시되거나 서비스에 투입된 후 10년 동안 해당되는 경우 인증기관이 발행한 인증서 사본(해당되는 경우), 사용 지침 및 제47조에 언급된 EU 적합성 선언 사본을 보관해야 한다.

6. 수입업자는 합리적인 요청이 있을 경우 제5항에 언급된 것을 포함하여 관련 관할 당국에 제2항에 명시된 요건에 대한 고위험 AI 시스템의 적합성을 입증하는 데 필요한 모든 정보 및 문서를 쉽게 이해할 수 있는 언어로 제공해야 한다. 이를 위해 그들은 또한 기술 문서를 해당 당국이 사용할 수 있도록 해야 한다.

7. 수입업자는 수입업자가 시장에 출시한 고위험 AI 시스템과 관련하여 관련 관할 당국이 취하는 모든 조치, 특히 이로 인한 위험을 줄이고 완화하기 위해 해당 관할 당국과 협력해야 한다.

해설

도입 이유

제23조는 고위험 인공지능 시스템의 수입자가 해당 시스템이 규정을 준수하는지 확인하도록 요구함으로써, 시장에 출시되는 AI 시스템의 안전성과 신뢰성을 보장하기 위해 도입되었다. 이는 소비자 보호와 시장의 공정성을 유지하기 위한 중요한 조치이다.

조문 내용 요약

1. 수입자는 고위험 AI 시스템이 규정을 준수하는지 확인해야 한다. 이를 위해 관련 적합성 평가 절차가 수행되었는지, 기술 문서가 작성되었는지, CE 마크가 부착되었는지, EU 적합성 선언서와 사용 설명서가 동반되었는지 확인해야 한다.

2. 수입자가 시스템이 규정을 준수하지 않거나 위조된 문서가 동반된 경우, 이를 시장에 출시해서는 안 된다. 또한, 시스템이 위험을 초래할 경우, 공급자, 권한 대리인 및 시장 감시 당국에 이를 통보해야 한다.

3. 수입자는 자신의 이름, 등록 상호 또는 등록 상표, 연락 가능한 주소를 시스템 및 포장 또는 동반 문서에 표시해야 한다.

4. 수입자는 시스템이 자신의 책임하에 있는 동안 저장 또는 운송 조건이 규정 준수를 저해하지 않도록 해야 한다.

5. 수입자는 시스템이 시장에 출시된 후 10년 동안 인증서, 사용 설명서 및 EU 적합성 선언서를 보관해야 한다.

6. 수입자는 관련 당국의 요청 시 필요한 모든 정보와 문서를 제공해야 하며, 이를 위해 기술 문서를 준비해야 한다.

7. 수입자는 시장에 출시된 시스템과 관련하여 당국이 취하는 조치에 협력해야 한다.

법적 측면

제23조는 수입자가 고위험 AI 시스템의 규정 준수를 확인하고, 이를 보장하기 위한 법적 의무를 명시하고 있다. 이는 수입자가 단순히 시스템을 수입하는 역할을 넘어, 시스템의 안전성과 규정 준수를 책임지는 중요한 역할을 수행하도록 요구한다. 또한, 수입자가 규정을 준수하지 않을 경우, 법적 제재를 받을 수 있는 근거를 제공한다.

행정적 측면

수입자는 고위험 AI 시스템의 규정 준수를 확인하기 위해 적합성 평가 절차를 수행하고, 관련 문서를 준비해야 한다. 이는 수입자가 시스템의 안전성과 신뢰성을 보장하기 위한 중요한 행정적 절차를 수행해야 함을 의미한다. 또한, 수입자는 시스템이 시장에 출시된 후에도 관련 문서를 보관하고, 당국의 요청 시 이를 제공해야 하는 행정적 의무를 가진다.

비즈니스 측면

제23조는 수입자가 고위험 AI 시스템의 규정 준수를 확인하고, 이를 보장하기 위한 비즈니스 프로세스를 구축하도록 요구한다. 이는 수입자가 시스템의 안전성과 신뢰성을 보장하기 위한 내부 절차를 마련하고, 이를 통해 시장에서의 신뢰성을 확보할 수 있도록 한다. 또한, 수입자는 시스템의 규정 준수를 보장하기 위해 추가적인 비용과 자원을 투입해야 할 수 있다. 이는 수입자가 시장에서 경쟁력을 유지하기 위해 중요한 요소로 작용할 수 있다.

제24조: 유통업체의 의무

요약

1. 고위험 AI 시스템을 시장에 출시하기 전에 유통업체는 해당 시스템에 필수 CE 마크가 있는지, 제47조에 언급된 EU 적합성 선언 사본 및 사용 지침이 첨부되어 있는지, 해당 시스템의 제공자와 수입업체가 해당되는 경우 제16조에 명시된 각자의 의무를 준수했는지 확인해야 한다. (b)항 및 (c)항 및 제23조(3)항.

2. 유통업체가 보유하고 있는 정보를 근거로 고위험 AI 시스템이 섹션 2에 명시된 요구 사항을 준수하지 않는다고 간주하거나 고려할 이유가 있는 경우, 시스템이 해당 요구 사항을 준수할 때까지 고위험 AI 시스템을 시장에 출시해서는 안 됩니다. 또한, 고위험 AI 시스템이 제79조(1)항의 의미 내에서 위험을 초래하는 경우, 유통업체는 해당되는 경우 시스템 제공자 또는 수입업자에게 해당 취지를 알려야 한다.

3. 유통업체는 고위험 AI 시스템이 자신의 책임하에 있는 동안 해당되는 경우 보관 또는 운송 조건이 섹션 2에 명시된 요구 사항을 준수하는 시스템을 위태롭게 하지 않도록 해야 한다.

4. 보유하고 있는 정보를 근거로 제2항에 명시된 요건을 준수하지 않는 고위험 AI 시스템을 시장에 출시한 것으로 간주하거나 고려할 이유가 있는 유통업체는 해당 시스템이 해당 요건을 준수하도록 하는 데 필요한 시정 조치를 취해야 한다. 이를 철회 또는 회수하거나 공급자, 수입업자 또는 관련 운영자가 적절하게 시정 조치를 취하도록 해야 한다. 고위험 AI 시스템이 제 79조 (1)항의 의미 내에서 위험을 초래하는 경우, 유통업체는 시스템 제공자 또는 수입업자 및 해당 고위험 AI 시스템에 대한 관할 당국에 특히 규정 미준수 및 취한 시정 조치에 대한 세부 정보를 즉시 알려야 한다.

5. 관련 관할 당국의 합리적인 요청이 있는 경우, 고위험 AI 시스템의 배포자는 해당 시스템이 섹션 2에 명시된 요구 사항을 준수함을 입증하는 데 필요한 1항부터 4항까지의 조치에 관한 모든 정보 및 문서를 해당 기관에 제공해야 한다.

6. 유통업체는 유통업체가 시장에 출시한 고위험 AI 시스템과 관련하여 관련 관할 당국이 취하는 모든 조치, 특히 이로 인한 위험을 줄이거나 완화하기 위해 해당 당국과 협력해야 한다.

해설

도입 이유

제24조는 고위험 인공지능 시스템의 유통업자가 시장에 제품을 제공하기 전에 해당 시스템이 규정된 기준을 충족하는지 확인하도록 요구한다. 이는 고위험 AI 시스템이 유럽 연합 내에서 안전하고 신뢰할 수 있도록 보장하기 위한 것이다. 특히, CE 마크와 EU 적합성 선언서가 포함되어 있는지 확인함으로써, 소비자와 사용자의 안전을 보호하고, 시장에서의 신뢰성을 높이기 위한 목적이다.

조문 내용 요약

1. 유통업자는 고위험 AI 시스템이 CE 마크를 가지고 있고, EU 적합성 선언서와 사용 설명서가 동반되었는지 확인해야 한다.

2. 유통업자가 고위험 AI 시스템이 규정에 부합하지 않는다고 판단할 경우, 해당 시스템을 시장에 제공해서는 안 된다.

3. 유통업자는 고위험 AI 시스템이 저장 또는 운송 중에도 규정을 준수하도록 보장해야 한다.

4. 유통업자가 시장에 제공한 고위험 AI 시스템이 규정에 부합하지 않는다고 판단할 경우, 이를 시정하거나 회수해야 한다.

5. 관련 당국의 요청이 있을 경우, 유통업자는 해당 시스템의 규정 준수 여부를 입증할 수 있는 모든 정보를 제공해야 한다.

6. 유통업자는 관련 당국과 협력하여 고위험 AI 시스템의 위험을 줄이기 위한 조치를 취해야 한다.

법적 측면

제24조는 유통업자가 고위험 AI 시스템의 규정 준수를 보장하도록 법적 책임을 부여한다. 이는 유통업자가 단순히 제품을 전달하는 역할을 넘어서, 제품의 안전성과 규정 준수를 확인하는 중요한 역할을 수행하도록 요구한다. 또한, 유통업자가 규정을 준수하지 않을 경우, 법적 제재를 받을 수 있는 근거를 제공한다. 이는 유럽 연합 내에서 고위험 AI 시스템의 안전성을 높이고, 규정 준수 문화를 확립하는 데 기여한다.

행정적 측면

제24조는 유통업자가 고위험 AI 시스템의 규정 준수를 확인하기 위한 행정 절차를 마련하도록 요구한다. 이는 유통업자가 제품의 CE 마크와 EU 적합성 선언서를 확인하고, 저장 및 운송 중에도 규정을 준수하도록 보장하는 절차를 마련해야 함을 의미한다. 또한, 유통업자는 관련 당국의 요청에 따라 필요한 정보를 제공하고, 당국과 협력하여 제품의 안전성을 보장하는 역할을 수행해야 한다. 이는 행정적 부담을 증가시킬 수 있지만, 제품의 안전성과 신뢰성을 높이는 데 중요한 역할을 한다.

비즈니스 측면

제24조는 유통업자가 고위험 AI 시스템의 규정 준수를 보장하기 위한 추가적인 책임을 부여함으로써, 비즈니스 운영에 영향을 미칠 수 있다. 유통업자는 제품의 규정 준수를 확인하기 위한 추가적인 절차와 비용을 부담해야 할 수 있다. 그러나 이는 장기적으로 시장에서의 신뢰성을 높이고, 소

비자와 사용자의 안전을 보장함으로써, 비즈니스의 지속 가능성을 높이는 데 기여할 수 있다. 또한, 규정을 준수하는 유통업자는 경쟁 우위를 확보할 수 있으며, 시장에서의 신뢰성을 높일 수 있다.

제25조: AI 가치 사슬에 따른 책임

요약

1. 유통업자, 수입업자, 배포업자 또는 기타 제3자는 이 규정의 목적상 고위험 AI 시스템의 제공자로 간주되며 다음 상황 중 하나에서 제16조에 따른 제공자의 의무를 따른다.

   (a) 이미 시장에 출시되었거나 서비스에 투입된 고위험 AI 시스템에 자신의 이름 또는 상표를 부여하며, 의무가 달리 할당되도록 규정하는 계약상의 약정을 침해하지 않는다.

   (b) 이미 시장에 출시되었거나 이미 서비스에 투입된 고위험 AI 시스템을 제6조에 따라 고위험 AI 시스템으로 유지하는 방식으로 상당한 수정을 가하는 경우;

   (c) 고위험으로 분류되지 않았고 이미 시장에 출시되었거나 서비스에 투입된 범용 AI 시스템을 포함하여 해당 AI 시스템이 제6조에 따라 고위험 AI 시스템이 되도록 의도된 목적을 수정하는 행위.

2. 제1항에 언급된 상황이 발생하는 경우, AI 시스템을 최초로 시장에 출시하거나 서비스에 투입한 제공자는 더 이상 본 규정의 목적상 특정 AI 시스템의 제공자로 간주되지 않는다. 최초 제공자는 새로운 제공자와 긴밀히 협력해야 하며, 특히 고위험 AI 시스템의 적합성 평가 준수와 관련하여 본 규정에 명시된 의무를 이행하는 데 필요한 필요한 정보를 제공하고 합리적으로 예상되는 기술 액세스 및 기타 지원을 제공해야 한다. 이 항은 최초 제공자가 AI 시스템을 고위험 AI 시스템으로 변경하지 않을 것임을 명확하게 명시하여 문서를 제출할 의무가 없는 경우에는 적용되지 않는다.

3. 부속서 I의 섹션 A에 나열된 연합 조화 법률이 적용되는 제품의 안전 구성 요소인 고위험 AI 시스템의 경우, 제품 제조업체는 고위험 AI 시스템의 제공자로 간주되며 다음 상황 중 하나에

서 제16조에 따른 의무를 준수해야 한다.

(a) 고위험 AI 시스템이 제품 제조업체의 이름 또는 상표로 제품과 함께 시장에 출시되는 경우;

(b) 고위험 AI 시스템은 제품이 시장에 출시된 후 제품 제조업체의 이름 또는 상표로 사용된다.

4. 고위험 AI 시스템 제공자 및 고위험 AI 시스템에서 사용되거나 통합된 AI 시스템, 도구, 서비스, 구성 요소 또는 프로세스를 제공하는 제3자는 고위험 AI 시스템 제공자가 다음에 명시된 의무를 완전히 준수할 수 있도록 일반적으로 인정되는 최신 기술에 따라 필요한 정보, 기능, 기술 액세스 및 기타 지원을 서면 계약에 의해 명시해야 한다. 이 규정. 이 단락은 무료 오픈 소스 라이선스에 따라 범용 AI 모델 이외의 공용 도구, 서비스, 프로세스 또는 구성 요소에 액세스할 수 있도록 하는 제3자에게는 적용되지 않는다. AI 사무국은 고위험 AI 시스템 제공자와 고위험 AI 시스템에 사용되거나 통합되는 도구, 서비스, 구성 요소 또는 프로세스를 제공하는 제3자 간의 계약에 대한 자발적 모델 조건을 개발하고 권장할 수 있다. 이러한 자발적 모델 조건을 개발할 때 AI 사무소는 특정 부문 또는 비즈니스 사례에 적용할 수 있는 계약상 요구 사항을 고려해야 한다. 자발적 모델 약관은 쉽게 사용할 수 있는 전자 형식으로 게시되고 무료로 제공되어야 한다.

5. 제2항 및 제3항은 지적재산권, 영업비밀, 영업비밀을 연합 및 국내법에 따라 준수하고 보호해야 할 필요성을 침해하지 않는다.

해설

제25조는 고위험 AI 시스템의 제공자에 대한 규정을 다루고 있다. 이 조문은 고위험 AI 시스템의 배포, 수입, 배치 또는 수정하는 모든 주체를 제공자로 간주하고, 이들에게 특정 규제를 준수하도록 요구한다. 이는 AI 시스템의 안전성과 신뢰성을 보장하기 위한 중요한 조치이다.

도입 이유

제25조의 도입 이유는 고위험 AI 시스템의 안전성과 신뢰성을 보장하기 위함이다. 고위험 AI 시스템은 그 특성상 잘못된 작동이나 오용 시 심각한 결과를 초래할 수 있다. 따라서 이러한 시스템

의 제공자에게 엄격한 규제를 적용하여, 시스템의 안전성과 신뢰성을 확보하고자 한다. 또한, AI 시스템의 제공자가 명확히 정의됨으로써 책임 소재를 분명히 하고, 규제 준수의 효율성을 높이고 자 한다.

조문 내용 요약

1. **제공자의 정의:** 고위험 AI 시스템을 배포, 수입, 배치 또는 수정하는 모든 주체는 제공자로 간 주된다. 이는 기존 시스템에 이름을 붙이거나, 시스템을 크게 수정하거나, 시스템의 목적을 변경하여 고위험 AI 시스템으로 만드는 경우를 포함한다.

2. **초기 제공자의 협력 의무:** 새로운 제공자가 등장할 경우, 초기 제공자는 새로운 제공자와 협 력하여 필요한 정보와 기술적 접근을 제공해야 한다. 단, 초기 제공자가 시스템을 고위험 AI 시스템으로 변경하지 말 것을 명시한 경우는 제외된다.

3. **제품 제조자의 제공자 지위:** 고위험 AI 시스템이 제품의 안전 구성 요소인 경우, 해당 제품의 제조자는 제공자로 간주된다.

4. **제공자와 제3자 간의 계약:** 고위험 AI 시스템의 제공자와 시스템, 도구, 서비스, 구성 요소 등 을 공급하는 제3자는 필요한 정보와 기술적 접근을 서면 계약으로 명시해야 한다. 단, 자유 및 오픈 소스 라이선스 하에 제공되는 도구나 구성 요소는 제외된다.

5. **지식재산권 보호:** 초기 제공자와 새로운 제공자 간의 협력은 지식재산권, 기밀 사업 정보 및 영업 비밀을 보호해야 한다.

법적 측면

제25조는 고위험 AI 시스템의 제공자에 대한 법적 책임을 명확히 한다. 이를 통해 고위험 AI 시 스템의 안전성과 신뢰성을 보장하고, 규제 준수의 효율성을 높인다. 또한, 초기 제공자와 새로운 제공자 간의 협력을 통해 시스템의 지속적인 안전성을 확보할 수 있다. 이 조문은 고위험 AI 시스 템의 제공자가 명확히 정의됨으로써, 책임 소재를 분명히 하고, 규제 준수의 효율성을 높인다.

인공지능(AI)과 행정관리

행정적 측면

행정적으로, 제25조는 고위험 AI 시스템의 제공자에 대한 규제를 강화함으로써, 시스템의 안전성과 신뢰성을 보장한다. 이를 통해 고위험 AI 시스템의 제공자가 명확히 정의됨으로써, 책임 소재를 분명히 하고, 규제 준수의 효율성을 높인다. 또한, 초기 제공자와 새로운 제공자 간의 협력을 통해 시스템의 지속적인 안전성을 확보할 수 있다. 이 조문은 고위험 AI 시스템의 제공자가 명확히 정의됨으로써, 책임 소재를 분명히 하고, 규제 준수의 효율성을 높인다.

비즈니스 측면

비즈니스적으로, 제25조는 고위험 AI 시스템의 제공자에 대한 규제를 강화함으로써, 시스템의 안전성과 신뢰성을 보장한다. 이를 통해 고위험 AI 시스템의 제공자가 명확히 정의됨으로써, 책임 소재를 분명히 하고, 규제 준수의 효율성을 높인다. 또한, 초기 제공자와 새로운 제공자 간의 협력을 통해 시스템의 지속적인 안전성을 확보할 수 있다. 이 조문은 고위험 AI 시스템의 제공자가 명확히 정의됨으로써, 책임 소재를 분명히 하고, 규제 준수의 효율성을 높인다.

제26조: 고위험 AI 시스템 배포자의 의무

요약

1. 고위험 AI 시스템의 배포자는 제3항 및 제6항에 따라 시스템에 수반되는 사용 지침에 따라 해당 시스템을 사용할 수 있도록 적절한 기술적, 조직적 조치를 취해야 한다.
2. 배치자는 필요한 능력, 훈련 및 권한과 필요한 지원을 받은 자연인에게 인적 감독을 할당해야 한다.
3. 제1항 및 제2항에 규정된 의무는 연합 또는 국내법에 따른 다른 배치자의 의무 및 제공자가 지시한 인적 감독 조치를 이행할 목적으로 자체 자원과 활동을 조직할 수 있는 배치자의 자유를 침해하지 않는다.

4. 제1항 및 제2항을 침해하지 않는 범위 내에서, 배포자가 입력 데이터에 대한 통제권을 행사하는 한, 배포자는 입력 데이터가 고위험 AI 시스템의 의도된 목적에 비추어 관련성이 있고 충분히 대표성을 갖도록 해야 한다.

5. 배포자는 사용 지침에 따라 고위험 AI 시스템의 작동을 모니터링해야 하며, 해당되는 경우 제72조에 따라 제공자에게 알려야 한다. 배포자는 지침에 따라 고위험 AI 시스템을 사용하는 것이 제79조 (1)항의 의미 내에서 위험을 초래할 수 있다고 생각할 만한 이유가 있는 경우, 부당한 지체 없이 제공자 또는 유통업체 및 관련 시장 감시 당국에 알리고 해당 시스템의 사용을 중단해야 한다. 배포자가 심각한 사고를 발견한 경우, 즉시 공급자에게 먼저 알린 다음 수입업자 또는 유통업자 및 관련 시장 감시 당국에 해당 사고를 알려야 한다. 배포자가 제공자에게 연락할 수 없는 경우, 제73조는 mutatis mutandis를 적용한다. 이 의무는 법 집행 기관인 AI 시스템 배포자의 민감한 운영 데이터에는 적용되지 않는다. 연합 금융 서비스법에 따라 내부 지배 구조, 계약 또는 프로세스에 관한 요구 사항의 대상이 되는 금융 기관인 배포자의 경우, 관련 금융 서비스법에 따라 내부 지배 구조, 프로세스 및 메커니즘에 대한 규칙을 준수함으로써 첫 번째 항에 명시된 모니터링 의무가 이행된 것으로 간주된다.

6. 고위험 AI 시스템의 배포자는 해당 연합 또는 국내법, 특히 개인 데이터 보호에 관한 연방법에 달리 규정되지 않는 한, 해당 고위험 AI 시스템의 의도된 목적에 적합한 기간 동안 해당 고위험 AI 시스템에 의해 자동으로 생성된 로그를 최소 6개월 동안 보관해야 한다. 연합 금융 서비스법에 따라 내부 지배 구조, 약정 또는 프로세스에 관한 요구 사항의 적용을 받는 금융 기관인 배포자는 관련 연합 금융 서비스법에 따라 보관되는 문서의 일부로 로그를 유지해야 한다.

7. 사업장에서 고위험 AI 시스템을 사용하거나 사용하기 전에 고용주인 배포자는 근로자 대표 및 해당 근로자에게 고위험 AI 시스템 사용 대상임을 알려야 한다. 이 정보는 해당되는 경우 근로자 및 그 대리인의 정보에 관한 노동조합 및 국내법 및 관행에 명시된 규칙 및 절차에 따라 제공되어야 한다.

8. 공공기관, 노동조합 기관, 단체, 사무소 또는 기관인 고위험 인공지능 시스템의 배포자는 제49조에 언급된 등록 의무를 준수해야 한다. 이러한 배포자는 사용하고자 하는 고위험 AI 시스템이 제71조에 언급된 EU 데이터베이스에 등록되지 않은 것을 발견한 경우 해당 시스템을 사용

하지 않고 제공자 또는 배포자에게 알려야 한다.

9. 해당되는 경우, 고위험 AI 시스템의 배포자는 규정(EU) 2016/679의 35조 또는 지침(EU) 2016/680의 27조에 따른 데이터 보호 영향 평가를 수행할 의무를 준수하기 위해 이 규정의 13조에 따라 제공된 정보를 사용해야 한다.

10. 지침(EU) 2016/680을 침해하지 않고, 범죄 혐의가 있거나 유죄 판결을 받은 사람에 대한 표적 수색을 위한 조사의 틀 내에서, 원격 생체 인식 후 생체 인식을 위한 고위험 AI 시스템의 배포자는 구속력이 있고 사법 심사를 받아야 하는 사법 당국 또는 행정 당국에 사전에 또는 부당한 지체 없이 48시간 이내에 승인을 요청해야 한다. 범죄와 직접 관련된 객관적이고 검증 가능한 사실에 근거한 잠재적 용의자의 초기 식별에 사용되는 경우를 제외하고는 해당 시스템의 사용을 위해. 각 사용은 특정 범죄 수사에 꼭 필요한 것으로 제한된다. 제1항에 따라 요청된 승인이 거부되는 경우, 요청된 승인과 연결된 원격 후 생체 인식 시스템의 사용은 즉시 중단되며 승인이 요청된 고위험 AI 시스템의 사용과 관련된 개인 데이터는 삭제된다. 어떠한 경우에도 원격 후 생체 인식을 위한 이러한 고위험 AI 시스템은 형사 범죄, 형사 절차, 형사 범죄의 진짜, 존재 또는 진짜로 예측 가능한 위협 또는 특정 실종자 수색과 관련이 없는 비표적 방식으로 법 집행 목적으로 사용되어서는 안 된다. 개인에게 불리한 법적 영향을 미치는 어떠한 결정도 이러한 원격 후 생체 인식 시스템의 결과만을 근거로 법 집행 당국에 의해 내려질 수 없도록 보장되어야 한다. 이 단락은 생체 인식 데이터 처리에 대한 규정 (EU) 2016/679의 9 항 및 지침 (EU) 2016/680의 10 항을 침해하지 않는다. 목적이나 배포자에 관계 없이 이러한 고위험 AI 시스템의 각 사용은 관련 경찰 파일에 문서화되어야 하며 법 집행과 관련된 민감한 운영 데이터의 공개를 제외하고 요청 시 관련 시장 감시 기관 및 국가 데이터 보호 당국에 제공되어야 한다. 이 하위 조항은 지침(EU) 2016/680에 의해 감독 기관에 부여된 권한을 침해하지 않는다. 배포자는 법 집행과 관련된 민감한 운영 데이터의 공개를 제외하고 원격 후 생체 인식 시스템 사용에 대한 연례 보고서를 관련 시장 감시 및 국가 데이터 보호 당국에 제출해야 한다. 보고서는 둘 이상의 배포를 포함하도록 집계될 수 있다. 회원국은 연합법에 따라 원격 후 생체 인식 시스템 사용에 대해 보다 제한적인 법률을 도입할 수 있다.

11. 이 규정 제50조를 침해하지 않는 범위 내에서, 자연인과 관련된 결정을 내리거나 결정을 내

리는 데 도움을 주는 부속서 Ⅲ에 언급된 고위험 AI 시스템의 배포자는 자연인에게 고위험 AI 시스템의 사용 대상임을 알려야 한다. 법 집행 목적으로 사용되는 고위험 AI 시스템의 경우 지침(EU) 2016/680의 13항이 적용된다.

12. 배포자는 이 규정을 이행하기 위해 고위험 AI 시스템과 관련하여 관련 관할 당국이 취하는 모든 조치에 대해 해당 관할 당국과 협력해야 한다.

해설

도입 이유

EU 인공지능법 제26조는 고위험 인공지능 시스템의 배포자에게 부과되는 책임을 명확히 하기 위해 도입되었다. 이 조항은 고위험 AI 시스템의 안전하고 책임 있는 사용을 보장하고, 잠재적인 위험을 최소화하며, 사용자와 관련 당국 간의 투명성을 높이기 위한 것이다. 이를 통해 AI 시스템의 오용을 방지하고, 공공의 안전과 개인의 권리를 보호하는 것을 목표로 한다.

조문 내용 요약

1. **기술적 및 조직적 조치**: 배포자는 고위험 AI 시스템을 사용 지침에 따라 사용하기 위해 적절한 기술적 및 조직적 조치를 취해야 한다.

2. **인간 감독**: 배포자는 필요한 역량, 교육 및 권한을 가진 자연인에게 인간 감독을 할당해야 한다.

3. **입력 데이터 관리**: 배포자가 입력 데이터를 통제할 수 있는 경우, 해당 데이터가 목적에 적합하고 충분히 대표적인지 확인해야 한다.

4. **운영 모니터링**: 배포자는 AI 시스템의 운영을 모니터링하고, 위험이 발견되면 즉시 제공자 및 관련 당국에 통보해야 한다.

5. **로그 보관**: 배포자는 AI 시스템이 자동으로 생성한 로그를 최소 6개월 동안 보관해야 한다.

6. **근로자 통보**: 고위험 AI 시스템을 사용하기 전에 근로자에게 이를 통보해야 한다.

7. **등록 의무**: 고위험 AI 시스템이 EU 데이터베이스에 등록되지 않은 경우, 이를 사용해서는 안 된다.

8. **데이터 보호 평가**: 배포자는 데이터 보호 영향 평가를 수행해야 한다.

9. **법 집행 제한**: 법 집행 목적으로 고위험 AI 시스템을 사용할 경우, 사전 또는 48시간 이내에 사법 당국의 승인을 받아야 한다.

10. **자연인 통보**: 고위험 AI 시스템이 자연인에게 영향을 미치는 결정을 내리는 경우, 해당 자연인에게 이를 통보해야 한다.

11. **협력 의무**: 배포자는 관련 당국과 협력해야 한다.

법적 측면

법적 측면에서 제26조는 고위험 AI 시스템의 배포자에게 명확한 책임을 부여함으로써 법적 투명성과 책임성을 강화한다. 이 조항은 배포자가 AI 시스템의 안전한 사용을 보장하고, 잠재적인 위험을 신속하게 식별하고 대응할 수 있도록 요구한다. 또한, 데이터 보호와 관련된 법적 요구 사항을 준수하도록 하여 개인의 프라이버시를 보호한다. 법 집행 기관의 경우, 고위험 AI 시스템의 사용에 대한 엄격한 규제를 통해 남용을 방지하고, 법적 절차의 공정성을 유지한다.

행정적 측면

행정적 측면에서 제26조는 배포자가 고위험 AI 시스템의 사용을 모니터링하고, 관련 당국과 협력하여 문제를 해결하도록 요구한다. 이는 행정 기관이 AI 시스템의 운영 상태를 지속적으로 파악하고, 필요한 경우 신속하게 개입할 수 있도록 한다. 또한, 배포자가 로그를 보관하고, 근로자와 자연인에게 AI 시스템의 사용을 통보하도록 하여 행정적 투명성을 높인다. 이러한 조치는 행정 기관이 AI 시스템의 사용을 효과적으로 관리하고, 공공의 안전을 보호하는 데 기여한다.

비즈니스 측면

비즈니스 측면에서 제26조는 고위험 AI 시스템의 배포자가 기술적 및 조직적 조치를 통해 시스템의 안전한 사용을 보장하도록 요구한다. 이는 기업이 AI 시스템의 운영 리스크를 관리하고, 잠재적인 법적 문제를 예방하는 데 도움이 된다. 또한, 데이터 보호 평가와 로그 보관 등의 요구 사항은 기업이 데이터 관리와 관련된 규제를 준수하도록 하여 신뢰성을 높인다. 근로자와 자연인에게 AI 시스템의 사용을 통보하는 것은 기업의 투명성을 강화하고, 이해 관계자와의 신뢰 관계를 구축하는 데 기여한다.

제27조: 고위험 AI 시스템에 대한 기본권 영향 평가

요약

1. 제6조 (2)항에 언급된 고위험 AI 시스템을 배치하기 전에, 부속서 III의 제2항에 열거된 영역에서 사용하도록 의도된 고위험 AI 시스템을 제외하고, 공법의 적용을 받는 기관이거나 공공 서비스를 제공하는 민간 단체인 배포자, 부속서 III의 제5항 (b) 및 (c)에 언급된 고위험 AI 시스템의 배포자는 그러한 시스템의 사용이 가져올 수 있는 기본권에 미치는 영향에 대한 평가를 수행해야 한다. 이를 위해 배포자는 다음으로 구성된 평가를 수행해야 한다.

   (a) 고위험 AI 시스템이 의도된 목적에 따라 사용될 배포자의 프로세스에 대한 설명;

   (b) 각 고위험 AI 시스템이 사용되도록 의도된 기간 및 빈도에 대한 설명;

   (c) 특정 맥락에서 사용에 의해 영향을 받을 가능성이 있는 자연인 및 그룹의 범주;

   (d) 제13조에 따라 제공자가 제공한 정보를 고려하여 이 항의 (c)항에 따라 식별된 자연인 또는 집단의 범주에 영향을 미칠 수 있는 특정 위험;

   (e) 사용 지침에 따른 인간 감독 조치의 구현에 대한 설명;

   (f) 이러한 위험이 구체화될 경우 취해야 할 조치(내부 거버넌스 및 불만 제기 메커니즘 포함).

2. 제1항에 규정된 의무는 고위험 인공지능 시스템의 최초 이용에 적용된다. 유사한 경우, 배포자는 이전에 수행된 기본권 영향 평가 또는 제공자가 수행한 기존 영향 평가에 의존할 수 있다. 고위험 AI 시스템을 사용하는 동안 배포자가 1항에 나열된 요소 중 하나라도 변경되었거나 더 이상 최신 상태가 아니라고 판단하는 경우 배포자는 정보를 업데이트하는 데 필요한 조치를 취해야 한다.

3. 이 조 제1항에 언급된 평가가 수행되면, 배포자는 그 결과를 시장감시기관에 통지하고, 통지의 일부로 이 조 제5항에 언급된 작성된 템플릿을 제출해야 한다. 제46조 (1)항에 언급된 경

우, 배치자는 통지 의무를 면제받을 수 있다.

4. 규정(EU) 2016/679의 35항 또는 지침(EU) 2016/680의 27항에 따라 수행된 데이터 보호 영향 평가를 통해 본 조에 명시된 의무가 이미 충족된 경우, 이 조 1항에 언급된 기본권 영향 평가는 해당 데이터 보호 영향 평가를 보완한다.

5. AI 사무국은 배포자가 이 조에 따른 의무를 간소화된 방식으로 준수할 수 있도록 자동화된 도구를 사용하는 것을 포함하여 설문지 템플릿을 개발해야 한다.

해설

도입 이유

EU 인공지능법 제27조는 고위험 AI 시스템의 사용이 개인의 기본권에 미치는 영향을 평가하기 위한 조항이다. 이 조항은 고위험 AI 시스템이 공공 서비스 제공에 사용될 때, 그 시스템이 개인의 권리와 자유에 미치는 잠재적 영향을 사전에 평가하고 관리하기 위해 도입되었다. 이는 AI 기술의 발전과 사용이 증가함에 따라 발생할 수 있는 윤리적, 법적 문제를 예방하고, 투명성과 책임성을 강화하기 위한 목적이다.

조문 내용 요약

1. **기본권 영향 평가**: 고위험 AI 시스템을 배치하기 전에, 공공기관 및 공공 서비스를 제공하는 민간 기관은 해당 시스템이 개인의 기본권에 미치는 영향을 평가해야 한다. 이 평가는 시스템의 사용 목적, 사용 기간 및 빈도, 영향을 받을 수 있는 사람들의 범주, 잠재적 위험, 인간 감독 조치, 위험 발생 시 대응 조치 등을 포함한다.

2. **평가 결과 보고**: 평가가 완료된 후, 결과를 시장 감시 당국에 보고해야 한다. 단, 특정 경우에는 보고 의무가 면제될 수 있다.

3. **기존 평가 활용**: 기존의 데이터 보호 영향 평가가 이미 수행된 경우, 해당 평가를 보완하여 사용할 수 있다.

4. **AI 사무소의 지원**: AI 사무소는 평가를 용이하게 하기 위해 템플릿을 제공할 것이다.

법적 측면

법적 측면에서 제27조는 고위험 AI 시스템의 사용이 개인의 기본권을 침해하지 않도록 보장하는 역할을 한다. 이는 AI 시스템의 투명성과 책임성을 강화하고, 법적 분쟁 발생 시 중요한 근거 자료로 활용될 수 있다. 또한, 평가 결과를 시장 감시 당국에 보고함으로써 규제 당국의 감독과 통제를 강화하고, 법적 준수 여부를 확인할 수 있다.

행정적 측면

행정적 측면에서 제27조는 공공기관 및 공공 서비스를 제공하는 민간 기관이 고위험 AI 시스템을 사용할 때, 사전에 철저한 평가를 수행하도록 요구한다. 이는 행정 절차의 투명성과 효율성을 높이고, AI 시스템의 사용으로 인한 잠재적 문제를 사전에 예방하는 데 기여한다. 또한, AI 사무소의 템플릿 제공은 평가 과정을 표준화하고, 행정 부담을 줄이는 데 도움이 된다.

비즈니스 측면

비즈니스 측면에서 제27조는 고위험 AI 시스템을 개발하고 사용하는 기업에게 중요한 규제 요건을 제시한다. 기업은 시스템의 기본권 영향 평가를 통해 잠재적 위험을 사전에 파악하고, 이를 관리하기 위한 조치를 마련해야 한다. 이는 기업의 사회적 책임을 강화하고, 소비자 신뢰를 높이는 데 기여할 수 있다. 또한, 평가 결과를 시장 감시 당국에 보고함으로써 규제 준수 여부를 명확히 하고, 법적 리스크를 줄일 수 있다.

제28조: 당국에 통보

요약

1. 각 회원국은 적합성평가기관의 평가, 지정 및 통지 및 그 감시를 위하여 필요한 절차를 수립하고 이행할 책임이 있는 적어도 하나의 통지기관을 지정하거나 설립한다. 이러한 절차는 모든

회원국의 통보 당국 간에 협력하여 개발되어야 한다.

2. 회원국은 제1항에 언급된 평가 및 모니터링이 규정(EC) No 765/2008의 의미 내에서 그리고 그에 따라 국가 인증 기관에 의해 수행되어야 한다고 결정할 수 있다.

3. 통보기관은 적합성평가기관과 이해상충이 발생하지 않고 그 활동의 객관성과 공정성이 보호되는 방식으로 설립, 조직 및 운영되어야 한다.

4. 통보기관은 적합성평가기관의 통지와 관련된 결정이 그 기관의 평가를 수행한 사람과는 다른 권한있는 사람에 의해 이루어지도록 조직되어야 한다.

5. 통지당국은 적합성평가기관이 수행하는 활동이나 상업적 또는 경쟁적 기반의 컨설팅 서비스를 제공하거나 제공해서는 안 된다.

6. 통지당국은 제78조에 따라 취득한 정보의 비밀을 보호하여야 한다.

7. 통보 당국은 업무의 적절한 수행을 위해 적절한 수의 유능한 인력을 보유해야 한다. 유능한 인력은 해당되는 경우 기본권 감독을 포함하여 정보 기술, AI 및 법률과 같은 분야에서 직무에 필요한 전문 지식을 갖추어야 한다.

해설

도입 이유

EU 인공지능법 제28조는 인공지능 시스템의 적합성 평가를 담당하는 기관의 지정 및 운영에 관한 규정을 명시하고 있다. 이 조항은 인공지능 시스템의 안전성과 신뢰성을 보장하기 위해 도입되었다. 특히, 적합성 평가 기관의 독립성과 공정성을 확보하고, 평가 과정에서 발생할 수 있는 이해충돌을 방지하기 위한 목적이 있다.

조문 내용 요약

1. 각 회원국은 적어도 하나의 통지 기관을 지정하거나 설립해야 한다. 이 기관은 적합성 평가 기관의 평가, 지정 및 통지 절차를 수행하고 모니터링하는 역할을 한다. 이러한 절차는 모든 회원국의 통지 기관 간 협력 하에 개발되어야 한다.

2. 회원국은 평가 및 모니터링을 국가 인증 기관이 수행하도록 결정할 수 있다. 이는 Regulation (EC) No 765/2008에 따라 이루어진다.

3. 통지 기관은 적합성 평가 기관과 이해 충돌이 발생하지 않도록 설립, 조직 및 운영되어야 한다. 이로써 활동의 객관성과 공정성을 보장해야 한다.

4. 통지 기관은 적합성 평가 기관의 통지와 관련된 결정을 평가를 수행한 사람과 다른 유능한 사람이 내리도록 조직되어야 한다.

5. 통지 기관은 적합성 평가 기관이 수행하는 활동이나 상업적 또는 경쟁적 기반의 컨설팅 서비스를 제공해서는 안 된다.

6. 통지 기관은 얻은 정보를 비밀로 유지해야 한다. 이는 제78조에 따라 이루어진다.

7. 통지 기관은 적절한 수의 유능한 인력을 보유해야 한다. 이 인력은 정보 기술, 인공지능 및 법률 등 해당 분야에서 필요한 전문 지식을 갖추어야 한다.

법적 측면

제28조는 법적 측면에서 통지 기관의 독립성과 공정성을 보장하기 위한 여러 가지 조치를 규정하고 있다. 특히, 통지 기관과 적합성 평가 기관 간의 이해 충돌을 방지하기 위해 통지 기관이 적합성 평가 기관과 독립적으로 운영되도록 요구하고 있다. 또한, 통지 기관이 적합성 평가 기관의 활동을 수행하거나 상업적 컨설팅 서비스를 제공하지 못하도록 하여, 평가 과정의 객관성과 신뢰성을 높이고 있다. 이러한 규정은 인공지능 시스템의 안전성과 신뢰성을 보장하기 위한 법적 장치로 작용한다.

행정적 측면

행정적 측면에서 제28조는 각 회원국이 적어도 하나의 통지 기관을 지정하거나 설립하도록 요구하고 있다. 이 통지 기관은 적합성 평가 기관의 평가, 지정 및 통지 절차를 수행하고 모니터링하는 역할을 한다. 이를 통해 회원국 간의 협력을 촉진하고, 통지 기관 간의 일관된 절차와 기준을 마련할 수 있다. 또한, 통지 기관은 적절한 수의 유능한 인력을 보유해야 하며, 이 인력은 정보 기술, 인공지능 및 법률 등 해당 분야에서 필요한 전문 지식을 갖추어야 한다. 이를 통해 통지 기관의 전문성과 신뢰성을 높일 수 있다.

비즈니스 측면

비즈니스 측면에서 제28조는 적합성 평가 기관의 독립성과 공정성을 보장함으로써, 인공지능 시스템의 평가 과정이 투명하고 신뢰성 있게 이루어지도록 한다. 이는 기업들이 인공지능 시스템을 개발하고 도입하는 과정에서 신뢰할 수 있는 평가를 받을 수 있도록 하여, 인공지능 기술의 발전과 상용화를 촉진할 수 있다. 또한, 통지 기관이 상업적 컨설팅 서비스를 제공하지 못하도록 함으로써, 평가 과정에서 발생할 수 있는 이해 충돌을 방지하고, 기업들이 공정한 평가를 받을 수 있도록 한다. 이러한 규정은 인공지능 기술의 신뢰성과 안전성을 높이고, 기업들이 인공지능 기술을 보다 적극적으로 도입할 수 있는 환경을 조성한다.

제29조: 통지를 위한 적합성평가기구의 신청

요약

1. 적합성평가기관은 그 기관이 설립된 회원국의 신고기관에 통지신청서를 제출하여야 한다.

2. 통지신청서에는 적합성평가활동이 무엇인지, 적합성평가모듈(들) 및 적합성평가기관이 적격하다고 주장하는 인공지능시스템의 유형에 대한 설명과 적합성평가기관이 제31조에 규정된 요건을 충족함을 증명하는 국가인정기관이 발행한 인정인증서(존재하는 경우)가 첨부되어야 한다. 다른 연합 조화 법률에 따른 신청자 통보 기관의 기존 지정과 관련된 모든 유효한 문서가 추가되어야 한다.

3. 해당 적합성평가기관이 인정증명서를 제공할 수 없는 경우, 제31조에 규정된 요건의 준수를 검증, 인정 및 정기적 감시하기 위하여 필요한 모든 증빙서류를 통지기관에 제공하여야 한다.

4. 다른 연합 조화 법률에 따라 지정된 인증 기관의 경우, 해당 지정과 관련된 모든 문서 및 인증서는 적절한 경우 이 규정에 따른 지정 절차를 지원하는 데 사용될 수 있다. 인증기관은 관련

변경이 발생할 때마다 이 조 제2항 및 제3항에 언급된 문서를 업데이트하여 인증기관을 담당하는 기관이 **제31조**에 규정된 모든 요건의 지속적인 준수를 모니터링하고 확인할 수 있도록 해야 한다.

해설

도입 이유

EU 인공지능법 제29조는 인공지능 시스템의 적합성 평가를 수행하는 기관들이 EU 표준을 준수하는지 확인하기 위해 도입되었다. 이는 인공지능 시스템의 안전성과 신뢰성을 보장하고, 시장 내에서의 공정한 경쟁을 촉진하며, 소비자 보호를 강화하기 위한 것이다. 또한, 이 조항은 인공지능 시스템의 평가 및 인증 과정에서 일관성을 유지하고, 평가 기관의 신뢰성을 높이기 위해 필요하다.

조문 내용 요약

1. **적합성 평가 기관의 신청**: 적합성 평가 기관은 자신이 설립된 회원국의 통지 당국에 통지 신청을 제출해야 한다.
2. **신청서 첨부 서류**: 통지 신청서에는 적합성 평가 활동, 적합성 평가 모듈 및 평가할 수 있는 인공지능 시스템 유형에 대한 설명과, 해당하는 경우 국가 인증 기관이 발급한 인증서가 첨부되어야 한다. 다른 EU 법률에 따라 이미 인정된 경우, 해당 문서를 첨부할 수 있다.
3. **인증서가 없는 경우**: 적합성 평가 기관이 인증서를 제공할 수 없는 경우, 통지 당국에 필요한 모든 문서 증거를 제공하여 요구 사항을 충족함을 입증해야 한다.
4. **기존 지정 기관의 문서 사용**: 다른 EU 법률에 따라 지정된 기관의 경우, 해당 지정과 관련된 모든 문서와 인증서를 이 규정에 따른 지정 절차를 지원하기 위해 사용할 수 있다. 적합성 평가 기관은 관련 변경 사항이 발생할 때마다 문서를 업데이트하여 지속적인 준수를 입증해야 한다.

법적 측면

법적 측면에서 제29조는 적합성 평가 기관의 통지 절차와 요구 사항을 명확히 규정하고 있다. 이는 평가 기관이 EU 표준을 준수하는지 확인하기 위한 법적 근거를 제공하며, 평가 기관의 신뢰성과 투명성을 보장한다. 또한, 이 조항은 평가 기관이 지속적으로 요구 사항을 준수하는지 모니터링할 수 있는 법적 틀을 제공한다. 이는 인공지능 시스템의 안전성과 신뢰성을 보장하기 위한 중요한 법적 장치이다.

행정적 측면

행정적 측면에서 제29조는 적합성 평가 기관이 통지 신청을 제출할 때 따라야 할 절차와 요구 사항을 명확히 규정하고 있다. 이는 평가 기관이 통지 절차를 원활하게 진행할 수 있도록 돕고, 통지 당국이 평가 기관의 적합성을 효율적으로 평가할 수 있도록 한다. 또한, 이 조항은 평가 기관이 지속적으로 요구 사항을 준수하는지 모니터링할 수 있는 행정적 틀을 제공한다. 이는 평가 기관의 신뢰성과 투명성을 높이는 데 기여한다.

비즈니스 측면

비즈니스 측면에서 제29조는 적합성 평가 기관이 EU 시장에서 활동하기 위해 충족해야 할 요구 사항을 명확히 규정하고 있다. 이는 평가 기관이 EU 표준을 준수하는지 확인하기 위한 절차를 제공하며, 평가 기관의 신뢰성을 높인다. 또한, 이 조항은 평가 기관이 지속적으로 요구 사항을 준수하는지 모니터링할 수 있는 비즈니스적 틀을 제공한다. 이는 평가 기관이 EU 시장에서 경쟁력을 유지하고, 소비자에게 신뢰를 줄 수 있도록 돕는다.

제30조: 신고 절차

요약

1. 통지당국은 제31조에 규정된 요건을 충족한 적합성평가기관에만 통지할 수 있다.
2. 통지당국은 위원회가 개발하고 관리하는 전자통지도구를 이용하여 제1항에 언급된 각 적합

성평가기구를 위원회 및 다른 회원국에 통보하여야 한다.

3. 이 조 제2항에 언급된 통지에는 적합성평가 활동, 적합성평가 모듈 또는 모듈, 관련 인공지능 시스템의 유형 및 관련 역량 증명에 대한 자세한 내용이 포함되어야 한다. 통지가 제29조(2)에 언급된 인정증서에 근거하지 않은 경우, 통지기관은 적합성평가기구의 권한과 그 기관이 정기적으로 모니터링되고 제31조에 규정된 요건을 계속 충족시킬 수 있도록 하기 위한 조치를 증명하는 문서 증거를 위원회 및 다른 회원국에 제공해야 한다.

4. 관련 적합성평가기관은 제29조(2)에 언급된 인정증을 포함하는 고시기관의 통지 후 2주 이내에, 또는 제29조(3)에 언급된 증빙서류를 포함하는 경우 고시기관의 통지 후 2개월 이내에 위원회 또는 다른 회원국에 의해 이의가 제기되지 않는 경우에만 고시기관의 활동을 수행할 수 있다.

5. 이의가 제기되는 경우, 위원회는 지체 없이 관련 회원국 및 적합성평가기구와 협의를 시작한다. 이에 비추어 위원회는 허가가 정당한지 여부를 결정한다. 위원회는 그 결정을 관련 회원국과 관련 적합성평가기구에 전달한다.

해설

도입 이유

EU 인공지능법 제30조는 인공지능 시스템의 적합성 평가 기관을 통지하는 절차를 규정하고 있다. 이 조항의 도입 이유는 인공지능 시스템의 안전성과 신뢰성을 보장하기 위해 적합성 평가 기관의 자격과 능력을 엄격히 관리하고, 이를 통해 시장에 출시되는 인공지능 시스템이 규제 기준을 충족하도록 하기 위함이다. 이를 통해 소비자 보호와 공공 안전을 강화하고, 인공지능 기술의 신뢰성을 높이는 것이 목표이다.

조문 내용 요약

1. **적합성 평가 기관의 요건**: 통지 당국은 제31조에 명시된 요건을 충족하는 적합성 평가 기관만을 통지할 수 있다.

인공지능(AI)과 행정관리

2. **통지 절차:** 통지 당국은 전자 통지 도구를 사용하여 적합성 평가 기관을 위원회와 다른 회원국에 통지해야 한다.

3. **통지 내용:** 통지에는 적합성 평가 활동, 평가 모듈, 관련 인공지능 시스템 유형, 평가 기관의 능력 증명서 등이 포함되어야 한다. 인증서가 없는 경우, 평가 기관의 능력을 증명하는 문서 증거를 제공해야 한다.

4. **활동 시작 조건:** 통지 후 2주 이내에 이의가 없으면 평가 기관은 활동을 시작할 수 있다. 이의가 있는 경우, 위원회는 관련 당사자와 협의하여 승인 여부를 결정한다.

법적 측면

제30조는 적합성 평가 기관의 통지 절차를 명확히 규정함으로써 법적 투명성과 예측 가능성을 제공한다. 이는 평가 기관의 자격과 능력을 엄격히 관리하여 인공지능 시스템의 안전성과 신뢰성을 보장하는 데 기여한다. 또한, 통지 절차와 이의 제기 절차를 명확히 규정함으로써 법적 분쟁을 최소화하고, 규제 당국 간의 협력을 강화한다.

행정적 측면

행정적으로, 제30조는 통지 당국이 적합성 평가 기관을 통지하는 절차를 표준화하고, 전자 통지 도구를 사용하여 효율성을 높인다. 이는 행정 부담을 줄이고, 통지 절차의 신속성과 정확성을 향상시키는 데 기여한다. 또한, 평가 기관의 능력을 정기적으로 모니터링하고, 이를 통해 평가 기관의 지속적인 적합성을 보장한다.

비즈니스 측면

비즈니스 측면에서, 제30조는 인공지능 시스템의 시장 진입을 위한 명확한 절차를 제공함으로써 기업의 규제 준수 부담을 줄인다. 이는 기업이 인공지능 시스템을 개발하고 출시하는 데 있어 예측 가능성을 높이고, 시장 진입 장벽을 낮추는 데 기여한다. 또한, 적합성 평가 기관의 자격과 능력을 엄격히 관리함으로써 시장에 출시되는 인공지능 시스템의 신뢰성을 높이고, 소비자 신뢰를 강화한다.

제31조: 인증 기관 관련 요건

요약

1. 인증기관은 회원국의 국내법에 따라 설립되며 법인격을 가진다.

2. 인증 기관은 업무를 수행하는 데 필요한 조직, 품질 관리, 자원 및 프로세스 요구 사항과 적절한 사이버 보안 요구 사항을 충족해야 한다.

3. 인증기관의 조직구조, 책임 배분, 보고라인 및 운영은 인증기관의 성과와 인증기관이 수행하는 적합성 평가 활동의 결과에 대한 신뢰를 보장해야 한다.

4. 인증기관은 적합성평가 활동을 수행하는 고위험 인공지능 시스템의 제공자로부터 독립적이어야 한다. 인증 기관은 또한 평가된 고위험 AI 시스템에 경제적 이해관계가 있는 다른 운영자 및 공급자의 경쟁자로부터 독립적이어야 한다. 이는 적합성평가기구의 운영에 필요한 평가된 고위험 인공지능 시스템의 사용 또는 그러한 고위험 인공지능 시스템을 개인적 목적으로 사용하는 것을 배제하지 않는다.

5. 적합성평가기관, 그 최고위 경영진 또는 적합성평가업무의 수행을 담당하는 인원은 고위험 인공지능시스템의 설계, 개발, 마케팅 또는 사용에 직접 관여해서는 안 되며, 그러한 활동에 관여하는 당사자를 대표해서도 안 된다. 그들은 통보를 받은 적합성 평가 활동과 관련하여 판단의 독립성 또는 청렴성과 충돌할 수 있는 활동에 관여해서는 안 된다. 이는 특히 컨설팅 서비스에 적용됩니다.

6. 인증기관은 그 활동의 독립성, 객관성 및 공정성을 확보할 수 있도록 조직되고 운영되어야 한다. 인증 기관은 공정성을 보호하고 조직, 인력 및 평가 활동 전반에 걸쳐 공정성의 원칙을 촉진하고 적용하기 위한 구조와 절차를 문서화하고 구현해야 한다.

7. 인증기관은 법률에 의해 공개가 요구되는 경우를 제외하고, 적합성평가 활동을 수행하는 동안 그들이 소유하게 된 정보의 기밀성을 제78조에 따라 유지할 수 있도록 그들의 직원, 위원회, 자회사, 하도급업체 및 관련 기관 또는 외부 기관의 직원이 그 공개를 보장하도록 보장하는 문서화된 절차를 마련해야 한다. 인증기관의 직원은 이 규정에 따라 업무를 수행함에 있어

인공지능(AI)과 행정관리

획득한 모든 정보에 대해 전문적 비밀을 준수할 의무가 있으며, 단, 그들의 활동이 수행되는 회원국의 통보 기관과 관련된 경우는 예외이다.

8. 인증기관은 제공자의 규모, 제공자가 활동하는 부문, 구조 및 관련 AI 시스템의 복잡성 정도를 충분히 고려한 활동 수행 절차를 마련해야 한다.

9. 인증기관은 국내법에 따라 설립된 회원국이 책임을 지거나 회원국 자체가 적합성평가에 대한 직접적인 책임이 있는 경우를 제외하고는 적합성평가 활동을 위하여 적절한 책임보험에 가입하여야 한다.

10. 인증기관은 이 규정에 따른 모든 업무를 최고 수준의 전문적 성실성과 특정 분야에서 필요한 역량으로 수행할 수 있어야 하며, 이러한 업무가 인증기관 자체에 의해 수행되든 인증기관을 대신하여 책임하에 수행되든 상관없다.

11. 인증기관은 외부 당사자가 수행하는 업무를 효과적으로 평가할 수 있는 충분한 내부 역량을 갖추어야 한다. 인증 기관은 관련 유형의 AI 시스템, 데이터 및 데이터 컴퓨팅과 관련하여 섹션 2에 명시된 요구 사항과 관련된 경험과 지식을 보유한 충분한 행정, 기술, 법률 및 과학 인력을 영구적으로 보유해야 한다.

12. 인증기관은 제38조에 언급된 조정활동에 참여하여야 한다. 또한 유럽 표준화 기구에 직접 참여하거나 대표되거나 관련 표준을 인지하고 최신 상태를 유지해야 한다.

해설

EU 인공지능법(EU AI Act) 제31조는 고위험 AI 시스템의 적합성 평가를 수행하는 공인 기관 (Notified Bodies)의 요건을 규정하고 있다. 이 조문은 고위험 AI 시스템의 안전성과 신뢰성을 보장하기 위해 도입되었다. 공인 기관이 독립적이고 공정하게 평가를 수행할 수 있도록 하기 위해 다양한 요건을 명시하고 있다.

도입 이유

EU 인공지능법 제31조는 고위험 AI 시스템의 적합성 평가를 수행하는 공인 기관의 독립성과 공정성을 보장하기 위해 도입되었다. 고위험 AI 시스템은 사용자의 안전과 권리에 중대한 영향을 미칠 수 있으므로, 이러한 시스템의 적합성 평가가 신뢰할 수 있는 방식으로 이루어져야 한다. 이를 위해 공인 기관이 독립적이고 공정하게 평가를 수행할 수 있도록 다양한 요건을 규정하고 있다.

조문 내용 요약

1. 공인 기관은 회원국의 국내법에 따라 설립되고 법인격을 가져야 한다.

2. 공인 기관은 조직, 품질 관리, 자원 및 프로세스 요건을 충족해야 하며, 적절한 사이버 보안 요건을 갖추어야 한다.

3. 공인 기관의 조직 구조, 책임 할당, 보고 라인 및 운영은 그 성과와 적합성 평가 활동의 결과에 대한 신뢰를 보장해야 한다.

4. 공인 기관은 평가를 수행하는 고위험 AI 시스템 제공자 및 기타 경제적 이해관계자로부터 독립적이어야 한다.

5. 공인 기관의 최고 경영진 및 적합성 평가 업무를 수행하는 직원은 고위험 AI 시스템의 설계, 개발, 마케팅 또는 사용에 직접 관여해서는 안 된다.

6. 공인 기관은 활동의 독립성, 객관성 및 공정성을 보장하기 위해 조직되고 운영되어야 한다.

7. 공인 기관은 적합성 평가 활동 중에 얻은 정보를 기밀로 유지하기 위한 절차를 갖추어야 한다.

8. 공인 기관은 제공자의 규모, 운영 부문, 구조 및 AI 시스템의 복잡성을 고려한 절차를 갖추어야 한다.

9. 공인 기관은 적합성 평가 활동에 대한 적절한 책임 보험을 가입해야 한다.

10. 공인 기관은 최고 수준의 전문적 무결성과 필요한 역량을 갖추어야 한다.

11. 공인 기관은 외부 당사자가 수행하는 작업을 효과적으로 평가할 수 있는 내부 역량을 갖추어야 한다.

12. 공인 기관은 조정 활동에 참여하고, 유럽 표준화 기구에 직접 참여하거나 관련 표준에 대해 최신 정보를 유지해야 한다.

법적 측면

법적 측면에서 제31조는 공인 기관의 독립성과 공정성을 보장하기 위한 법적 요건을 명확히 규정하고 있다. 공인 기관이 고위험 AI 시스템의 적합성 평가를 수행할 때, 이들이 제공자나 기타 이해관계자로부터 독립적이어야 한다는 점을 강조하고 있다. 또한, 공인 기관이 기밀성을 유지하고, 적절한 책임 보험을 가입해야 한다는 점도 법적 요건으로 명시되어 있다. 이러한 법적 요건은 고위험 AI 시스템의 안전성과 신뢰성을 보장하기 위한 중요한 요소이다.

행정적 측면

행정적 측면에서 제31조는 공인 기관의 조직 구조, 책임 할당, 보고 라인 및 운영에 대한 요건을 규정하고 있다. 공인 기관은 조직, 품질 관리, 자원 및 프로세스 요건을 충족해야 하며, 적절한 사이버 보안 요건을 갖추어야 한다. 또한, 공인 기관은 활동의 독립성, 객관성 및 공정성을 보장하기 위해 조직되고 운영되어야 한다. 이러한 행정적 요건은 공인 기관이 고위험 AI 시스템의 적합성 평가를 신뢰할 수 있는 방식으로 수행할 수 있도록 하기 위한 것이다.

비즈니스 측면

비즈니스 측면에서 제31조는 고위험 AI 시스템 제공자와 공인 기관 간의 관계를 규정하고 있다. 공인 기관은 제공자나 기타 이해관계자로부터 독립적이어야 하며, 제공자의 규모, 운영 부문, 구조 및 AI 시스템의 복잡성을 고려한 절차를 갖추어야 한다. 또한, 공인 기관은 적합성 평가 활동에 대한 적절한 책임 보험을 가입해야 한다. 이러한 비즈니스 요건은 고위험 AI 시스템 제공자가 신뢰할 수 있는 방식으로 적합성 평가를 받을 수 있도록 하기 위한 것이다.

제32조: 인증 기관과 관련된 요구 사항에 대한 적합성 추정

요약

적합성평가기관이 유럽연합 관보에 게재된 관련 조율표준 또는 그 일부에 규정된 기준에 부합함을 입증하는 경우, 적용 가능한 조율표준이 해당 요구사항을 포함하는 한, 제31조에 규정된 요구사항을 준수하는 것으로 추정된다.

도입 이유

제32조는 인공지능 시스템의 적합성 평가를 수행하는 기관이 관련 EU 표준을 준수하는 경우, 해당 기관이 제31조의 요구 사항을 충족하는 것으로 간주될 수 있도록 규정하고 있다. 이는 적합성 평가의 일관성과 신뢰성을 보장하고, 평가 기관의 부담을 줄이기 위한 것이다.

조문 내용 요약

제32조는 적합성 평가 기관이 관련 EU 표준 또는 그 일부를 준수하는 경우, 해당 표준이 제31조의 요구 사항을 충족하는 한, 그 기관이 제31조의 요구 사항을 충족하는 것으로 간주된다고 명시하고 있다. 이러한 표준의 참조는 유럽 연합 공식 저널에 게재된다.

법적 측면

법적 측면에서 제32조는 적합성 평가 기관이 EU 표준을 준수함으로써 자동으로 제31조의 요구 사항을 충족하는 것으로 간주될 수 있는 법적 근거를 제공한다. 이는 법적 명확성을 제공하고, 평가 기관이 추가적인 법적 검토 없이도 신뢰할 수 있는 평가를 수행할 수 있도록 한다.

행정적 측면

행정적 측면에서 제32조는 적합성 평가 절차를 간소화하고, 평가 기관의 행정적 부담을 줄이는 역할을 한다. 평가 기관이 EU 표준을 준수하는 경우, 별도의 추가 검토 없이도 제31조의 요구 사항을 충족하는 것으로 간주되므로, 행정적 효율성이 향상된다.

비즈니스 측면

비즈니스 측면에서 제32조는 인공지능 시스템을 개발하고 평가하는 기업들에게 명확한 지침을 제공한다. 기업들은 관련 EU 표준을 준수함으로써, 그들의 시스템이 제31조의 요구 사항을 충족하는 것으로 간주될 수 있으며, 이는 시장 진입 장벽을 낮추고, 제품 출시 시간을 단축하는 데 도움이 된다.

제33조: 인증기관의 자회사 및 하도급

요약

1. 인증기관이 적합성평가와 관련된 특정 업무를 하도급하거나 자회사에 의뢰하는 경우, 그 하도급기관 또는 자회사가 제31조에 규정된 요건을 충족하는지 확인하고 그에 따라 통보기관에 통보하여야 한다.
2. 인증기관은 하도급업체 또는 자회사가 수행하는 업무에 대해 전적인 책임을 진다.
3. 활동은 공급자의 동의가 있어야만 자회사에 의해 하도급 또는 수행될 수 있다. 인증 기관은 자회사 목록을 공개해야 한다.
4. 하도급자 또는 자회사의 자격평가에 관한 관련 서류 및 이 규정에 따라 이들이 수행하는 업무는 하도급 종료일로부터 5년간 신고기관의 처분에 보관한다.

해설

도입 이유

제33조는 인공지능 시스템의 적합성 평가를 수행하는 공인 기관(Notified Body)이 특정 작업을 하청하거나 자회사를 통해 수행할 때, 이러한 하청업체나 자회사가 법적 요구사항을 충족하도록 보장하기 위해 도입되었다. 이는 공인 기관의 책임성을 강화하고, 하청업체나 자회사의 작업 품질을 유지하며, 투명성을 높이기 위한 것이다.

조문 내용 요약

1. 공인 기관이 적합성 평가와 관련된 특정 작업을 하청하거나 자회사를 통해 수행할 경우, 해당 하청업체나 자회사가 제31조에 명시된 요구사항을 충족하도록 보장해야 하며, 이를 통지 기관에 알린다.

2. 공인 기관은 하청업체나 자회사가 수행한 작업에 대해 전적인 책임을 진다.

3. 작업은 제공자의 동의 하에만 하청되거나 자회사에 의해 수행될 수 있다. 공인 기관은 자회사의 목록을 공개해야 한다.

4. 하청업체나 자회사의 자격 평가 및 수행된 작업과 관련된 문서는 하청 종료일로부터 5년 동안 통지 기관이 열람할 수 있도록 보관해야 한다.

법적 측면

법적 측면에서 제33조는 공인 기관의 책임성을 명확히 하고, 하청업체나 자회사의 법적 준수 여부를 보장한다. 이는 공인 기관이 하청업체나 자회사의 작업에 대해 전적인 책임을 지도록 하여, 법적 분쟁 시 책임 소재를 명확히 한다. 또한, 통지 기관에 하청업체나 자회사의 자격 평가 및 작업 관련 문서를 보관하도록 요구함으로써, 법적 투명성을 강화한다.

행정적 측면

행정적 측면에서 제33조는 공인 기관이 하청업체나 자회사를 통해 작업을 수행할 때 필요한 절차를 명확히 한다. 공인 기관은 하청업체나 자회사가 법적 요구사항을 충족하는지 확인하고, 이를 통지 기관에 알리는 절차를 준수해야 한다. 또한, 자회사의 목록을 공개하고, 관련 문서를 보관하는 등의 행정적 의무를 수행해야 한다. 이는 행정적 투명성을 높이고, 공인 기관의 관리 감독을 강화한다.

비즈니스 측면

비즈니스 측면에서 제33조는 공인 기관이 하청업체나 자회사를 통해 작업을 수행할 때의 책임과 의무를 명확히 함으로써, 비즈니스 환경의 예측 가능성을 높인다. 공인 기관은 하청업체나 자회사의 작업에 대해 전적인 책임을 지므로, 하청업체나 자회사의 선택에 신중을 기해야 한다. 또한, 자회사의 목록을 공개함으로써, 비즈니스 파트너 간의 신뢰를 구축하고, 투명한 비즈니스 환경을 조성한다.

제34조: 인증 기관의 운영 의무

요약

1. 인증기관은 제43조에 규정된 적합성 평가 절차에 따라 고위험 AI 시스템의 적합성을 검증해야 한다.
2. 인증기관은 활동을 수행할 때 제공자에게 불필요한 부담을 지우지 않아야 하며, 특히 권고안 2003/361/EC의 의미 내에서 영세 및 중소기업의 관리 부담 및 규정 준수 비용을 최소화하기 위해 제공자의 규모, 운영 부문, 구조 및 관련 고위험 AI 시스템의 복잡성 정도를 충분히 고려해야 한다. 그럼에도 불구하고 인증 기관은 고위험 AI 시스템이 이 규정의 요구 사항을 준수하는 데 필요한 엄격함과 보호 수준을 존중해야 한다.
3. 인증기관은 제공자의 문서를 포함한 모든 관련 문서를 요청 시 제28조에 언급된 통지기관에 제출하여 해당 기관이 평가, 지정, 통지 및 모니터링 활동을 수행하고 이 조에 설명된 평가를 용이하게 할 수 있도록 해야 한다.

해설

도입 이유

제34조는 인공지능 시스템의 적합성 평가를 수행하는 공인 기관이 특정 작업을 하청하거나 자회사를 통해 수행할 때의 책임과 요건을 규정하고 있다. 이는 공인 기관이 하청업체나 자회사를 통해 수행되는 작업의 품질과 신뢰성을 보장하고, 관련 당국에 투명하게 보고하도록 하기 위함이다. 이

러한 규정은 인공지능 시스템의 안전성과 신뢰성을 높이고, 공인 기관의 책임성을 강화하기 위해 도입되었다.

조문 내용 요약

1. 공인 기관이 적합성 평가와 관련된 특정 작업을 하청하거나 자회사를 통해 수행할 경우, 해당 하청업체나 자회사가 제31조에 명시된 요건을 충족하도록 해야 하며, 이를 관련 당국에 통보해야 한다.
2. 공인 기관은 하청업체나 자회사가 수행한 작업에 대해 전적인 책임을 진다.
3. 작업은 제공자의 동의 하에만 하청되거나 자회사를 통해 수행될 수 있다. 공인 기관은 자회사의 목록을 공개해야 한다.
4. 하청업체나 자회사의 자격 평가 및 수행된 작업과 관련된 문서는 하청 종료 후 5년 동안 보관해야 한다.

법적 측면

제34조는 공인 기관이 하청업체나 자회사를 통해 수행하는 작업에 대한 법적 책임을 명확히 하고 있다. 공인 기관은 하청업체나 자회사가 제31조의 요건을 충족하도록 보장해야 하며, 이를 관련 당국에 통보해야 한다. 또한, 공인 기관은 하청업체나 자회사가 수행한 작업에 대해 전적인 책임을 지며, 하청업체나 자회사의 자격 평가 및 수행된 작업과 관련된 문서를 5년 동안 보관해야 한다. 이러한 규정은 공인 기관의 책임성을 강화하고, 하청업체나 자회사를 통한 작업의 품질과 신뢰성을 보장하기 위한 법적 장치이다.

행정적 측면

행정적으로, 제34조는 공인 기관이 하청업체나 자회사를 통해 수행하는 작업에 대한 관리와 감독을 강화하고 있다. 공인 기관은 하청업체나 자회사가 제31조의 요건을 충족하도록 보장해야 하며, 이를 관련 당국에 통보해야 한다. 또한, 공인 기관은 자회사의 목록을 공개해야 하며, 하청업체나 자회사의 자격 평가 및 수행된 작업과 관련된 문서를 5년 동안 보관해야 한다. 이러한 규정은 공인 기관이 하청업체나 자회사를 통해 수행하는 작업에 대한 투명성과 책임성을 높이기 위한 행정적 장치이다.

비즈니스 측면

비즈니스적으로, 제34조는 공인 기관이 하청업체나 자회사를 통해 수행하는 작업에 대한 책임과 요건을 명확히 함으로써, 인공지능 시스템의 적합성 평가 과정에서의 신뢰성과 품질을 보장하고 있다. 공인 기관은 하청업체나 자회사가 제31조의 요건을 충족하도록 보장해야 하며, 이를 관련 당국에 통보해야 한다. 또한, 공인 기관은 자회사의 목록을 공개해야 하며, 하청업체나 자회사의 자격 평가 및 수행된 작업과 관련된 문서를 5년 동안 보관해야 한다. 이러한 규정은 공인 기관이 하청업체나 자회사를 통해 수행하는 작업에 대한 책임성을 강화하고, 인공지능 시스템의 적합성 평가 과정에서의 신뢰성과 품질을 높이기 위한 비즈니스적 장치이다.

제35조: 이 규정에 따라 지정된 인증 기관의 식별 번호 및 목록

요약

1. 위원회는 각 인증기관에 하나의 식별번호를 부여하여야 하며, 이는 한 기관이 둘 이상의 연합 법에 따라 통지를 받은 경우에도 마찬가지이다.
2. 위원회는 이 규정에 따라 통보된 기관의 명단을 공개하여야 하며, 여기에는 그 식별번호와 통지를 받은 활동이 포함된다. 위원회는 목록이 최신 상태로 유지되도록 해야 한다.

해설

도입 이유

제35조는 인공지능 시스템의 안전성과 신뢰성을 보장하기 위해 도입되었다. 이는 인공지능 시스

템이 유럽 연합 내에서 사용될 때, 그 시스템이 적절하게 평가되고 인증되었음을 보장하기 위한 것이다. 이를 통해 소비자와 사용자에게 신뢰를 제공하고, 인공지능 기술의 오용을 방지하고자 한다.

조문 내용 요약

1. **단일 식별 번호 부여**: 유럽 위원회는 각 승인된 조직(통지 기관)에게 단일 식별 번호를 부여한다. 이는 해당 조직이 여러 EU 법률 하에서 인식되더라도 동일하게 적용된다.
2. **공개 목록 제공**: 유럽 위원회는 이 규정에 따라 통지된 기관들의 목록을 공개하며, 이 목록에는 식별 번호와 해당 기관이 수행하는 활동이 포함된다. 또한, 이 목록은 최신 상태로 유지된다.

법적 측면:

- 제35조는 법적 투명성을 강화한다. 각 통지 기관에 단일 식별 번호를 부여함으로써, 법적 책임 소재를 명확히 하고, 규제 준수 여부를 쉽게 확인할 수 있도록 한다. 이는 법적 분쟁 시, 책임 소재를 명확히 하는 데 중요한 역할을 한다.
- 또한, 공개 목록을 통해 모든 이해관계자가 통지 기관의 상태와 활동을 쉽게 확인할 수 있게 함으로써, 법적 투명성을 높인다. 이는 법적 분쟁을 예방하고, 규제 준수 여부를 쉽게 확인할 수 있도록 한다.

행정적 측면:

- 행정적으로, 단일 식별 번호 부여는 통지 기관의 관리와 감독을 용이하게 한다. 이는 여러 법률 하에서 활동하는 기관들을 효율적으로 관리할 수 있게 하며, 중복된 행정 절차를 줄인다.
- 또한, 공개 목록을 통해 행정 기관들은 통지 기관의 상태와 활동을 쉽게 파악할 수 있게 된다. 이는 행정적 효율성을 높이고, 규제 준수 여부를 신속하게 확인할 수 있도록 한다.

비즈니스 측면:

- 비즈니스 측면에서, 제35조는 기업들에게 명확한 규제 환경을 제공한다. 이는 기업들이 인공지능 시스템을 개발하고 배포할 때, 필요한 인증 절차와 요구 사항을 명확히 이해할 수 있게 한다.

- 또한, 공개 목록을 통해 기업들은 신뢰할 수 있는 통지 기관을 쉽게 찾을 수 있게 된다. 이는 인증 절차를 신속하게 진행할 수 있게 하며, 시장 진입을 용이하게 한다.

제36조: 통지 변경

요약

1. 통지기관은 제30조 (2)항에 언급된 전자통지도구를 통하여 통보기관의 통지에 관한 모든 관련 변경사항을 위원회와 다른 회원국에 통지하여야 한다.

2. 제29조 및 제30조에 규정된 절차는 통지의 범위를 확대하는 경우에 적용된다. 고시의 범위를 확대하지 아니한 변경의 경우에는 (3)항부터 (9)항까지에 규정된 절차가 적용된다.

3. 인증기관이 적합성평가활동을 중단하기로 결정한 경우, 가능한 한 빨리, 계획된 중단의 경우 활동을 중단하기 최소 1년 전에 통보기관 및 관련 제공자에게 통보해야 한다. 인증 기관의 인증서는 인증 기관의 활동이 중단된 후 9개월 동안 유효할 수 있으며, 다른 인증 기관이 해당 인증서가 적용되는 고위험 AI 시스템에 대한 책임을 맡을 것임을 서면으로 확인하는 조건이다. 후자의 인증 기관은 해당 시스템에 대한 새 인증서를 발급하기 전에 해당 9개월 기간이 끝날 때까지 영향을 받는 고위험 AI 시스템에 대한 전체 평가를 완료해야 한다. 통지기관이 활동을 중단한 경우, 통지기관은 지정을 철회해야 한다.

4. 통지기관이 제31조에 규정된 요건을 더 이상 충족하지 못하거나 의무를 이행하지 않고 있다고 판단할 충분한 이유가 있는 경우, 통지기관은 지체 없이 최대한의 성실성을 가지고 그 사안을 조사하여야 한다. 이러한 맥락에서 제기된 이의에 대해 관련 인증 기관에 알리고 의견을 밝힐 수 있는 기회를 제공해야 한다. 통지기관이 제31조에 규정된 요건을 더 이상 충족하지 못하거나 의무를 이행하지 않는다는 결론에 도달하는 경우, 통지기관은 해당 요건을 충족하지 못하거나 의무를 이행하지 못한 것의 심각성에 따라 적절하게 지정을 제한, 정지 또는 철회해야 한다. 위원회는 즉시 위원회와 다른 회원국에 이에 대해 통보한다.

5. 지정이 일시 중지, 제한 또는 전체 또는 부분적으로 철회된 경우 인증 기관은 10일 이내에 해당 제공자에게 통보해야 한다.

6. 지정의 제한, 정지 또는 철회의 경우, 통지 기관은 관련 인증 기관의 파일을 보관하고 다른 회원국의 통지 당국 및 시장 감시 당국의 요청에 따라 이를 사용할 수 있도록 적절한 조치를 취해야 한다.

7. 지정의 제한, 정지 또는 철회가 있는 경우, 통지 기관은 다음을 수행해야 한다.

   (a) 인증 기관이 발급한 인증서에 대한 영향을 평가한다.

   (b) 지정변경사항을 통보한 날로부터 3개월 이내에 위원회와 다른 회원국에 그 결과에 대한 보고서를 제출한다.

   (c) 시장에서 고위험 AI 시스템의 지속적인 적합성을 보장하기 위해 당국이 결정한 합리적인 기간 내에 인증 기관이 부당하게 발급된 인증서를 일시 중지하거나 철회하도록 요구한다.

   (d) 위원회가 요구한 증명서의 정지 또는 철회에 대해 위원회와 회원국에 통보한다.

   (e) 제공자가 등록된 사업장이 있는 회원국의 국가 관할 당국에 중단 또는 철회를 요구한 인증서에 대한 모든 관련 정보를 제공한다. 해당 당국은 건강, 안전 또는 기본권에 대한 잠재적 위험을 피하기 위해 필요한 경우 적절한 조치를 취해야 한다.

8. 부당하게 발급된 인증서를 제외하고, 지정이 일시 중지 또는 제한된 경우, 인증서는 다음 상황 중 하나에서 유효한다.

   (a) 통지 기관이 정지 또는 제한 후 1개월 이내에 정지 또는 제한의 영향을 받는 인증서와 관련하여 건강, 안전 또는 기본권에 위험이 없음을 확인하고, 통지 기관이 정지 또는 제한을 시정하기 위한 조치에 대한 일정을 설명할 경우.

   (b) 통지 기관은 정지 또는 제한 기간 동안 정지와 관련된 인증서가 발행, 수정 또는 재발행되지 않을 것임을 확인했으며, 인증 기관이 정지 또는 제한 기간 동안 발급된 기존 인증서를 계속 모니터링하고 책임을 질 수 있는지 여부를 명시한다. 통지 기관이 인증 기관이 발급된 기존 인증서를 지원할 능력이 없다고 판단하는 경우, 인증서가 적용되는 시스템의 제공자는 정지 또는 제한 후 3개월 이내에 등록된 사업장이 있는 회원국의 국가 관할 당국에 서면으로 확인해야 한다. 자격을 갖춘 다른 인증 기관이 일시적으로 인증 기관의 기능을

맡아 정지 또는 제한 기간 동안 인증서를 모니터링하고 책임을 진다.

9. 부당하게 발급된 증명서 및 지정이 철회된 증명서를 제외하고, 증명서는 다음과 같은 상황에서 9개월 동안 유효한다.

   (a) 인증서가 적용되는 고위험 AI 시스템 제공자가 등록된 사업장을 두고 있는 회원국의 국가 관할 당국이 해당 고위험 AI 시스템과 관련된 건강, 안전 또는 기본권에 위험이 없음을 확인한 경우.

   (b) 다른 인증 기관은 해당 AI 시스템에 대한 즉각적인 책임을 지고 지정 철회 후 12개월 이내에 평가를 완료할 것임을 서면으로 확인한 경우. 제1항에 언급된 상황에서, 인증서가 적용되는 시스템의 제공자가 사업장을 두고 있는 회원국의 국가 관할 당국은 인증서의 잠정 유효 기간을 3개월의 추가 기간 동안 연장할 수 있으며, 이는 총 12개월을 초과하지 않는다. 국가 관할 당국 또는 명칭 변경의 영향을 받는 인증기관의 기능을 맡은 인증기관은 즉시 위원회, 다른 회원국 및 기타 인증기관에 이를 통보해야 한다.

해설

도입 이유

EU 인공지능법 제36조는 인공지능 시스템의 평가를 담당하는 기관이 그 활동을 중단하거나 요구 사항을 충족하지 못할 경우, 관련 절차와 조치를 규정하기 위해 도입되었다. 이는 인공지능 시스템의 안전성과 신뢰성을 보장하고, 시장에서의 혼란을 최소화하기 위한 것이다.

조문 내용 요약

1. **변경 통지**: 평가 기관이 활동을 중단하거나 요구 사항을 충족하지 못할 경우, 관련 당국과 제공자에게 이를 통지해야 한다.

2. **활동 중단 시 조치**: 평가 기관이 활동을 중단할 경우, 다른 기관이 그 책임을 인수할 때까지 인증서가 9개월 동안 유효할 수 있다.

3. **요구 사항 미충족 시 조치**: 평가 기관이 요구 사항을 충족하지 못할 경우, 통지 당국은 그 지정

을 제한, 정지 또는 철회할 수 있다.

4. **지정 철회 시 조치**: 지정이 철회된 경우, 통지 당국은 해당 기관의 파일을 보관하고, 인증서의
영향을 평가해야 한다.

법적 측면

법적 측면에서 제36조는 평가 기관의 책임성과 투명성을 강화한다. 평가 기관이 요구 사항을 충
족하지 못할 경우, 통지 당국은 즉각적인 조사를 통해 필요한 조치를 취할 수 있다. 이는 평가 기관
의 신뢰성을 유지하고, 인공지능 시스템의 안전성을 보장하는 데 중요한 역할을 한다.

행정적 측면

행정적 측면에서 제36조는 평가 기관의 활동 중단 시 절차를 명확히 규정한다. 평가 기관이 활동
을 중단할 경우, 다른 기관이 그 책임을 인수할 때까지 인증서가 유효하도록 하여 시장에서의 혼란
을 최소화한다. 또한, 통지 당국은 평가 기관의 파일을 보관하고, 인증서의 영향을 평가하여 필요
한 조치를 취할 수 있다.

비즈니스 측면

비즈니스 측면에서 제36조는 인공지능 시스템 제공자에게 중요한 영향을 미친다. 평가 기관의
활동 중단이나 지정 철회 시, 제공자는 다른 평가 기관을 통해 인증서를 유지해야 한다. 이는 인공
지능 시스템의 지속적인 운영을 보장하고, 시장에서의 신뢰성을 유지하는 데 중요한 역할을 한다.

제37조: 인증기관의 권한에 대한 도전

요약

1. 위원회는 필요한 경우 **제31조**에 규정된 요건 및 해당 책임에 대한 인증기관의 권한 또는 인증

인공지능(AI)과 행정관리

기관의 지속적인 이행을 의심할 만한 이유가 있는 모든 사건을 조사한다.

2. 통지기관은 요청이 있을 경우 위원회에 통지 또는 관련 통보기관의 권한 유지와 관련된 모든 관련 정보를 제공해야 한다.

3. 위원회는 이 조에 따른 조사과정에서 입수한 모든 민감정보가 제78조에 따라 기밀로 취급되도록 하여야 한다.

4. 위원회는 통보기관이 통지요건을 충족하지 못하거나 더 이상 충족하지 못한다고 판단하는 경우, 그에 따라 통보회원국에 통보하고 필요한 경우 통지의 중지 또는 철회를 포함하여 필요한 시정조치를 취하도록 요청한다. 회원국이 필요한 시정조치를 취하지 않을 경우, 위원회는 이행 행위를 통해 지정을 유예, 제한 또는 철회할 수 있다. 그 시행법은 제98조 (2)항에 언급된 심사절차에 따라 채택되어야 한다.

해설

도입 이유

제37조는 EU 인공지능법의 일환으로, 인증 기관의 자격과 능력에 대한 의문이 제기될 경우 이를 조사하고 필요한 조치를 취하기 위한 규정을 명시하고 있다. 이는 인증 기관이 지속적으로 높은 기준을 유지하도록 보장하고, 인증 과정의 신뢰성을 확보하기 위해 도입되었다. 인증 기관의 신뢰성은 인공지능 시스템의 안전성과 신뢰성을 보장하는 데 필수적이다.

조문 내용 요약

1. **조사 의무**: 유럽연합 집행위원회(이하 '위원회')는 인증 기관의 자격이나 능력에 의문이 있을 경우 이를 조사해야 한다.

2. **정보 제공 의무**: 인증 기관을 통보한 당국은 위원회의 요청에 따라 관련 정보를 제공해야 한다.

3. **비밀 유지**: 위원회는 조사 과정에서 얻은 민감한 정보를 비밀로 유지해야 한다.

4. **조치 요청 및 시행**: 위원회가 인증 기관이 요구 사항을 충족하지 못한다고 판단할 경우, 해당 회원국에 시정을 요청하고, 필요시 인증을 중단하거나 철회할 수 있다. 회원국이 조치를 취하

지 않을 경우, 위원회는 시행 행위를 통해 인증을 중단, 제한 또는 철회할 수 있다.

법적 측면

제37조는 인증 기관의 자격과 능력에 대한 엄격한 감독을 통해 법적 신뢰성을 강화한다. 이는 인증 기관이 법적 요구 사항을 지속적으로 충족하도록 보장하며, 인증 과정의 투명성과 공정성을 확보한다. 또한, 위원회가 회원국에 시정을 요청하고, 필요시 직접 조치를 취할 수 있는 권한을 부여함으로써 법적 집행력을 강화한다. 이는 법적 분쟁 발생 시 명확한 기준과 절차를 제공하여 법적 안정성을 높인다.

행정적 측면

행정적으로 제37조는 인증 기관의 감독과 관리에 대한 명확한 절차를 제공한다. 이는 인증 기관의 자격과 능력에 대한 지속적인 평가와 개선을 촉진하며, 인증 과정의 효율성을 높인다. 또한, 위원회와 회원국 간의 협력을 강화하여 행정적 일관성을 유지한다. 이는 인증 기관의 자격 유지와 관련된 행정적 부담을 줄이고, 신속한 조치를 가능하게 한다.

비즈니스 측면

비즈니스 측면에서 제37조는 인증 기관의 신뢰성을 보장함으로써 기업들이 인증을 통해 얻는 신뢰도를 높인다. 이는 기업들이 인증을 통해 시장에서 경쟁력을 확보하고, 소비자 신뢰를 얻는 데 도움이 된다. 또한, 인증 기관의 자격과 능력에 대한 엄격한 감독은 인증 과정의 투명성과 공정성을 보장하여 기업들이 인증을 받는 과정에서의 불확실성을 줄인다. 이는 기업들이 인공지능 시스템을 개발하고 도입하는 데 있어 중요한 역할을 한다.

인공지능(AI)과 행정관리

제38조: 인증 기관의 조정

요약

1. 위원회는 고위험 인공지능 시스템과 관련하여, 이 규정에 따른 적합성평가 절차에 적극적인 인증기관들 간의 적절한 조정과 협력이 이루어지고 인증기관들의 부문별 그룹의 형태로 적절하게 운영되도록 보장한다.
2. 각 통보기관은 통보기관이 직접 또는 지정된 대표자를 통하여 제1항에 언급된 단체의 업무에 참여하도록 보장하여야 한다.
3. 위원회는 통보당국 간에 지식과 모범사례의 교환을 제공한다.

해설

도입 이유

이 조문은 고위험 인공지능 시스템의 안전성을 보장하기 위해 도입되었다. 고위험 AI 시스템은 잠재적으로 큰 영향을 미칠 수 있기 때문에, 이들의 안전성과 신뢰성을 확보하는 것이 중요하다. 이를 위해, 고위험 AI 시스템의 적합성 평가 절차에 참여하는 통지된 기관들 간의 적절한 조정과 협력이 필요하다.

조문 내용 요약

1. **조정 및 협력**: 고위험 AI 시스템에 대해 통지된 기관들 간의 적절한 조정과 협력이 이루어지도록 한다. 이를 위해 통지된 기관들로 구성된 부문별 그룹을 운영한다.
2. **참여 의무**: 각 통지 기관은 자신이 통지한 기관들이 부문별 그룹의 활동에 직접 또는 지정된 대표자를 통해 참여하도록 보장한다.
3. **지식 및 모범 사례 공유**: 위원회는 통지 기관들 간의 지식 및 모범 사례의 교환을 제공한다.

법적 측면

제38조는 고위험 AI 시스템의 적합성 평가 절차에 참여하는 통지된 기관들 간의 협력을 법적으로 의무화한다. 이는 통지된 기관들이 독립적으로 활동하는 것이 아니라, 서로 협력하여 고위험 AI 시스템의 안전성을 보장하도록 하는 것이다. 또한, 통지 기관들이 부문별 그룹에 참여하도록 강제함으로써, 통지된 기관들 간의 정보 공유와 협력이 원활하게 이루어지도록 한다.

행정적 측면

행정적으로, 제38조는 통지 기관들 간의 협력을 촉진하기 위한 구체적인 메커니즘을 제공한다. 부문별 그룹의 운영을 통해 통지 기관들 간의 조정과 협력이 이루어지며, 이를 통해 고위험 AI 시스템의 적합성 평가 절차가 보다 효율적으로 이루어진다. 또한, 위원회는 통지 기관들 간의 지식 및 모범 사례의 교환을 제공함으로써, 통지 기관들이 최신 정보를 바탕으로 고위험 AI 시스템의 적합성 평가를 수행할 수 있도록 지원한다.

비즈니스 측면

비즈니스적으로, 제38조는 고위험 AI 시스템을 개발 및 운영하는 기업들에게 중요한 의미를 가진다. 통지된 기관들 간의 협력과 정보 공유를 통해, 고위험 AI 시스템의 적합성 평가 절차가 보다 투명하고 일관되게 이루어질 수 있다. 이는 기업들이 고위험 AI 시스템의 안전성을 보장하기 위해 필요한 요구 사항을 보다 명확하게 이해하고, 이를 충족시키기 위한 조치를 취할 수 있도록 한다. 또한, 통지된 기관들 간의 협력을 통해 적합성 평가 절차가 보다 효율적으로 이루어짐으로써, 기업들이 고위험 AI 시스템을 시장에 출시하는 데 소요되는 시간과 비용을 절감할 수 있다.

제39조: 제3국의 적합성평가기구

요약

유럽연합이 협정을 체결한 제3국의 법률에 따라 설립된 적합성평가기관은 제31조에 규정된 요건을 충족하거나 동등한 수준의 준수를 보장하는 경우에 한하여 이 규정에 따른 인증기관의 활동을 수행할 수 있는 권한을 부여받을 수 있다.

해설

도입 이유

제39조는 EU 외부 국가의 조직이 EU와 협정을 맺은 경우, 이 조직들이 EU 규정 하에서 공인된 기관의 역할을 수행할 수 있도록 허용하기 위해 도입되었다. 이는 글로벌 협력을 촉진하고, EU 내에서의 인공지능 기술의 발전을 지원하기 위한 것이다. 또한, 이는 EU 내에서의 규제 일관성을 유지하면서도 국제적인 표준을 준수하는 것을 목표로 한다.

조문 내용 요약

제39조는 EU와 협정을 맺은 제3국의 법에 따라 설립된 적합성 평가 기관이, EU 규정 하에서 공인된 기관의 활동을 수행할 수 있도록 허용한다. 이러한 기관들은 제31조에 명시된 요구 사항을 충족하거나, 동등한 수준의 준수를 보장해야 한다.

법적 측면

법적 측면에서 제39조는 EU와 제3국 간의 협정이 중요한 역할을 한다. 이러한 협정은 제3국의 적합성 평가 기관이 EU 규정 하에서 활동할 수 있는 법적 근거를 제공한다. 이는 EU 내에서의 규제 일관성을 유지하면서도, 국제적인 협력을 촉진하는 데 기여한다. 또한, 제3국의 기관이 EU 규정을 준수하거나 동등한 수준의 규제를 따르도록 요구함으로써, EU 내에서의 안전성과 신뢰성을 보장한다.

행정적 측면

행정적 측면에서 제39조는 EU와 제3국 간의 협정 체결 및 관리에 대한 행정적 절차를 포함한다. 이는 제3국의 적합성 평가 기관이 EU 규정 하에서 활동할 수 있도록 허용하는 과정에서 필요한 행정적 절차를 명확히 한다. 또한, 이러한 기관들이 제31조에 명시된 요구 사항을 충족하거나 동등한 수준의 준수를 보장하는지 확인하기 위한 행정적 감독 및 평가 절차를 포함한다.

비즈니스 측면

비즈니스 측면에서 제39조는 제3국의 적합성 평가 기관이 EU 시장에 접근할 수 있는 기회를 제공한다. 이는 글로벌 비즈니스 환경에서의 경쟁력을 강화하고, EU 내에서의 인공지능 기술의 발전을 지원하는 데 기여한다. 또한, 제3국의 기관이 EU 규정을 준수하거나 동등한 수준의 규제를 따르도록 요구함으로써, EU 내에서의 안전성과 신뢰성을 보장한다. 이는 EU 내에서의 비즈니스 환경을 안정적으로 유지하는 데 중요한 역할을 한다.

제40조: 통일된 표준 및 표준화 결과물

요약

1. 규정(EU) No 1025/2012에 따라 유럽 연합 관보에 게재된 참고 문헌인 조화된 표준 또는 그 일부를 준수하는 고위험 AI 시스템 또는 범용 AI 모델은 이 규정의 V장, 섹션 2 및 3에 명시된 의무와 함께 해당 표준이 해당 요구 사항 또는 의무를 포함하는 범위 내에서 해당되는 경우에는 이 장의 섹션 2에 명시된 요구 사항을 준수하는 것으로 추정된다.

2. 규정 (EU) (No) 1025/2012의 제10조에 따라, 위원회는 부당한 지체 없이 이 장의 섹션 2에 명시된 모든 요구 사항을 포함하는 표준화 요청을 발행하고, 해당되는 경우 이 규정의 V장 섹션

2 및 3에 명시된 의무를 포함하는 표준화 요청을 발행한다. 표준화 요청은 또한 수명 주기 동안 고위험 AI 시스템의 에너지 및 기타 자원 소비를 줄이는 것과 같은 AI 시스템의 리소스 성능을 개선하기 위한 보고 및 문서화 프로세스와 범용 AI 모델의 에너지 효율적인 개발에 대한 결과물을 요청해야 한다. 표준화 요청을 준비할 때 위원회는 이사회 및 자문 포럼을 포함한 관련 이해관계자와 상의해야 한다. 유럽 표준화 기구에 표준화 요청을 할 때, 집행위는 부속서 I에 열거된 기존 유럽연합 조화 법률이 적용되는 제품에 대해 다양한 부문에서 개발된 표준을 포함하여 표준이 명확하고 일관성이 있어야 하며, 시장에 출시되거나 유럽연합에서 서비스에 투입되는 고위험 AI 시스템 또는 범용 AI 모델이 관련 요건 또는 의무를 충족하도록 하는 것을 목표로 해야 한다고 명시해야 한다 이 규정에서 아래로. 위원회는 유럽 표준화 기구에 규정(EU) No 1025/2012의 24조에 따라 이 항의 첫 번째 및 두 번째 항에 언급된 목적을 달성하기 위한 최선의 노력에 대한 증거를 제공하도록 요청해야 한다.

3. 표준화 과정에 참여하는 당사자들은 법적 확실성 증대와 연합 시장의 경쟁력 및 성장을 통해 AI에 대한 투자와 혁신을 촉진하고, 표준화에 대한 글로벌 협력을 강화하고 유럽연합의 가치에 부합하는 AI 분야의 기존 국제 표준을 고려하는 데 기여한다. 기본적 권리와 이익, 그리고 다중 이해관계자 거버넌스를 강화하여 이해관계의 균형 잡힌 대표와 규정(EU) No 1025/2012의 7조에 따라 모든 관련 이해관계자의 효과적인 참여를 보장한다.

해설

EU 인공지능법(EU AI Act) 제40조는 고위험 AI 시스템 또는 범용 AI 모델이 특정 표준을 준수할 경우, 이 규정의 요구 사항을 충족한 것으로 간주된다는 내용을 담고 있다. 이 조문은 인공지능 시스템의 자원 성능을 개선하고, 에너지 소비를 줄이는 등의 목표를 달성하기 위해 표준화 요청을 발행하는 것을 규정하고 있다. 또한, 표준화 요청을 준비할 때 위원회는 이사회 및 관련 이해관계자와 협의해야 한다고 명시하고 있다.

도입 이유

제40조의 도입 이유는 고위험 AI 시스템 및 범용 AI 모델의 표준화를 통해 법적 확실성을 높이고, 투자와 혁신을 촉진하며, 유럽연합 시장의 경쟁력과 성장을 증진시키기 위함이다. 이를 통해 AI 시스템의 자원 효율성을 높이고, 에너지 소비를 줄이는 등 지속 가능한 발전을 도모하고자 한다.

조문 내용 요약

1. 고위험 AI 시스템 또는 범용 AI 모델이 특정 표준을 준수할 경우, 이 규정의 요구 사항을 충족한 것으로 간주된다.
2. 위원회는 이 규정의 모든 요구 사항을 다루는 표준화 요청을 발행해야 하며, AI 시스템의 자원 성능을 개선하고 에너지 소비를 줄이는 등의 목표를 포함해야 한다.
3. 표준화 요청을 준비할 때, 위원회는 이사회 및 관련 이해관계자와 협의해야 한다.
4. 표준화 과정에 참여하는 사람들은 투자와 혁신을 촉진하고, 유럽 연합 시장의 경쟁력과 성장을 증진시키기 위해 노력해야 한다.

법적 측면

법적 측면에서 제40조는 고위험 AI 시스템 및 범용 AI 모델이 특정 표준을 준수할 경우, 이 규정의 요구 사항을 충족한 것으로 간주된다는 점에서 법적 확실성을 제공한다. 이는 기업들이 명확한 기준을 가지고 AI 시스템을 개발하고 운영할 수 있도록 도와준다. 또한, 표준화 요청을 통해 AI 시스템의 자원 성능을 개선하고 에너지 소비를 줄이는 등의 목표를 달성함으로써, 지속 가능한 발전을 도모한다.

행정적 측면

행정적 측면에서 제40조는 위원회가 표준화 요청을 발행하고, 이를 준비할 때 이사회 및 관련 이해관계자와 협의해야 한다는 점에서 행정 절차의 투명성과 참여를 보장한다. 이는 다양한 이해관계자들이 표준화 과정에 참여하여 다양한 의견을 반영할 수 있도록 한다. 또한, 표준화 요청을 통해 AI 시스템의 자원 성능을 개선하고 에너지 소비를 줄이는 등의 목표를 달성함으로써, 행정적 효

인공지능(AI)과 행정관리

율성을 높인다.

비즈니스 측면

비즈니스 측면에서 제40조는 고위험 AI 시스템 및 범용 AI 모델이 특정 표준을 준수할 경우, 이 규정의 요구 사항을 충족한 것으로 간주된다는 점에서 기업들에게 명확한 기준을 제공한다. 이는 기업들이 AI 시스템을 개발하고 운영할 때 법적 확실성을 가지고 투자와 혁신을 촉진할 수 있도록 도와준다. 또한, 표준화 요청을 통해 AI 시스템의 자원 성능을 개선하고 에너지 소비를 줄이는 등의 목표를 달성함으로써, 기업들의 경쟁력을 높인다.

제41조: 공통 사양

요약

1. 위원회는 다음 조건이 충족된 경우 이 장 제2절에 규정된 요건 또는 해당되는 경우 제V장 제2항 및 제3항에 규정된 의무에 대한 공통 규격을 수립하는 법률을 채택하고 시행할 수 있다.

   (a) 위원회는 규정(EU) No 1025/2012의 10(1)조에 의거하여 하나 이상의 유럽 표준화 기구에 본 장의 섹션 2에 명시된 요구 사항 또는 해당되는 경우 V장의 섹션 2 및 3에 명시된 의무에 대한 통일된 표준 초안을 작성하도록 요청할 수 있다.

   (i) 유럽 표준화 기구에서 요청을 수락하지 않은 경우;

   (ii) 해당 요청을 다루는 통일된 표준이 규정(EU) No 1025/2012의 10(1)조에 따라 설정된 기한 내에 전달되지 않은 경우;

   (iii) 관련 통일 표준이 기본권 문제를 충분히 다루지 않은 경우,

   (iv) 조율된 표준이 요청을 준수하지 않은 경우,

   (b) 본 장의 섹션 2에 언급된 요구 사항 또는 해당되는 경우 V장의 섹션 2 및 3에 언급된 의무를 다루는 조화 표준에 대한 언급이 규정(EU) No 1025/2012에 따라 유럽 연합 관보에 게

시되지 않았으며 그러한 참조가 합리적인 기간 내에 게시될 것으로 예상되지 않는다. 공통명세서의 초안을 작성할 때, 위원회는 제67조에 언급된 자문 포럼과 상의하여야 한다. 이 항의 첫 번째 항에 언급된 시행 행위는 제98조 (2)항에 언급된 심사 절차에 따라 채택되어야 한다.

2. 시행법 초안을 준비하기 전에, 위원회는 규정(EU) 제1025/2012호 제22조에 언급된 위원회에 이 조 제1항에 규정된 조건이 충족된 것으로 간주한다는 사실을 통보하여야 한다.

3. 제1항에 언급된 공통 사양 또는 해당 사양의 일부를 준수하는 고위험 AI 시스템 또는 범용 AI 모델은 이 장의 섹션 2에 명시된 요구 사항을 준수하거나 해당되는 경우 V장의 섹션 2 및 3에 언급된 의무를 준수하는 것으로 추정된다.

4. 유럽 표준화 기구가 조율된 표준을 채택하고 유럽연합 관보에 그 참고 문헌을 출판하기 위해 위원회에 제안된 경우, 위원회는 규정(EU) No 1025/2012에 따라 조율된 표준을 평가해야 한다. 통일된 표준에 대한 언급이 유럽연합 관보에 게재되는 경우, 집행위원회는 제1항에 언급된 시행 행위 또는 이 장 제2절에 규정된 것과 동일한 요건 또는 해당되는 경우 제V장 제2항 및 제3항에 규정된 동일한 의무를 포함하는 시행 행위를 폐지한다.

5. 고위험 AI 시스템 또는 범용 AI 모델 제공자가 제1항에 언급된 공통 사양을 준수하지 않는 경우, 본 장 제2절에 언급된 요구 사항을 충족하는 기술 솔루션을 채택했거나 해당되는 경우 제V장 제2항 및 제3항에 명시된 의무를 최소한 이와 동등한 수준으로 준수했음을 정당하게 정당화해야 한다.

6. 회원국이 공통명세서가 제2항에 규정된 요건을 완전히 충족하지 못하거나 해당되는 경우 제V장 제2항 및 제3항에 규정된 의무를 준수하지 못한다고 판단하는 경우, 회원국은 상세한 설명과 함께 위원회에 이를 통보하여야 한다. 위원회는 해당 정보를 평가하고, 적절한 경우 관련 공통 사양을 설정하는 시행법을 개정해야 한다.

인공지능(AI)과 행정관리

도입 이유

제41조는 인공지능 시스템의 표준화와 규제 준수를 보장하기 위해 도입되었다. 이는 유럽 표준화 기구가 요청을 수락하지 않거나, 요청된 표준이 기본권 문제를 충분히 다루지 못하는 경우, 또는 표준이 제때 제공되지 않는 경우에 대비한 조치이다. 이러한 상황에서 EU 집행위원회는 공통 규격을 설정하여 인공지능 시스템이 법적 요구 사항을 충족하도록 한다.

조문 내용 요약

1. **공통 규격 설정 조건**: 유럽 표준화 기구가 표준을 수락하지 않거나, 제공된 표준이 기본권 문제를 충분히 다루지 못하거나, 표준이 제때 제공되지 않는 경우, 집행위원회는 공통 규격을 설정할 수 있다.

2. **위원회 통보**: 집행위원회는 공통 규격을 준비하기 전에 관련 위원회에 조건이 충족되었음을 통보해야 한다.

3. **고위험 AI 시스템 준수**: 고위험 AI 시스템이 공통 규격을 준수하면 법적 요구 사항을 충족한 것으로 간주된다.

4. **표준 채택 시 공통 규격 폐지**: 유럽 표준화 기구가 표준을 채택하고 이를 공식 저널에 게재하면, 집행위원회는 해당 공통 규격을 폐지한다.

5. **대체 기술 솔루션**: 고위험 AI 시스템 제공자가 공통 규격을 준수하지 않는 경우, 동등한 수준의 기술 솔루션을 채택했음을 입증해야 한다.

6. **회원국의 이의 제기**: 회원국이 공통 규격이 요구 사항을 충족하지 않는다고 판단하면, 집행위원회에 이를 통보하고, 집행위원회는 이를 평가하여 필요시 공통 규격을 수정한다.

법적 측면

제41조는 법적 요구 사항을 명확히 하고, 인공지능 시스템의 규제 준수를 보장하는 역할을 한다. 이는 유럽 표준화 기구가 제공하는 표준이 충분하지 않을 경우, 집행위원회가 직접 개입하여 공통

규격을 설정할 수 있는 법적 근거를 제공한다. 이를 통해 인공지능 시스템의 안전성과 신뢰성을 높이고, 기본권 보호를 강화한다.

행정적 측면

행정적으로, 제41조는 집행위원회와 유럽 표준화 기구 간의 협력을 촉진한다. 집행위원회는 표준화 기구가 요청을 수락하지 않거나, 표준이 충분하지 않을 경우, 공통 규격을 설정할 수 있는 권한을 갖는다. 이는 행정 절차의 효율성을 높이고, 신속한 대응을 가능하게 한다. 또한, 회원국이 공통 규격에 이의를 제기할 수 있는 절차를 마련하여, 규격의 적절성을 지속적으로 평가하고 개선할 수 있도록 한다.

비즈니스 측면

비즈니스 측면에서 제41조는 인공지능 시스템 제공자에게 명확한 규제 준수 지침을 제공한다. 공통 규격을 준수하면 법적 요구 사항을 충족한 것으로 간주되므로, 기업은 규제 준수에 대한 불확실성을 줄일 수 있다. 또한, 대체 기술 솔루션을 채택할 수 있는 유연성을 제공하여, 혁신을 촉진하고 다양한 기술적 접근 방식을 허용한다. 이는 기업이 규제 준수를 위해 다양한 기술적 솔루션을 탐색하고 적용할 수 있는 기회를 제공한다.

제42조: 특정 요구 사항에 대한 적합성 추정

요약

1. 특정 지리적, 행동적, 상황적 또는 기능적 환경을 반영하는 데이터에 대해 훈련 및 테스트된 고위험 AI 시스템은 제10조(4)에 규정된 관련 요구 사항을 준수하는 것으로 추정된다.

2. 규정(EU) 2019/881에 따라 사이버 보안 체계에 따라 인증을 받았거나 적합성 선언이 발행되고 유럽 연합 관보에 참조가 게시된 고위험 AI 시스템은 사이버 보안 인증서 또는 적합성 선

언문 또는 그 일부가 적용되는 한 본 규정의 15조에 명시된 사이버 보안 요구 사항을 준수하는 것으로 간주된다

제42조는 고위험 인공지능 시스템이 특정 사용 환경에 맞게 훈련되고 테스트된 경우, 특정 요구 사항을 충족하는 것으로 간주된다는 내용을 담고 있다. 또한, 이러한 인공지능 시스템이 사이버 보안 체계에 따라 인증되었거나 적합성 선언을 받은 경우, 사이버 보안 요구 사항을 충족하는 것으로 간주된다.

도입 이유

제42조는 고위험 인공지능 시스템의 안전성과 신뢰성을 보장하기 위해 도입되었다. 인공지능 시스템이 특정 사용 환경에 맞게 훈련되고 테스트되었을 때, 해당 시스템이 실제 사용 환경에서 효과적으로 작동할 가능성이 높아진다. 또한, 사이버 보안 인증을 받은 시스템은 보안 위협에 대한 대응 능력이 검증되었음을 의미한다.

조문 내용 요약

1. **특정 사용 환경에 맞춘 훈련 및 테스트**: 고위험 인공지능 시스템이 지리적, 행동적, 맥락적 또는 기능적 설정을 반영한 데이터로 훈련되고 테스트된 경우, 해당 시스템은 관련 요구 사항을 충족하는 것으로 간주된다.
2. **사이버 보안 인증**: 고위험 인공지능 시스템이 사이버 보안 체계에 따라 인증되었거나 적합성 선언을 받은 경우, 해당 시스템은 사이버 보안 요구 사항을 충족하는 것으로 간주된다.

법적 측면

법적으로 제42조는 고위험 인공지능 시스템의 규제 준수를 간소화한다. 특정 사용 환경에 맞춘 훈련 및 테스트를 통해 시스템이 요구 사항을 충족하는 것으로 간주되므로, 추가적인 검증 절차가

필요하지 않다. 또한, 사이버 보안 인증을 받은 시스템은 별도의 보안 검증 없이도 요구 사항을 충족하는 것으로 인정된다. 이는 법적 절차를 간소화하고, 규제 준수 비용을 절감하는 데 기여한다.

행정적 측면

행정적으로 제42조는 규제 기관의 업무 부담을 줄인다. 특정 사용 환경에 맞춘 훈련 및 테스트와 사이버 보안 인증을 통해 시스템의 안전성과 신뢰성을 보장할 수 있으므로, 규제 기관은 추가적인 검증 절차를 생략할 수 있다. 이는 행정 효율성을 높이고, 규제 기관의 자원을 보다 효과적으로 활용할 수 있게 한다.

비즈니스 측면

비즈니스적으로 제42조는 기업의 규제 준수 비용을 절감하고, 시장 진입 속도를 높인다. 특정 사용 환경에 맞춘 훈련 및 테스트와 사이버 보안 인증을 통해 시스템이 요구 사항을 충족하는 것으로 간주되므로, 기업은 추가적인 검증 절차를 생략할 수 있다. 이는 제품 출시 시간을 단축하고, 시장 경쟁력을 높이는 데 기여한다. 또한, 사이버 보안 인증을 받은 시스템은 고객에게 신뢰성을 제공하여, 시장에서의 신뢰도를 높일 수 있다.

제43조: 적합성 평가

요약

1. 부속서 III의 제1항에 열거된 고위험 AI 시스템의 경우, 제2항에 명시된 요건에 대한 고위험 AI 시스템의 준수를 입증함에 있어 제공자가 제40조에 언급된 통일된 표준 또는 해당되는 경우 제41조에 언급된 공통 사양을 적용한 경우, 제공자는 다음을 기반으로 다음 적합성 평가 절차 중 하나를 선택해야 한다.

   (a) 부속서 VI에 언급된 내부 통제; 또는

(b) 품질 경영 시스템의 평가 및 기술 문서의 평가, 부속서 Ⅶ에 언급된 인증 기관의 참여. 고위험 AI 시스템이 섹션 2에 명시된 요구 사항을 준수함을 입증할 때 제공자는 다음과 같은 경우 부속서 Ⅶ에 명시된 적합성 평가 절차를 따라야 한다.

    (i) 제40조에 언급된 통일된 표준이 존재하지 않으며, 제41조에 언급된 공통 사양을 사용할 수 없다.

    (ii) 제공자가 조화 표준을 적용하지 않았거나 일부만 적용한 경우.

    (iii) (a)항에 언급된 공통 사양이 존재하지만 제공자가 이를 적용하지 않은 경우;

    (iv) (a)항에 언급된 통일된 표준 중 하나 이상이 제한적으로 발표된 경우, 부속서 Ⅶ에 언급된 적합성 평가 절차의 목적상, 제공자는 인증기관 중 하나를 선택할 수 있다. 그러나 고위험 AI 시스템이 법 집행 기관, 이민 또는 망명 당국 또는 연합 기관, 단체, 사무소 또는 기관에 의해 사용되도록 의도된 경우, 해당되는 경우 제74조(8) 또는 (9)에 언급된 시장 감시 기관이 인증 기관의 역할을 한다.

2. 부속서 Ⅲ의 2항부터 8항까지에 언급된 고위험 AI 시스템의 경우, 제공자는 부속서 Ⅵ에 언급된 내부 통제에 기초한 적합성 평가 절차를 따라야 하며, 이는 인증 기관의 개입을 규정하지 않는다.

3. 부속서 Ⅰ의 섹션 A에 열거된 연합 조화 법률이 적용되는 고위험 AI 시스템의 경우, 제공자는 해당 법률에서 요구하는 관련 적합성 평가 절차를 따라야 한다. 이 장의 섹션 2에 명시된 요구 사항은 이러한 고위험 AI 시스템에 적용되며 해당 평가의 일부가 된다. 포인트 4.3., 4.4., 4.5. 부속서 Ⅶ의 4.6항 중 다섯 번째 단락도 적용된다. 이러한 평가의 목적상, 해당 법률에 따라 통지를 받은 인증기관은 제31조(4), (5), (10) 및 (11)항에 규정된 요건에 대한 인증기관의 준수가 해당 법률에 따른 통지 절차의 맥락에서 평가된 경우 제2항에 명시된 요건에 대한 고위험 AI 시스템의 적합성을 통제할 수 있다. 부속서 Ⅰ의 섹션 A에 열거된 법적 행위에 따라 제품 제조업체가 제3자 적합성 평가에서 탈퇴할 수 있는 경우, 해당 제조업체가 모든 관련 요구 사항을 포괄하는 모든 조율된 표준을 적용한 경우, 해당 제조업체는 조율된 표준 또는 해당되는 경우 제41조에 언급된 공통 사양도 적용한 경우에만 해당 옵션을 사용할 수 있다.

4. 이미 적합성평가 절차를 거친 고위험 인공지능 시스템은 수정된 시스템이 추가 배포될 의도

인지 또는 현재 배포자에 의해 계속 사용되는지 여부와 관계없이 상당한 수정이 있는 경우 새로운 적합성 평가 절차를 거쳐야 한다. 시장에 출시되거나 서비스에 투입된 후에도 계속 학습하는 고위험 AI 시스템의 경우, 초기 적합성 평가 순간에 제공자가 미리 결정하고 부속서 IV의 2(f)항에 언급된 기술 문서에 포함된 정보의 일부인 고위험 AI 시스템 및 그 성능에 대한 변경사항, 실질적인 수정을 구성하지 않는다.

5. 위원회는 기술적 진보에 비추어 부속서 VI 및 VII를 개정하기 위해 제97조에 따라 위임된 행위를 채택할 권한이 있다.

6. 위원회는 부속서 III의 2항부터 8항까지에 언급된 고위험 AI 시스템을 부속서 VII 또는 그 일부에 언급된 적합성 평가 절차에 적용하기 위해 이 조 제1항 및 제2항을 개정하기 위해 제97조에 따라 위임 행위를 채택할 권한이 있다. 위원회는 보건 및 안전에 대한 위험을 예방하거나 최소화하고 그러한 시스템에 의해 제기되는 기본권의 보호에 있어 부속서 VI에 언급된 내부통제에 기초한 적합성평가절차의 효과와 인증기관들 간의 적절한 역량 및 자원의 가용성을 고려하여 이러한 위임된 조치를 채택한다.

해설

도입 이유

제43조는 고위험 인공지능 시스템의 적합성 평가 절차를 규정하고 있다. 이는 고위험 AI 시스템이 법적 요구사항을 충족하는지 확인하기 위한 절차를 명확히 하기 위함이다. 이러한 절차는 AI 시스템의 안전성과 신뢰성을 보장하고, 사용자와 사회에 미치는 잠재적 위험을 최소화하기 위해 도입되었다.

조문 내용 요약

1. **고위험 AI 시스템의 적합성 평가 절차**: Annex III의 1항에 나열된 고위험 AI 시스템의 경우, 제공자는 Article 40에 언급된 조화된 표준 또는 Article 41에 언급된 공통 사양을 적용했을 때 두 가지 적합성 평가 절차 중 하나를 선택할 수 있다. 조화된 표준이 없거나 공통 사양이 없는

인공지능(AI)과 행정관리

경우, Annex VII에 명시된 절차를 따라야 한다.

2. **법 집행 및 이민 당국을 위한 AI 시스템**: 이러한 시스템의 경우, 시장 감시 당국이 적합성 평가 기관으로 활동한다.

3. **내부 통제 절차**: Annex III의 2항에서 8항에 나열된 고위험 AI 시스템의 경우, 내부 통제 절차를 따른다.

4. **기존 적합성 평가 절차를 거친 시스템**: 기존에 적합성 평가를 받은 시스템이 상당한 수정이 이루어진 경우, 새로운 적합성 평가 절차를 거쳐야 한다.

5. **기술 발전에 따른 절차 업데이트**: 위원회는 기술 발전에 따라 Annex VI와 VII를 업데이트할 수 있는 권한을 가진다.

법적 측면

제43조는 고위험 AI 시스템의 적합성 평가 절차를 명확히 규정함으로써 법적 명확성을 제공한다. 이는 제공자가 준수해야 할 절차를 명확히 하여 법적 불확실성을 줄이고, 법 집행 기관이 AI 시스템의 적합성을 평가하는 데 필요한 기준을 제공한다. 또한, 기술 발전에 따라 절차를 업데이트할 수 있는 권한을 위원회에 부여함으로써, 법적 규제가 기술 발전을 따라갈 수 있도록 한다.

행정적 측면

행정적으로, 제43조는 고위험 AI 시스템의 적합성 평가 절차를 표준화함으로써 행정 효율성을 높인다. 이는 제공자가 따를 수 있는 명확한 절차를 제공하여 행정 부담을 줄이고, 시장 감시 당국이 AI 시스템의 적합성을 평가하는 데 필요한 기준을 제공한다. 또한, 기술 발전에 따라 절차를 업데이트할 수 있는 권한을 위원회에 부여함으로써, 행정 절차가 최신 기술을 반영할 수 있도록 한다.

비즈니스 측면

비즈니스 측면에서, 제43조는 고위험 AI 시스템의 적합성 평가 절차를 명확히 규정함으로써 기업이 준수해야 할 기준을 명확히 한다. 이는 기업이 AI 시스템을 개발하고 시장에 출시하는 데 필요한 절차를 명확히 하여, 시장 진입 장벽을 줄이고, 기업이 법적 요구사항을 준수하는 데 필요한 비용을 줄인다. 또한, 기술 발전에 따라 절차를 업데이트할 수 있는 권한을 위원회에 부여함으로써, 기업이 최신 기술을 반영한 AI 시스템을 개발할 수 있도록 한다.

제44조: 인증서

요약

1. 부속서 VII에 따라 인증기관이 발급한 인증서는 인증기관이 설립된 회원국의 관련 당국이 쉽게 이해할 수 있는 언어로 작성되어야 한다.

2. 인증서는 표시된 기간 동안 유효하며, 부속서 I이 적용되는 AI 시스템의 경우 5년, 부속서 III의 적용을 받는 AI 시스템의 경우 4년을 초과할 수 없다. 제공자의 요청에 따라, 인증서의 유효기간은 해당 적합성 평가 절차에 따른 재평가에 근거하여 부속서 I이 적용되는 AI 시스템의 경우 각각 5년, 부속서 III의 적용을 받는 AI 시스템의 경우 4년을 초과하지 않는 기간 동안 연장될 수 있다. 증서에 대한 보충 자료는 보충 증서가 유효한 경우 유효한다.

3. 인증기관이 AI 시스템이 제2항에 규정된 요건을 더 이상 충족하지 못한다고 판단하는 경우, 인증기관이 정한 적절한 기한 내에 시스템 제공자가 취한 적절한 시정 조치에 의해 해당 요건의 준수가 보장되지 않는 한, 비례성의 원칙을 고려하여 발급된 인증서를 정지 또는 철회하거나 제한을 가할 수 있다. 통보기관은 그 결정에 대한 이유를 제시하여야 한다. 발급된 적합성 인증서를 포함하여 인증 기관의 결정에 대한 항소 절차가 가능한다.

해설

제44조는 인공지능 시스템의 인증서 발급 및 관리에 관한 규정을 다루고 있다. 이 조항의 도입 이유, 조문 내용 요약, 그리고 법적, 행정적, 비즈니스 측면에서의 의미를 다음과 같이 설명한다.

도입 이유

제44조는 인공지능 시스템의 안전성과 신뢰성을 보장하기 위해 도입되었다. 인공지능 시스템이 다양한 산업과 사회 전반에 걸쳐 사용됨에 따라, 이러한 시스템이 규제 기준을 충족하는지 확인하는 것이 중요하다. 이를 통해 소비자와 사용자에게 신뢰를 제공하고, 인공지능 기술의 오용을 방지할 수 있다.

조문 내용 요약

1. **언어 요건**: 인증서는 해당 인증서를 발급하는 국가의 관련 당국이 쉽게 이해할 수 있는 언어로 작성되어야 한다.
2. **유효 기간**: 인증서는 최대 5년(부속서 I에 해당하는 시스템) 또는 4년(부속서 III에 해당하는 시스템) 동안 유효하다. 유효 기간 연장은 재평가를 거쳐 가능하다.
3. **인증서의 정지 및 철회**: 인공지능 시스템이 요구 사항을 충족하지 못할 경우, 인증서는 정지되거나 철회될 수 있다. 단, 제공자가 적절한 시정 조치를 취하면 인증서의 효력을 유지할 수 있다. 또한, 인증서 관련 결정에 대한 항소 절차가 마련되어야 한다.

법적 측면

제44조는 인공지능 시스템의 인증 절차를 명확히 규정함으로써 법적 안정성을 제공한다. 인증서 발급 시 언어 요건을 명시함으로써, 각국의 규제 당국이 인증서를 이해하고 검토하는 데 어려움이 없도록 한다. 또한, 인증서의 유효 기간과 연장 절차를 규정하여, 인공지능 시스템의 지속적인 규제 준수를 보장한다. 인증서의 정지 및 철회 절차를 통해, 규제 당국은 인공지능 시스템이 규제 기준을 충족하지 않을 경우 신속하게 대응할 수 있다.

행정적 측면

행정적으로, 제44조는 인증서 발급 및 관리 절차를 표준화함으로써 행정 효율성을 높인다. 언어 요건을 통해 각국의 규제 당국이 인증서를 쉽게 이해할 수 있도록 하여, 인증서 검토 과정에서 발생할 수 있는 행정적 부담을 줄인다. 유효 기간과 연장 절차를 명확히 함으로써, 인증서 관리의 일관성을 유지하고, 재평가를 통해 인공지능 시스템의 지속적인 규제 준수를 확인할 수 있다. 또한, 인증서 정지 및 철회 절차를 통해, 규제 당국이 신속하게 대응할 수 있는 체계를 마련한다.

비즈니스 측면

비즈니스 측면에서, 제44조는 인공지능 시스템 제공자에게 명확한 규제 지침을 제공한다. 인증서 발급 및 관리 절차를 명확히 함으로써, 인공지능 시스템 제공자는 규제 준수를 위한 명확한 로드맵을 갖게 된다. 유효 기간과 연장 절차를 통해, 인공지능 시스템 제공자는 장기적인 계획을 세울 수 있으며, 재평가를 통해 지속적인 규제 준수를 보장할 수 있다. 또한, 인증서 정지 및 철회 절차를 통해, 인공지능 시스템 제공자는 규제 기준을 충족하지 않을 경우 신속하게 시정 조치를 취할 수 있는 기회를 갖게 된다.

제45조: 인증 기관의 정보 의무

요약

1. 인증기관은 다음 사항을 통보기관에 통보하여야 한다.
   (a) 모든 연합 기술 문서 평가 인증서, 해당 인증서에 대한 보충 자료 및 부속서 VII의 요구 사항에 따라 발행된 품질 관리 시스템 승인;
   (b) 부속서 VII의 요구 사항에 따라 발행된 연합 기술 문서 평가 인증서 또는 품질 경영 시스템 승인의 거부, 제한, 정지 또는 철회;
   (c) 통지의 범위 또는 조건에 영향을 미치는 모든 상황;
   (d) 적합성 평가 활동과 관련하여 시장 감시 당국으로부터 받은 정보에 대한 요청;
   (e) 요청 시, 통지 범위 내에서 수행된 적합성 평가 활동 및 국경 간 활동 및 하도급을 포함하여 수행된 기타 모든 활동.
2. 각 인증 기관은 다른 인증 기관에 다음 사항을 알려야 한다.

인공지능(AI)과 행정관리

(a) 거부, 중단 또는 철회한 품질 경영 시스템 승인 및 요청 시 발행한 품질 시스템 승인;

(b) 조합이 거부, 철회, 정지 또는 달리 제한한 조합 기술 문서 평가 인증서 또는 보충 자료, 그리고 요청 시 조합이 발행한 인증서 및/또는 보충 자료.

3. 각 인증기관은 동일한 유형의 인공지능 시스템을 포괄하는 유사한 적합성 평가 활동을 수행하는 다른 인증기관에 부정적 및 긍정적 적합성 평가 결과와 관련된 문제에 대한 관련 정보를 제공해야 한다.

4. 인증기관은 제78조에 따라 취득한 정보의 기밀성을 보호하여야 한다.

해설

도입 이유

EU 인공지능법 제45조는 인공지능 시스템의 적합성 평가를 담당하는 공인 기관(Notified Bodies)의 투명성과 책임성을 강화하기 위해 도입되었다. 이는 공인 기관들이 발급하는 인증서와 승인서의 신뢰성을 높이고, 시장 감시 당국과의 협력을 통해 인공지능 시스템의 안전성과 품질을 보장하기 위함이다. 또한, 공인 기관 간의 정보 공유를 통해 중복 평가를 방지하고, 평가 결과의 일관성을 유지하려는 목적도 있다.

조문 내용 요약

1. 공인 기관은 다음 사항을 통지 기관(Notifying Authority)에 보고해야 한다:

○ 유럽 연합 기술 문서 평가 인증서 및 품질 관리 시스템 승인서 발급, 보충, 거부, 제한, 정지 또는 철회.

○ 통지 범위나 조건에 영향을 미치는 상황.

○ 시장 감시 당국으로부터 받은 정보 요청.

○ 통지 범위 내에서 수행한 적합성 평가 활동 및 기타 활동(국경 간 활동 및 하도급 포함).

2. 공인 기관은 다른 공인 기관에 다음 사항을 보고해야 한다:

○ 거부, 정지 또는 철회된 품질 관리 시스템 승인서 및 요청 시 발급된 승인서.
○ 거부, 철회, 정지 또는 제한된 유럽 연합 기술 문서 평가 인증서 및 요청 시 발급된 인증서.

3. 공인 기관은 유사한 적합성 평가 활동을 수행하는 다른 공인 기관에 부정적 평가 결과와 요청 시 긍정적 평가 결과에 관한 관련 정보를 제공해야 한다.
4. 공인 기관은 얻은 정보를 비밀로 유지해야 한다.

법적 측면

제45조는 공인 기관의 투명성과 책임성을 법적으로 강화한다. 공인 기관은 통지 기관과 다른 공인 기관에 평가 결과와 관련된 정보를 제공해야 하며, 이는 법적 의무로 규정된다. 이를 통해 공인 기관 간의 협력과 정보 공유가 촉진되며, 평가 결과의 신뢰성과 일관성이 보장된다. 또한, 공인 기관은 시장 감시 당국의 요청에 따라 정보를 제공해야 하며, 이는 법적 준수의 일환으로 간주된다.

행정적 측면

행정적으로, 제45조는 공인 기관의 운영 절차와 보고 체계를 명확히 규정한다. 공인 기관은 통지 기관과 다른 공인 기관에 정보를 제공해야 하며, 이를 통해 행정적 투명성과 효율성이 향상된다. 또한, 공인 기관은 시장 감시 당국과의 협력을 통해 인공지능 시스템의 안전성과 품질을 보장해야 하며, 이는 행정적 책임의 일환으로 간주된다. 공인 기관 간의 정보 공유는 중복 평가를 방지하고, 평가 결과의 일관성을 유지하는 데 기여한다.

비즈니스 측면

비즈니스적으로, 제45조는 인공지능 시스템의 적합성 평가 과정에서 공인 기관의 신뢰성을 높인다. 공인 기관은 평가 결과를 투명하게 보고해야 하며, 이는 기업들이 인공지능 시스템의 적합성을 신뢰할 수 있게 한다. 또한, 공인 기관 간의 정보 공유는 중복 평가를 방지하고, 평가 결과의 일관

인공지능(AI)과 행정관리

성을 유지함으로써 기업들의 비용과 시간을 절감할 수 있다. 시장 감시 당국과의 협력을 통해 인공지능 시스템의 안전성과 품질이 보장되며, 이는 기업들이 안전하고 신뢰할 수 있는 인공지능 시스템을 개발하고 운영하는 데 기여한다.

제46조: 적합성 평가 절차의 폐지

요약

1. 제43조의 폐지와 정당하게 정당한 요청이 있는 경우, 시장 감시 당국은 공공 안전 또는 개인의 생명 및 건강 보호를 위한 예외적인 이유로 해당 회원국의 영토 내에서 특정 고위험 AI 시스템을 시장에 출시하거나 서비스를 제공하는 것을 승인할 수 있다. 환경 보호 또는 주요 산업 및 인프라 자산의 보호. 그 승인은 필요한 적합성 평가 절차가 수행되는 동안 제한된 기간 동안 이루어져야 하며, 그 취소를 정당화하는 예외적인 이유를 고려한다. 이러한 절차의 완료는 지체 없이 이루어져야 한다.

2. 공공 안전의 예외적인 이유로 정당하게 정당화되는 긴급한 상황 또는 자연인의 생명 또는 신체적 안전에 대한 구체적이고 실질적이며 임박한 위협이 있는 경우, 법 집행 당국 또는 시민 보호 당국은 제1항에 언급된 승인 없이 특정 고위험 AI 시스템을 사용할 수 있다. 단, 사용 중 또는 사용 후에 부당한 지체 없이 그러한 승인을 요청하는 경우. 제1항에 언급된 허가가 거부되는 경우, 고위험 AI 시스템의 사용은 즉시 중단되어야 하며, 그러한 사용의 모든 결과 및 결과물은 즉시 폐기되어야 한다.

3. 제1항에 언급된 허가는 시장감시기관이 고위험 인공지능 시스템이 제2항의 요건을 준수한다고 판단하는 경우에만 발급된다. 시장감시당국은 제1항 및 제2항에 따라 발급된 허가를 집행위원회와 다른 회원국에 통보하여야 한다. 이 의무는 법 집행 당국의 활동과 관련된 민감한 운영 데이터에는 적용되지 않는다.

4. 제3항에 언급된 정보를 수령한 날로부터 15일 이내에 제1항에 따라 회원국의 시장감시기관이

발급한 허가에 관하여 회원국 또는 집행위원회가 이의를 제기하지 않은 경우, 그 허가는 정당한 것으로 간주된다.

5. 제3항에 언급된 통지를 받은 날로부터 15일 이내에 회원국이 다른 회원국의 시장감시기관이 발급한 허가에 대해 이의를 제기하는 경우, 또는 위원회가 그 허가가 유럽연합법에 위배된다고 간주하는 경우, 또는 제3항에 언급된 제도의 준수에 관한 회원국의 결론이 근거가 없는 경우, 위원회는 지체 없이 관련 회원국과 협의를 시작한다. 관련 운영자와 상의하고 의견을 제시할 수 있다. 이를 고려하여, 위원회는 그 허가가 정당한지 여부를 결정한다. 위원회는 그 결정을 관련 회원국과 관련 운영자에게 전달한다.

6. 위원회가 허가가 정당하지 않다고 판단하는 경우, 해당 회원국의 시장감시기관에 의해 허가가 철회된다.

7. 부속서 I의 섹션 A에 나열된 연합 조화 법률이 적용되는 제품과 관련된 고위험 AI 시스템의 경우, 해당 연합 조화 법률에서 확립된 적합성 평가의 제외만 적용된다.

해설

도입 이유

EU 인공지능법(EU AI Act) 제46조는 고위험 AI 시스템의 긴급 사용을 규제하기 위해 도입되었다. 이 조항은 공공 안전, 생명 및 건강 보호, 환경 보호 또는 주요 산업 및 인프라 자산 보호와 같은 예외적인 이유로 고위험 AI 시스템을 신속하게 사용할 수 있도록 허용한다. 이는 긴급 상황에서 신속한 대응이 필요할 때, 기존의 승인 절차를 따르지 않고도 AI 시스템을 사용할 수 있도록 하기 위함이다.

조문 내용 요약

1. **예외적 승인**: 시장 감시 당국은 공공 안전 또는 생명 및 건강 보호 등의 이유로 고위험 AI 시스템의 시장 출시 또는 서비스 제공을 예외적으로 승인할 수 있다. 이 승인 기간은 제한적이며, 필요한 적합성 평가 절차가 지연 없이 완료되어야 한다.

2. **긴급 상황 사용**: 긴급 상황에서 법 집행 당국 또는 민간 보호 당국은 승인 없이 고위험 AI 시스템을 사용할 수 있다. 그러나 사용 후 즉시 승인을 요청해야 하며, 승인이 거부되면 시스템 사용을 중단하고 결과를 폐기해야 한다.

3. **승인 통보**: 시장 감시 당국은 승인된 고위험 AI 시스템에 대해 EU 집행위원회 및 다른 회원국에 통보해야 한다. 15일 이내에 이의가 없으면 승인은 정당한 것으로 간주된다.

4. **이의 제기 및 협의**: 회원국 또는 EU 집행위원회가 승인에 이의를 제기하면, 협의를 통해 승인의 정당성을 결정한다. 정당하지 않다고 판단되면 승인은 철회된다.

법적 측면

제46조는 고위험 AI 시스템의 사용을 규제하면서도 긴급 상황에서의 유연성을 제공한다. 이는 법 집행 및 민간 보호 당국이 긴급 상황에서 신속하게 대응할 수 있도록 하여 공공 안전을 보장하는 데 기여한다. 또한, 승인 절차를 통해 고위험 AI 시스템의 적합성을 평가하고, 부적합한 시스템의 사용을 방지함으로써 법적 안전성을 확보한다.

행정적 측면

이 조항은 시장 감시 당국의 역할을 강조하며, 고위험 AI 시스템의 사용을 모니터링하고 규제하는 책임을 부여한다. 또한, 승인 절차와 통보 의무를 통해 투명성을 높이고, 회원국 간의 협력을 촉진한다. 이는 행정적 효율성을 높이고, 고위험 AI 시스템의 사용에 대한 신뢰를 구축하는 데 기여한다.

비즈니스 측면

제46조는 고위험 AI 시스템을 개발하는 기업에게 명확한 규제 프레임워크를 제공한다. 이는 기업이 긴급 상황에서 AI 시스템을 신속하게 사용할 수 있도록 하여 시장 진입 장벽을 낮추고, 혁신을 촉진한다. 또한, 적합성 평가 절차를 통해 고위험 AI 시스템의 품질을 보장하고, 소비자 신뢰를 높이는 데 기여한다. 이는 기업의 경쟁력을 강화하고, AI 기술의 안전한 사용을 촉진하는 데 중요한 역할을 한다.

제47조: EU 적합성 선언

요약

1. 제공자는 각 고위험 AI 시스템에 대해 기계가 읽을 수 있는 물리적 또는 전자적으로 서명된 EU 적합성 선언서를 작성하고, 고위험 AI 시스템이 시장에 출시되거나 서비스에 투입된 후 10년 동안 국가 관할 당국의 처분에 보관해야 한다. EU 적합성 선언은 작성된 고위험 AI 시스템을 식별해야 한다. EU 적합성 선언 사본은 요청 시 관련 국가 관할 당국에 제출되어야 한다.

2. EU 적합성 선언에는 관련 고위험 AI 시스템이 섹션 2에 명시된 요구 사항을 충족한다고 명시해야 한다. EU 적합성 선언은 부속서 V에 명시된 정보를 포함해야 하며, 고위험 AI 시스템이 시장에 출시되거나 제공되는 회원국의 국가 관할 당국이 쉽게 이해할 수 있는 언어로 번역되어야 한다.

3. 고위험 AI 시스템이 EU 적합성 선언을 요구하는 다른 연합 조화 법률의 적용을 받는 경우, 고위험 AI 시스템에 적용되는 모든 연합 법률과 관련하여 단일 EU 적합성 선언을 작성해야 한다. 선언문에는 선언문과 관련된 연합 조화 법률을 식별하는 데 필요한 모든 정보가 포함되어야 한다.

4. EU 적합성 선언을 작성함으로써 공급자는 섹션 2에 명시된 요구 사항을 준수할 책임이 있다. 제공자는 EU 적합성 선언을 적절하게 최신 상태로 유지해야 한다.

5. 집행위원회는 기술적 진보에 비추어 필요한 요소를 도입하기 위해 부속서 V에 명시된 EU 적합성 선언의 내용을 업데이트하여 부속서 V를 개정하기 위해 제97조에 따라 위임 행위를 채택할 권한이 있다.

해설

EU 인공지능법(EU AI Act) 제47조는 고위험 인공지능 시스템의 제공자가 각 시스템에 대해 적합성 선언서를 작성하고 보관할 것을 요구한다. 이 조문은 고위험 인공지능 시스템의 투명성과 책

인공지능(AI)과 행정관리

임성을 강화하기 위해 도입되었다.

도입 이유

제47조는 고위험 인공지능 시스템의 투명성과 책임성을 강화하기 위해 도입되었다. 인공지능 시스템이 점점 더 복잡해지고 다양한 분야에서 사용됨에 따라, 이러한 시스템이 안전하고 신뢰할 수 있는지 확인하는 것이 중요해졌다. 적합성 선언서는 이러한 시스템이 법적 요구사항을 충족하고 있음을 증명하는 문서로, 이를 통해 사용자와 규제 당국이 시스템의 안전성과 신뢰성을 확인할 수 있다.

조문 내용 요약

1. **적합성 선언서 작성 및 보관**: 제공자는 각 고위험 인공지능 시스템에 대해 기계 판독 가능하고, 물리적 또는 전자적으로 서명된 EU 적합성 선언서를 작성해야 한다. 이 선언서는 시스템이 시장에 출시되거나 서비스에 투입된 후 10년 동안 국가 권한 당국이 열람할 수 있도록 보관해야 한다.

2. **요구사항 충족 확인**: 적합성 선언서는 해당 고위험 인공지능 시스템이 법적 요구사항을 충족함을 명시해야 한다. 선언서에는 Annex V에 명시된 정보가 포함되어야 하며, 시스템이 출시된 회원국의 국가 권한 당국이 이해할 수 있는 언어로 번역되어야 한다.

3. **단일 선언서 작성**: 고위험 인공지능 시스템이 다른 EU 법률의 적용을 받는 경우, 모든 관련 법률을 포괄하는 단일 EU 적합성 선언서를 작성해야 한다. 이 선언서에는 관련 법률을 식별할 수 있는 정보가 포함되어야 한다.

4. **책임 및 업데이트**: 적합성 선언서를 작성함으로써 제공자는 법적 요구사항을 준수할 책임을 진다. 제공자는 필요에 따라 선언서를 최신 상태로 유지해야 한다.

5. **위원회의 권한**: 위원회는 기술 발전에 따라 Annex V의 내용을 업데이트하기 위해 위임 법령을 채택할 권한을 가진다.

법적 측면

제47조는 고위험 인공지능 시스템의 법적 책임을 명확히 한다. 제공자는 적합성 선언서를 작성

함으로써 시스템이 법적 요구사항을 충족함을 보증해야 한다. 이는 법적 분쟁 시 중요한 증거로 사용될 수 있으며, 제공자가 시스템의 안전성과 신뢰성을 보장하는 데 책임을 진다는 것을 명확히 한다. 또한, 적합성 선언서는 국가 권한 당국이 시스템의 적합성을 확인하는 데 필요한 정보를 제공하므로, 규제 당국의 감독과 집행을 용이하게 한다.

행정적 측면

행정적으로, 제47조는 고위험 인공지능 시스템의 투명성과 추적 가능성을 강화한다. 적합성 선언서는 시스템의 출시 후 10년 동안 보관되어야 하므로, 시스템의 전체 수명 주기 동안 규제 당국이 시스템의 적합성을 확인할 수 있다. 이는 시스템의 안전성과 신뢰성을 보장하는 데 중요한 역할을 한다. 또한, 적합성 선언서는 국가 권한 당국이 시스템의 적합성을 확인하는 데 필요한 정보를 제공하므로, 규제 당국의 감독과 집행을 용이하게 한다.

비즈니스 측면

비즈니스 측면에서, 제47조는 고위험 인공지능 시스템의 제공자가 시스템의 안전성과 신뢰성을 보장하는 데 중요한 역할을 한다. 적합성 선언서를 작성함으로써 제공자는 시스템이 법적 요구사항을 충족함을 보증해야 하며, 이는 시스템의 신뢰성을 높이는 데 기여한다. 또한, 적합성 선언서는 제공자가 시스템의 안전성과 신뢰성을 보장하는 데 책임을 진다는 것을 명확히 하므로, 고객과의 신뢰 관계를 강화하는 데 중요한 역할을 한다.

제48조: CE 마킹

요약

1. CE 마크는 규정 (EC) No 765/2008의 30항에 명시된 일반 원칙을 따른다.
2. 디지털 방식으로 제공되는 고위험 AI 시스템의 경우, 해당 시스템에 액세스하는 인터페이스

나 쉽게 액세스할 수 있는 기계 판독 코드 또는 기타 전자적 수단을 통해 쉽게 액세스할 수 있는 경우에만 디지털 CE 마크를 사용해야 한다.

3. CE 마크는 고위험 AI 시스템에 대해 눈에 잘 띄고 읽을 수 있으며 지울 수 없도록 부착되어야 한다. 고위험 AI 시스템의 특성으로 인해 가능하지 않거나 보증되지 않는 경우, 포장 또는 동봉된 문서에 적절하게 부착해야 한다.

4. 해당되는 경우, CE 마크 뒤에는 제43조에 명시된 적합성 평가 절차를 담당하는 인증 기관의 식별 번호가 뒤따라야 한다. 인증 기관의 식별 번호는 기관 자체 또는 기관의 지시에 따라 제공자 또는 제공자의 권한을 위임 받은 대리인이 부착해야 한다. 식별 번호는 고위험 AI 시스템이 CE 마킹 요구 사항을 충족한다고 언급하는 모든 홍보 자료에도 표시되어야 한다.

5. 고위험 AI 시스템이 CE 마크의 부착을 규정하는 다른 연합법의 적용을 받는 경우, CE 마크는 고위험 AI 시스템도 다른 법률의 요구 사항을 충족함을 나타내야 한다.

해설

도입 이유

제48조는 **고위험 인공지능 시스템**에 대한 **CE 마킹** 요구사항을 규정하고 있다. CE 마킹은 제품이 EU의 안전 기준을 충족함을 나타내는 표시로, 소비자와 사용자에게 제품의 신뢰성을 보장하기 위해 도입되었다. 특히, 고위험 인공지능 시스템의 경우, 그 잠재적 위험성을 고려하여 보다 엄격한 규제가 필요하다. 이를 통해, 인공지능 시스템의 안전성과 신뢰성을 확보하고, 시장에서의 공정한 경쟁을 촉진하며, 소비자 보호를 강화하고자 한다.

조문 내용 요약

1. **일반 원칙**: CE 마킹은 Regulation (EC) No 765/2008의 제30조에 명시된 일반 원칙을 따른다.

2. **디지털 CE 마킹**: 디지털로 제공되는 고위험 인공지능 시스템의 경우, 디지털 CE 마킹을 사용하며, 이는 시스템의 인터페이스를 통해 쉽게 접근 가능해야 한다.

3. **표시 방법**: CE 마킹은 고위험 인공지능 시스템에 눈에 띄게, 읽기 쉽게, 그리고 지워지지 않게

부착해야 한다. 만약 시스템의 특성상 직접 부착이 불가능하거나 적절하지 않은 경우, 포장이나 동봉된 문서에 부착한다.

4. **인증 기관 번호**: CE 마킹에는 해당 시스템의 적합성 평가를 담당한 인증 기관의 식별 번호가 포함되어야 한다. 이 번호는 인증 기관 자체 또는 제공자나 제공자의 대리인이 부착한다.

5. **다른 법률과의 관계**: 고위험 인공지능 시스템이 다른 EU 법률에 따라 CE 마킹을 부착해야 하는 경우, 해당 마킹은 그 법률의 요구사항도 충족함을 나타낸다.

법적 측면

제48조는 고위험 인공지능 시스템의 **법적 책임**과 **규제 준수**를 명확히 한다. CE 마킹을 통해 제품이 EU의 안전 기준을 충족함을 공식적으로 인증받았음을 나타내며, 이는 법적 분쟁 시 중요한 증거로 작용할 수 있다. 또한, 인증 기관의 식별 번호를 포함함으로써, 제품의 적합성 평가 과정에서의 투명성과 책임성을 강화한다. 이는 법적 책임 소재를 명확히 하고, 규제 당국의 감독을 용이하게 한다.

행정적 측면

행정적으로, 제48조는 **규제 당국**과 **인증 기관**의 역할을 명확히 한다. 규제 당국은 CE 마킹의 적절한 부착 여부를 감독하고, 인증 기관은 고위험 인공지능 시스템의 적합성 평가를 수행한다. 이는 행정 절차의 효율성을 높이고, 규제 준수 여부를 효과적으로 모니터링할 수 있게 한다. 또한, 디지털 CE 마킹의 도입은 행정적 절차를 간소화하고, 디지털 환경에서의 접근성을 높인다.

비즈니스 측면

비즈니스 측면에서, 제48조는 **시장 접근성**과 **경쟁력**을 강화한다. CE 마킹을 통해 제품의 안전성과 신뢰성을 보장받음으로써, 기업은 EU 시장에서의 신뢰도를 높일 수 있다. 이는 소비자 신뢰를 증대시키고, 제품의 시장 경쟁력을 강화하는 데 기여한다. 또한, 디지털 CE 마킹의 도입은 디지털 제품의 유통과 사용을 촉진하며, 기업의 디지털 전환을 지원한다.

제49조: 등록

요약

1. 부속서 III의 2항에 언급된 고위험 AI 시스템을 제외하고, 부속서 III에 열거된 고위험 AI 시스템을 시장에 출시하거나 서비스에 투입하기 전에, 제공자 또는 해당되는 경우 권한을 위임받은 대리인은 제71조에 언급된 EU 데이터베이스에 자신과 자신의 시스템을 등록해야 한다.

2. 제공자가 제6조 (3)항에 따라 고위험성이 아니라고 결론을 내린 AI 시스템을 시장에 출시하거나 서비스에 투입하기 전에, 해당 제공자 또는 해당되는 경우 권한을 위임받은 대리인은 제71조에 언급된 EU 데이터베이스에 자신과 해당 시스템을 등록해야 한다.

3. 부속서 III의 2항에 열거된 고위험 AI 시스템을 제외하고, 부속서 III에 열거된 고위험 인공지능 시스템을 운용하거나 사용하기 전에, 공공기관, 연합 기관, 단체, 사무소 또는 기관 또는 이들을 대리하는 사람인 배포자는 스스로 등록하고, 시스템을 선택하고, 제71조에 언급된 EU 데이터베이스에 그 사용을 등록해야 한다.

4. 부속서 III의 1, 6 및 7항에 언급된 고위험 AI 시스템의 경우, 법 집행, 이주, 망명 및 국경 통제 관리 분야에서 본 조 1, 2, 3항에 언급된 등록은 71조에 언급된 EU 데이터베이스의 안전한 비공개 섹션에 있어야 하며 다음 정보만 포함해야 한다.

    (a) 부속서 VIII의 섹션 A, 1-10(6, 8 및 9 제외)

    (b) 부속서 VIII의 섹션 B, 1-5항 및 8항 및 9항;

    (c) 부속서 VIII의 섹션 C, 1-3번 항목;

    (d) 부속서 IX의 1, 2, 3 및 5 항목. 제74(8)조에 언급된 집행위원회와 국가기관만이 이 항의 첫 번째 항에 열거된 EU 데이터베이스의 각 제한 섹션에 접근할 수 있다.

5. 부속서 III의 2항에 언급된 고위험 AI 시스템은 국가 차원에서 등록되어야 한다.

도입 이유

EU 인공지능법 제49조는 고위험 AI 시스템의 투명성과 책임성을 강화하기 위해 도입되었다. 고위험 AI 시스템은 사회적, 경제적, 법적 영향을 크게 미칠 수 있기 때문에, 이러한 시스템의 사용을 투명하게 공개하고, 관련 당사자들이 책임을 질 수 있도록 하는 것이 중요하다. 이를 통해 시민들의 신뢰를 확보하고, AI 기술의 오용을 방지하며, 공공의 안전과 권리를 보호하고자 한다.

조문 내용 요약

1. **고위험 AI 시스템 등록 의무**: 고위험 AI 시스템을 시장에 출시하거나 서비스를 제공하기 전에, 제공자 또는 그 대리인은 EU 데이터베이스에 자신과 시스템을 등록해야 한다.

2. **비고위험 AI 시스템 등록 의무**: 제공자가 비고위험으로 판단한 AI 시스템도 동일하게 EU 데이터베이스에 등록해야 한다.

3. **공공기관의 고위험 AI 시스템 사용 등록 의무**: 공공기관이나 유럽연합 기관이 고위험 AI 시스템을 사용하기 전에, 해당 기관과 시스템 사용을 EU 데이터베이스에 등록해야 한다.

4. **특정 고위험 AI 시스템의 비공개 등록**: 법 집행, 이민, 국경 관리 분야에서 사용되는 특정 고위험 AI 시스템은 비공개 섹션에 등록되며, 이 정보는 유럽연합 집행위원회와 국가 당국만 접근할 수 있다.

5. **국가 수준 등록**: Annex III의 특정 고위험 AI 시스템은 국가 수준에서 등록해야 한다.

법적 측면

제49조는 고위험 AI 시스템의 투명성을 법적으로 보장한다. 이를 통해 제공자와 사용자는 시스템의 사용에 대한 책임을 명확히 하게 된다. 또한, 법 집행, 이민, 국경 관리 분야에서 사용되는 고위험 AI 시스템의 비공개 등록을 통해 민감한 정보의 보호를 강화한다. 이러한 법적 장치는 AI 시스템의 오용을 방지하고, 시민들의 권리를 보호하는 데 기여한다.

행정적 측면

행정적으로, 제49조는 고위험 AI 시스템의 등록 절차를 명확히 규정하여, 관련 기관들이 이를 준수하도록 한다. 이는 행정적 투명성을 높이고, 공공기관의 책임성을 강화하는 데 기여한다. 또한, 비공개 섹션을 통해 민감한 정보의 보호를 강화함으로써, 공공의 안전을 보장한다. 이러한 행정적 조치는 AI 시스템의 관리와 감독을 효율적으로 수행할 수 있도록 한다.

비즈니스 측면

비즈니스 측면에서, 제49조는 AI 시스템 제공자들에게 명확한 등록 절차를 제시함으로써, 시장 진입 장벽을 낮추고, 공정한 경쟁 환경을 조성한다. 또한, 고위험 AI 시스템의 투명성을 강화함으로써, 소비자들의 신뢰를 확보하고, 시장에서의 신뢰성을 높인다. 이는 AI 기술의 발전과 상용화를 촉진하는 데 기여하며, 기업들이 책임 있는 AI 시스템을 개발하고 운영할 수 있도록 유도한다.

제50조: 특정 AI 시스템 및 GPAI 모델의 제공자 및 사용자에 대한 투명성 의무

요약

1. 제공자는 합리적으로 잘 알고 관찰하고 신중한 자연인의 관점에서 명백하지 않는 한, 자연인과 직접 상호 작용하기 위한 AI 시스템이 해당 자연인에게 AI 시스템과 상호 작용하고 있음을 알리는 방식으로 설계 및 개발되도록 해야 한다. 사용 상황과 맥락을 고려한다. 이 의무는 대중이 형사 범죄를 신고할 수 있는 시스템을 사용할 수 없는 한, 제3자의 권리와 자유에 대한 적절한 보호 장치를 조건으로 형사 범죄를 탐지, 예방, 조사 또는 기소할 수 있도록 법률에 의해 승인된 AI 시스템에는 적용되지 않는다.

2. 합성 오디오, 이미지, 비디오 또는 텍스트 콘텐츠를 생성하는 범용 AI 시스템을 포함한 AI 시스템 제공업체는 AI 시스템의 출력물이 기계가 읽을 수 있는 형식으로 표시되고 인위적으로 생성되거나 조작된 것으로 감지할 수 있도록 해야 한다. 제공업체는 관련 기술 표준에 반영될

수 있는 다양한 유형의 콘텐츠의 특수성과 한계, 구현 비용 및 일반적으로 인정되는 최신 기술을 고려하여 기술적으로 실현 가능한 한 기술 솔루션이 효과적이고 상호 운용 가능하며 견고하고 신뢰할 수 있는지 확인해야 한다. 이 의무는 AI 시스템이 표준 편집을 위한 보조 기능을 수행하거나, 배포자가 제공한 입력 데이터 또는 그 의미를 실질적으로 변경하지 않는 경우, 또는 형사 범죄를 탐지, 예방, 조사 또는 기소할 수 있도록 법률에 의해 승인된 경우에는 적용되지 않는다.

3. 감정 인식 시스템 또는 생체 인식 분류 시스템의 배포자는 이에 노출된 자연인에게 시스템 작동에 대해 알려야 하며, 해당되는 경우 규정 (EU) 2016/679 및 (EU) 2018/1725 및 지침 (EU) 2016/680에 따라 개인 데이터를 처리해야 한다. 이 의무는 제3자의 권리와 자유에 대한 적절한 보호 조치와 연합 법률에 따라 범죄 행위를 탐지, 예방 또는 조사하기 위해 법률에 의해 허용되는 생체 인식 분류 및 감정 인식에 사용되는 AI 시스템에는 적용되지 않는다.

4. 딥페이크에 해당하는 이미지, 오디오 또는 비디오 콘텐츠를 생성하거나 조작하는 AI 시스템의 배포자는 해당 콘텐츠가 인위적으로 생성 또는 조작되었음을 공개해야 한다. 이 의무는 형사 범죄를 탐지, 예방, 조사 또는 기소하기 위해 법률에 의해 사용 권한이 있는 경우에는 적용되지 않는다. 콘텐츠가 명백히 예술적, 창의적, 풍자적, 허구적 또는 유사한 저작물 또는 프로그램의 일부를 구성하는 경우, 이 단락에 명시된 투명성 의무는 저작물의 표시 또는 향유를 방해하지 않는 적절한 방식으로 생성되거나 조작된 콘텐츠의 존재를 공개하는 것으로 제한된다. 공익적 사안에 대해 대중에게 알릴 목적으로 공개된 텍스트를 생성하거나 조작하는 AI 시스템의 배포자는 해당 텍스트가 인위적으로 생성 또는 조작되었음을 공개해야 한다. 이 의무는 형사 범죄를 탐지, 예방, 조사 또는 기소하기 위해 법률에 의해 사용이 허가된 경우 또는 AI 생성 콘텐츠가 사람의 검토 또는 편집 통제 프로세스를 거친 경우 및 자연인 또는 법인이 콘텐츠 게시에 대한 편집 책임을 지는 경우에는 적용되지 않는다.

5. 제1항부터 제4항까지에 언급된 정보는 늦어도 최초 상호작용 또는 노출 시점에 명확하고 구별 가능한 방식으로 관련 자연인에게 제공되어야 한다. 정보는 해당 접근성 요구 사항을 준수해야 한다.

6. 제1항부터 제4항까지는, 제3장에 규정된 요건 및 의무에 영향을 미치지 아니하며, 인공지능

시스템 배포자에 대한 연합 또는 국내법에 규정된 다른 투명성 의무를 침해하지 아니한다.

7. AI사무국은 인위적으로 생성되거나 조작된 콘텐츠의 탐지 및 라벨링에 관한 의무의 효과적인 이행을 촉진하기 위해 연합 차원에서 실천규범 작성을 장려하고 촉진한다. 위원회는 제56조 (6)항에 규정된 절차에 따라 이러한 실천규범을 승인하기 위하여 시행행위를 채택할 수 있다. 강령이 적절하지 않다고 판단하는 경우, 위원회는 제98조 (2)항에 규정된 심사절차에 따라 해당 의무의 이행을 위한 공통 규칙을 명시한 시행법을 채택할 수 있다.

해설

도입 이유

제50조는 인공지능 시스템의 투명성을 보장하기 위해 도입되었다. 이는 사용자들이 AI 시스템과 상호작용할 때 이를 인지할 수 있도록 하여, AI의 사용에 대한 신뢰를 높이고, 오용을 방지하기 위함이다. 특히, 감정 인식, 생체 인식, 딥페이크 생성 등 민감한 영역에서의 AI 사용에 대한 투명성을 강화하여 개인정보 보호와 사용자 권리를 보호하려는 목적이 있다.

조문 내용 요약:

1. **AI 시스템과의 상호작용 고지**: AI 시스템과 직접 상호작용하는 경우, 사용자는 이를 인지할 수 있어야 한다. 다만, 명백한 경우나 법적으로 허용된 범위 내에서는 예외가 인정된다.

2. **합성 콘텐츠 표시**: AI 시스템이 생성한 합성 콘텐츠는 기계 판독 가능한 형식으로 표시되어야 한다. 이는 오디오, 이미지, 비디오, 텍스트 콘텐츠 모두에 해당된다.

3. **감정 인식 및 생체 인식 고지**: 감정 인식 시스템이나 생체 인식 시스템을 사용하는 경우, 해당 시스템의 작동에 대해 사용자에게 고지해야 한다.

4. **딥페이크 콘텐츠 고지**: 딥페이크 콘텐츠를 생성하거나 조작하는 경우, 해당 콘텐츠가 인공지능에 의해 생성되었음을 명시해야 한다.

5. **정보 제공 시점**: 상호작용 또는 노출 시점에 명확하고 구별 가능한 방식으로 정보를 제공해야 한다.

6. **기타 투명성 의무**: 제50조의 의무는 다른 투명성 의무를 침해하지 않는다.

7. **AI 사무소의 역할**: AI 사무소는 인공지능 생성 콘텐츠의 탐지 및 라벨링에 관한 실무 규범을 마련하고, 이를 효과적으로 구현하기 위한 지침을 제공한다.

법적 측면

제50조는 사용자 권리 보호와 개인정보 보호를 강화하는 법적 장치를 마련한다. 이는 AI 시스템의 투명성을 높여, 사용자가 AI와의 상호작용에서 발생할 수 있는 위험을 인지하고 대응할 수 있도록 한다. 또한, 법적 예외 조항을 통해 범죄 예방 및 수사와 같은 공익적 목적을 위한 AI 사용을 허용하면서도, 적절한 안전장치를 마련하여 개인의 권리를 보호한다.

행정적 측면

행정 기관은 제50조의 이행을 위해 AI 시스템의 투명성 기준을 마련하고, 이를 감독할 책임이 있다. AI 사무소는 실무 규범을 마련하고, 이를 통해 AI 시스템의 투명성 확보를 위한 지침을 제공한다. 또한, 행정 기관은 AI 시스템의 사용에 대한 모니터링과 평가를 통해, 법적 의무가 제대로 이행되고 있는지 확인해야 한다.

비즈니스 측면

기업은 제50조의 요구사항을 준수하기 위해 AI 시스템의 투명성을 보장하는 기술적 솔루션을 개발하고 구현해야 한다. 이는 AI 시스템의 신뢰성을 높이고, 사용자와의 신뢰 관계를 구축하는 데 기여할 수 있다. 또한, 기업은 법적 의무를 준수함으로써, 규제 위반으로 인한 법적 위험을 최소화할 수 있다. AI 시스템의 투명성 확보는 기업의 사회적 책임을 다하는 데 중요한 요소로 작용할 수 있다.

인공지능(AI)과 행정관리

제51조: 범용 AI 모델을 체계적 위험이 있는 범용 AI 모델로 분류

요약

1. 범용 AI 모델은 다음 조건 중 하나를 충족하는 경우 전신 위험이 있는 범용 AI 모델로 분류됩니다.

   (a) 지표 및 벤치마크를 포함한 적절한 기술 도구 및 방법론을 기반으로 평가된 영향력 있는 역량을 보유하고 있다.

   (b) 직권으로 위원회의 결정에 따라 또는 과학 패널의 적격한 경고에 따라 부속서 XIII에 명시된 기준과 관련하여 (a)항에 명시된 것과 동등한 능력 또는 영향을 갖는다.

2. 범용 AI 모델은 부동 소수점 연산에서 측정된 학습에 사용된 누적 계산량이 10^{25}보다 클 때 단락 1, (a)에 따라 높은 영향력 있는 기능을 가진 것으로 추정된다.

3. 위원회는 제97조에 따라 위임 행위를 채택하여 이 조 제1항 및 제2항에 열거된 임계값을 수정하고, 필요한 경우 알고리즘 개선 또는 하드웨어 효율성 향상과 같은 진화하는 기술 발전에 비추어 벤치마크 및 지표를 보완하여 이러한 임계값이 최신 기술을 반영하도록 한다.

해설

도입 이유

제51조는 인공지능 모델이 시스템적 위험을 가지는지 여부를 평가하고 분류하는 기준을 제시하기 위해 도입되었다. 이는 인공지능 기술의 발전과 함께 그 영향력이 커짐에 따라, 특정 AI 모델이 사회적, 경제적, 환경적 측면에서 큰 영향을 미칠 수 있음을 인식하고, 이에 대한 적절한 규제를 마련하기 위함이다.

조문 내용 요약

1. 일반 목적 AI 모델의 분류: 일반 목적 AI 모델이 시스템적 위험을 가지는지 여부는 다음 조건

중 하나를 충족할 때 분류된다:

- ○ 적절한 기술 도구와 방법론, 지표 및 벤치마크를 기반으로 높은 영향력을 가지는 것으로 평가될 때.
- ○ 과학 패널의 경고에 따라 또는 위원회의 결정에 따라, Annex XIII에 명시된 기준을 고려하여 높은 영향력 또는 유사한 영향을 가지는 것으로 판단될 때.

2. **고성능 AI 모델의 가정**: 훈련에 사용된 계산량이 10^25 플로팅 포인트 연산을 초과할 경우, 해당 AI 모델은 높은 영향력을 가지는 것으로 간주된다.
3. **기술 발전에 따른 조정**: 위원회는 기술 발전에 따라 이 조항의 기준을 수정할 수 있는 권한을 가진다. 이는 알고리즘 개선이나 하드웨어 효율성 증가와 같은 기술적 발전을 반영하기 위함이다.

법적 측면

제51조는 법적으로 AI 모델의 위험성을 평가하고 규제하는 기준을 명확히 제시함으로써, 법적 불확실성을 줄이고 규제의 일관성을 확보한다. 이는 AI 모델의 개발자와 사용자에게 명확한 기준을 제공하여, 법적 책임과 의무를 명확히 한다. 또한, 위원회가 기술 발전에 따라 기준을 수정할 수 있는 권한을 가짐으로써, 법적 규제가 시대에 뒤떨어지지 않도록 한다.

행정적 측면

행정적으로 제51조는 AI 모델의 평가와 분류를 위한 체계적인 절차를 마련한다. 이는 기술 도구와 방법론, 지표 및 벤치마크를 활용하여 AI 모델의 영향력을 평가하는 과정을 포함한다. 또한, 과학 패널의 경고와 위원회의 결정을 통해 AI 모델의 위험성을 지속적으로 모니터링하고 평가할 수 있는 체계를 구축한다. 이는 행정 기관이 AI 모델의 위험성을 효과적으로 관리하고 규제할 수 있도록 지원한다.

비즈니스 측면

비즈니스 측면에서 제51조는 AI 모델 개발자와 기업에게 중요한 영향을 미친다. 높은 영향력을 가지는 AI 모델로 분류될 경우, 추가적인 규제와 감독을 받게 되므로, 기업은 이에 대한 대비가 필요하다. 이는 AI 모델의 개발 초기 단계에서부터 규제 기준을 고려하여 설계하고 개발하는 것이 중요함을 의미한다. 또한, 기술 발전에 따라 규제 기준이 변경될 수 있으므로, 기업은 지속적으로 최신 기술 동향과 규제 변화를 모니터링하고 대응할 필요가 있다.

제52조: 절차

요약

1. 범용 인공지능 모델이 제51조 (1)항 (a)항에 언급된 조건을 충족하는 경우, 관련 제공자는 지체 없이 위원회에 통보해야 하며, 어떠한 경우에도 해당 요건이 충족되거나 충족될 것으로 알려진 후 2주 이내에 위원회에 통보해야 한다. 해당 통지에는 관련 요구 사항이 충족되었음을 입증하는 데 필요한 정보가 포함되어야 한다. 위원회는 통지를 받지 않은 시스템적 위험을 나타내는 범용 AI 모델을 인지하게 되면 이를 시스템적 위험이 있는 모델로 지정하기로 결정할 수 있다.

2. 제51조 (1)항 (a)에 언급된 조건을 충족하는 범용 AI 모델의 제공자는 예외적으로 해당 요건을 충족하더라도 범용 AI 모델이 특정 특성으로 인해 시스템적 위험을 나타내지 않으므로 시스템적 위험이 있는 범용 AI 모델로 분류되어서는 안 된다는 것을 입증할 수 있는 충분한 입증 논거를 통지와 함께 제시할 수 있다.

3. 위원회는 제2항에 따라 제출된 주장이 충분히 입증되지 않았고 관련 제공자가 범용 AI 모델이 그 특성상 시스템적 위험을 나타내지 않는다는 것을 입증할 수 없다고 결론을 내린 경우, 이러한 주장을 기각하고 범용 AI 모델을 시스템적 위험이 있는 범용 AI 모델로 간주한다.

4. 위원회는 부속서 XIII에 명시된 기준에 근거하여 제90조 (1)항 (a)항에 따라 직권으로 또는 과

학 패널의 적격한 경고에 따라 전신적 위험을 제시하는 범용 AI 모델을 지정할 수 있다. 위원회는 부속서 XIII를 개정하기 위해 제97조에 따라 위임 행위를 채택할 권한이 있으며, 이는 부속서에 명시된 기준을 명시하고 업데이트함으로써 부속서 XIII를 개정한다.

5. 제4항에 따라 전신적 위험이 있는 범용 AI 모델로 지정된 모델을 보유한 제공자의 합리적인 요청이 있는 경우, 위원회는 해당 요청을 고려하고 부속서 XIII에 명시된 기준에 근거하여 범용 AI 모델이 여전히 전신적 위험을 나타내는 것으로 간주될 수 있는지 여부를 재평가하기로 결정할 수 있다. 이러한 요청에는 지정 결정 이후 발생한 객관적이고 상세하며 새로운 이유가 포함되어야 한다. 제공자는 지정 결정 후 빠르면 6개월 이내에 재평가를 요청할 수 있다. 위원회가 재평가 후 시스템 위험이 있는 범용 AI 모델로 지정을 유지하기로 결정한 경우, 제공자는 해당 결정 후 빠르면 6개월 이내에 재평가를 요청할 수 있다.

6. 위원회는 체계적 위험이 있는 범용 AI 모델 목록이 공표되도록 보장해야 하며, 연합 및 국내법에 따라 지적재산권 및 기밀 비즈니스 정보 또는 영업 비밀을 관찰하고 보호해야 할 필요성을 침해하지 않는 범위 내에서 해당 목록을 최신 상태로 유지해야 한다.

해설

도입 이유

제52조는 일반 목적 AI 모델이 시스템적 위험을 초래할 가능성이 있는 경우, 이를 신속하게 통지하고 평가할 수 있는 절차를 규정하기 위해 도입되었다. 이는 AI 기술의 발전과 함께 발생할 수 있는 잠재적 위험을 사전에 식별하고 관리하기 위한 것이다. 특히, AI 모델이 광범위하게 사용될 경우, 그 영향력은 매우 크기 때문에 시스템적 위험을 초래할 가능성이 높다. 따라서, 이러한 위험을 조기에 발견하고 대응하기 위한 체계가 필요하다.

조문 내용 요약

1. 통지 의무: 일반 목적 AI 모델이 시스템적 위험을 초래할 가능성이 있는 경우, 해당 제공자는 이를 위원회에 통지해야 한다. 통지는 해당 요건이 충족된 후 2주 이내에 이루어져야 하며, 필

요한 정보를 포함해야 한다.

2. **위험 부재 주장**: 제공자는 통지 시, 해당 AI 모델이 시스템적 위험을 초래하지 않는다는 충분히 입증된 주장을 제시할 수 있다.

3. **주장 거부**: 위원회가 제공자의 주장이 충분히 입증되지 않았다고 판단할 경우, 해당 AI 모델은 시스템적 위험을 초래하는 모델로 간주된다.

4. **위험 지정**: 위원회는 자체적으로 또는 과학 패널의 경고에 따라 AI 모델을 시스템적 위험을 초래하는 모델로 지정할 수 있다.

5. **재평가 요청**: 제공자는 지정 후 6개월이 지난 시점에서 재평가를 요청할 수 있다. 위원회는 새로운 이유가 제시된 경우 재평가를 실시할 수 있다.

6. **목록 공개**: 위원회는 시스템적 위험을 초래하는 AI 모델 목록을 공개하고, 이를 최신 상태로 유지해야 한다.

법적 측면

제52조는 법적 측면에서 AI 모델의 투명성과 책임성을 강화하는 역할을 한다. 제공자는 시스템적 위험을 초래할 가능성이 있는 AI 모델을 신속하게 통지해야 하며, 이를 통해 위원회는 잠재적 위험을 조기에 식별하고 대응할 수 있다. 또한, 제공자가 위험 부재를 주장할 수 있는 기회를 제공함으로써 공정한 절차를 보장한다. 위원회의 지정 및 재평가 절차는 법적 안정성을 제공하며, AI 모델의 위험성을 지속적으로 모니터링할 수 있는 체계를 마련한다.

행정적 측면

행정적 측면에서 제52조는 위원회와 제공자 간의 효율적인 소통과 협력을 촉진한다. 통지 의무와 재평가 요청 절차는 명확하게 규정되어 있어, 제공자는 이를 준수함으로써 행정적 부담을 줄일 수 있다. 또한, 위원회는 시스템적 위험을 초래하는 AI 모델 목록을 공개함으로써 투명성을 높이고, 이해관계자들이 이를 참고할 수 있도록 한다. 이는 AI 기술의 안전한 사용을 촉진하고, 행정적 효율성을 높이는 데 기여한다.

비즈니스 측면

비즈니스 측면에서 제52조는 AI 모델 제공자에게 명확한 가이드라인을 제공함으로써, 시장에서의 신뢰성을 높이는 역할을 한다. 제공자는 시스템적 위험을 초래할 가능성이 있는 AI 모델을 신속하게 통지하고, 필요한 경우 재평가를 요청할 수 있다. 이는 비즈니스 운영의 예측 가능성을 높이고, 잠재적 위험을 사전에 관리할 수 있는 기회를 제공한다. 또한, 시스템적 위험을 초래하는 AI 모델 목록의 공개는 시장에서의 투명성을 높이고, 경쟁력을 강화하는 데 기여한다.

제52조는 법적, 행정적, 비즈니스 측면에서 AI 모델의 투명성과 책임성을 강화하고, 잠재적 위험을 사전에 관리할 수 있는 체계를 마련함으로써, AI 기술의 안전한 사용을 촉진하는 중요한 조항이다.

제53조: 범용 AI 모델 제공자의 의무

요약

1. 범용 AI 모델 제공자는 다음을 수행해야 한다.
   (a) 교육 및 테스트 프로세스와 평가 결과를 포함한 모델의 기술 문서를 작성하고 최신 상태로 유지하며, 여기에는 요청 시 AI 사무소 및 국가 관할 당국에 제공하기 위해 최소한 부속서 XI에 명시된 정보가 포함되어야 한다.
   (b) 범용 AI 모델을 AI 시스템에 통합하려는 AI 시스템 제공자에게 정보 및 문서를 작성하고, 최신 상태로 유지하고, 사용할 수 있도록 한다. 연합 및 국내법에 따라 지적 재산권 및 기밀 비즈니스 정보 또는 영업 비밀을 관찰하고 보호해야 할 필요성을 침해하지 않고 정보 및 문서는 다음을 수행해야 한다.
   (i) AI 시스템 제공자가 범용 AI 모델의 기능과 한계를 잘 이해하고 이 규정에 따른 의무를 준수할 수 있도록 한다.
   (ii) 최소한 부속서 XII에 명시된 요소를 포함해야 한다;

(c) 저작권 및 관련 권리에 관한 연합 법률을 준수하고, 특히 최신 기술을 통해 지침 (EU) 2019/790의 4(3)조에 따라 표현된 권리 유보를 식별하고 준수하기 위한 정책을 수립한다.

(d) AI Office에서 제공하는 템플릿에 따라 범용 AI 모델의 학습에 사용되는 콘텐츠에 대한 충분히 자세한 요약을 작성하여 공개한다.

2. 제1항 (a)항 및 (b)항에 규정된 의무는 모델의 액세스, 사용, 수정 및 배포를 허용하는 무료 오픈 소스 라이선스에 따라 출시되고 가중치, 모델 아키텍처에 대한 정보 및 모델 사용에 대한 정보를 포함한 매개변수를 제공하는 AI 모델 제공자에게는 적용되지 않는다. 공개적으로 사용할 수 있다. 이 예외는 시스템적 위험이 있는 범용 AI 모델에는 적용되지 않는다.

3. 범용 인공지능 모델의 제공자는 본 규정에 따른 역량 및 권한 행사에 있어 위원회 및 국가 관할 당국과 필요에 따라 협력해야 한다.

4. 범용 AI 모델 제공자는 통일된 표준이 발표될 때까지 이 조 1항에 명시된 의무 준수를 입증하기 위해 제56조의 의미 내에서 실행 규범에 의존할 수 있다. 유럽 조율 표준을 준수하면 해당 표준이 해당 의무를 포괄하는 범위 내에서 공급자에게 적합성 추정이 부여된다. 승인된 실행 규범을 준수하지 않거나 유럽 조화 표준을 준수하지 않는 범용 AI 모델 제공업체는 위원회의 평가를 위해 적절한 대체 준수 수단을 입증해야 한다.

5. 부속서 XI, 특히 제2항 (d)항 및 (e)항의 준수를 촉진하기 위하여, 위원회는 제97조에 따라 위임된 행위를 채택하여 비교 가능하고 검증 가능한 문서화를 허용하기 위한 목적으로 측정 및 계산 방법론을 상세히 설명할 수 있는 권한을 가진다.

6. 위원회는 진화하는 기술 발전에 비추어 **부속서 XI 및 XII**를 개정하기 위해 **제97조**(2)에 따라 위임 행위를 채택할 권한이 있다.

7. 영업비밀을 포함하여 이 조에 따라 취득한 모든 정보 또는 문서는 제78조에 규정된 기밀 유지 의무에 따라 취급되어야 한다.

해설

제53조는 일반 목적 AI 모델의 제공자에게 기술 문서 작성 및 유지, 정보 제공, 저작권 준수, 훈련

데이터 요약 공개 등의 의무를 부과한다. 이 조문은 AI 모델의 투명성과 책임성을 높이고, 사용자들이 AI 모델의 기능과 한계를 이해할 수 있도록 돕기 위해 도입되었다.

조문 내용 요약

1. **기술 문서 작성 및 유지**: 일반 목적 AI 모델의 제공자는 모델의 훈련 및 테스트 과정, 평가 결과 등을 포함한 기술 문서를 작성하고 최신 상태로 유지해야 한다. 이 문서는 AI 사무소와 국가 권한 당국의 요청 시 제공해야 한다.
2. **정보 제공**: AI 시스템 제공자에게 일반 목적 AI 모델의 기능과 한계를 이해하고 규정을 준수할 수 있도록 필요한 정보를 제공해야 한다. 이 정보는 지적 재산권 및 기밀 비즈니스 정보 보호를 준수해야 한다.
3. **저작권 준수**: 저작권 및 관련 권리에 관한 EU 법률을 준수하기 위한 정책을 마련해야 한다.
4. **훈련 데이터 요약 공개**: 훈련에 사용된 콘텐츠에 대한 요약을 공개해야 한다.
5. **협력 의무**: 일반 목적 AI 모델 제공자는 필요 시 EU 위원회 및 국가 권한 당국과 협력해야 한다.
6. **실천 규범 준수**: 제공자는 실천 규범을 통해 규정 준수를 입증할 수 있으며, 조화된 표준이 발표될 때까지 이를 사용할 수 있다.
7. **규정 업데이트**: 기술 발전에 따라 규정을 업데이트할 수 있는 권한이 EU 위원회에 부여된다.

법적 측면

제53조는 AI 모델의 투명성과 책임성을 강화하기 위한 법적 장치이다. 기술 문서 작성 및 유지, 정보 제공, 저작권 준수 등의 의무를 통해 AI 모델의 개발 및 사용 과정에서 발생할 수 있는 법적 문제를 예방하고, 규정 준수를 촉진한다. 또한, EU 위원회와 국가 권한 당국의 감독 및 규제 권한을 강화하여 AI 모델의 안전성과 신뢰성을 확보한다.

행정적 측면

제53조는 AI 모델 제공자가 기술 문서 작성 및 유지, 정보 제공, 저작권 준수 등의 의무를 이행하기 위해 필요한 행정적 절차를 명확히 규정하고 있다. 이를 통해 AI 모델 제공자는 규정 준수를 위

인공지능(AI)과 행정관리

한 내부 정책 및 절차를 마련하고, 필요한 경우 EU 위원회 및 국가 권한 당국과 협력할 수 있다. 또한, 실천 규범을 통해 규정 준수를 입증할 수 있는 방법을 제공하여 행정적 부담을 줄인다.

비즈니스 측면

제53조는 AI 모델 제공자가 기술 문서 작성 및 유지, 정보 제공, 저작권 준수 등의 의무를 이행함으로써 비즈니스 환경에서의 신뢰성과 투명성을 높일 수 있도록 한다. 이를 통해 AI 모델 제공자는 사용자에게 AI 모델의 기능과 한계를 명확히 설명하고, 규정 준수를 통해 신뢰를 구축할 수 있다. 또한, 실천 규범을 통해 규정 준수를 입증할 수 있는 방법을 제공하여 비즈니스 운영의 효율성을 높인다.

제54조: 위임 대리인

요약

1. 범용 AI 모델을 유럽연합 시장에 출시하기 전에, 제3국에 설립된 제공자는 서면 위임에 따라 유럽연합에 설립된 권한 있는 대리인을 임명해야 한다.
2. 제공자는 권한을 위임받은 대리인이 제공자로부터 받은 위임장에 명시된 업무를 수행할 수 있도록 해야 한다.
3. 권한 있는 대리인은 제공자로부터 받은 위임장에 명시된 업무를 수행해야 한다. 요청 시 연합 기관의 공식 언어 중 하나로 위임장 사본을 AI 사무소에 제공해야 한다. 이 규정의 목적상, 위임장은 권한을 위임받은 대리인에게 다음 작업을 수행할 수 있는 권한을 부여해야 한다.

   (a) 부속서 XI에 명시된 기술 문서가 작성되었고 제53조 및 해당되는 경우 제55조에 언급된 모든 의무가 제공자에 의해 이행되었는지 확인한다.

   (b) 범용 AI 모델이 시장에 출시된 후 10년 동안 AI 사무소 및 국가 관할 당국의 처분에 따라 부속서 XI에 명시된 기술 문서의 사본과 공인 대리인을 임명한 제공자의 연락처 세부 정보

를 보관한다.

(c) 합리적인 요청에 따라 (b)항에 언급된 것을 포함하여 이 장의 의무 준수를 입증하는 데 필요한 모든 정보와 문서를 AI 사무소에 제공한다.

(d) 합리적인 요청에 따라 AI 사무소 및 관할 당국이 범용 AI 모델과 관련하여 취하는 모든 조치(모델이 시장에 출시되거나 EU에서 사용되는 AI 시스템에 통합되는 경우 포함)에 협력한다.

4. 위임장은 권한 있는 대리인이 제공자 외에 또는 제공자 대신 AI 사무소 또는 관할 당국에 의해 이 규정의 준수 보장과 관련된 모든 문제에 대해 언급될 수 있는 권한을 부여해야 한다.

5. 권한을 위임받은 대리인은 제공자가 본 규정에 따른 의무에 반하는 행동을 하고 있다고 간주하거나 간주할 이유가 있는 경우 위임을 종료해야 한다. 이 경우 인공지능 사무국은 즉시 위임 종료 및 그 사유를 통보해야 한다.

6. 본 조에 규정된 의무는 모델의 액세스, 사용, 수정 및 배포를 허용하고 가중치, 모델 아키텍처에 대한 정보 및 모델 사용에 대한 정보를 포함한 매개변수를 제공하는 무료 오픈 소스 라이선스에 따라 출시된 범용 AI 모델 제공자에게는 적용되지 않는다. 범용 AI 모델이 시스템적 위험을 초래하지 않는 한 공개적으로 사용할 수 있다.

해설

도입 이유

EU 인공지능법(EU AI Act) 제54조는 EU 시장에 일반 목적의 AI 모델을 제공하는 제3국의 공급자가 EU 내에 대리인을 지정하도록 요구한다. 이는 AI 모델의 규제 준수와 책임성을 보장하기 위한 조치이다. 제3국의 공급자가 EU 규정을 준수하지 않을 경우, EU 내 대리인이 이를 대신하여 책임을 지도록 하여 규제의 실효성을 높이고자 한다.

조문 내용 요약:

1. 대리인 지정: 제3국의 공급자는 EU 내에 대리인을 서면으로 지정해야 한다.

인공지능(AI)과 행정관리

2. **대리인의 역할**: 대리인은 공급자가 제공한 위임장에 명시된 임무를 수행해야 한다.

3. **대리인의 임무**:

○ 기술 문서 작성 및 규정 준수 확인

○ 기술 문서 보관 및 제공

○ AI 사무소와 협력

4. **대리인의 책임**: 대리인은 규정 준수를 위해 AI 사무소나 관련 당국의 요청에 응해야 한다.

5. **위임 종료**: 대리인은 공급자가 규정을 위반할 경우 위임을 종료하고 AI 사무소에 이를 통보해야 한다.

6. **예외**: 무료, 오픈 소스 AI 모델은 시스템적 위험이 없는 한 이 조항의 적용을 받지 않는다.

법적 측면

제54조는 법적 책임의 명확화를 통해 규제의 실효성을 높인다. 제3국의 공급자가 EU 규정을 준수하지 않을 경우, EU 내 대리인이 이를 대신하여 책임을 지도록 하여 규제의 실효성을 높이고자 한다. 이는 법적 책임의 명확화를 통해 규제의 실효성을 높인다. 또한, 대리인은 기술 문서를 10년간 보관해야 하며, AI 사무소의 요청에 따라 이를 제공해야 한다. 이는 규제 당국이 필요 시 규제 준수 여부를 확인할 수 있도록 한다.

행정적 측면

제54조는 행정적 절차를 통해 규제의 실효성을 높인다. 대리인은 기술 문서를 10년간 보관해야 하며, AI 사무소의 요청에 따라 이를 제공해야 한다. 이는 규제 당국이 필요 시 규제 준수 여부를 확인할 수 있도록 한다. 또한, 대리인은 AI 사무소와 협력하여 규제 준수를 보장해야 한다. 이는 규제 당국이 필요 시 규제 준수 여부를 확인할 수 있도록 한다.

비즈니스 측면

제54조는 비즈니스 측면에서 규제 준수의 중요성을 강조한다. 제3국의 공급자는 EU 내에 대리인을 지정해야 하며, 이는 추가적인 비용과 행정적 부담을 초래할 수 있다. 그러나 이는 규제 준수를 통해 시장 신뢰를 높이고, 장기적으로는 비즈니스의 안정성을 확보하는 데 기여할 수 있다. 또한, 무료, 오픈 소스 AI 모델은 시스템적 위험이 없는 한 이 조항의 적용을 받지 않으므로, 이러한 모델을 제공하는 기업은 규제 부담을 덜 수 있다.

제55조: 체계적 위험이 있는 범용 AI 모델 제공자에 대한 의무

요약

1. 제53조 및 제54조에 열거된 의무 외에도, 체계적 위험이 있는 범용 AI 모델의 제공자는 다음을 수행해야 한다.

   (a) 체계적 위험을 식별하고 완화하기 위해 모델에 대한 적대적 테스트를 수행하고 문서화하는 것을 포함하여 최신 기술을 반영하는 표준화된 프로토콜 및 도구에 따라 모델 평가를 수행한다.

   (b) 체계적 위험이 있는 범용 AI 모델의 개발, 시장 출시 또는 사용으로 인해 발생할 수 있는 출처를 포함하여 연합 수준에서 가능한 체계적 위험을 평가하고 완화한다.

   (c) 심각한 사고에 대한 관련 정보와 이를 해결하기 위한 가능한 시정 조치를 부당한 지체 없이 AI 사무소 및 적절한 경우 국가 관할 당국에 추적, 문서화 및 보고한다.

   (d) 시스템 위험과 모델의 물리적 인프라가 있는 범용 AI 모델에 대해 적절한 수준의 사이버 보안 보호를 보장한다.

2. 체계적 위험이 있는 범용 AI 모델의 제공자는 통일된 표준이 발표될 때까지 이 조 1항에 명시된 의무 준수를 입증하기 위해 제56조의 의미 내에서 실행 규범에 의존할 수 있다. 유럽 조율 표준을 준수하면 해당 표준이 해당 의무를 포괄하는 범위 내에서 공급자에게 적합성 추정이

부여된다. 승인된 실행 규범을 준수하지 않거나 유럽 조화 표준을 준수하지 않는 시스템적 위험이 있는 범용 AI 모델 제공업체는 위원회의 평가를 위해 적절한 대체 준수 수단을 입증해야 한다.

3. 영업비밀을 포함하여 이 조에 따라 취득한 모든 정보 또는 문서는 제78조에 규정된 기밀 유지 의무에 따라 취급되어야 한다.

해설

도입 이유

제55조는 **일반 목적 AI 모델의 체계적 위험**을 다루기 위해 도입되었다. 이러한 모델은 다양한 응용 분야에서 사용될 수 있으며, 그로 인해 발생할 수 있는 위험이 광범위하다. 따라서, 체계적 위험을 평가하고 완화하는 절차를 마련하여 **안전하고 신뢰할 수 있는 AI 환경**을 조성하는 것이 목적이다.

조문 내용 요약

1. **모델 평가**: 표준화된 프로토콜과 도구를 사용하여 모델을 평가하고, 체계적 위험을 식별하고 완화하기 위한 적대적 테스트를 수행해야 한다.

2. **위험 평가 및 완화**: 모델의 개발, 시장 출시, 사용으로 인해 발생할 수 있는 체계적 위험을 평가하고 완화해야 한다.

3. **보고 의무**: 심각한 사건과 가능한 시정 조치에 대한 정보를 AI 사무소와 국가 당국에 지체 없이 보고해야 한다.

4. **사이버 보안**: 모델과 물리적 인프라에 대한 적절한 수준의 사이버 보안 보호를 보장해야 한다.

5. **실천 강령**: 표준이 발표될 때까지 실천 강령을 통해 준수 여부를 입증할 수 있다. 표준을 따르지 않는 경우, 대체 적절한 준수 수단을 제시해야 한다.

6. **기밀 유지**: 이 조항에 따라 얻은 모든 정보는 기밀로 취급해야 한다.

법적 측면

제55조는 **법적 구속력**을 가지며, 일반 목적 AI 모델 제공자가 체계적 위험을 관리하기 위한 구체적인 의무를 명시하고 있다. 이는 AI 모델의 **투명성**과 **책임성**을 강화하여, 법적 분쟁 시 중요한 기준이 될 수 있다. 또한, **표준화된 프로토콜**과 **도구**를 사용하여 모델을 평가하도록 요구함으로써, 법적 일관성을 유지하고, AI 모델의 안전성을 보장한다.

행정적 측면

행정적으로, 제55조는 **AI 사무소와 국가 당국**의 역할을 강조한다. 제공자는 심각한 사건을 보고해야 하며, 이는 행정 기관이 **신속하게 대응**하고 **적절한 시정 조치**를 취할 수 있도록 한다. 또한, **사이버 보안** 요구 사항을 통해 AI 모델과 인프라의 보호 수준을 높여, 행정적 관리와 감독을 강화한다. 실천 강령을 통해 준수 여부를 입증할 수 있는 유연성을 제공하여, 행정적 부담을 줄이는 동시에, 표준이 발표될 때까지의 과도기적 조치를 마련한다.

비즈니스 측면

비즈니스 측면에서 제55조는 **AI 모델 제공자**에게 중요한 영향을 미친다. 제공자는 체계적 위험을 평가하고 완화하기 위한 **추가적인 절차**를 마련해야 하며, 이는 **비용 증가**와 **시간 소요**를 초래할 수 있다. 그러나, 이러한 규정을 준수함으로써 **신뢰성**과 **안전성**을 확보할 수 있으며, 이는 **시장 경쟁력**을 높이는 데 기여할 수 있다. 또한, **실천 강령**을 통해 준수 여부를 입증할 수 있는 유연성을 제공하여, 비즈니스 운영의 **유연성**을 보장한다. 기밀 유지 조항은 **비즈니스 비밀**을 보호하여, 경쟁 우위를 유지하는 데 도움이 된다.

제56조: 실천 강령

요약

1. AI 사무국은 국제적 접근을 고려하여 이 규정의 적절한 적용에 기여하기 위해 연합 차원에서 실행 규범의 작성을 장려하고 촉진해야 한다.

2. 인공지능 사무국과 이사회는 실무규범이 최소한 제53조 및 제55조에 규정된 의무를 포함하도록 하는 것을 목표로 한다.

   (a) 제53조 (1), (a) 및 (b)항에 언급된 정보가 시장 및 기술 발전에 비추어 최신 상태로 유지되도록 하는 수단

   (b) 교육에 사용된 내용에 대한 요약에 대한 적절한 수준의 세부 정보;

   (c) 적절한 경우 그 근원을 포함하여 연합 차원에서 체계적 위험의 유형과 성격을 식별한다.

   (d) 위험에 비례하는 문서를 포함하여 연합 차원에서 체계적 위험을 평가하고 관리하기 위한 조치, 절차 및 양식은 그 심각성과 가능성을 고려하고 그러한 위험이 AI 가치 사슬을 따라 나타나고 구체화될 수 있는 가능한 방법에 비추어 이러한 위험을 해결하는 데 있어 특정 과제를 고려해야 한다.

3. AI 사무국은 범용 AI 모델의 모든 제공자 및 관련 국가 관할 당국을 실행 강령 작성에 참여하도록 초대할 수 있다. 시민 사회 단체, 산업, 학계 및 기타 관련 이해 관계자(예: 다운스트림 제공자 및 독립 전문가)가 이 프로세스를 지원할 수 있다.

4. AI 사무국과 이사회는 실천 강령이 구체적인 목표를 명확하게 제시하고, 이러한 목표의 달성을 보장하기 위해 적절한 핵심 성과 지표를 포함한 약속 또는 조치를 포함하고, 영향을 받는 사람을 포함한 모든 이해 당사자의 요구와 이익을 충분히 고려하도록 하는 것을 목표로 해야 한다.

5. AI 사무국은 실천 강령 참가자가 약속의 이행, 취한 조치 및 그 결과에 대해 AI 사무국에 정기적으로 보고하도록 하는 것을 목표로 해야 하며, 여기에는 적절한 핵심 성과 지표에 대해 측정된 것도 포함된 다. 핵심성과지표(KPI)와 보고 공약은 다양한 참여자 간의 규모와 역량 차이를 반영해야 한다.

6. AI 사무국과 이사회는 참가자의 실천 강령 목표 달성과 이 규정의 적절한 적용에 대한 기여도 를 정기적으로 모니터링하고 평가해야 한다. AI 사무국과 이사회는 실행 강령이 제53조 및 제 55조에 규정된 의무를 포함하는지 여부를 평가하고, 목표 달성을 정기적으로 모니터링하고 평가해야 한다. 그들은 실천 강령의 적절성에 대한 평가를 발표해야 한다. 위원회는 시행 행 위를 통해 실행 강령을 승인하고 연합 내에서 일반적인 유효성을 부여할 수 있다. 그 시행법 은 제98조 (2)항에 언급된 심사절차에 따라 채택되어야 한다.

7. AI Office는 범용 AI 모델의 모든 제공자에게 실행 규범을 준수하도록 초대할 수 있다. 시스템 적 위험을 나타내지 않는 범용 AI 모델 제공자의 경우, 전체 코드에 가입하겠다는 의사를 명시 적으로 선언하지 않는 한 이러한 준수는 제53조에 규정된 의무로 제한될 수 있다.

8. AI 사무국은 적절한 경우, 특히 새로운 표준에 비추어 실행 강령의 검토 및 채택을 장려하고 촉진해야 한다. AI 사무소는 사용 가능한 표준의 평가를 지원한다.

9. AI사무국은 제7항에 따라 제공자를 초청하는 등 필요한 조치를 취한다. 실행강령을 확정할 수 없거나, AI사무국이 이 조 제6항에 따른 평가에 따라 적절하지 않다고 판단하는 경우, 위원회 는 시행 행위를 통해 제53조 및 제55조에 규정된 의무의 이행을 위한 공통 규칙을 제공할 수 있다, 이 조항의 2항에 명시된 문제를 포함한다. 이러한 시행 행위는 제98조 (2)항에 언급된 심사 절차에 따라 채택되어야 한다.

해설

제56조는 EU 인공지능법(EU AI Act)의 중요한 조항으로, 인공지능(AI) 기술의 안전하고 책임 있 는 사용을 보장하기 위해 도입되었다. 이 조항은 AI 정보의 최신 상태 유지, AI 훈련에 사용된 데이 터 설명, 잠재적 위험 식별 및 관리 방법에 대한 지침을 마련하는 것을 목표로 한다.

도입 이유

제56조는 AI 기술의 급속한 발전과 그에 따른 위험을 관리하기 위해 도입되었다. AI 시스템은 다 양한 분야에서 혁신을 가져오지만, 동시에 윤리적, 법적, 사회적 문제를 야기할 수 있다. 따라서, AI

의 안전성과 투명성을 보장하고, 사용자와 사회에 미치는 영향을 최소화하기 위해 이 조항이 필요하다.

조문 내용 요약

1. **코드 오브 프랙티스 작성 촉진**: AI 사무소는 규정의 적절한 적용을 위해 유럽 차원의 코드 오브 프랙티스를 작성하도록 장려하고 촉진한다.

2. **코드 오브 프랙티스의 최소 범위**: 코드 오브 프랙티스는 최소한 제53조와 제55조의 의무를 포함해야 하며, AI 정보의 최신 상태 유지, 훈련 데이터 설명, 시스템적 위험 식별 및 관리 방법을 다룬다.

3. **참여자 초대**: AI 사무소는 일반 목적 AI 모델 제공자, 관련 국가 당국, 시민 사회 조직, 산업계, 학계 등 다양한 이해관계자를 코드 오브 프랙티스 작성에 초대할 수 있다.

4. **목표 설정 및 성과 측정**: 코드 오브 프랙티스는 명확한 목표와 성과 지표를 설정하고, 모든 이해관계자의 필요와 이익을 고려해야 한다.

5. **보고 의무**: 참여자는 코드 오브 프랙티스의 이행 상황과 성과를 정기적으로 AI 사무소에 보고해야 한다.

6. **모니터링 및 평가**: AI 사무소와 이사회는 코드 오브 프랙티스의 목표 달성 여부를 정기적으로 모니터링하고 평가한다.

7. **자발적 참여**: AI 사무소는 일반 목적 AI 모델 제공자에게 코드 오브 프랙티스에 자발적으로 참여하도록 권장할 수 있다.

8. **코드 오브 프랙티스의 검토 및 적응**: AI 사무소는 코드 오브 프랙티스의 검토 및 적응을 촉진하고, 새로운 표준을 반영하도록 지원한다.

9. **최종 기한**: 코드 오브 프랙티스는 규정 발효 후 9개월 이내에 준비되어야 하며, 12개월 이내에 완료되지 않으면 위원회가 공통 규칙을 제공할 수 있다.

법적 측면

제56조는 AI 기술의 법적 규제 프레임워크를 강화하는 역할을 한다. 이 조항은 AI 시스템의 투명

성과 책임성을 높이기 위해 필요한 법적 기준을 설정한다. 이를 통해 AI 제공자는 규정을 준수해야 하며, 규정 위반 시 법적 제재를 받을 수 있다. 또한, 이 조항은 AI 기술의 윤리적 사용을 촉진하고, 사용자와 사회에 미치는 부정적 영향을 최소화하기 위한 법적 장치를 마련한다.

행정적 측면

행정적으로, 제56조는 AI 사무소와 관련 당국의 역할을 명확히 한다. AI 사무소는 코드 오브 프랙티스 작성, 모니터링, 평가를 주도하며, 관련 당국과 협력하여 AI 기술의 안전성과 투명성을 보장한다. 또한, 이 조항은 AI 사무소가 다양한 이해관계자와 협력하여 AI 기술의 위험을 식별하고 관리하는 데 필요한 행정적 절차를 마련한다.

비즈니스 측면

비즈니스 측면에서 제56조는 AI 제공자에게 명확한 지침을 제공하여, AI 기술의 개발 및 사용에 있어 법적 불확실성을 줄인다. 이를 통해 AI 제공자는 규정을 준수하면서 혁신을 추구할 수 있으며, 시장에서의 신뢰성을 높일 수 있다. 또한, 이 조항은 AI 기술의 안전성과 투명성을 보장함으로써, 사용자와 소비자의 신뢰를 얻고, AI 기술의 수용성을 높이는 데 기여한다.

제56조는 AI 기술의 안전하고 책임 있는 사용을 보장하기 위해 도입된 중요한 조항으로, 법적, 행정적, 비즈니스 측면에서 AI 기술의 발전과 규제를 조화롭게 이끌어 나가는 역할을 한다.

제57조: AI 규제 샌드박스

요약

1. 회원국은 관할 당국이 국가 차원에서 하나 이상의 AI 규제 샌드박스를 설립하도록 보장해야 하며, [이 규정의 발효일로부터 24개월]. 샌드박스는 다른 회원국의 관할 당국과 공동으로 설

립할 수도 있다. 위원회는 AI 규제 샌드박스의 설립 및 운영을 위한 기술 지원, 조언 및 도구를 제공할 수 있다. 첫 번째 조항에 따른 의무는 참여 회원국에 대해 동등한 수준의 국가 보장을 제공하는 한, 기존 샌드박스에 참여함으로써 이행될 수도 있다.

2. 지역 또는 지역 차원에서 또는 다른 회원국의 관할 당국과 공동으로 설립한 추가 AI 규제 샌드박스도 설립될 수 있다.

3. 유럽 데이터 보호 감독관은 또한 연합 기관, 기관, 사무소 및 기관을 위한 AI 규제 샌드박스를 설립할 수 있으며, 이 장에 따라 국가 관할 당국의 역할과 임무를 수행할 수 있다.

4. 회원국은 제1항 및 제2항에 언급된 관할당국이 이 조를 효과적이고 적시에 준수할 수 있도록 충분한 자원을 할당하도록 보장한다. 적절한 경우, 국가 관할 당국은 다른 관련 당국과 협력해야 하며, AI 생태계 내에서 다른 행위자의 참여를 허용할 수 있다. 이 조항은 연합 또는 국내 법에 따라 설립된 다른 규제 샌드박스에 영향을 미치지 않는다. 회원국은 다른 샌드박스를 감독하는 당국과 국가 관할 당국 간에 적절한 수준의 협력을 보장해야 한다.

5. 제1항에 따라 수립된 AI 규제 샌드박스는 혁신적 AI 시스템이 시장에 출시되거나 서비스 제공 자 또는 잠재적 제공자와 관할 당국 간에 합의된 특정 샌드박스 계획에 따라 사용되기 전에 제 한된 기간 동안 혁신을 촉진하고 개발, 교육, 테스트 및 검증을 용이하게 하는 통제된 환경을 제공해야 한다. 이러한 샌드박스에는 감독되는 실제 조건에서의 테스트가 포함될 수 있다.

6. 관할 당국은 AI 규제 샌드박스 내에서 위험, 특히 기본권, 보건 및 안전, 테스트, 완화 조치, 그 리고 이 규정의 의무 및 요건과 관련된 위험, 그리고 샌드박스 내에서 감독되는 기타 연합 및 국내법과 관련된 위험을 식별하기 위해 적절한 지침, 감독 및 지원을 제공해야 한다.

7. 관할 당국은 AI 규제 샌드박스에 참여하는 제공자 및 잠재적 제공자에게 규제 기대치와 본 규 정에 명시된 요구 사항 및 의무를 이행하는 방법에 대한 지침을 제공해야 한다. AI 시스템 제 공자 또는 잠재적 제공자의 요청이 있을 경우, 관할 당국은 샌드박스에서 성공적으로 수행된 활동에 대한 서면 증거를 제공해야 한다. 관할 당국은 또한 샌드박스에서 수행된 활동과 관련 결과 및 학습 결과를 자세히 설명하는 종료 보고서를 제공해야 한다. 제공자는 적합성 평가 프로세스 또는 관련 시장 감시 활동을 통해 본 규정의 준수를 입증하기 위해 이러한 문서를 사 용할 수 있다. 이와 관련하여, 시장 감시 당국 및 인증기관이 제공하는 출국보고서 및 서면 증

거는 적합성평가 절차를 합리적인 범위로 가속화하기 위해 시장감시당국 및 인증기관에 의해 긍정적으로 고려되어야 한다.

8. 제78조의 기밀 유지 조항에 따라, 그리고 제공자 또는 장래의 제공자의 동의가 있는 경우, 위원회와 이사회는 퇴사 보고서에 접근할 수 있는 권한을 가지며, 이 규정에 따라 업무를 수행할 때 적절한 경우 이를 고려해야 한다. 제공자 또는 장래의 제공자와 국가 관할 당국이 명시적으로 동의하는 경우, 출구 보고서는 이 조항에 언급된 단일 정보 플랫폼을 통해 공개될 수 있다.

9. AI 규제 샌드박스의 설립은 다음과 같은 목표에 기여하는 것을 목표로 한다.

    (a) 본 규정 또는 해당되는 경우 기타 적용 가능한 연합 및 국내법의 규정 준수를 달성하기 위해 법적 확실성을 개선한다.

    (b) AI 규제 샌드박스에 관련된 당국과의 협력을 통해 모범 사례 공유를 지원한다.

    (c) 혁신과 경쟁력을 육성하고 AI 생태계의 개발을 촉진한다.

    (d) 증거 기반 규제 학습에 기여;

    (e) 특히 신생 기업을 포함한 중소기업이 제공하는 경우 AI 시스템에 대한 연합 시장에 대한 접근을 촉진하고 가속화한다.

10. 국가 관할 당국은 혁신적인 AI 시스템이 개인 데이터 처리를 포함하거나 데이터에 대한 액세스를 제공하거나 지원하는 다른 국가 당국 또는 관할 당국의 감독 소관에 속하는 한, 국가 데이터 보호 당국 및 기타 국가 또는 권한 기관이 AI 규제 샌드박스의 운영과 관련되고 그 범위 내에서 이러한 측면의 감독에 관여하도록 각각의 임무와 권한을 보장해야 한다.

11. AI 규제 샌드박스는 지역 또는 지역 수준을 포함하여 샌드박스를 감독하는 관할 당국의 감독 또는 시정 권한에 영향을 미치지 않는다. 이러한 AI 시스템의 개발 및 테스트 중에 확인된 건강과 안전 및 기본권에 대한 중대한 위험은 적절한 완화로 이어져야 한다. 국가 관할 당국은 효과적인 완화가 불가능한 경우 테스트 프로세스 또는 샌드박스 참여를 일시적 또는 영구적으로 중단할 수 있는 권한을 가지며 이러한 결정을 AI 사무소에 알려야 한다. 국가 권한 있는 당국은 연합 내 AI 혁신을 지원하기 위해 특정 AI 규제 샌드박스 프로젝트와 관련된 법률 조항을 시행할 때 재량권을 사용하여 관련 법률의 범위 내에서 감독권을 행사해야 한다.

12. AI 규제 샌드박스에 참여하는 제공자 및 잠재적 제공자는 샌드박스에서 진행되는 실험의 결과로 제3자에게 가해진 모든 손해에 대해 해당 연합 및 국가 책임법에 따라 책임을 져야 한다. 그러나 장래의 제공자가 구체적인 계획과 참여 조건을 준수하고 국가 관할 당국의 지침을 성실하게 따른다면 당국은 이 규정의 위반에 대해 행정 벌금을 부과하지 않는다. 다른 연합 및 국내법을 담당하는 다른 관할 당국이 샌드박스의 AI 시스템 감독에 적극적으로 관여하고 규정 준수에 대한 지침을 제공한 경우, 해당 법률과 관련하여 행정 벌금이 부과되지 않는다.

13. AI 규제 샌드박스는 해당되는 경우 국가 관할 당국 간의 국경 간 협력을 촉진하는 방식으로 설계 및 구현되어야 한다.

14. 국가 관할 당국은 이사회의 틀 내에서 활동을 조정하고 협력해야 한다.

15. 국가 관할 당국은 AI 사무소 및 이사회에 샌드박스 설치를 알리고 지원 및 지도를 요청할 수 있다. AI 사무국은 계획된 샌드박스 목록과 기존 샌드박스 목록을 공개하고 최신 상태로 유지하여 AI 규제 샌드박스 및 국경 간 협력에 대한 더 많은 상호 작용을 장려해야 한다.

16. 국가 관할 당국은 AI 규제 샌드박스 설치 후 1년 후부터 종료될 때까지 매년 AI 사무국과 이사회에 연례 보고서와 최종 보고서를 제출해야 한다. 이러한 보고서는 모범 사례, 사고, 배운 교훈 및 설정에 대한 권장 사항, 그리고 해당되는 경우 위임 및 시행 행위를 포함하여 본 규정의 적용 및 개정 가능성, 샌드박스 내 관할 당국이 감독하는 기타 연합 법률의 적용에 대한 권장 사항을 포함하여 샌드박스 구현의 진행 상황 및 결과에 대한 정보를 제공해야 한다. 국가 관할 당국은 이러한 연례 보고서 또는 그 초록을 대중에게 온라인으로 공개해야 한다. 위원회는 적절한 경우 이 규정에 따른 임무를 수행할 때 연차보고서를 고려한다.

17. 위원회는 제62조에 따라 이해관계자들이 AI 규제 샌드박스와 상호작용하고, 관할 당국에 문의를 제기하며, AI 기술을 포함하는 혁신적인 제품, 서비스, 비즈니스 모델의 적합성에 대한 구속력 없는 지침을 모색할 수 있도록 AI 규제 샌드박스와 관련된 모든 관련 정보를 포함하는 단일 전용 인터페이스를 개발한다. 위원회는 해당되는 경우 국가 관할 당국과 적극적으로 협력해야 한다.

도입 이유

EU 인공지능법 제57조는 인공지능(AI) 시스템의 혁신을 촉진하면서도, 이러한 시스템이 시장에 출시되기 전에 발생할 수 있는 위험을 식별하고 완화하기 위해 도입되었다. 특히, 기본권, 건강, 안전과 관련된 위험을 중점적으로 다루며, 규제 기대치와 요구사항에 대한 지침을 제공하는 것을 목표로 한다. 이는 AI 시스템이 규제에 적합함을 증명할 수 있는 환경을 제공함으로써, AI 기술의 발전과 규제 준수 간의 균형을 맞추기 위함이다.

조문 내용 요약

1. **국가 차원의 AI 규제 샌드박스**: 각 회원국은 최소 하나 이상의 AI 규제 샌드박스를 국가 차원에서 설립해야 한다. 이 샌드박스는 AI 시스템이 시장에 출시되기 전에 개발, 테스트, 검증될 수 있는 통제된 환경을 제공한다.

2. **추가 샌드박스**: 지역 또는 지방 차원에서 추가적인 AI 규제 샌드박스를 설립할 수 있으며, 다른 회원국과 공동으로 설립할 수도 있다.

3. **유럽 데이터 보호 감독관**: 유럽 데이터 보호 감독관은 EU 기관, 기구, 사무소 및 기관을 위한 AI 규제 샌드박스를 설립할 수 있다.

4. **자원 할당**: 회원국은 해당 조항을 효과적이고 적시에 준수하기 위해 충분한 자원을 할당해야 한다.

5. **혁신 촉진**: AI 규제 샌드박스는 혁신을 촉진하고 AI 시스템의 개발, 훈련, 테스트 및 검증을 위한 통제된 환경을 제공해야 한다.

6. **위험 식별 및 완화**: 규제 샌드박스 내에서 위험을 식별하고 완화하기 위한 지침, 감독 및 지원을 제공해야 한다.

7. **규제 기대치 지침**: 규제 샌드박스에 참여하는 제공자에게 규제 기대치와 요구사항을 충족하는 방법에 대한 지침을 제공해야 한다.

8. **보고서 접근**: 제공자와의 합의 하에, 위원회와 이사회는 종료 보고서에 접근할 수 있다.

9. **목표**: 규제 샌드박스는 법적 확실성 향상, 모범 사례 공유, 혁신 및 경쟁력 촉진, 증거 기반 규제 학습 기여, AI 시스템의 시장 접근 촉진을 목표로 한다.

10. **개인 데이터 처리**: AI 시스템이 개인 데이터를 처리하는 경우, 국가 데이터 보호 당국과 협력해야 한다.

11. **감독 권한**: 규제 샌드박스를 감독하는 권한은 영향을 받지 않는다.

12. **책임**: 규제 샌드박스에 참여하는 제공자는 제3자에게 발생한 손해에 대해 책임을 진다.

13. **국경 간 협력**: 규제 샌드박스는 국경 간 협력을 촉진해야 한다.

14. **활동 조정**: 국가 권한 당국은 이사회 내에서 활동을 조정하고 협력해야 한다.

15. **AI 사무소 통보**: 규제 샌드박스의 설립을 AI 사무소와 이사회에 통보해야 한다.

16. **연례 보고서**: 국가 권한 당국은 연례 보고서를 AI 사무소와 이사회에 제출해야 한다.

17. **단일 인터페이스**: 위원회는 규제 샌드박스와 관련된 모든 정보를 포함하는 단일 인터페이스를 개발해야 한다.

법적 측면

EU 인공지능법 제57조는 법적 확실성을 제공하여 AI 시스템이 규제 요구사항을 충족할 수 있도록 돕는다. 규제 샌드박스는 AI 시스템이 시장에 출시되기 전에 발생할 수 있는 법적 위험을 식별하고 완화하는 데 중요한 역할을 한다. 또한, 규제 샌드박스는 규제 당국이 AI 시스템의 개발 및 테스트 과정에서 발생할 수 있는 법적 문제를 사전에 파악하고 대응할 수 있는 기회를 제공한다. 이를 통해 AI 시스템의 법적 준수성을 높이고, 규제 당국과 AI 시스템 제공자 간의 협력을 강화할 수 있다.

행정적 측면

행정적으로, 제57조는 각 회원국이 AI 규제 샌드박스를 설립하고 운영하기 위해 필요한 자원을 할당하도록 요구한다. 이는 규제 샌드박스의 효과적인 운영을 보장하고, AI 시스템의 개발 및 테스트 과정에서 발생할 수 있는 행정적 문제를 해결하는 데 도움이 된다. 또한, 규제 샌드박스는 국가 간 협력을 촉진하여, AI 시스템의 개발 및 테스트 과정에서 발생할 수 있는 행정적 문제를 해결하는 데 중요한 역할을 한다. 이를 통해 AI 시스템의 개발 및 테스트 과정에서 발생할 수 있는 행정적 문제를 사전에 파악하고 대응할 수 있다.

비즈니스 측면

비즈니스 측면에서, 제57조는 AI 시스템 제공자가 규제 요구사항을 충족할 수 있도록 돕는 동시에, 혁신을 촉진하는 데 중요한 역할을 한다. 규제 샌드박스는 AI 시스템 제공자가 시장에 출시되기 전에 발생할 수 있는 비즈니스 위험을 식별하고 완화하는 데 중요한 역할을 한다. 또한, 규제 샌드박스는 AI 시스템 제공자가 규제 요구사항을 충족할 수 있도록 돕는 동시에, 혁신을 촉진하는 데 중요한 역할을 한다.

이를 통해 AI 시스템 제공자는 규제 요구사항을 충족하면서도, 혁신을 촉진할 수 있는 환경을 제공받을 수 있다.

제58조: AI 규제 샌드박스의 세부적인 조치와 기능

요약

1. 유럽연합 전체의 분열을 피하기 위해, 위원회는 AI 규제 샌드박스의 설립, 개발, 이행, 운영 및 감독에 대한 세부 조치를 명시한 시행 법률을 채택해야 한다. 이행 행위에는 다음 사항에 대한 공통 원칙이 포함되어야 한다.

   (a) AI 규제 샌드박스 참여를 위한 자격 및 선정 기준;

   (b) 샌드박스 계획 및 퇴출 보고서를 포함한 AI 규제 샌드박스의 신청, 참여, 모니터링, 탈퇴 및 종료 절차;

   (c) 참가자에게 적용되는 이용 약관. 이러한 시행 행위는 제98조 (2)항에 언급된 심사 절차에 따라 채택되어야 한다.

2. 제1항에 언급된 시행 행위는 다음을 보장해야 한다.

(a) AI 규제 샌드박스는 투명하고 공정한 자격 및 선정 기준을 충족하는 AI 시스템의 신청 제공자 또는 잠재적 제공자에게 개방되어야 하며, 국가 관할 당국은 신청 후 3개월 이내에 신청자에게 결정을 통보해야 한다.

(b) AI 규제 샌드박스는 광범위하고 평등한 접근을 허용하고 참여 수요를 따라잡는다. 제공자 및 장래의 제공자는 배포자 및 기타 관련 제3자와 협력하여 신청서를 제출할 수도 있다.

(c) AI 규제 샌드박스에 대한 세부 조치 및 조건은 국가 관할 당국이 AI 규제 샌드박스를 설립하고 운영할 수 있는 유연성을 최대한 지원한다.

(d) AI 규제 샌드박스에 대한 접근은 신생 기업을 포함한 중소기업에 대해 국가 관할 당국이 공정하고 비례적인 방식으로 회수할 수 있는 예외적인 비용을 침해하지 않고 무료로 제공된다.

(e) 제공자 및 장래의 제공자가 AI 규제 샌드박스의 학습 결과를 통해 이 규정에 따른 적합성 평가 의무 및 제95조에 언급된 행동강령의 자발적 적용을 준수할 수 있도록 촉진한다;

(f) AI 규제 샌드박스는 공공 및 민간 부문과의 협력을 허용하고 촉진하기 위해 인증 기관 및 표준화 기관, 신생 기업, 기업, 혁신가, 테스트 및 실험 시설, 연구 및 실험 연구소 및 유럽 디지털 혁신 허브, 우수 센터, 개별 연구원을 포함한 중소기업과 같은 AI 생태계 내 다른 관련 행위자의 참여를 촉진한다.

(g) 제한된 법적, 행정적 역량을 가진 스타트업을 포함한 중소기업의 참여를 촉진하기 위해 AI 규제 샌드박스의 신청, 선정, 참여 및 퇴출을 위한 절차, 프로세스 및 행정 요건이 간단하고 이해하기 쉬우며 명확하게 전달되어야 하며, 단편화를 피하기 위해 EU 전역에서 간소화되어야 하며, 회원국이 설립한 AI 규제 샌드박스에 대한 참여가 간소화되어야 한다. 또는 유럽 데이터 보호 감독관에 의해 상호 통일적으로 인정되고 연합 전체에 걸쳐 동일한 법적 효력을 갖는다.

(h) AI 규제 샌드박스에 대한 참여는 프로젝트의 복잡성과 규모에 적합하고 국가 관할 당국이 연장할 수 있는 기간으로 제한된다.

(i) AI 규제 샌드박스는 정확성, 견고성 및 사이버 보안과 같은 규제 학습과 관련된 AI 시스템의 차원을 테스트, 벤치마킹, 평가 및 설명하기 위한 도구 및 인프라의 개발과 기본권 및 사회 전반에 대한 위험을 완화하기 위한 조치의 개발을 촉진한다.

3. AI 규제 샌드박스의 잠재 제공자, 특히 중소기업 및 스타트업은 해당되는 경우 이 규정의 이행에 대한 지침과 같은 배포 전 서비스, 표준화 문서 및 인증 지원, 테스트 및 실험 시설, 유럽 디지털 혁신 허브 및 우수 센터와 같은 기타 부가가치 서비스로 안내되어야 한다.

4. 국가 관할 당국이 이 조에 따라 수립될 AI 규제 샌드박스의 틀 내에서 감독되는 실제 조건에서의 테스트 승인을 고려하는 경우, 기본권, 건강 및 안전을 보호하기 위해 해당 테스트의 약관, 특히 적절한 보호 조치를 참가자와 구체적으로 합의해야 한다. 적절한 경우, 그들은 연합 전역에서 일관된 관행을 보장하기 위해 다른 국가 관할 당국과 협력해야 한다.

해설

도입 이유

EU 인공지능법 제58조는 인공지능 규제 샌드박스(AI regulatory sandboxes)의 도입을 규정하고 있다. 이 조항의 도입 이유는 인공지능 시스템의 개발 및 테스트를 촉진하고, 규제 준수를 지원하며, 인공지능 생태계 내 다양한 이해관계자 간의 협력을 장려하기 위함이다. 이를 통해 인공지능 기술의 혁신을 촉진하면서도, 규제의 일관성을 유지하고, 중소기업 및 스타트업의 참여를 독려하는 것이 목적이다.

조문 내용 요약

제58조는 인공지능 규제 샌드박스의 설립, 개발, 운영 및 감독에 관한 세부 사항을 명시하고 있다. 주요 내용은 다음과 같다:

- **참여 자격 및 선정 기준**: 샌드박스에 참여할 수 있는 자격 및 선정 기준을 투명하고 공정하게 설정한다.
- **신청, 참여, 모니터링, 종료 절차**: 샌드박스의 신청, 참여, 모니터링, 종료 절차를 간소화하고 명확하게 전달한다.
- **참여 조건**: 중소기업 및 스타트업에게 무료로 샌드박스에 접근할 수 있도록 하며, 예외적인

비용은 공정하고 비례적으로 회수할 수 있다.

- **규제 준수 지원**: 샌드박스의 학습 결과를 통해 규제 준수를 지원하고, 자발적인 행동 강령의 적용을 촉진한다.
- **협력 촉진**: 인공지능 생태계 내 다양한 이해관계자 간의 협력을 촉진한다.
- **절차의 간소화**: 신청, 선정, 참여 및 종료 절차를 간소화하고 명확하게 전달하여 중소기업 및 스타트업의 참여를 용이하게 한다.
- **참여 기간**: 프로젝트의 복잡성과 규모에 따라 적절한 기간 동안 샌드박스에 참여할 수 있도록 하며, 필요 시 연장할 수 있다.
- **도구 및 인프라 개발**: 인공지능 시스템의 테스트, 벤치마킹, 평가 및 설명을 위한 도구 및 인프라 개발을 촉진한다.

법적 측면

법적 측면에서 제58조는 인공지능 규제 샌드박스의 운영에 대한 명확한 규정을 제공함으로써 법적 일관성을 유지하고, 규제의 예측 가능성을 높인다. 이는 인공지능 시스템의 개발자와 제공자가 규제 준수에 필요한 정보를 명확하게 이해하고, 이를 바탕으로 인공지능 시스템을 개발할 수 있도록 돕는다. 또한, 샌드박스의 참여 자격 및 선정 기준을 투명하고 공정하게 설정함으로써 법적 공정성을 보장한다.

행정적 측면

행정적 측면에서 제58조는 인공지능 규제 샌드박스의 운영 절차를 간소화하고 명확하게 전달함으로써 행정 효율성을 높인다. 이는 중소기업 및 스타트업이 복잡한 행정 절차에 얽매이지 않고, 신속하게 샌드박스에 참여할 수 있도록 돕는다. 또한, 샌드박스의 운영에 필요한 도구 및 인프라 개발을 촉진함으로써 행정적 지원을 강화한다.

비즈니스 측면

비즈니스 측면에서 제58조는 중소기업 및 스타트업이 인공지능 규제 샌드박스에 무료로 접근할 수 있도록 함으로써, 이들의 혁신 활동을 촉진한다. 이는 중소기업 및 스타트업이 초기 개발 단계에서 규제 준수에 필요한 정보를 얻고, 이를 바탕으로 인공지능 시스템을 개발할 수 있도록 돕는다. 또한, 샌드박스의 학습 결과를 통해 규제 준수를 지원함으로써, 비즈니스의 규제 리스크를 줄이고, 시장 진입을 용이하게 한다.

이와 같이, EU 인공지능법 제58조는 인공지능 기술의 혁신을 촉진하면서도, 규제의 일관성을 유지하고, 중소기업 및 스타트업의 참여를 독려하는 중요한 조항이다.

제59조: AI 규제 샌드박스에서 공익을 위한 특정 AI 시스템 개발을 위한 개인 데이터의 추가 처리

요약

1. AI 규제 샌드박스에서 다른 목적으로 합법적으로 수집된 개인 데이터는 다음 조건이 모두 충족되는 경우 샌드박스에서 특정 AI 시스템을 개발, 교육 및 테스트하기 위한 목적으로만 처리될 수 있다.

   (a) AI 시스템은 공공 기관 또는 기타 자연인 또는 법인에 의해 상당한 공익을 보호하기 위해 다음 중 하나 이상의 영역에서 개발되어야 한다.

   (i) 질병 감지, 진단, 예방, 통제 및 치료, 의료 시스템 개선을 포함한 공공 안전 및 공중 보건

   (ii) 높은 수준의 환경 보호 및 개선, 생물 다양성 보호, 오염 방지, 녹색 전환 조치, 기후 변화 완화 및 적응 조치;

   (iii) 에너지 지속 가능성;

   (iv) 운송 시스템 및 이동성, 중요 인프라 및 네트워크의 안전 및 복원력;

   (v) 공공 행정 및 공공 서비스의 효율성과 품질;

   (b) 처리된 데이터가 익명, 합성 또는 기타 비개인 데이터를 처리하여 해당 요구 사항을 효과

적으로 충족할 수 없는 경우 III장 섹션 2에 언급된 요구 사항 중 하나 이상을 준수하는 데 필요한다.

(c) 샌드박스 실험 중에 규정(EU) 2016/679의 35항 및 규정(EU) 2018/1725의 39항에 언급된 데이터 주체의 권리와 자유에 대한 높은 위험이 발생할 수 있는지 식별하기 위한 효과적인 모니터링 메커니즘과 이러한 위험을 즉시 완화하기 위한 대응 메커니즘이 있다. 필요한 경우 처리를 중지하여야 한다.

(d) 샌드박스의 맥락에서 처리되는 모든 개인 데이터는 장래 제공자의 통제 하에 기능적으로 분리되고 격리되고 보호되는 데이터 처리 환경에 있으며 승인된 사람만 해당 데이터에 액세스할 수 있다.

(e) 제공자는 연합 데이터 보호법에 따라서만 원래 수집된 데이터를 추가로 공유할 수 있다. 샌드박스에서 생성된 모든 개인 데이터는 샌드박스 외부에서 공유할 수 없다.

(f) 샌드박스의 맥락에서 개인 데이터를 처리하는 것은 데이터 주체에게 영향을 미치는 조치나 결정으로 이어지지 않으며 개인 데이터 보호에 관한 연합 법률에 명시된 권리의 적용에 영향을 미치지 않는다.

(g) 샌드박스의 맥락에서 처리되는 모든 개인 데이터는 적절한 기술적, 조직적 조치를 통해 보호되며, 샌드박스 참여가 종료되거나 개인 데이터의 보유 기간이 종료되면 삭제된다.

(h) 샌드박스의 맥락에서 개인 데이터 처리 로그는 연합 또는 국내법에서 달리 규정하지 않는 한 샌드박스에 참여하는 기간 동안 보관된다.

(i) AI 시스템의 훈련, 테스트 및 검증의 프로세스 및 근거에 대한 완전하고 상세한 설명은 부속서 IV에 언급된 기술 문서의 일부로 테스트 결과와 함께 보관된다;

(j) 샌드박스에서 개발된 AI 프로젝트, 목표 및 예상 결과에 대한 간략한 요약이 관할 당국의 웹사이트에 게시된다. 이 의무는 법 집행 기관, 국경 통제, 이민 또는 망명 당국의 활동과 관련된 민감한 운영 데이터에는 적용되지 않는다.

2. 법 집행 당국의 통제와 책임 하에 공공 안전에 대한 위협에 대한 보호 및 예방을 포함하여 형사 범죄의 예방, 조사, 탐지 또는 기소 또는 형사 처벌의 집행을 위해 AI 규제 샌드박스의 개인 데이터 처리는 특정 연합 또는 국가 법률을 기반으로 하며 1항에 언급된 것과 동일한 누적 조

건이 적용된다.

3. 제1항은 해당 법률에 명시적으로 언급된 것 이외의 다른 목적을 위한 개인 데이터 처리를 배제하는 연합 또는 국내법뿐만 아니라 혁신적인 AI 시스템의 개발, 테스트 또는 교육 또는 기타 법적 근거를 위해 필요한 개인 데이터 처리의 근거를 규정하는 연합 또는 국내법을 침해하지 않는다. 개인 데이터 보호에 관한 연합 법률을 준수한다.

해설

EU 인공지능법(EU AI Act) 제59조는 인공지능 규제 샌드박스에서 개인 데이터를 사용할 수 있는 조건을 규정하고 있다. 이 조문은 공공의 이익을 위해 개발, 훈련 및 테스트되는 인공지능 시스템에 대해 개인 데이터를 사용할 수 있도록 허용한다. 이는 공공 안전, 건강, 환경 보호, 에너지 지속 가능성, 교통 안전, 공공 행정 등과 같은 분야에서만 허용된다. 데이터는 필요하며, 위험은 모니터링되고 완화되어야 하며, 데이터는 별도로 보관되고 안전하게 유지되어야 한다. 프로젝트가 완료되면 데이터는 삭제되어야 하며, 과정과 결과는 문서화되고 요약본이 공개되어야 한다.

도입 이유

제59조는 인공지능 시스템의 개발, 훈련 및 테스트 과정에서 개인 데이터를 사용할 수 있도록 허용함으로써, 공공의 이익을 위한 혁신적인 AI 솔루션을 촉진하기 위해 도입되었다. 이는 공공 안전, 건강, 환경 보호 등과 같은 중요한 분야에서 AI 기술의 발전을 지원하고, 이러한 기술이 실제로 적용될 수 있는 환경을 제공하기 위함이다.

조문 내용 요약:

- **공공의 이익**: AI 시스템은 공공 안전, 건강, 환경 보호 등 공공의 이익을 위해 개발되어야 한다.
- **데이터 사용 조건**: 데이터는 필요하며, 위험은 모니터링되고 완화되어야 하며, 데이터는 별도로 보관되고 안전하게 유지되어야 한다.
- **데이터 삭제**: 프로젝트가 완료되면 데이터는 삭제되어야 한다.

- **문서화 및 공개**: 과정과 결과는 문서화되고 요약본이 공개되어야 한다.

법적 측면

제59조는 개인 데이터의 사용을 엄격히 규제함으로써, 데이터 주체의 권리와 자유를 보호하고, 데이터 보호법과의 일관성을 유지한다. 이는 GDPR(일반 데이터 보호 규정)과 같은 기존의 데이터 보호 법률과 조화를 이루며, 데이터 사용의 투명성과 책임성을 강화한다. 또한, 법적 모니터링 및 대응 메커니즘을 통해 데이터 사용의 위험을 최소화하고, 필요시 데이터 처리를 중단할 수 있는 권한을 부여한다.

행정적 측면

제59조는 공공 기관 및 기타 법적 주체가 인공지능 시스템을 개발, 훈련 및 테스트하는 과정에서 개인 데이터를 사용할 수 있는 명확한 지침을 제공한다. 이는 행정적 효율성을 높이고, 공공의 이익을 위한 AI 프로젝트의 실행을 촉진한다. 또한, 데이터 사용의 투명성을 보장하기 위해 과정과 결과를 문서화하고 공개하도록 요구함으로써, 행정적 책임성을 강화한다.

비즈니스 측면

제59조는 기업이 공공의 이익을 위한 AI 솔루션을 개발하는 데 필요한 데이터를 사용할 수 있도록 허용함으로써, 혁신적인 AI 기술의 발전을 지원한다. 이는 기업이 공공 안전, 건강, 환경 보호 등과 같은 중요한 분야에서 AI 기술을 적용할 수 있는 기회를 제공하며, 이를 통해 사회적 가치를 창출할 수 있다. 또한, 데이터 사용의 투명성과 책임성을 강화함으로써, 기업의 신뢰성을 높이고, 데이터 보호법과의 일관성을 유지한다.

이와 같이, EU 인공지능법 제59조는 공공의 이익을 위한 AI 시스템의 개발, 훈련 및 테스트 과정에서 개인 데이터를 사용할 수 있는 조건을 규정함으로써, 법적, 행정적, 비즈니스 측면에서 중요한 의미를 가진다.

제60조: AI 규제 샌드박스 외부의 실제 조건에서 고위험 AI 시스템 테스트

요약

1. AI 규제 샌드박스 외부의 실제 조건에서 고위험 AI 시스템의 테스트는 제5조에 따른 금지 사항을 침해하지 않고 이 조항 및 이 조항에 언급된 실제 테스트 계획에 따라 부속서 III에 나열된 고위험 AI 시스템의 제공자 또는 잠재적 제공자에 의해 수행될 수 있다. 위원회는 시행 법령을 통해 실제 테스트 계획의 세부 요소를 명시해야 한다. 이러한 시행 행위는 제98조 (2)항에 언급된 심사 절차에 따라 채택되어야 한다. 이 단락은 부속서 I에 나열된 연합 조화 법률이 적용되는 제품과 관련된 고위험 AI 시스템의 실제 조건에서의 테스트에 관한 연합 또는 국내법을 침해하지 않아야 한다.

2. 제공자 또는 잠재적 제공자는 AI 시스템을 시장에 출시하거나 자체적으로 또는 하나 이상의 배포자 또는 잠재적 배포자와 협력하여 AI 시스템을 시장에 출시하거나 서비스에 투입하기 전에 언제든지 부속서 III에 언급된 고위험 AI 시스템의 실제 조건에서 테스트를 수행할 수 있다.

3. 이 조에 따른 실제 조건에서 고위험 AI 시스템의 테스트는 연합 또는 국내법에서 요구하는 윤리적 검토를 침해하지 않아야 한다.

4. 제공자 또는 잠재적 제공자는 다음 조건이 모두 충족되는 경우에만 실제 조건에서 테스트를 수행할 수 있다.

    (a) 제공자 또는 장래의 제공자가 실제 테스트 계획을 작성하여 실제 조건에서 테스트를 수행할 회원국의 시장 감시 당국에 제출했을 경우.

    (b) 실제 조건에서의 테스트가 수행될 회원국의 시장 감시 당국이 실제 조건에서의 테스트와 실제 테스트 계획을 승인했을 경우.

    시장 감시 당국이 30일 이내에 답변을 제공하지 않은 경우, 실제 조건에서의 테스트 및 실제 테스트 계획이 승인된 것으로 이해되어야 한다. 국내법이 암묵적 승인을 규정하지 않는 경우, 실제 조건에서의 테스트는 승인의 대상이 된다.

    (c) 법 집행, 이주, 망명 및 국경 통제 관리 분야에서 부속서 III의 1, 6 및 7항에 언급된 고위험

AI 시스템의 제공자 또는 장래의 제공자 또는 장래의 제공자 및 부속서 Ⅲ의 2항에 언급된 고위험 AI 시스템의 제공자 또는 장래의 제공자는 제71조에 따라 실제 조건에서의 테스트를 등록했을 경우.

연합 전체의 고유 단일 식별 번호 및 부속서 Ⅸ에 명시된 정보; 법 집행, 이주, 망명 및 국경 통제 관리 분야의 부속서 Ⅲ의 1, 6 및 7항에 언급된 고위험 AI 시스템의 제공자 또는 잠재적 제공자는 제49(4)항 (d)에 따라 EU 데이터베이스의 안전한 비공개 섹션에 실제 조건에서의 테스트를 EU 전체의 고유한 단일 식별 번호와 여기에 명시된 정보로 등록했을 경우. 부속서 Ⅲ의 2항에 언급된 고위험 AI 시스템의 제공자 또는 장래의 제공자는 제49(5)조에 따라 실제 조건에서 테스트를 등록했을 경우.

(d) 실제 조건에서 테스트를 수행하는 제공자 또는 장래의 제공자가 연합에 설립되었거나 연합에 설립된 법적 대리인을 임명했을 경우.

(e) 실제 조건에서 테스트를 목적으로 수집 및 처리된 데이터는 연합 법률에 따라 적절하고 적용 가능한 보호 장치가 구현된 경우에만 제3국으로 전송되어야 한다.

(f) 실제 조건에서의 테스트가 목표 달성에 필요한 기간보다 오래 지속되지 않아야 하며, 어떤 경우에도 6개월을 넘지 않아야 하며, 이러한 연장의 필요성에 대한 설명과 함께 제공자 또는 잠재적 제공자가 시장 감시 당국에 사전 통지하는 것을 조건으로 추가로 6개월 동안 연장될 수 있다.

(g) 연령 또는 장애로 인해 취약 집단에 속하는 실제 조건에서 실험 대상자는 적절하게 보호된다.

(h) 제공자 또는 장래의 제공자가 하나 이상의 배치자 또는 잠재적 배치자와 협력하여 실제 조건에서 테스트를 조직하는 경우, 후자는 참여 결정과 관련된 테스트의 모든 측면에 대해 통보를 받아야 하며 제13조에 언급된 AI 시스템 사용에 대한 관련 지침을 받아야 한다; 제공자 또는 장래의 제공자와 배치자 또는 장래의 배치자는 본 규정 및 기타 해당 연합 및 국내법에 따라 실제 조건에서의 테스트 조항을 준수하기 위해 자신의 역할과 책임을 명시하는 계약을 체결해야 한다.

(i) 실제 조건에서의 테스트 피험자가 제61조에 따라 정보에 입각한 동의를 제공했거나, 정보에 입각한 동의를 구하는 것이 AI 시스템의 테스트를 방해하는 법 집행의 경우, 테스트 자

체와 실제 조건에서의 테스트 결과가 피험자에게 부정적인 영향을 미치지 않아야 한다. 그리고 그들의 개인 데이터는 테스트가 수행된 후 삭제된다.

(j) 실제 조건에서의 테스트는 제공자 또는 잠재적 제공자뿐만 아니라 관련 분야에서 적절한 자격을 갖추고 작업을 수행하는 데 필요한 능력, 교육 및 권한을 갖춘 사람을 통해 배치자 또는 잠재적 배치자가 효과적으로 감독한다.

(k) AI 시스템의 예측, 권장 또는 결정이 효과적으로 번복되고 무시될 수 있다.

5. 실제 조건에서 테스트를 수행하는 모든 피험자 또는 법적으로 지정된 대리인은 그에 따른 손해 없이 정당한 사유를 제시할 필요 없이 정보에 입각한 동의를 철회하여 언제든지 테스트를 철회할 수 있으며 개인 데이터의 즉각적이고 영구적인 삭제를 요청할 수 있다. 정보에 입각한 동의의 철회는 이미 수행된 활동에 영향을 미치지 않는다.

6. 제75조에 따라 회원국은 공급자 및 잠재적 공급자에게 정보 제공을 요구하고, 예고 없는 원격 또는 현장 검사를 수행하고, 실제 조건에서의 테스트 수행 및 관련 고위험 AI 시스템에 대한 점검을 수행할 수 있는 권한을 시장 감시 당국에 부여한다. 시장 감시 당국은 실제 조건에서 테스트의 안전한 개발을 보장하기 위해 이러한 권한을 사용해야 한다.

7. 실제 조건에서 테스트 과정에서 확인된 모든 심각한 사고는 제73조에 따라 국가 시장 감시 당국에 보고되어야 한다. 제공자 또는 장래의 제공자는 즉각적인 완화 조치를 채택해야 하며, 그렇지 않을 경우 그러한 완화가 이루어질 때까지 실제 조건에서 테스트를 중단하거나 종료해야 한다. 제공자 또는 장래의 제공자는 실제 조건에서 테스트가 종료될 때 AI 시스템을 즉시 회수하기 위한 절차를 수립해야 한다.

8. 제공자 또는 잠재적 제공자는 실제 조건에서의 테스트가 수행될 회원국의 국가 시장 감시 당국에 실제 조건에서의 테스트 중단 또는 종료 및 최종 결과를 통보해야 한다.

9. 제공자 또는 장래의 제공자는 실제 조건에서 테스트하는 과정에서 발생한 모든 손해에 대해 해당 연합 및 국가 책임법에 따라 책임을 져야 한다.

도입 이유

EU 인공지능법 제60조는 고위험 AI 시스템의 실세계 조건에서의 테스트를 규제하기 위해 도입되었다. 이는 고위험 AI 시스템이 시장에 출시되기 전에 실제 환경에서 안전하고 윤리적으로 테스트될 수 있도록 보장하기 위함이다. 이러한 규제는 AI 시스템이 사용자와 사회에 미치는 잠재적 위험을 최소화하고, 데이터 보호 및 윤리적 기준을 준수하도록 하기 위해 필요하다.

조문 내용 요약

제60조는 고위험 AI 시스템의 실세계 조건에서의 테스트에 관한 규정을 상세히 다루고 있다. 주요 내용은 다음과 같다:

- **테스트 계획 제출**: 고위험 AI 시스템을 테스트하려는 기업은 테스트 계획을 해당 EU 회원국의 관련 당국에 제출해야 한다. 당국이 30일 이내에 응답하지 않으면 계획이 승인된 것으로 간주된다.
- **테스트 기간**: 테스트는 최대 6개월 동안 지속될 수 있으며, 필요시 추가 6개월 연장이 가능하다.
- **취약 그룹 보호**: 테스트는 취약 그룹에 해를 끼치지 않도록 해야 하며, 수집된 데이터는 적절히 보호되어야 한다.
- **심각한 사건 보고**: 테스트 중 심각한 사건이 발생하면 이를 보고하고 문제가 해결될 때까지 테스트를 중단해야 한다.

법적 측면

법적 측면에서 제60조는 고위험 AI 시스템의 실세계 테스트에 대한 명확한 규제 프레임워크를 제공한다. 이는 기업이 테스트를 수행하기 전에 반드시 준수해야 할 절차와 조건을 명시함으로써 법적 불확실성을 줄인다. 또한, 테스트 중 발생할 수 있는 법적 책임과 데이터 보호 의무를 명확히 규정하여, 기업이 법적 문제에 직면하지 않도록 한다.

행정적 측면

행정적 측면에서 제60조는 각 회원국의 시장 감시 당국이 고위험 AI 시스템의 테스트를 감독할 수 있는 권한을 부여한다. 이는 당국이 테스트 계획을 검토하고 승인하며, 테스트 중 발생하는 문제를 신속히 해결할 수 있도록 한다. 또한, 테스트가 윤리적 기준과 데이터 보호 규정을 준수하는지 확인하기 위해 필요한 행정적 절차를 명확히 규정한다.

비즈니스 측면

비즈니스 측면에서 제60조는 고위험 AI 시스템을 개발하는 기업에게 중요한 규제 가이드라인을 제공한다. 이는 기업이 실세계 조건에서 AI 시스템을 테스트할 수 있는 명확한 절차를 제공함으로써, 혁신을 촉진하고 시장 진입을 용이하게 한다. 또한, 테스트 중 발생할 수 있는 법적 및 윤리적 문제를 사전에 예방할 수 있도록 하여, 기업의 신뢰성을 높이고 시장에서의 경쟁력을 강화한다.

이와 같이, EU 인공지능법 제60조는 고위험 AI 시스템의 실세계 테스트를 규제함으로써, 법적, 행정적, 비즈니스 측면에서 중요한 역할을 한다.

제61조: AI 규제 샌드박스 외부의 실제 조건에서 테스트에 참여하기 위한 정보에 입각한 동의

요약

1. 제60조에 따른 실제 조건에서의 시험을 목적으로, 실험 대상자는 실험에 참여하기 전과 다음 사항에 관한 간결하고 명확하며 관련성 있고 이해할 수 있는 정보를 정식으로 통보받은 후에 자유롭게 정보에 입각한 동의를 얻어야 한다.

   (a) 실제 조건에서의 테스트의 성격과 목적, 그리고 참여와 관련될 수 있는 불편함;

   (b) 피험자 또는 피험자의 참여에 대한 예상 기간을 포함하여 실제 조건에서 테스트가 수행되

어야 하는 조건;

  (c) 그들의 권리 및 참여에 관한 보장, 특히 어떠한 결과적인 손해 및 정당한 이유도 제공하지 않고 언제든지 실제 조건에서 테스트에 참여하지 않을 권리와 철회할 권리;

  (d) AI 시스템의 예측, 권장 또는 결정의 번복 또는 무시를 요청하기 위한 조치;

  (e) 제60(4)조 (c)항에 따른 실제 조건에서의 테스트에 대한 연합 전체의 고유 단일 식별 번호 및 추가 정보를 얻을 수 있는 제공자 또는 법적 대리인의 연락처 세부 정보.

2. 사전 동의서에는 날짜를 기입하고 문서화해야 하며 사본은 피험자 또는 법정 대리인에게 제공되어야 한다.

해설

도입 이유

EU 인공지능법 제61조는 인공지능 시스템을 실제 환경에서 테스트할 때 피실험자의 자유로운 동의를 얻는 절차를 규정하고 있다. 이는 인공지능 시스템의 투명성과 책임성을 높이고, 피실험자의 권리를 보호하기 위한 조치이다. 인공지능 기술이 점점 더 복잡해지고 일상 생활에 깊숙이 침투함에 따라, 이러한 테스트 과정에서 피실험자의 권리를 보장하는 것이 중요해졌다. 특히, 피실험자가 테스트에 참여함으로써 겪을 수 있는 불편함이나 위험을 최소화하고, 그들이 충분히 이해하고 동의한 상태에서 테스트가 진행되도록 하는 것이 이 조문의 주요 목적이다.

조문 내용 요약

제61조는 다음과 같은 주요 내용을 포함하고 있다:

1. **자유로운 동의**: 피실험자는 테스트에 참여하기 전에 명확하고 이해하기 쉬운 정보를 제공받아야 하며, 자유롭게 동의해야 한다.
2. **정보 제공**: 테스트의 성격, 목적, 예상되는 불편함, 테스트 조건, 피실험자의 권리 및 보장 사항 등에 대해 명확히 설명해야 한다.

3. **권리 보장**: 피실험자는 언제든지 테스트 참여를 거부하거나 철회할 수 있으며, 이에 따른 불이익이 없어야 한다.

4. **문서화**: 동의는 날짜를 기재하고 문서화해야 하며, 피실험자나 그들의 법적 대리인에게 사본을 제공해야 한다.

법적 측면

법적 측면에서 제61조는 피실험자의 권리를 보호하는 데 중점을 두고 있다. 이는 인공지능 시스템의 테스트 과정에서 피실험자가 충분한 정보를 제공받고, 자유롭게 동의할 수 있도록 보장함으로써, 피실험자의 인권과 프라이버시를 보호하는 역할을 한다. 또한, 동의 절차를 문서화함으로써, 법적 분쟁이 발생할 경우 이를 증거로 활용할 수 있다. 이는 인공지능 시스템의 개발자나 운영자가 법적 책임을 명확히 하고, 피실험자의 권리를 침해하지 않도록 하는 데 기여한다.

행정적 측면

행정적 측면에서 제61조는 인공지능 시스템의 테스트 절차를 표준화하고, 투명성을 높이는 데 기여한다. 이는 테스트 과정에서 피실험자에게 제공해야 하는 정보와 동의 절차를 명확히 규정함으로써, 테스트의 일관성을 유지하고, 행정적 효율성을 높이는 역할을 한다. 또한, 동의 절차를 문서화하고, 이를 관리함으로써, 테스트 과정의 투명성을 높이고, 피실험자의 권리를 보호하는 데 기여한다. 이는 인공지능 시스템의 개발자나 운영자가 테스트 절차를 준수하고, 피실험자의 권리를 보호하는 데 필요한 행정적 절차를 명확히 이해하고, 이를 준수하도록 하는 데 도움이 된다.

비즈니스 측면

비즈니스 측면에서 제61조는 인공지능 시스템의 개발자나 운영자가 피실험자의 권리를 보호하고, 투명한 테스트 절차를 준수하도록 함으로써, 신뢰성을 높이는 데 기여한다. 이는 인공지능 시스템의 테스트 과정에서 피실험자의 권리를 보호하고, 투명한 절차를 준수함으로써, 인공지능 시스템의 신뢰성을 높이고, 사용자나 고객의 신뢰를 얻는 데 도움이 된다. 또한, 동의 절차를 문서화하고, 이를 관리함으로써, 법적 분쟁이 발생할 경우 이를 증거로 활용할 수 있어, 법적 리스크를 최

인공지능(AI)과 행정관리

소화하는 데 기여한다. 이는 인공지능 시스템의 개발자나 운영자가 법적 책임을 명확히 하고, 피실험자의 권리를 침해하지 않도록 하는 데 도움이 된다.

제62조: 공급자와 배포자, 특히 스타트업을 포함한 중소기업에 대한 조치

요약

1. 회원국은 다음과 같은 조치를 취한다.
   (a) 스타트업을 포함해 유럽연합에 등록된 사무소 또는 지사가 있는 중소기업이 자격 조건 및 선정 기준을 충족하는 범위 내에서 AI 규제 샌드박스에 우선적으로 접근할 수 있도록 한다. 우선적 접근은 이 단락에 언급된 중소기업 이외의 스타트업을 포함한 다른 중소기업이 자격 조건 및 선정 기준을 충족하는 경우 AI 규제 샌드박스에 대한 접근을 배제하지 않는다.
   (b) 신생 기업, 배포자 및 적절한 경우 지역 공공 기관을 포함한 중소기업의 요구에 맞게 조정된 이 규정의 적용에 대한 구체적인 인식 제고 및 교육 활동을 조직한다.
   (c) 기존의 전용 채널을 활용하고, 적절한 경우 스타트업, 배포자, 기타 혁신가 및 적절한 경우 지역 공공 기관을 포함한 중소기업과의 커뮤니케이션을 위한 새로운 채널을 구축하여 AI 규제 샌드박스 참여를 포함하여 본 규정의 이행에 대한 조언을 제공하고 질의에 응답한다.
   (d) 표준화 개발 프로세스에 중소기업 및 기타 관련 이해 관계자의 참여를 촉진한다.
2. 제43조에 따른 적합성평가 수수료를 책정할 때 스타트업을 포함한 중소기업 제공자의 구체적인 이익과 필요를 고려하여, 그 규모, 시장규모 및 기타 관련 지표에 비례하여 그 수수료를 감액한다.
3. AI사무국은 다음과 같은 조치를 취한다.
   (a) 이사회가 요청서에 명시한 바에 따라 이 규정이 적용되는 영역에 대한 표준화된 템플릿을 제공한다.
   (b) 연방 전역의 모든 운영자에게 이 규정과 관련하여 사용하기 쉬운 정보를 제공하는 단일 정

보 플랫폼을 개발하고 유지한다.

(c) 이 규정에서 발생하는 의무에 대한 인식을 높이기 위해 적절한 커뮤니케이션 캠페인을 조직한다.

(d) AI 시스템과 관련된 공공 조달 절차의 모범 사례 수렴을 평가하고 촉진한다.

해설

도입 이유

EU 인공지능법 제62조는 중소기업(SMEs) 및 스타트업이 새로운 AI 규제를 이해하고 준수할 수 있도록 지원하기 위해 도입되었다. 이는 중소기업이 AI 기술 개발 및 적용 과정에서 겪을 수 있는 어려움을 최소화하고, 혁신을 촉진하며, 공정한 경쟁 환경을 조성하기 위함이다. 또한, 중소기업이 AI 규제 샌드박스에 우선 접근할 수 있도록 하여, 새로운 AI 기술을 안전하게 테스트하고 발전시킬 수 있는 기회를 제공하고자 한다.

조문 내용 요약

1. 회원국은 다음과 같은 조치를 취해야 한다:

○ 중소기업, 특히 스타트업이 AI 규제 샌드박스에 우선 접근할 수 있도록 한다.

○ 중소기업을 대상으로 한 규제 적용에 대한 인식 제고 및 교육 활동을 조직한다.

○ 중소기업과의 소통을 위한 전용 채널을 활용하거나 새로운 채널을 마련한다.

○ 중소기업 및 기타 관련 이해관계자의 표준화 개발 과정 참여를 촉진한다.

○ 중소기업의 크기와 시장 규모에 따라 적합성 평가 수수료를 비례적으로 설정한다.

2. AI 사무국은 다음과 같은 조치를 취해야 한다:

○ 규제 적용 영역에 대한 표준화된 템플릿을 제공한다.

○ 모든 운영자가 쉽게 사용할 수 있는 단일 정보 플랫폼을 개발하고 유지한다.

○ 규제 의무에 대한 인식을 높이기 위한 적절한 홍보 캠페인을 조직한다.

○ AI 시스템과 관련된 공공 조달 절차에서 모범 사례의 수렴을 평가하고 촉진한다.

법적 측면

법적 측면에서 제62조는 중소기업이 AI 규제를 준수하는 데 필요한 지원을 제공함으로써 법적 안정성을 강화한다. 중소기업이 규제를 이해하고 준수할 수 있도록 돕는 것은 법적 분쟁을 줄이고, 규제 준수 비용을 절감하며, 법적 책임을 명확히 하는 데 기여한다. 또한, 중소기업이 AI 규제 샌드박스에 우선 접근할 수 있도록 함으로써, 새로운 AI 기술의 법적 검증 과정을 간소화하고, 법적 리스크를 최소화할 수 있다.

행정적 측면

행정적 측면에서 제62조는 회원국과 AI 사무국이 중소기업을 지원하기 위한 구체적인 조치를 취하도록 규정하고 있다. 이는 행정 절차의 효율성을 높이고, 중소기업이 규제를 준수하는 데 필요한 정보를 쉽게 얻을 수 있도록 한다. 또한, 전용 채널을 통해 중소기업과의 소통을 강화함으로써, 규제 적용 과정에서 발생할 수 있는 문제를 신속하게 해결할 수 있다. AI 사무국이 제공하는 표준화된 템플릿과 단일 정보 플랫폼은 행정 업무의 일관성을 유지하고, 중소기업이 규제를 준수하는 데 필요한 자료를 쉽게 접근할 수 있도록 한다.

비즈니스 측면

비즈니스 측면에서 제62조는 중소기업이 AI 기술을 개발하고 적용하는 데 필요한 지원을 제공함으로써, 혁신을 촉진하고 경쟁력을 강화한다. 중소기업이 AI 규제 샌드박스에 우선 접근할 수 있도록 함으로써, 새로운 AI 기술을 안전하게 테스트하고 발전시킬 수 있는 기회를 제공한다. 또한, 중소기업을 대상으로 한 인식 제고 및 교육 활동은 규제 준수에 대한 이해를 높이고, 규제 준수 비용을 절감하는 데 기여한다. 중소기업의 크기와 시장 규모에 따라 적합성 평가 수수료를 비례적으로 설정함으로써, 중소기업의 재정적 부담을 줄이고, 공정한 경쟁 환경을 조성한다.

이와 같이, EU 인공지능법 제62조는 중소기업이 AI 규제를 이해하고 준수할 수 있도록 지원함으로써, 법적 안정성, 행정 효율성, 비즈니스 혁신을 촉진하는 데 중요한 역할을 한다.

제63조: 특정 운영자에 대한 완화 특례

요약

1. 권고안 2003/361/EC의 의미 내에 있는 소기업은 이 규정의 제17조에서 요구하는 품질경영시스템의 특정 요소를 간소화하여 준수할 수 있으며, 단, 해당 권고안의 의미 내에 파트너 기업 또는 연계 기업이 없는 경우에 한한다. 이를 위해 위원회는 고위험 AI 시스템에 대한 보호 수준이나 요구 사항 준수의 필요성에 영향을 미치지 않고 소기업의 요구를 고려하여 간소화된 방식으로 준수할 수 있는 품질 관리 시스템의 요소에 대한 지침을 개발해야 한다.

2. 이 조 제1항은 제9조, 제10조, 제11조, 제12조, 제13조, 제14조, 제15조, 제72조 및 제73조에 규정된 것을 포함하여 이 규정에 규정된 기타 요건 또는 의무를 이행하는 것을 면제하는 것으로 해석되지 아니한다.

해설

도입 이유

제63조는 소기업, 특히 마이크로기업이 고위험 AI 시스템에 대한 품질 관리 시스템을 보다 간소화된 방식으로 준수할 수 있도록 하기 위해 도입되었다. 이는 소기업이 대기업과 동일한 수준의 규제를 준수하는 데 어려움을 겪을 수 있다는 점을 고려한 것이다. 따라서, 소기업의 특수한 상황을 반영하여 규제 부담을 줄이면서도 고위험 AI 시스템에 대한 보호 수준을 유지하려는 목적이 있다.

조문 내용 요약

1. 마이크로기업의 간소화된 준수: 마이크로기업은 특정 품질 관리 시스템 요소를 간소화된 방식으로 준수할 수 있다. 단, 이들은 파트너 기업이나 연결된 기업이 없어야 한다. 이를 위해, 위원회는 마이크로기업의 필요를 고려한 지침을 개발할 것이다.

2. 기타 요구사항 준수: 제1항은 마이크로기업이 이 규정의 다른 요구사항이나 의무를 면제받는 것으로 해석되지 않는다. 이는 제9조부터 제15조, 제72조 및 제73조에 명시된 요구사항을 포함한다.

법적 측면

법적으로, 제63조는 소기업이 고위험 AI 시스템에 대한 규제를 준수하는 데 있어 보다 유연한 접근 방식을 허용한다. 이는 소기업이 대기업과 동일한 규제를 준수하는 데 따른 과도한 부담을 완화하기 위한 것이다. 그러나, 이는 소기업이 다른 법적 요구사항을 면제받는 것을 의미하지 않으며, 여전히 고위험 AI 시스템에 대한 기본적인 보호 수준을 유지해야 한다.

행정적 측면

행정적으로, 제63조는 위원회가 마이크로기업을 위한 지침을 개발하도록 요구한다. 이는 소기업이 품질 관리 시스템을 보다 쉽게 준수할 수 있도록 돕기 위한 것이다. 이러한 지침은 소기업의 특수한 상황을 반영하여, 규제 준수의 복잡성을 줄이는 데 중점을 둔다. 또한, 행정 기관은 소기업이 다른 법적 요구사항을 준수하는지 여부를 지속적으로 모니터링해야 한다.

비즈니스 측면

비즈니스 측면에서, 제63조는 소기업이 고위험 AI 시스템을 개발하고 운영하는 데 있어 보다 유연한 접근 방식을 제공한다. 이는 소기업이 대기업과 경쟁할 수 있는 기회를 제공하며, 혁신을 촉진하는 데 기여할 수 있다. 또한, 소기업은 간소화된 규제 준수를 통해 비용을 절감하고, 보다 효율적으로 자원을 활용할 수 있다. 그러나, 이는 여전히 고위험 AI 시스템에 대한 기본적인 보호 수준을 유지해야 한다는 점에서, 소기업이 규제 준수에 대한 책임을 다해야 한다는 것을 의미한다.

이와 같이, 제63조는 소기업이 고위험 AI 시스템에 대한 규제를 준수하는 데 있어 보다 유연한 접근 방식을 제공하면서도, 기본적인 보호 수준을 유지하려는 목적을 가지고 있다. 이는 법적, 행정적, 비즈니스 측면에서 소기업의 특수한 상황을 반영한 규제 완화 조치이다.

제64조: AI 사무국

요약

1. 위원회는 AI사무국을 통하여 AI분야의 전문성과 역량을 개발한다.
2. 회원국은 이 규정에 반영된 바에 따라 AI 사무국에 위임된 업무를 용이하게 해야 한다.

해설

도입 이유

EU 인공지능법 제64조는 인공지능(AI) 분야에서의 전문성과 역량을 강화하기 위해 도입되었다. 이는 AI 기술의 발전과 활용이 급속히 진행됨에 따라, EU가 AI 관련 지식과 기술을 체계적으로 축적하고 이를 바탕으로 규제와 정책을 효과적으로 수립하기 위한 필요성에서 비롯되었다. 또한, AI 기술의 복잡성과 다양성으로 인해, 전문적인 지식과 역량을 갖춘 기관의 필요성이 대두되었다.

조문 내용 요약

제64조는 크게 두 가지 주요 내용을 포함하고 있다:

1. **AI 사무소 설립**: 유럽연합 집행위원회(Commission)는 AI 사무소를 통해 AI 분야에서의 전문성과 역량을 개발한다.
2. **회원국의 지원**: 회원국들은 이 규정에 반영된 AI 사무소의 임무를 수행하는 데 필요한 지원을

인공지능(AI)과 행정관리

제공한다.

법적 측면

법적 측면에서 제64조는 EU 내에서 AI 기술의 규제와 관리에 있어 중앙집권적인 접근 방식을 채택하고 있다. 이는 AI 사무소가 AI 관련 규제와 정책을 수립하고 시행하는 데 있어 중심적인 역할을 하도록 함으로써, 일관된 규제 프레임워크를 유지하고자 하는 목적을 가지고 있다. 또한, 회원국들이 AI 사무소의 임무 수행을 지원하도록 명시함으로써, 법적 구속력을 부여하고 있다. 이는 각 회원국이 AI 사무소의 활동에 협력하고, 필요한 자원을 제공해야 함을 의미한다.

행정적 측면

행정적 측면에서 제64조는 AI 사무소의 설립과 운영을 통해, AI 기술의 발전과 활용에 대한 체계적인 관리와 감독을 가능하게 한다. AI 사무소는 AI 기술의 연구, 개발, 적용에 대한 데이터를 수집하고 분석하며, 이를 바탕으로 정책과 규제를 수립한다. 또한, 회원국들과의 협력을 통해, AI 기술의 안전성과 신뢰성을 확보하고, AI 기술이 사회적, 경제적 이익을 극대화할 수 있도록 지원한다. 이는 AI 기술의 발전과 활용에 있어, 투명성과 책임성을 강화하는 데 기여한다.

비즈니스 측면

비즈니스 측면에서 제64조는 AI 기술을 개발하고 활용하는 기업들에게 중요한 의미를 가진다. AI 사무소의 설립을 통해, 기업들은 AI 기술에 대한 명확한 규제와 지침을 제공받을 수 있으며, 이는 AI 기술의 개발과 적용에 있어 예측 가능성을 높인다. 또한, AI 사무소는 AI 기술의 안전성과 신뢰성을 확보하기 위한 기준을 제시함으로써, 기업들이 AI 기술을 보다 안전하고 신뢰성 있게 개발하고 활용할 수 있도록 지원한다. 이는 AI 기술의 시장 진입을 촉진하고, AI 기술을 활용한 비즈니스 모델의 확산을 가능하게 한다.

제65조: 유럽 인공 지능 위원회의 설립 및 구조

요약

1. 유럽 인공 지능 위원회(이하 '위원회')가 설립됩니다.

2. 이사회는 회원국당 1명의 대표로 구성한다. 유럽 데이터 보호 감독관은 옵서버 자격으로 참여한다. AI 사무국은 투표에 참여하지 않고 이사회 회의에도 참석해야 한다. 다른 국가 및 연합 당국, 단체 또는 전문가는 논의된 사안이 그들과 관련이 있는 경우 사례별로 이사회에 의해 회의에 초대될 수 있다.

3. 각 대표는 3년의 임기로 회원국에 의해 지명되며, 1회 갱신할 수 있다.

4. 회원국은 이사회의 대표가 다음 사항을 준수하도록 보장해야 한다.

   (a) 제66조에 언급된 이사회의 임무 수행에 적극적으로 기여할 수 있도록 회원국에서 관련 권한과 권한을 갖는다.;

   (b) 이사회에 대한 단일 연락 창구로 지정되고, 적절한 경우 회원국의 요구를 고려하여 이해관계자를 위한 단일 연락 창구로 지정된다.

   (c) 이사회에서 임무를 수행하기 위한 관련 데이터 및 정보의 수집을 포함하여 이 규정의 이행과 관련하여 회원국의 국가 관할 당국 간의 일관성과 조정을 촉진할 권한이 있다.

5. 회원국의 지명된 대표는 이사회의 의사규칙을 3분의 2 이상의 찬성으로 채택한다. 절차 규칙은 특히 선출 절차, 의장의 임무 기간 및 임무의 세부 사항, 투표를 위한 세부 조치, 이사회 및 하위 그룹의 활동 조직을 규정한다.

6. 이사회는 시장감시당국 간의 협력과 교류를 위한 플랫폼을 제공하기 위해 2개의 상설 소그룹을 설립하고, 시장감시 및 인증기관과 관련된 문제에 대해 각각 당국에 통보한다. 시장 감시를 위한 상임 하위 그룹은 규정(EU) 2019/1020의 30항의 의미 내에서 이 규정에 대한 행정 협력 그룹(ADCO) 역할을 해야 한다. 이사회는 특정 사안을 검토하기 위해 적절한 목적으로 다른 상설 또는 임시 소그룹을 구성할 수 있다. 적절한 경우, 제67조에 언급된 자문 포럼의 대표는 그러한 소그룹 또는 그 소그룹의 특정 회의에 옵서버로서 초대될 수 있다.

인공지능(AI)과 행정관리

7. 이사회는 그 활동의 객관성과 공정성을 확보하기 위하여 조직되고 운영되어야 한다.

8. 이사회는 회원국 대표 중 한 명이 의장을 맡는다. AI 사무국은 이사회를 위한 사무국을 제공하고, 의장의 요청에 따라 회의를 소집하며, 이 규정 및 절차 규칙에 따라 이사회의 임무에 따라 의제를 준비한다.

해설

도입 이유

EU 인공지능법 제65조는 유럽 인공지능 위원회(European Artificial Intelligence Board, 이하 '위원회')의 설립과 운영에 관한 규정을 담고 있다. 이 조항의 도입 이유는 인공지능(AI) 기술의 발전과 확산에 따라 각 회원국 간의 규제 일관성을 유지하고, AI 관련 문제를 효과적으로 해결하기 위해 중앙집권적인 기구의 필요성이 대두되었기 때문이다. 위원회는 회원국 간의 협력과 조정을 통해 AI 규제의 일관성을 보장하고, 시장 감시 및 통지 기관 간의 협력을 촉진하는 역할을 한다.

조문 내용 요약:

1. 위원회는 각 회원국의 대표로 구성되며, 유럽 데이터 보호 감독관과 AI 사무국이 참관인으로 참여한다.

2. 각 회원국은 3년 임기의 대표를 지명하며, 이들은 위원회의 규칙을 3분의 2 다수결로 채택한다.

3. 위원회는 시장 감시와 통지 기관 간의 협력을 위한 두 개의 상설 소그룹을 설립한다.

4. 위원회는 객관성과 공정성을 보장하기 위해 조직되고 운영된다.

5. 위원회는 회원국 대표 중 한 명이 의장을 맡으며, AI 사무국이 비서 역할을 한다.

법적 측면

제65조는 위원회의 법적 지위를 명확히 하고, 각 회원국의 대표가 위원회의 규칙을 채택할 수 있는 권한을 부여한다. 이는 회원국 간의 법적 일관성을 유지하고, AI 규제의 통일성을 보장하는 데 중요한 역할을 한다. 또한, 위원회의 객관성과 공정성을 보장하기 위한 규정은 법적 신뢰성을 높이

는 데 기여한다. 위원회의 규칙 채택 절차와 의장 선출 방식 등은 법적 투명성을 확보하는 데 필수적이다.

행정적 측면

행정적으로, 제65조는 각 회원국이 AI 규제와 관련된 데이터를 수집하고, 이를 위원회와 공유할 수 있는 체계를 마련한다. 이는 회원국 간의 협력을 촉진하고, AI 규제의 일관성을 유지하는 데 중요한 역할을 한다. 또한, 위원회의 상설 소그룹은 시장 감시와 통지 기관 간의 협력을 강화하여, AI 기술의 안전성과 신뢰성을 높이는 데 기여한다. 위원회의 비서 역할을 맡는 AI 사무국은 위원회의 운영을 지원하고, 회의 준비와 의제 설정 등을 담당한다.

비즈니스 측면

비즈니스 측면에서 제65조는 AI 기술을 개발하고 사용하는 기업들에게 중요한 의미를 가진다. 위원회의 설립과 운영은 AI 규제의 일관성을 보장하여, 기업들이 각 회원국의 규제를 준수하는 데 도움을 준다. 이는 기업들이 AI 기술을 개발하고 상용화하는 과정에서 법적 불확실성을 줄이고, 시장 진입 장벽을 낮추는 데 기여한다. 또한, 위원회의 시장 감시와 통지 기관 간의 협력은 AI 기술의 안전성과 신뢰성을 높여, 소비자 신뢰를 확보하는 데 중요한 역할을 한다.

제66조: 이사회의 임무

요약

이사회는 본 규정의 일관되고 효과적인 적용을 촉진하기 위해 위원회와 회원국에 조언하고 지원한다. 이를 위해 이사회는 특히 다음과 같은 조치를 취할 수 있다.

(a) 이 규정의 적용을 담당하는 국가 관할 당국 간의 조정에 기여하고, 관련 시장 감시 당국과 협력하고 관련 시장 감시 당국의 합의에 따라 제74조 (11)항에 언급된 시장 감시 당국의 공동

활동을 지원한다.

(b) 회원국 간의 기술 및 규제 전문 지식과 모범 사례를 수집하고 공유한다.

(c) 본 규정의 이행, 특히 범용 AI 모델에 대한 규칙의 시행에 관한 조언을 제공한다.

(d) 제46조에 언급된 적합성 평가 절차의 폐지, AI 규제 샌드박스의 기능, 제57조, 제59조 및 제60조에 언급된 실제 조건에서의 시험과 관련된 것을 포함하여 회원국의 행정 관행의 조화에 기여한다. ;

(e) 위원회의 요청 또는 위원회의 자발적인 발의에 따라, 다음을 포함하여 본 규정의 이행 및 일관되고 효과적인 적용과 관련된 모든 관련 문제에 대한 권고 및 서면 의견을 발행한다.

　(i) 본 규정과 위원회의 지침에 따른 행동 강령 및 실천 강령의 개발 및 적용;

　(ii) 제73조에 언급된 중대 사건 보고, 제71조에 언급된 EU 데이터베이스의 기능, 위임 또는 이행 행위의 준비, 그리고 부속서 I에 열거된 연합 조화 법률과 본 규정의 가능한 일치에 관한 것을 포함하여 제112조에 따른 이 규정의 평가 및 검토;

　(iii) 제3장 제2절에 명시된 요구 사항에 관한 기술 사양 또는 기존 표준;

　(iv) 제40조 및 제41조에 언급된 조화된 표준 또는 공통 사양의 사용에 관하여;

　(v) AI에 대한 유럽의 글로벌 경쟁력, 유럽연합에서의 AI 활용, 디지털 기술 개발과 같은 동향

　(vi) AI 가치 사슬의 진화하는 유형학, 특히 책임성 측면에서 결과적인 의미에 대한 추세;

　(vii) 제7조에 따른 부속서 III의 개정 필요성 및 제112조에 따른 제5조의 개정 가능성에 관하여, 관련 가용한 증거 및 최신 기술 발전을 고려하여;

(f) AI 시스템 사용과 관련된 혜택, 위험, 보호 장치 및 권리와 의무에 대한 AI 문해력, 대중의 인식 및 이해를 증진하는 데 있어 위원회를 지원한다.

(g) 벤치마크 개발에 기여하는 것을 포함하여 이 규정에 규정된 관련 개념에 대한 시장 운영자와 관할 당국 간의 공통 기준 개발 및 공유 이해를 촉진한다.

(h) 특히 제품 안전, 사이버 보안, 경쟁, 디지털 및 미디어 서비스, 금융 서비스, 소비자 보호, 데이터 및 기본권 보호 분야에서 다른 연합 기관, 단체, 사무소 및 기관뿐만 아니라 관련 연합 전문가 그룹 및 네트워크와 적절하게 협력한다.

(i) 제3국의 관할 당국 및 국제기구와의 효과적인 협력에 기여한다.

(j) 국가 관할 당국 및 위원회가 이 규정의 이행에 필요한 조직적 및 기술적 전문성을 개발하도록 지원하며, 여기에는 이 규정의 이행에 관여하는 회원국 직원의 교육 필요성 평가에 기여하는 것이 포함된다.

(k) AI 규제 샌드박스의 설립 및 개발과 관련하여 국가 관할 당국을 지원하는 AI 사무소를 지원하고, AI 규제 샌드박스 간의 협력 및 정보 공유를 촉진한다.

(l) 지침 문서 개발에 기여하고 관련 조언을 제공한다.

(m) AI에 관한 국제 문제와 관련하여 위원회에 조언한다.

(n) 범용 AI 모델에 관한 적격 경고에 대한 의견을 위원회에 제공한다.

(o) 범용 AI 모델에 관한 적격 경보와 AI 시스템, 특히 범용 AI 모델을 통합하는 시스템의 모니터링 및 집행에 대한 국가적 경험 및 관행에 대한 회원국의 의견을 수렴한다.

해설

도입 이유

EU 인공지능법(EU AI Act) 제66조는 인공지능 규제의 일관성과 효과적인 적용을 보장하기 위해 도입되었다. 이 조문은 위원회와 회원국들이 규제를 효과적으로 적용할 수 있도록 지원하고 조언하는 역할을 하는 이사회(Board)의 역할을 규정하고 있다. 이사회는 국가 당국과 협력하여 규제의 일관성을 유지하고, 기술적 및 규제적 전문 지식과 모범 사례를 공유하며, 일반 목적의 AI 모델에 대한 규칙 집행에 관한 조언을 제공한다. 또한, 행정 관행의 조화를 도모하고, AI 규제 샌드박스의 운영 및 실제 조건에서의 테스트를 지원한다.

법적 측면

이 조문은 법적 측면에서 중요한 의미를 가진다. 첫째, 이사회는 규제의 일관성과 효과적인 적용을 보장하기 위해 국가 당국 간의 조정을 지원한다. 이는 규제의 일관성을 유지하고, 회원국 간의 협력을 촉진하며, 규제의 효과적인 집행을 보장하는 데 중요한 역할을 한다. 둘째, 이사회는 규제의 집행에 관한 조언을 제공함으로써, 규제의 일관성과 효과적인 적용을 보장하는 데 기여한다. 이는 규제의 집행이 일관되게 이루어지도록 하고, 규제의 효과적인 적용을 보장하는 데 중요한 역할을 한다.

행정적 측면

행정적 측면에서, 이 조문은 행정 관행의 조화를 도모하는 데 중요한 역할을 한다. 이사회는 회원국 간의 행정 관행을 조화시키고, AI 규제 샌드박스의 운영 및 실제 조건에서의 테스트를 지원한다. 이는 회원국 간의 협력을 촉진하고, 규제의 일관성을 유지하며, 규제의 효과적인 적용을 보장하는 데 중요한 역할을 한다. 또한, 이사회는 기술적 및 규제적 전문 지식과 모범 사례를 공유함으로써, 회원국 간의 협력을 촉진하고, 규제의 일관성을 유지하며, 규제의 효과적인 적용을 보장하는 데 중요한 역할을 한다.

비즈니스 측면

비즈니스 측면에서, 이 조문은 기업들이 규제를 준수하는 데 필요한 지원을 제공하는 데 중요한 역할을 한다. 이사회는 규제의 집행에 관한 조언을 제공하고, 기술적 및 규제적 전문 지식과 모범 사례를 공유함으로써, 기업들이 규제를 준수하는 데 필요한 지원을 제공한다. 이는 기업들이 규제를 준수하는 데 필요한 정보를 제공하고, 규제의 일관성을 유지하며, 규제의 효과적인 적용을 보장하는 데 중요한 역할을 한다. 또한, 이사회는 AI 규제 샌드박스의 운영 및 실제 조건에서의 테스트를 지원함으로써, 기업들이 새로운 AI 기술을 개발하고 테스트하는 데 필요한 지원을 제공한다.

결론적으로, EU 인공지능법 제66조는 규제의 일관성과 효과적인 적용을 보장하기 위해 도입되었으며, 법적, 행정적, 비즈니스 측면에서 중요한 의미를 가진다. 이 조문은 이사회가 국가 당국 간의 조정을 지원하고, 규제의 집행에 관한 조언을 제공하며, 행정 관행의 조화를 도모하고, 기업들이 규제를 준수하는 데 필요한 지원을 제공하는 데 중요한 역할을 한다. 이는 규제의 일관성을 유지하고, 회원국 간의 협력을 촉진하며, 규제의 효과적인 적용을 보장하는 데 중요한 역할을 한다.

제67조: 자문 포럼

요약

1. 자문 포럼을 설치하여 이사회 및 위원회에 기술적 전문성을 제공하고 자문하며 본 규정에 따른 임무에 기여한다.

2. 자문포럼의 구성원은 산업계, 스타트업, 중소기업, 시민사회, 학계 등 이해관계자를 균형 있게 선정한다. 자문 포럼의 구성원은 상업적 및 비상업적 이익과 관련하여 균형을 이루어야 하며, 상업적 이익의 범주 내에서 중소기업 및 기타 사업과 관련하여 균형을 이루어야 한다.

3. 위원회는 제2항에 규정된 기준에 따라 인공지능 분야에서 인정되는 전문성을 갖춘 이해관계자 중에서 자문포럼의 위원을 임명한다.

4. 자문위원의 임기는 2년으로 하며, 4년 이내로 연장할 수 있다.

5. 기본권기구(Fundamental Rights Agency), ENISA, 유럽표준화위원회(European Committee for Standardization, CEN), 유럽전기기술표준화위원회(European Committee for Electrotechnical Standardization, CENELEC) 및 유럽전기통신표준협회(European Telecommunications Standards Institute, ETSI)는 자문 포럼의 상임이사국이 된다.

6. 자문 포럼은 절차 규칙을 작성한다. 위원회는 제2항에 규정된 기준에 따라 위원 중에서 2명의 공동의장을 선출한다. 공동의장의 임기는 2년이며, 1회 연임할 수 있다.

7. 자문포럼은 연 2회 이상 개최한다. 자문 포럼은 전문가 및 기타 이해 관계자를 회의에 초대할 수 있다.

8. 자문 포럼은 이사회 또는 위원회의 요청에 따라 의견, 권고 및 서면 기고를 준비할 수 있다.

9. 자문 포럼은 이 규정의 목적과 관련된 특정 질문을 검토하기 위해 적절한 상설 또는 임시 소그룹을 구성할 수 있다.

10. 자문포럼은 그 활동에 대한 연차보고서를 작성한다. 해당 보고서는 공개되어야 한다.

인공지능(AI)과 행정관리

도입 이유

제67조는 인공지능 기술의 발전과 활용이 급격히 증가함에 따라, 다양한 이해관계자들의 의견을 수렴하고 기술적 전문 지식을 제공하기 위해 도입되었다. 이는 인공지능 기술이 사회 전반에 미치는 영향을 고려하여, 균형 잡힌 정책 결정을 지원하고자 하는 목적을 가지고 있다.

조문 내용 요약

1. **자문 포럼 설립**: 기술적 전문 지식을 제공하고 위원회와 이사회에 조언을 제공하기 위해 자문 포럼을 설립한다.

2. **회원 구성**: 산업, 스타트업, 중소기업, 시민 사회, 학계를 포함한 다양한 이해관계자들로 구성되며, 상업적 및 비상업적 이익을 균형 있게 대표한다.

3. **회원 임명**: 위원회는 인공지능 분야에서 인정받은 전문 지식을 가진 이해관계자들 중에서 자문 포럼의 회원을 임명한다.

4. **임기**: 회원의 임기는 2년이며, 최대 4년까지 연장 가능하다.

5. **상임 회원**: 기본권 기구, ENISA, 유럽 표준화 위원회(CEN), 유럽 전기기술 표준화 위원회(CENELEC), 유럽 통신 표준화 기구(ETSI)는 상임 회원으로 참여한다.

6. **운영 규칙**: 자문 포럼은 자체 운영 규칙을 작성하며, 회원 중에서 두 명의 공동 의장을 선출한다. 공동 의장의 임기는 2년이며, 한 번 연임 가능하다.

7. **회의 개최**: 자문 포럼은 최소 연 2회 회의를 개최하며, 전문가 및 기타 이해관계자를 초청할 수 있다.

8. **의견 및 권고안 작성**: 자문 포럼은 이사회나 위원회의 요청에 따라 의견, 권고안 및 서면 기여를 준비할 수 있다.

9. **소그룹 설립**: 자문 포럼은 규제 목표와 관련된 특정 질문을 검토하기 위해 상설 또는 임시 소그룹을 설립할 수 있다.

10. **연례 보고서**: 자문 포럼은 활동에 대한 연례 보고서를 작성하며, 해당 보고서는 공개된다.

법적 측면

제67조는 법적으로 자문 포럼의 설립과 운영에 대한 명확한 지침을 제공한다. 이는 인공지능 기술의 규제와 관련된 법적 결정이 보다 투명하고 공정하게 이루어질 수 있도록 보장한다. 또한, 다양한 이해관계자들의 참여를 통해 법적 결정 과정에서의 민주성을 강화한다.

행정적 측면

행정적으로 제67조는 자문 포럼의 구성, 임명, 운영 규칙, 회의 개최 등 구체적인 절차를 명시함으로써, 포럼의 효율적인 운영을 지원한다. 이는 인공지능 기술과 관련된 정책 결정이 신속하고 효과적으로 이루어질 수 있도록 돕는다. 또한, 연례 보고서를 통해 포럼의 활동을 공개함으로써, 행정적 투명성을 제고한다.

비즈니스 측면

비즈니스 측면에서 제67조는 산업, 스타트업, 중소기업 등 다양한 상업적 이해관계자들이 자문 포럼에 참여할 수 있는 기회를 제공한다. 이는 기업들이 인공지능 기술과 관련된 규제 환경을 보다 잘 이해하고, 이에 대응할 수 있도록 돕는다. 또한, 자문 포럼을 통해 기업들은 정책 결정 과정에 직접 참여함으로써, 자신들의 목소리를 반영할 수 있는 기회를 갖게 된다.

제68조: 독립적인 전문가로 구성된 과학 패널

요약

1. 위원회는 시행 행위를 통하여 이 규정에 따른 집행 활동을 지원하기 위한 독립적인 전문가들로 구성된 과학 패널(이하 '과학 패널')의 설립에 관한 규정을 마련한다. 그 시행법은 제98조 (2)항에 언급된 심사절차에 따라 채택되어야 한다.

2. 과학패널은 제3항에 규정된 과업에 필요한 인공지능 분야의 최신 과학 또는 기술적 전문성을

바탕으로 위원회가 선정한 전문가로 구성되며, 다음 각 호의 조건을 모두 충족함을 입증할 수 있어야 한다.

(a) AI 분야에서 특별한 전문성과 역량 및 과학적 또는 기술적 전문성을 보유하고 있다.

(b) AI 시스템 또는 범용 AI 모델 제공자로부터의 독립성;

(c) 부지런하고 정확하며 객관적으로 활동을 수행할 수 있는 능력. 위원회는 이사회와 협의하여 필요한 필요에 따라 패널의 전문가 수를 결정하고 공정한 성별 및 지리적 대표성을 보장해야 한다.

3. 과학 패널은 특히 다음 업무와 관련하여 AI Office에 조언하고 지원해야 한다.

(a) 범용 AI 모델 및 시스템과 관련하여 본 규정의 이행 및 시행을 지원하며, 특히 다음을 통해 다음을 수행한다.

(i) 제90조에 따라 범용 AI 모델의 연합 수준에서 발생할 수 있는 시스템적 위험을 AI 사무국에 경고한다;

(ii) 벤치마크를 포함하여 범용 AI 모델 및 시스템의 기능을 평가하기 위한 도구 및 방법론 개발에 기여한다.

(iii) 체계적 위험이 있는 범용 AI 모델의 분류에 대한 조언을 제공한다.

(iv) 다양한 범용 AI 모델 및 시스템의 분류에 대한 조언을 제공한다.

(v) 도구 및 템플릿 개발에 기여;

(b) 요청에 따라 시장 감시 당국의 업무를 지원한다.

(c) 시장 감시 당국의 권한을 침해하지 않고 제74조 (11)항에 언급된 국경 간 시장 감시 활동을 지원한다.

(d) 제81조에 따른 연합 보호 절차의 맥락에서 AI 사무소가 임무를 수행할 수 있도록 지원한다.

4. 과학위원단의 전문가는 공정성과 객관성을 가지고 업무를 수행하며, 업무와 활동을 수행하면서 얻은 정보와 자료의 기밀성을 보장하여야 한다. 제3항에 따른 직무를 수행함에 있어 누구의 지시도 구하거나 받지 아니한다. 각 전문가는 이해관계 선언문을 작성하여 공개해야 한다. AI 사무국은 잠재적인 이해상충을 적극적으로 관리하고 예방할 수 있는 제도와 절차를 마련한다.

5. 제1항에 언급된 시행법은 과학패널과 그 구성원이 경보를 발령하고 과학패널의 임무 수행을

위해 AI사무국의 지원을 요청할 수 있는 조건, 절차 및 세부 조치에 관한 조항을 포함한다.

해설

도입 이유

EU 인공지능법 제68조는 인공지능(AI) 시스템의 안전성과 신뢰성을 보장하기 위해 도입되었다. 이 조항은 AI 시스템의 잠재적 위험을 식별하고 평가하는 데 필요한 과학적 전문 지식을 제공하기 위해 독립적인 전문가 패널을 구성하는 것을 목표로 한다. 이를 통해 AI 시스템의 개발 및 사용이 EU의 규제 기준을 준수하도록 보장하고, AI 기술의 발전이 사회적, 경제적, 윤리적 측면에서 긍정적인 영향을 미치도록 한다.

조문 내용 요약

1. **과학적 패널의 설립**: 유럽연합 집행위원회(Commission)는 시행 법령을 통해 독립적인 전문가 패널(과학적 패널)을 설립한다. 이 패널은 AI 규제의 집행 활동을 지원하기 위해 구성된다.
2. **전문가 선정 기준**: 패널의 전문가들은 최신 과학적 또는 기술적 전문 지식을 바탕으로 선정되며, AI 시스템 제공자와 독립적이어야 한다. 또한, 이들은 정확하고 객관적으로 활동할 수 있는 능력을 갖추어야 한다.
3. **패널의 역할**: 패널은 AI 사무국(AI Office)을 지원하며, AI 모델의 분류, 평가 도구 개발, 시스템적 위험 경고 등의 업무를 수행한다. 또한, 시장 감시 당국의 요청에 따라 지원을 제공하고, 국경 간 시장 감시 활동을 지원한다.
4. **전문가의 의무**: 전문가들은 공정하고 객관적으로 업무를 수행하며, 업무 수행 중 얻은 정보와 데이터를 기밀로 유지해야 한다. 또한, 이해 충돌을 방지하기 위해 이해관계 신고서를 작성해야 한다.
5. **시행 법령의 내용**: 시행 법령에는 과학적 패널의 경고 발행 조건, 절차 및 세부 사항이 포함된다.

인공지능(AI)과 행정관리

법적 측면

법적 측면에서 제68조는 AI 시스템의 규제와 관련된 법적 프레임워크를 강화한다. 독립적인 전문가 패널의 설립은 규제 당국이 AI 시스템의 위험을 보다 효과적으로 식별하고 관리할 수 있도록 지원한다. 이는 AI 시스템의 안전성과 신뢰성을 보장하는 데 중요한 역할을 하며, 규제 당국의 권한과 책임을 명확히 한다. 또한, 전문가 패널의 독립성과 공정성을 보장함으로써 규제 과정의 투명성과 신뢰성을 높인다.

행정적 측면

행정적 측면에서 제68조는 AI 규제의 집행을 지원하는 행정적 구조를 강화한다. 전문가 패널은 AI 사무국과 협력하여 AI 시스템의 평가 및 분류 작업을 지원하며, 시장 감시 당국의 요청에 따라 추가적인 지원을 제공한다. 이는 AI 규제의 집행을 보다 효율적으로 만들고, 규제 당국이 AI 시스템의 위험을 신속하게 식별하고 대응할 수 있도록 한다. 또한, 전문가 패널의 구성과 운영에 대한 명확한 절차를 규정함으로써 행정적 투명성을 높인다.

비즈니스 측면

비즈니스 측면에서 제68조는 AI 시스템 제공자에게 명확한 규제 기준을 제공한다. 이는 AI 시스템의 개발 및 사용에 있어 규제 준수의 중요성을 강조하며, 기업이 AI 시스템의 안전성과 신뢰성을 보장하기 위해 필요한 조치를 취하도록 유도한다. 또한, 전문가 패널의 평가 도구와 방법론 개발은 기업이 AI 시스템의 성능과 안전성을 평가하는 데 도움을 줄 수 있다. 이는 AI 기술의 발전을 촉진하고, 기업이 규제 준수를 통해 시장에서 경쟁력을 유지할 수 있도록 지원한다.

제69조: 회원국의 전문가 풀에 대한 접근

요약

1. 회원국은 이 규정에 따른 집행 활동을 지원하기 위해 과학 패널의 전문가를 요청할 수 있다.

2. 회원국은 전문가가 제공하는 조언 및 지원에 대해 수수료를 지불해야 한다. 회수 가능한 비용의 규모와 구조뿐만 아니라 수수료의 구조와 수준은 이 규정의 적절한 이행의 목표, 비용 효율성 및 모든 회원국에 대한 전문가에 대한 효과적인 접근을 보장해야 할 필요성을 고려하여 제68조 (1)에 언급된 이행법에 명시되어야 한다.

3. 위원회는 필요에 따라 회원국이 전문가에 적시에 접근할 수 있도록 하고, 제84조에 따른 연합의 인공지능 테스트 지원과 이 조에 따른 전문가들이 수행하는 지원 활동의 조합이 효율적으로 조직되고 최상의 부가가치를 제공하도록 보장한다.

해설

도입 이유

EU 인공지능법(EU AI Act) 제69조는 회원국들이 규제 집행을 효과적으로 수행할 수 있도록 전문가의 지원을 받을 수 있는 절차를 규정하고 있다. 이는 인공지능 기술의 복잡성과 빠른 발전 속도에 대응하기 위해, 각국이 필요한 전문 지식을 신속하게 확보할 수 있도록 하기 위함이다. 또한, 이를 통해 규제의 일관성과 효율성을 높이고, 모든 회원국이 동등한 수준의 지원을 받을 수 있도록 보장하려는 목적이 있다.

조문 내용 요약:

1. 회원국은 이 규정의 집행 활동을 지원하기 위해 과학 패널의 전문가에게 도움을 요청할 수 있다.

2. 회원국은 전문가의 조언과 지원에 대해 비용을 지불해야 하며, 비용 구조와 수준은 제68조(1)항에 언급된 시행 법령에서 규정된다. 이는 규정의 적절한 이행, 비용 효율성, 모든 회원국이

전문가에 접근할 수 있는 필요성을 고려하여 설정된다.

3. 위원회는 회원국이 필요한 경우 전문가에 신속하게 접근할 수 있도록 지원하고, 제84조에 따른 연합 AI 테스트 지원과 전문가 지원 활동의 조합이 효율적으로 조직되고 최상의 부가 가치를 제공하도록 보장한다.

법적 측면

제69조는 회원국이 규제 집행을 위해 전문가의 지원을 받을 수 있는 법적 근거를 제공한다. 이는 규제의 일관성과 공정성을 유지하는 데 중요한 역할을 한다. 또한, 비용 구조와 수준을 명확히 규정함으로써, 회원국 간의 비용 부담의 형평성을 보장하고, 규제 집행의 투명성을 높인다. 이 조항은 회원국이 규제 집행 과정에서 필요한 전문 지식을 확보할 수 있도록 하여, 법적 안정성을 강화하는 데 기여한다.

행정적 측면

행정적으로, 제69조는 회원국이 규제 집행을 위해 전문가의 지원을 받을 수 있는 절차를 명확히 규정하고 있다. 이는 각국의 행정 기관이 인공지능 기술의 복잡성과 빠른 발전 속도에 대응할 수 있도록 돕는다. 또한, 위원회가 전문가 접근을 지원하고, 지원 활동을 효율적으로 조직하도록 규정함으로써, 행정적 효율성을 높인다. 이는 각국의 행정 기관이 규제 집행을 효과적으로 수행할 수 있도록 지원하는 중요한 장치이다.

비즈니스 측면

비즈니스 측면에서, 제69조는 기업들이 규제 준수에 필요한 전문 지식을 확보할 수 있는 기회를 제공한다. 이는 기업들이 인공지능 기술을 개발하고 활용하는 과정에서 규제 준수의 부담을 줄이고, 혁신을 촉진하는 데 기여한다. 또한, 비용 구조와 수준이 명확히 규정됨으로써, 기업들이 규제 준수 비용을 예측하고 계획할 수 있게 된다. 이는 기업들이 규제 환경에 적응하고, 지속 가능한 성장을 도모하는 데 중요한 역할을 한다.

제70조: 국가관할당국 지정 및 단일연락창구

요약

1. 각 회원국은 이 규정의 목적을 위하여 적어도 하나의 신고기관과 적어도 하나의 시장감시기관을 국가관할당국으로 설립하거나 지정한다. 이러한 국가 권한 있는 당국은 활동과 업무의 객관성을 보호하고 이 규정의 적용 및 이행을 보장하기 위해 독립적이고 공정하며 편견 없이 권한을 행사해야 한다. 해당 당국의 구성원은 자신의 직무와 양립할 수 없는 어떠한 행동도 삼가야 한다. 이러한 원칙을 준수하는 경우, 그러한 활동과 업무는 회원국의 조직적 필요에 따라 하나 이상의 지정된 기관에서 수행할 수 있다.

2. 회원국은 통지기관 및 시장감시당국의 신원과 그 당국의 임무 및 그에 따른 변경사항을 위원회에 통보하여야 한다. 회원국은 관할 당국과 단일 연락 창구가 전자 통신 수단을 통해 연락할 수 있는 방법에 대한 정보를 공개적으로 제공해야 한다. [이 규정의 시행일로부터 12개월]. 회원국은 이 규정에 대한 단일 연락 창구 역할을 할 시장 감시 기관을 지정하고, 단일 연락 창구의 신원을 위원회에 통보해야 한다. 위원회는 단일 연락 창구의 목록을 공개한다.

3. 회원국은 자국의 주무관청이 이 규정에 따라 임무를 효과적으로 수행할 수 있도록 적절한 기술적, 재정적, 인적 자원과 인프라를 제공받도록 보장한다. 특히, 국가 관할 당국은 AI 기술, 데이터 및 데이터 컴퓨팅, 개인 데이터 보호, 사이버 보안, 기본권, 보건 및 안전 위험에 대한 심층적인 이해와 기존 표준 및 법적 요구 사항에 대한 지식을 포함하는 역량과 전문 지식을 갖춘 충분한 수의 인력을 상시 보유해야 한다. 회원국은 매년 이 항에 언급된 역량 및 자원 요건을 평가하고 필요한 경우 업데이트해야 한다.

4. 국가 관할 당국은 적절한 수준의 사이버 보안을 보장하기 위해 적절한 조치를 취해야 한다.

5. 국가관할관청은 그 직무를 수행함에 있어 제78조에 규정된 비밀유지의무에 따라 행동하여야 한다.

6. 이 규정의 시행일로부터 1년 그리고 그 후 2년마다 한 번씩 회원국은 국가 관할 당국의 재정 및 인적 자원의 현황을 위원회에 보고하고 그 적정성에 대한 평가를 해야 한다. 위원회는 해

인공지능(AI)과 행정관리

당 정보를 이사회에 전달하여 논의 및 가능한 권고를 받아야 한다.

7. 위원회는 국가관할당국간의 경험교환을 촉진한다.

8. 국가 관할 당국은 이사회 및 위원회의 지침과 조언을 적절하게 고려하여 특히 신생 기업을 포함한 중소기업에 이 규정의 이행에 대한 지침과 조언을 제공할 수 있다. 국가 관할 당국이 다른 연합 법률이 적용되는 영역에서 AI 시스템과 관련하여 지침과 조언을 제공하고자 할 때마다 해당 연합 법률에 따른 국가 관할 당국과 적절하게 협의해야 한다.

9. 연합 기관, 단체, 사무소 또는 기관이 본 규정의 범위에 속하는 경우, 유럽 데이터 보호 감독관은 그들의 감독을 위한 관할 당국 역할을 한다.

해설

도입 이유

제70조는 각 회원국이 인공지능 규제의 이행을 감독할 권한을 가진 독립적이고 공정한 기관을 설립하거나 지정하도록 요구한다. 이는 규제의 일관된 적용과 공정성을 보장하기 위한 것이다. 또한, 이러한 기관이 충분한 자원과 전문 지식을 갖추도록 하여 인공지능 기술, 데이터 보호, 사이버 보안 등 다양한 분야에서 효과적으로 감독할 수 있도록 한다.

조문 내용 요약:

1. 각 회원국은 최소 하나의 통지 기관과 하나의 시장 감시 기관을 설립하거나 지정해야 한다. 이 기관들은 독립적이고 공정하게 활동해야 한다.

2. 회원국은 이러한 기관의 신원을 위원회에 통보하고, 연락처 정보를 공개해야 한다.

3. 회원국은 이 기관들이 충분한 기술적, 재정적, 인적 자원을 갖추도록 해야 한다.

4. 이 기관들은 적절한 수준의 사이버 보안을 보장해야 한다.

5. 이 기관들은 기밀 유지 의무를 준수해야 한다.

6. 회원국은 매 2년마다 이 기관들의 자원 상태를 위원회에 보고해야 한다.

7. 위원회는 이 기관들 간의 경험 교환을 촉진해야 한다.

8. 이 기관들은 중소기업을 포함한 기업들에게 규제 이행에 대한 지침을 제공할 수 있다.

9. 유럽 데이터 보호 감독관이 EU 기관의 감독을 담당한다.

법적 측면

제70조는 회원국이 인공지능 규제의 이행을 감독할 독립적이고 공정한 기관을 설립하거나 지정하도록 요구함으로써 법적 일관성을 보장한다. 이는 규제의 공정한 적용을 보장하고, 규제의 목적을 달성하기 위한 것이다. 또한, 이 기관들이 충분한 자원과 전문 지식을 갖추도록 하여 법적 감독의 효과성을 높인다. 이를 통해 규제의 신뢰성과 투명성을 강화한다.

행정적 측면

제70조는 각 회원국이 인공지능 규제의 이행을 감독할 독립적이고 공정한 기관을 설립하거나 지정하도록 요구함으로써 행정적 일관성을 보장한다. 이는 규제의 공정한 적용을 보장하고, 규제의 목적을 달성하기 위한 것이다. 또한, 이 기관들이 충분한 자원과 전문 지식을 갖추도록 하여 행정적 감독의 효과성을 높인다. 이를 통해 규제의 신뢰성과 투명성을 강화한다. 또한, 이 기관들이 중소기업을 포함한 기업들에게 규제 이행에 대한 지침을 제공할 수 있도록 하여, 기업들이 규제를 준수하는 데 도움을 준다.

비즈니스 측면

제70조는 각 회원국이 인공지능 규제의 이행을 감독할 독립적이고 공정한 기관을 설립하거나 지정하도록 요구함으로써 비즈니스 환경의 일관성을 보장한다. 이는 기업들이 규제를 준수하는 데 도움을 주고, 규제의 공정한 적용을 보장함으로써 기업들의 신뢰를 높인다. 또한, 이 기관들이 중소기업을 포함한 기업들에게 규제 이행에 대한 지침을 제공할 수 있도록 하여, 기업들이 규제를 준수하는 데 도움을 준다. 이를 통해 기업들은 규제 준수에 대한 불확실성을 줄이고, 안정적인 비즈니스 환경을 조성할 수 있다.

인공지능(AI)과 행정관리

제71조: 부속서 III에 등재된 고위험 AI 시스템에 대한 EU 데이터베이스

요약

1. 위원회는 회원국과 협력하여 제6조(2)에 언급된 고위험 인공지능 시스템 중 제49조 및 제60조에 따라 등록된 고위험 인공지능 시스템 및 제6조(3)에 따라 고위험으로 간주되지 않고 제6조(4)에 따라 등록된 인공지능 시스템에 관한 본 조 제2항 및 제3항에 언급된 정보를 포함하는 EU 데이터베이스를 구축하고 유지한다. 조항 49. 위원회는 해당 데이터베이스의 기능 사양을 설정할 때 관련 전문가와 상의해야 하며, 해당 데이터베이스의 기능 사양을 업데이트할 때 위원회는 이사회와 상의해야 한다.

2. 부속서 VIII의 섹션 A 및 B에 나열된 데이터는 제공자 또는 해당되는 경우 권한 있는 대리인이 EU 데이터베이스에 입력해야 한다.

3. 부속서 VIII의 섹션 C에 나열된 데이터는 제49(3) 및 (4)조에 따라 공공 기관, 기관 또는 단체이거나 이를 대신하여 행동하는 배포자가 EU 데이터베이스에 입력해야 한다.

4. 제49조(4) 및 제60조(4)항 (c)항에 언급된 부분을 제외하고, 제49조에 따라 등록된 EU 데이터베이스에 포함된 정보는 사용자 친화적인 방식으로 액세스 및 공개되어야 한다. 정보는 쉽게 탐색할 수 있고 기계가 읽을 수 있어야 한다. 제60조에 따라 등록된 정보는 장래의 제공자 또는 제공자가 해당 정보를 일반인이 접근할 수 있도록 하는 데 동의하지 않는 한 시장 감시 당국 및 위원회만 접근할 수 있다.

5. EU 데이터베이스에는 본 규정에 따라 정보를 수집하고 처리하는 데 필요한 경우에만 개인 데이터가 포함된다. 이 정보에는 시스템 등록을 담당하고 해당되는 경우 제공자 또는 배포자를 대표할 법적 권한이 있는 자연인의 이름과 연락처 세부 정보가 포함되어야 한다.

6. 위원회는 EU 데이터베이스의 관리자이다. 제공자, 예비 제공자 및 배포자에게 적절한 기술 및 행정 지원을 제공해야 한다. EU 데이터베이스는 해당 접근성 요구 사항을 준수해야 한다.

도입 이유

제71조는 고위험 인공지능 시스템에 대한 정보를 체계적으로 관리하고, 투명성을 높이기 위해 도입되었다. 이는 인공지능 시스템의 안전성과 신뢰성을 보장하고, 시장 감시 당국과 일반 대중이 접근할 수 있는 정보를 제공함으로써, 인공지능 기술의 책임 있는 사용을 촉진하기 위함이다.

조문 내용 요약

제71조는 유럽연합(EU) 데이터베이스의 설정 및 유지 관리에 관한 내용을 다루고 있다. 이 데이터베이스는 고위험 인공지능 시스템과 고위험으로 간주되지 않는 인공지능 시스템에 대한 정보를 포함한다. 데이터는 제공자 또는 그 대표자, 혹은 시스템을 배포하는 공공 기관에 의해 제공된다. 대부분의 정보는 공개적으로 접근 가능하며, 일부 정보는 시장 감시 당국과 위원회만 접근할 수 있다. 데이터베이스에는 필요한 최소한의 개인 데이터만 포함되며, 위원회가 데이터베이스의 관리 책임을 진다.

법적 측면

제71조는 법적으로 중요한 몇 가지 측면을 포함하고 있다. 첫째, 데이터베이스의 설정 및 유지 관리는 유럽연합 집행위원회와 회원국의 협력 하에 이루어진다. 이는 데이터베이스의 신뢰성과 일관성을 보장하기 위한 법적 장치이다. 둘째, 데이터베이스에 포함되는 정보는 법적으로 규정된 범위 내에서만 수집되고 처리된다. 이는 개인정보 보호와 관련된 법적 요구사항을 준수하기 위함이다. 셋째, 데이터베이스의 정보 접근 권한은 법적으로 명확히 규정되어 있으며, 이는 정보의 기밀성과 투명성을 동시에 보장하기 위한 것이다.

행정적 측면

행정적으로, 제71조는 데이터베이스의 운영과 관련된 여러 가지 행정적 절차를 규정하고 있다. 첫째, 데이터베이스의 기능 사양을 설정할 때, 위원회는 관련 전문가와 협의해야 한다. 이는 데이터베이스의 효율적이고 효과적인 운영을 보장하기 위한 행정적 절차이다. 둘째, 데이터베이스에 입력되는 데이터는 제공자 또는 공공 기관에 의해 제공되며, 이는 데이터의 정확성과 신뢰성을 보장하기 위한 행정적 조치이다. 셋째, 데이터베이스의 관리 책임은 위원회에 있으며, 이는 데이터베이스의 지속적인 유지 관리와 기술적 지원을 보장하기 위한 행정적 장치이다.

비즈니스 측면

비즈니스 측면에서, 제71조는 인공지능 시스템 제공자와 배포자에게 중요한 영향을 미친다. 첫째, 제공자는 데이터베이스에 필요한 정보를 제공해야 하며, 이는 추가적인 행정적 부담을 의미할 수 있다. 둘째, 데이터베이스에 포함된 정보는 공개적으로 접근 가능하므로, 제공자는 자사의 인공지능 시스템에 대한 투명성을 높여야 한다. 이는 신뢰성을 높이는 동시에, 경쟁사와의 비교 가능성을 높일 수 있다. 셋째, 데이터베이스의 정보는 시장 감시 당국에 의해 접근 가능하므로, 제공자는 규제 준수에 대한 책임을 더욱 엄격히 이행해야 한다.

제72조: 공급자에 의한 시판 후 모니터링 및 고위험 AI 시스템에 대한 시판 후 모니터링 계획

요약

1. 공급자는 AI 기술의 특성과 고위험 AI 시스템의 위험에 비례하는 방식으로 시판 후 모니터링 시스템을 구축하고 문서화해야 한다.

2. 시판 후 모니터링 시스템은 배포자가 제공하거나 다른 출처를 통해 고위험 AI 시스템의 수명 주기 동안 성능에 대해 수집할 수 있는 관련 데이터를 적극적이고 체계적으로 수집, 문서화 및 분석해야 하며, 이를 통해 제공자는 AI 시스템이 III장에 명시된 요구 사항을 지속적으로 준수하는지 평가할 수 있다, 섹션 2. 해당되는 경우, 시판 후 모니터링에는 다른 AI 시스템과의 상호 작용에 대한 분석이 포함되어야 한다. 이 의무는 법 집행 기관인 배포자의 민감한 운영 데

이터에는 적용되지 않는다.

3. 시판 후 모니터링 시스템은 시판 후 모니터링 계획을 기반으로 해야 한다. 시판 후 모니터링 계획은 부속서 IV에 언급된 기술 문서의 일부여야 한다. 위원회는 시판 후 모니터링 계획의 틀과 계획에 포함될 요소 목록을 설정하는 세부 조항을 규정하는 시행법을 채택해야 한다. [이 규정 시행 후 18개월]. 그 시행법은 제98조 (2)항에 언급된 심사절차에 따라 채택되어야 한다.

4. 부속서 I의 섹션 A에 열거된 연합 조화 법률이 적용되는 고위험 AI 시스템의 경우, 해당 법률에 따라 시판 후 모니터링 시스템 및 계획이 이미 수립되어 있는 경우, 공급자는 일관성을 보장하고 중복을 피하며 추가 부담을 최소화하기 위해 제1항에 설명된 필수 요소를 적절하게 통합할 수 있다. 2 및 3은 3항에 언급된 템플릿을 해당 법률에 따라 이미 존재하는 시스템 및 계획에 사용하되 동등한 수준의 보호를 달성한다는 전제 하에 적용된다. 이 항의 첫 번째 조항은 부속서 III의 5항에 언급된 고위험 AI 시스템에도 적용되며, 내부 거버넌스, 약정 또는 프로세스와 관련하여 연합 금융 서비스법에 따른 요구 사항의 적용을 받는 금융 기관이 시장에 출시하거나 서비스를 제공한다.

해설

도입 이유

EU 인공지능법 제72조는 고위험 AI 시스템의 지속적인 성능 모니터링을 통해 규제 준수를 보장하기 위해 도입되었다. 이는 AI 시스템이 시장에 출시된 후에도 규제 요구사항을 지속적으로 충족하는지 확인하기 위한 것이다. 고위험 AI 시스템의 경우, 그 잠재적 위험이 크기 때문에 지속적인 모니터링이 필수적이다. 이를 통해 AI 시스템의 안전성과 신뢰성을 높이고, 사용자와 사회에 미치는 부정적 영향을 최소화하고자 한다.

조문 내용 요약

1. 모니터링 시스템 구축: 제공자는 AI 기술의 특성과 고위험 AI 시스템의 위험에 비례하여 사후 모니터링 시스템을 구축하고 문서화해야 한다.

2. **데이터 수집 및 분석**: 모니터링 시스템은 배포자가 제공하거나 다른 출처를 통해 수집된 데이터를 체계적으로 수집, 문서화, 분석하여 AI 시스템의 성능을 평가하고 규제 요구사항 준수를 확인해야 한다. 다른 AI 시스템과의 상호작용 분석도 포함된다.

3. **모니터링 계획**: 모니터링 시스템은 모니터링 계획에 기반해야 하며, 이 계획은 기술 문서의 일부로 포함되어야 한다. EU 위원회는 모니터링 계획의 템플릿과 포함 요소 목록을 규정하는 시행 규정을 채택할 것이다.

4. **기존 시스템과의 통합**: 이미 다른 법률에 따라 모니터링 시스템과 계획이 수립된 경우, 제공자는 필요한 요소를 통합하여 동일한 수준의 보호를 제공할 수 있다.

법적 측면

제72조는 고위험 AI 시스템의 지속적인 규제 준수를 보장하기 위한 법적 장치를 마련한다. 이는 AI 시스템이 시장에 출시된 후에도 규제 요구사항을 지속적으로 충족하는지 확인하기 위한 것이다. 이를 통해 AI 시스템의 안전성과 신뢰성을 높이고, 사용자와 사회에 미치는 부정적 영향을 최소화하고자 한다. 또한, EU 위원회는 모니터링 계획의 템플릿과 포함 요소 목록을 규정하는 시행 규정을 채택할 것이다. 이는 법적 일관성을 유지하고, 중복을 피하며, 추가적인 부담을 최소화하기 위함이다.

행정적 측면

제72조는 고위험 AI 시스템의 지속적인 모니터링을 위한 행정적 절차를 규정한다. 제공자는 모니터링 시스템을 구축하고 문서화해야 하며, 모니터링 계획을 기술 문서의 일부로 포함해야 한다. 또한, 모니터링 시스템은 배포자가 제공하거나 다른 출처를 통해 수집된 데이터를 체계적으로 수집, 문서화, 분석하여 AI 시스템의 성능을 평가하고 규제 요구사항 준수를 확인해야 한다. 이를 통해 행정적 절차의 일관성을 유지하고, 중복을 피하며, 추가적인 부담을 최소화할 수 있다.

비즈니스 측면

제72조는 고위험 AI 시스템을 제공하는 기업에게 중요한 의미를 가진다. 기업은 AI 시스템의 지

속적인 성능 모니터링을 통해 규제 준수를 보장해야 하며, 이를 위해 모니터링 시스템을 구축하고 문서화해야 한다. 이는 기업이 AI 시스템의 안전성과 신뢰성을 높이고, 사용자와 사회에 미치는 부정적 영향을 최소화할 수 있도록 한다. 또한, 모니터링 계획의 템플릿과 포함 요소 목록을 규정하는 시행 규정을 통해 기업은 법적 일관성을 유지하고, 중복을 피하며, 추가적인 부담을 최소화할 수 있다. 이를 통해 기업은 AI 시스템의 지속적인 성능 모니터링을 통해 규제 준수를 보장하고, AI 시스템의 안전성과 신뢰성을 높일 수 있다.

제73조: 중대 사건 보고

요약

1. 유럽연합 시장에 출시된 고위험 인공지능 시스템의 제공자는 심각한 사고가 발생한 경우 해당 사고가 발생한 회원국의 시장 감시 당국에 보고해야 한다.

2. 제1항에 언급된 신고는 제공자가 AI 시스템과 중대 사건 또는 그러한 연관성의 합리적인 가능성 사이에 인과 관계를 확립한 직후, 그리고 어떤 경우에도 제공자 또는 해당되는 경우 배포자가 중대 사건을 인지한 후 15일 이내에 이루어져야 한다. 제1항에 언급된 보고 기간은 중대 사건의 심각성을 고려한다.

3. 본 조 제2항에도 불구하고, 제3조 (49) (b)항에 규정된 바와 같이 광범위한 침해 또는 심각한 사고가 발생한 경우, 본 조 제1항에 언급된 신고는 제공자 또는 배포자가 해당 사건을 인지한 후 2일 이내에 즉시 제공되어야 한다.

4. 제2항에도 불구하고, 사람이 사망한 경우, 제공자 또는 배포자가 고위험 AI 시스템과 중대 사건 사이의 인과관계를 입증한 직후 또는 의심되는 즉시 보고하되, 제공자 또는 해당되는 경우 배포자는 심각한 사고를 인식하게 된다.

5. 적시에 보고하기 위해 필요한 경우, 제공자 또는 해당되는 경우 배포자는 불완전한 초기 보고서를 제출한 후 완전한 보고서를 제출할 수 있다.

6. 제1항에 따른 중대 사고의 신고 후 제공자는 지체 없이 중대 사건 및 해당 AI 시스템과 관련하여 필요한 조사를 수행해야 한다. 여기에는 사고에 대한 위험 평가 및 시정 조치가 포함되어야 한다. 제공업체는 첫 번째 항에 언급된 조사 중에 관할 당국 및 관련 인증 기관과 협력해야 하며, 관할 당국에 그러한 조치를 알리기 전에 사고 원인에 대한 후속 평가에 영향을 미칠 수 있는 방식으로 관련 AI 시스템을 변경하는 것과 관련된 조사를 수행해서는 안 된다.

7. 제3조 (49)(c)항에 언급된 중대 사건과 관련된 통지를 받은 경우, 관련 시장감시기관은 제77조 (1)에 언급된 국가 공공기관 또는 기관에 통보하여야 한다. 위원회는 이 조 제1항에 규정된 의무의 준수를 촉진하기 위한 전용 지침을 개발한다. 그 지침은 다음에 의해 발행되어야 한다. [이 규정 발효 후 12개월] 정기적으로 평가되어야 한다.

8. 시장감시당국은 규정(EU) 2019/1020의 제19조에 규정된 바에 따라 본 조 제1항에 언급된 통지를 받은 날로부터 7일 이내에 적절한 조치를 취해야 하며, 해당 규정에 규정된 통지 절차를 따라야 한다.

9. 부속서 III에 언급된 고위험 AI 시스템이 이 규정에 규정된 것과 동등한 보고 의무를 규정하는 연합 입법 수단의 적용을 받는 제공자에 의해 시장에 출시되거나 서비스에 투입되는 경우, 중대 사고의 통지는 제3조에 언급된 것으로 제한된다.

10. (EU) 2017/745 및 (EU) 2017/746 규정의 적용을 받는 기기의 안전 구성 요소이거나 그 자체가 기기인 고위험 AI 시스템의 경우, 중대 사고에 대한 통지는 이 규정 제3조 (49)(c)항에 언급된 것으로 제한되며, 사고가 발생한 회원국이 해당 목적을 위해 선택한 국가 관할 당국에 통보해야 한다.

11. 국가 관할 당국은 규정(EU) 2019/1020의 20조에 따라 조치를 취했는지 여부에 관계없이 중대 사건을 즉시 위원회에 통보해야 한다.

해설

EU 인공지능법(EU AI Act) 제73조는 고위험 AI 시스템 제공자가 심각한 사고를 보고해야 하는 의무를 규정하고 있다. 이 조문은 AI 시스템의 안전성과 신뢰성을 보장하기 위해 도입되었다.

도입 이유

제73조는 고위험 AI 시스템이 발생시킬 수 있는 잠재적 위험을 신속하게 식별하고 대응하기 위해 도입되었다. AI 시스템이 사람의 생명이나 안전에 미치는 영향을 최소화하고, 사고 발생 시 신속한 대응을 통해 추가 피해를 방지하기 위함이다. 또한, 이러한 보고 의무를 통해 AI 시스템의 투명성과 책임성을 강화하고, 사용자와 대중의 신뢰를 확보하려는 목적이 있다.

조문 내용 요약

1. **보고 의무**: 고위험 AI 시스템 제공자는 심각한 사고가 발생한 경우, 해당 사고가 발생한 회원국의 시장 감시 당국에 이를 보고해야 한다.
2. **보고 시점**: 제공자는 AI 시스템과 사고 사이의 인과 관계를 확인한 즉시, 또는 인과 관계의 합리적 가능성이 있는 경우, 사고 발생 후 15일 이내에 보고해야 한다. 심각한 사고의 경우, 2일 이내에 보고해야 하며, 사망 사고의 경우 10일 이내에 보고해야 한다.
3. **초기 보고**: 필요한 경우, 제공자는 불완전한 초기 보고서를 제출할 수 있으며, 이후 완전한 보고서를 제출해야 한다.
4. **조사 및 협력**: 제공자는 사고 보고 후 즉시 사고와 관련된 조사를 수행하고, 필요한 경우 시정 조치를 취해야 한다. 이 과정에서 당국과 협력해야 하며, AI 시스템의 평가에 영향을 미칠 수 있는 조사를 수행하기 전에 당국에 이를 알리고 협의해야 한다.
5. **당국의 조치**: 시장 감시 당국은 사고 보고를 받은 후 7일 이내에 적절한 조치를 취해야 한다.

법적 측면

제73조는 고위험 AI 시스템 제공자에게 법적 책임을 부여하여, 사고 발생 시 신속하고 투명한 보고를 의무화하고 있다. 이를 통해 AI 시스템의 안전성을 강화하고, 사고 발생 시 신속한 대응을 가능하게 한다. 또한, 제공자가 사고를 은폐하거나 지연 보고하는 것을 방지하여, 법적 책임을 명확히 하고 있다.

행정적 측면

행정적으로, 제73조는 시장 감시 당국의 역할을 강화하고 있다. 당국은 사고 보고를 받은 후 신속하게 대응해야 하며, 필요한 경우 추가 조사를 수행하고 시정 조치를 명령할 수 있다. 이를 통해 AI 시스템의 안전성을 지속적으로 모니터링하고, 사고 발생 시 신속한 대응을 가능하게 한다. 또한, 당국은 사고 보고를 통해 AI 시스템의 잠재적 위험을 식별하고, 이를 바탕으로 정책을 개선할 수 있다.

비즈니스 측면

비즈니스 측면에서, 제73조는 고위험 AI 시스템 제공자에게 추가적인 의무를 부여하고 있다. 제공자는 사고 발생 시 신속하게 보고하고, 필요한 조사를 수행해야 하며, 당국과 협력해야 한다. 이는 제공자에게 추가적인 비용과 자원을 요구할 수 있지만, AI 시스템의 안전성과 신뢰성을 강화하여 장기적으로는 비즈니스에 긍정적인 영향을 미칠 수 있다. 또한, 투명한 보고와 신속한 대응을 통해 사용자와 대중의 신뢰를 확보할 수 있다.

제74조: 연합 시장에서의 AI 시스템에 대한 시장 감시 및 통제

요약

1. 규정(EU) 2019/1020은 이 규정이 적용되는 AI 시스템에 적용된다.

   (a) 규정(EU) 2019/1020에 따른 경제 운영자에 대한 언급은 이 규정의 2(1)조에 명시된 모든 운영자를 포함하는 것으로 이해되어야 한다.

   (b) 규정(EU) 2019/1020에 따른 제품에 대한 모든 언급은 본 규정의 범위에 속하는 모든 AI 시스템을 포함하는 것으로 이해되어야 한다.

2. 규정(EU) 2019/1020의 34(4)조에 따른 보고 의무의 일환으로, 시장 감시 당국은 시장 감시 활동 과정에서 식별된 정보 중 경쟁 규칙에 관한 연합법의 적용에 잠재적인 관심을 가질 수 있는

모든 정보를 매년 위원회 및 관련 국가 경쟁 당국에 보고해야 한다. 또한 당해 연도에 발생한 금지된 관행의 사용과 취해진 조치에 대해 매년 위원회에 보고해야 한다.

3. 부속서 I의 섹션 A에 열거된 연합 조화 법률이 적용되는 제품과 관련된 고위험 AI 시스템의 경우, 이 규정의 목적상 시장 감시 기관은 해당 법률 행위에 따라 지정된 시장 감시 활동을 담당하는 기관입니다. 제1항의 폐지에 의해, 그리고 적절한 상황에서, 회원국은 부속서 I에 열거된 유럽연합 조화 법률의 집행을 담당하는 관련 부문별 시장감시기관과의 조정을 보장하는 한, 시장감시기관으로서 활동할 다른 관련 기관을 지정할 수 있다.

4. 이 규정의 제79조 내지 제83조에 언급된 절차는 부속서 I의 A항에 열거된 연합 조화 법률이 적용되는 제품과 관련된 AI 시스템에는 적용되지 않으며, 그러한 법적 행위는 이미 동등한 수준의 보호를 보장하고 동일한 목적을 갖는 절차를 규정하고 있다. 이 경우 관련 부문별 절차가 대신 적용된다.

5. 규정(EU) 2019/1020의 14조에 따른 시장 감시 당국의 권한을 침해하지 않고, 본 규정의 효과적인 집행을 보장하기 위해 시장 감시 당국은 해당 규정의 14(4), (d) 및 (j)항에 언급된 권한을 원격으로 적절하게 행사할 수 있다.

6. 유럽연합 금융서비스법의 규제를 받는 금융기관이 시장에 출시, 서비스 또는 사용하는 고위험 AI 시스템의 경우, 이 규정의 목적상 시장감시기관은 시장에 출시되는 한, 해당 법률에 따라 해당 기관의 금융감독을 담당하는 관련 국가기관이다. AI 시스템의 서비스 또는 사용은 해당 금융 서비스의 제공과 직접적인 관련이 있다.

7. 제6항을 폐지하는 방식으로, 적절한 상황에서, 그리고 조정이 보장된다는 전제하에, 회원국은 이 규정의 목적을 위해 다른 관련 기관을 시장감시기관으로 식별할 수 있다. Regulation (EU) No 1024/2013에 의해 수립된 단일 감독 메커니즘에 참여하고 있는 Directive 2013/36/EU에 따라 규제되는 규제 대상 신용 기관을 감독하는 국가 시장 감시 당국은 시장 감시 활동 과정에서 식별된 정보 중 해당 규정에 명시된 유럽중앙은행의 건전성 감독 업무에 잠재적으로 도움이 될 수 있는 정보를 지체 없이 유럽중앙은행에 보고해야 한다.

8. 이 규정의 부속서 III의 제1항에 열거된 고위험 인공지능 시스템의 경우, 그 시스템이 법 집행 목적, 국경 관리, 사법 및 민주주의를 위해 사용되는 한, 그리고 이 규정의 부속서 III의 제6

항, 제7항 및 제8항에 열거된 고위험 인공지능 시스템의 경우, 회원국은 이 규정의 목적상 규정(EU)에 따른 관할 데이터 보호 감독기관을 시장감시기관으로 지정한다 2016/679 또는 지침(EU) 2016/680 또는 지침(EU) 2016/680의 41-44조에 명시된 동일한 조건에 따라 지정된 기타 기관. 시장 감시 활동은 사법 당국의 독립성에 영향을 미치거나 사법 기관의 활동을 방해해서는 안 된다.

9. 유럽연합 기관, 단체, 사무소 또는 기관이 본 규정의 범위에 속하는 경우, 유럽연합 사법재판소가 사법적 권한을 행사하는 경우를 제외하고는 유럽 데이터 보호 감독관이 시장 감시 기관의 역할을 한다.

10. 회원국은 이 규정에 따라 지정된 시장감시기관과 부속서 I에 열거된 유럽연합 조화 법안 또는 부속서 III에 언급된 고위험 AI 시스템과 관련될 수 있는 기타 유럽연합 법률의 적용을 감독하는 기타 관련 국가 당국 또는 기관 간의 조정을 촉진해야 한다.

11. 시장감시당국과 위원회는 시장감시당국 또는 시장감시당국이 심각한 위험을 초래하는 것으로 판명된 특정 범주의 고위험 AI 시스템과 관련하여 본 규정과 관련하여 규정 준수를 촉진하고, 규정을 준수하지 않는 것을 식별하고, 인식을 제고하거나, 지침을 제공할 목적으로 공동 조사를 포함한 공동 활동을 제안할 수 있다 규정(EU) 2019/1020의 9항에 따라 둘 이상의 회원국에 걸쳐. AI사무국은 합동조사를 위한 조정지원을 한다.

12. 규정(EU) 2019/1020에 규정된 권한을 침해하지 않고, 업무를 수행하는 데 필요한 것과 관련이 있고 제한되는 경우, 시장 감시 당국은 제공자로부터 문서와 고위험 AI 시스템 개발에 사용되는 교육, 검증 및 테스트 데이터 세트에 대한 완전한 액세스 권한을 부여받아야 한다. 적절한 경우 보안 보호 장치가 적용되는 경우 API(Application Programming Interface) 또는 원격 액세스를 가능하게 하는 기타 관련 기술 수단 및 도구를 통한 사용을 포함한다.

13. 시장 감시 당국은 합리적인 요청에 따라 다음 두 조건이 모두 충족되는 경우에만 고위험 AI 시스템의 소스 코드에 대한 액세스 권한을 부여받아야 한다.

    (a) 소스 코드에 대한 액세스는 고위험 AI 시스템이 III장 섹션 2에 명시된 요구 사항을 준수하는지 평가하기 위해 필요하다.

    (b) 제공자가 제공한 데이터 및 문서를 기반으로 한 테스트 또는 감사 절차 및 검증이 소진되

었거나 불충분한 것으로 판명되었다.

14. 시장감시당국이 입수한 모든 정보 또는 문서는 제78조에 규정된 기밀 유지 의무에 따라 취급
되어야 한다.

도입 이유

EU 인공지능법 제74조는 인공지능 시스템의 시장 감시 및 통제를 위한 규정을 명확히 하기 위해
도입되었다. 이는 인공지능 시스템이 다른 경제 제품과 동일한 규제를 받도록 하여, 시장에서의 공
정성과 안전성을 보장하기 위함이다. 특히, 고위험 인공지능 시스템에 대한 추가적인 감시와 규제
를 통해 금융 기관이나 법 집행 기관에서 사용하는 인공지능 시스템의 안전성과 신뢰성을 확보하
고자 한다.

조문 내용 요약

1. **규제 적용**: 인공지능 시스템은 Regulation (EU) 2019/1020의 규제를 받으며, 경제 운영자와 제
품에 대한 참조는 인공지능 시스템에도 동일하게 적용된다.

2. **보고 의무**: 시장 감시 당국은 매년 위원회와 국가 경쟁 당국에 시장 감시 활동 중 식별된 정보
를 보고해야 한다.

3. **고위험 인공지능 시스템**: 고위험 인공지능 시스템에 대한 시장 감시 당국은 해당 제품의 시장
감시를 담당하는 당국이 된다.

4. **절차 예외**: 특정 법률에 의해 이미 보호 수준이 보장되는 경우, 해당 법률의 절차가 적용된다.

5. **원격 감시 권한**: 시장 감시 당국은 원격으로 감시 권한을 행사할 수 있다.

6. **금융 기관 관련**: 금융 서비스 법에 따라 규제되는 금융 기관이 사용하는 고위험 인공지능 시
스템에 대한 시장 감시 당국은 해당 금융 감독 당국이 된다.

7. **법 집행 관련**: 법 집행, 국경 관리, 정의 및 민주주의를 위한 고위험 인공지능 시스템에 대한
시장 감시 당국은 데이터 보호 감독 당국 또는 기타 지정된 당국이 된다.

8. **유럽 데이터 보호 감독관**: 유럽 연합 기관, 기구, 사무소 또는 기관이 이 규정의 범위에 포함되는 경우, 유럽 데이터 보호 감독관이 시장 감시 당국이 된다.

9. **협력 촉진**: 회원국은 시장 감시 당국과 기타 관련 국가 당국 간의 협력을 촉진해야 한다.

10. **공동 활동 제안**: 시장 감시 당국과 위원회는 공동 활동을 제안할 수 있다.

11. **문서 접근 권한**: 시장 감시 당국은 고위험 인공지능 시스템의 개발에 사용된 문서 및 데이터 세트에 접근할 수 있다.

12. **소스 코드 접근 권한**: 시장 감시 당국은 필요 시 소스 코드에 접근할 수 있다.

13. **기밀 유지**: 시장 감시 당국이 얻은 정보는 기밀로 취급된다.

법적 측면

법적 측면에서 제74조는 인공지능 시스템의 규제와 감시를 명확히 하여 법적 불확실성을 줄이고, 규제의 일관성을 보장한다. 이는 인공지능 시스템이 다른 경제 제품과 동일한 규제를 받도록 하여, 법적 공정성을 확보한다. 또한, 고위험 인공지능 시스템에 대한 추가적인 규제를 통해 법 집행 기관과 금융 기관에서 사용하는 인공지능 시스템의 신뢰성을 높인다.

행정적 측면

행정적 측면에서 제74조는 시장 감시 당국의 역할과 책임을 명확히 하여, 효율적인 감시와 규제를 가능하게 한다. 이는 시장 감시 당국이 매년 보고 의무를 수행하고, 고위험 인공지능 시스템에 대한 추가적인 감시를 통해 시장의 안전성을 보장한다. 또한, 원격 감시 권한을 통해 효율적인 감시 활동을 가능하게 한다.

비즈니스 측면

비즈니스 측면에서 제74조는 인공지능 시스템의 규제와 감시를 통해 시장의 신뢰성을 높이고, 공정한 경쟁 환경을 조성한다. 이는 기업들이 인공지능 시스템을 개발하고 사용할 때, 규제 준수를 통해 시장에서의 신뢰를 얻을 수 있도록 한다. 또한, 고위험 인공지능 시스템에 대한 추가적인 규제를 통해 금융 기관과 법 집행 기관에서 사용하는 인공지능 시스템의 안전성을 보장한다.

제75조: 상호부조, 시장감시, 범용 인공지능 시스템 통제

요약

1. AI 시스템이 범용 AI 모델을 기반으로 하고 모델 및 시스템이 동일한 제공자에 의해 개발되는 경우, AI 사무국은 해당 AI 시스템이 이 규정에 따른 의무를 준수하는지 모니터링하고 감독할 권한이 있다. 모니터링 및 감독 업무를 수행하기 위해 AI 사무국은 본 섹션 및 규정(EU) 2019/1020에 규정된 시장 감시 기관의 모든 권한을 보유해야 한다.

2. 관련 시장감시당국은 이 규정에 따라 고위험으로 분류된 최소 1가지 이상의 목적으로 배포자가 직접 사용할 수 있는 범용 AI 시스템이 이 규정에서 정한 요건을 준수하지 않는 것으로 간주할 충분한 이유가 있는 경우, AI 사무국과 협력하여 적합성 평가를 수행한다. 이에 따라 이사회 및 기타 시장 감시 당국에 알려야 한다.

3. 시장감시기관이 범용인공지능 모델과 관련된 특정 정보에 접근하기 위해 적절한 노력을 다했음에도 불구하고 고위험 인공지능 시스템에 대한 조사를 종결할 수 없는 경우, 인공지능 사무국에 합리적인 요청을 제출하여 해당 정보에 대한 접근을 강제할 수 있다. 이 경우 AI사무국은 고위험 AI시스템의 미준수 여부를 확인하기 위해 AI사무국이 관련성이 있다고 판단하는 정보를 지체 없이 신청기관에 제공해야 하며, 어떠한 경우에도 30일 이내에 신청기관에 제공해야 한다. 시장감시당국은 이 규정 **제78조**에 따라 취득한 정보의 기밀성을 보호해야 한다. 규정(EU) 2019/1020의 VI장에 규정된 절차는 mutatis mutandis를 적용한다.

해설

도입 이유

제75조는 일반 목적의 AI 모델과 이를 기반으로 한 AI 시스템의 규제 준수를 보장하기 위해 도입되었다. 이는 고위험 AI 시스템의 안전성과 신뢰성을 확보하고, 시장 감시 당국과 AI 사무소 간의 협력을 강화하기 위함이다. 특히, 일반 목적의 AI 모델이 고위험 용도로 사용될 수 있는 경우, 규제

인공지능(AI)과 행정관리

준수를 평가하고 필요한 정보를 확보하는 절차를 명확히 하기 위해 이 조항이 필요하다.

조문 내용 요약

1. **감시 권한**: 일반 목적의 AI 모델과 이를 기반으로 한 AI 시스템이 동일한 제공자에 의해 개발된 경우, AI 사무소는 해당 AI 시스템의 규제 준수를 감시하고 감독할 권한을 가진다. 이를 위해 AI 사무소는 시장 감시 당국의 권한을 행사할 수 있다.

2. **협력**: 시장 감시 당국이 고위험 용도로 사용될 수 있는 일반 목적의 AI 시스템이 규제를 준수하지 않는다고 판단할 충분한 이유가 있는 경우, AI 사무소와 협력하여 규제 준수 평가를 수행해야 한다.

3. **정보 접근**: 시장 감시 당국이 필요한 정보를 확보하지 못해 고위험 AI 시스템에 대한 조사를 완료할 수 없는 경우, AI 사무소에 정보 접근을 요청할 수 있다. AI 사무소는 30일 이내에 관련 정보를 제공해야 하며, 시장 감시 당국은 해당 정보를 기밀로 유지해야 한다.

법적 측면

제75조는 AI 시스템의 규제 준수를 보장하기 위한 법적 프레임워크를 제공한다. 이를 통해 AI 사무소와 시장 감시 당국 간의 협력을 강화하고, 고위험 AI 시스템의 안전성과 신뢰성을 확보할 수 있다. 또한, 정보 접근 절차를 명확히 함으로써 규제 준수 평가의 투명성과 효율성을 높인다. 이 조항은 AI 시스템의 개발자와 제공자가 규제 요구사항을 준수하도록 강제하는 법적 수단을 제공한다.

행정적 측면

제75조는 AI 사무소와 시장 감시 당국 간의 협력과 정보 공유를 촉진한다. 이를 통해 규제 준수 평가의 효율성을 높이고, 고위험 AI 시스템의 안전성을 확보할 수 있다. 또한, 정보 접근 절차를 명확히 함으로써 시장 감시 당국이 필요한 정보를 신속하게 확보할 수 있도록 지원한다. 이 조항은 행정 절차의 투명성과 효율성을 높이는 데 기여한다.

비즈니스 측면

제75조는 AI 시스템 제공자가 규제 요구사항을 준수하도록 강제함으로써, AI 시스템의 신뢰성과 안전성을 높인다. 이는 소비자와 기업 간의 신뢰를 구축하고, AI 시스템의 시장 수용성을 높이는 데 기여한다. 또한, 규제 준수 평가 절차를 명확히 함으로써, AI 시스템 제공자가 규제 요구사항을 이해하고 준수하는 데 필요한 정보를 제공받을 수 있도록 지원한다. 이 조항은 AI 시스템 제공자가 규제 요구사항을 준수함으로써, 시장에서 경쟁력을 유지할 수 있도록 돕는다.

제76조: 시장 감시 당국에 의한 실제 조건에서의 테스트 감독

요약

1. 시장감시당국은 실제 조건에서의 시험이 이 규정에 부합하도록 보장할 수 있는 권한과 권한을 가진다.

2. 제58조에 따라 AI 규제 샌드박스 내에서 감독되는 AI 시스템에 대해 실제 조건에서 테스트가 수행되는 경우, 시장 감시 당국은 AI 규제 샌드박스에 대한 감독 역할의 일환으로 제60조의 준수 여부를 검증해야 한다. 해당 당국은 적절한 경우 제60조(4), (f) 및 (g)항에 명시된 조건을 무시하고 제공자 또는 장래의 제공자가 실제 조건에서 테스트를 수행하도록 허용할 수 있다.

3. 시장감시기관이 장래의 제공자, 제공자 또는 제3자로부터 중대 사건에 대하여 통보를 받았거나 제60조 및 제61조에 규정된 조건이 충족되지 않았다고 간주할 만한 다른 근거가 있는 경우, 시장감시당국은 그 관할권에서 적절한 경우 다음 중 하나의 결정을 내릴 수 있다.

    (a) 실제 조건에서 테스트를 중단하거나 종료할 수 있다.

    (b) 제공자 또는 잠재적 제공자 및 배치자 또는 잠재적 배치자에게 실제 조건에서 테스트의 모든 측면을 수정하도록 요구할 권리가 있다.

4. 시장감시당국이 이 조 제3항에 언급된 결정을 내렸거나 제60조 (4)항 (b)항의 의미 내에서 이의를 제기한 경우, 결정 또는 이의는 그 근거와 제공자 또는 장래의 제공자가 결정 또는 이의

에 이의를 제기할 수 있는 방법을 표시해야 한다.

5. 시장감시당국이 제3항에 언급된 결정을 내린 경우, 그 근거를 시험계획에 따라 인공지능 시스템이 시험된 다른 회원국의 시장감시당국에 전달하여야 한다.

제76조는 시장 감시 당국의 역할과 권한을 규정하고 있다. 이 조문은 인공지능 시스템이 실제 조건에서 테스트될 때 규제에 따라 테스트가 이루어지도록 보장하기 위해 도입되었다. 이는 인공지능 시스템의 안전성과 신뢰성을 확보하고, 규제 샌드박스 내에서의 테스트가 적절하게 이루어지도록 하기 위함이다.

조문 내용 요약

1. **시장 감시 당국의 권한**: 시장 감시 당국은 실제 조건에서의 테스트가 규정에 따라 이루어지도록 보장할 권한을 가진다.
2. **규제 샌드박스 내 테스트**: 규제 샌드박스 내에서 감독되는 인공지능 시스템의 실제 조건 테스트는 시장 감시 당국이 감독하며, 필요한 경우 특정 조건을 면제할 수 있다.
3. **심각한 사건 발생 시 조치**: 심각한 사건이 발생하거나 규정 조건이 충족되지 않는 경우, 시장 감시 당국은 테스트를 중단하거나 수정할 수 있다.
4. **결정 통지**: 테스트 중단 또는 수정 결정 시, 그 이유를 제공자에게 통지하고, 다른 회원국의 시장 감시 당국에도 통지해야 한다.

법적 측면

제76조는 시장 감시 당국의 법적 권한을 명확히 규정하고 있다. 이는 인공지능 시스템이 실제 조건에서 테스트될 때 규제에 따라 안전하게 이루어지도록 보장하기 위한 것이다. 시장 감시 당국은 심각한 사건이 발생하거나 규정 조건이 충족되지 않는 경우, 테스트를 중단하거나 수정할 수 있는 권한을 가진다. 이는 인공지능 시스템의 안전성과 신뢰성을 확보하기 위한 중요한 법적 장치이다.

행정적 측면

행정적으로, 제76조는 시장 감시 당국의 역할과 책임을 명확히 규정하고 있다. 이는 인공지능 시스템의 테스트가 규제에 따라 적절하게 이루어지도록 보장하기 위한 것이다. 시장 감시 당국은 테스트가 규정에 따라 이루어지도록 감독하며, 필요한 경우 특정 조건을 면제할 수 있다. 또한, 심각한 사건이 발생하거나 규정 조건이 충족되지 않는 경우, 테스트를 중단하거나 수정할 수 있는 권한을 가진다. 이는 인공지능 시스템의 안전성과 신뢰성을 확보하기 위한 중요한 행정적 장치이다.

비즈니스 측면

비즈니스적으로, 제76조는 인공지능 시스템 제공자에게 중요한 의미를 가진다. 제공자는 시장 감시 당국의 감독 하에 실제 조건에서 테스트를 수행할 수 있으며, 필요한 경우 특정 조건을 면제받을 수 있다. 이는 인공지능 시스템의 개발과 테스트 과정에서 유연성을 제공하며, 규제 샌드박스 내에서의 테스트가 적절하게 이루어지도록 보장한다. 또한, 심각한 사건이 발생하거나 규정 조건이 충족되지 않는 경우, 테스트를 중단하거나 수정해야 할 수 있다. 이는 인공지능 시스템의 안전성과 신뢰성을 확보하기 위한 중요한 비즈니스적 장치이다.

제77조: 기본권을 보호하는 당국의 권한

요약

1. 부속서 III에 언급된 고위험 AI 시스템의 사용과 관련하여 차별받지 않을 권리를 포함하여 기본권을 보호하는 연합법에 따른 의무 존중을 감독하거나 집행하는 국가 공공 기관 또는 기관은 의무를 효과적으로 이행하기 위해 해당 문서에 대한 액세스가 필요한 경우 이 규정에 따라 작성되거나 유지되는 모든 문서를 접근 가능한 언어 및 형식으로 요청하고 액세스할 수 있는 권한을 갖는다 관할권의 한계 내에서. 관련 공공기관 또는 기관은 이러한 요청을 해당 회원국의 시장감시기관에 통보해야 한다.

2. 각 회원국은 제1항에 언급된 공공기관 또는 단체를 확인하고 그 목록을 공개한다. 회원국은 이 명단을 집행위원회와 다른 회원국에 통보해야 하며, 명단을 최신 상태로 유지하여야 한다.

3. 제1항에 언급된 문서가 기본권을 보호하는 연합법에 따른 의무 침해가 발생했는지 여부를 확인하기에 불충분한 경우, 제1항에 언급된 공공기관 또는 기관은 시장감시당국에 기술적 수단을 통해 고위험 인공지능 시스템에 대한 테스트를 조직하도록 합리적으로 요청할 수 있다. 시장 감시 당국은 요청 후 합리적인 시간 내에 요청하는 공공 기관 또는 기관의 긴밀한 참여로 테스트를 조직해야 한다.

4. 이 조에 따라 이 조 제1항에 언급된 국가 공공기관 또는 단체가 취득한 모든 정보 또는 문서는 제78조에 규정된 기밀 유지 의무에 따라 취급된다.

해설

도입 이유

제77조는 고위험 인공지능 시스템과 관련된 기본권 보호를 감독하는 국가 공공 기관의 권한과 의무를 규정하고 있다. 이 조문은 고위험 인공지능 시스템이 기본권을 침해하지 않도록 보장하기 위해 도입되었다. 특히, 차별 금지와 같은 기본권을 보호하기 위해 필요한 문서 접근 권한과 테스트 요청 권한을 명시하고 있다.

조문 내용 요약

1. **문서 접근 권한**: 국가 공공 기관은 고위험 인공지능 시스템과 관련된 문서를 요청하고 접근할 수 있는 권한을 가진다. 이 문서는 해당 기관이 자신의 임무를 효과적으로 수행하는 데 필요하다.

2. **공공 기관 목록 공개**: 각 회원국은 이 조문이 발효된 후 3개월 이내에 해당 공공 기관을 식별하고, 이를 공개해야 한다.

3. **테스트 요청 권한**: 문서만으로 기본권 침해 여부를 판단하기 어려운 경우, 공공 기관은 시장 감시 기관에 고위험 인공지능 시스템의 테스트를 요청할 수 있다.

4. 기밀 유지: 공공 기관이 얻은 모든 정보는 기밀로 취급되어야 한다.

법적 측면

제77조는 법적 투명성과 책임성을 강화한다. 국가 공공 기관이 고위험 인공지능 시스템의 문서에 접근할 수 있도록 함으로써, 기본권 침해 여부를 철저히 조사할 수 있는 법적 근거를 제공한다. 또한, 문서가 불충분할 경우 테스트를 요청할 수 있는 권한을 부여하여, 법적 판단의 정확성을 높인다. 이는 기본권 보호를 위한 법적 장치를 강화하는 중요한 조치이다.

행정적 측면

행정적으로, 제77조는 각 회원국이 고위험 인공지능 시스템을 감독하는 공공 기관을 명확히 식별하고, 이를 공개하도록 요구한다. 이는 행정적 투명성을 높이고, 공공 기관 간의 협력을 촉진한다. 또한, 시장 감시 기관과의 협력을 통해 고위험 인공지능 시스템의 테스트를 신속하게 진행할 수 있도록 하여, 행정적 효율성을 높인다.

비즈니스 측면

비즈니스 측면에서 제77조는 기업이 고위험 인공지능 시스템을 개발하고 운영할 때, 기본권 보호를 위한 문서화와 투명성을 강화하도록 요구한다. 이는 기업이 법적 규제를 준수하고, 기본권 침해를 방지하기 위한 내부 절차를 강화하는 데 도움이 된다. 또한, 공공 기관의 테스트 요청에 대비하여, 기업은 고위험 인공지능 시스템의 안전성과 신뢰성을 지속적으로 검토하고 개선해야 한다.

제78조: 비밀 유지

요약

1. 위원회, 시장감시기관, 인증기관 및 본 규정의 적용에 관여하는 기타 자연인 또는 법인은 연합

또는 국내법에 따라 특히 다음을 보호하는 방식으로 업무 및 활동을 수행하면서 얻은 정보 및 데이터의 기밀성을 존중해야 한다.

(a) 유럽의회 및 이사회의 지침(EU) 2016/943 제5조에 언급된 경우를 제외하고, 소스 코드를 포함한 자연인 또는 법인의 지적 재산권 및 기밀 비즈니스 정보 또는 영업 비밀,

(b) 특히 검사, 조사 또는 감사의 목적을 위해 본 규정의 효과적인 이행

(c) 공공 및 국가 안보 이익

(d) 형사 또는 행정 절차의 수행;

(e) 연합 또는 국내법에 따라 분류된 정보.

2. 제1항에 따라 본 규정의 적용과 관련된 당국은 AI 시스템에 의해 제기되는 위험을 평가하고 본 규정 및 규정(EU) 2019/1020에 따라 권한을 행사하는 데 반드시 필요한 데이터만 요청해야 한다. 그들은 획득한 정보 및 데이터의 보안 및 기밀성을 보호하기 위해 적절하고 효과적인 사이버 보안 조치를 취해야 하며, 수집된 데이터가 획득 목적에 더 이상 필요하지 않은 경우 해당 연합 또는 국내법에 따라 즉시 삭제해야 한다.

3. 제1항 및 제2항을 침해하지 않는 범위 내에서, 국가관할당국 간 또는 국가관할당국과 위원회 간에 비밀리에 교환된 정보는 부속서 III의 제1항, 제6항 또는 제7항에 언급된 고위험 인공지능 시스템의 경우 발신국 관할당국과 배포자의 사전 협의 없이 공개되어서는 아니 된다 법 집행 기관, 국경 통제, 이민 또는 망명 당국에 의해 사용되며 그러한 공개가 공공 및 국가 안보 이익을 위태롭게 할 때 사용된다. 이러한 정보 교환은 법 집행 기관, 국경 통제, 이민 또는 망명 당국의 활동과 관련된 민감한 운영 데이터를 다루지 않는다. 법 집행 기관, 이민 또는 망명 당국이 부속서 III의 1, 6 또는 7항에 언급된 고위험 AI 시스템의 제공자인 경우, 부속서 IV에 언급된 기술 문서는 해당 당국의 구내에 보관되어야 한다. 해당 당국은 제74조 (8) 및 (9)항에 언급된 시장감시당국이 요청 시 즉시 문서에 접근하거나 그 사본을 입수할 수 있도록 보장해야 한다. 적절한 수준의 보안 인가를 보유한 시장 감시 기관의 직원만이 해당 문서 또는 그 사본에 액세스할 수 있다.

4. 제1항, 제2항 및 제3항은 국제협력의 맥락을 포함하여 정보교환 및 경고의 전파와 관련하여 위원회, 회원국 및 그 관련 당국 및 통지기관의 권리 또는 의무에 영향을 미치지 아니하며, 회

원국의 형법에 따른 정보 제공 관련 당사자의 의무에도 영향을 미치지 아니한다.

5. 위원회와 회원국은 필요한 경우 국제 및 무역 협정의 관련 조항에 따라 적절한 수준의 기밀 유지를 보장하는 양자 또는 다자간 기밀 유지 협정을 체결한 제3국의 규제 당국과 기밀 정보를 교환할 수 있다.

[57] 2016년 6월 8일 유럽 의회 및 이사회의 지침(EU) 2016/943, 불법 취득, 사용 및 공개로부터 미공개 노하우 및 비즈니스 정보(영업 비밀)의 보호에 관한 것(OJ L 157, 15.6.2016, p. 1).

해설

도입 이유

EU 인공지능법 제78조는 인공지능 시스템의 위험 평가와 관련된 정보와 데이터의 기밀성을 보호하기 위해 도입되었다. 이는 지적 재산권, 영업 비밀, 공공 및 국가 안보, 형사 및 행정 절차의 보호를 목적으로 한다. 또한, 데이터의 불필요한 수집을 방지하고, 수집된 데이터의 보안을 강화하며, 데이터가 더 이상 필요하지 않을 때 삭제하도록 규정하고 있다.

조문 내용 요약

1. **기밀성 보호**: 규제 적용에 관여하는 모든 당사자는 지적 재산권, 영업 비밀, 공공 및 국가 안보, 형사 및 행정 절차의 보호를 위해 정보와 데이터의 기밀성을 존중해야 한다.

2. **데이터 요청 제한**: 당국은 AI 시스템의 위험 평가에 필요한 데이터만 요청할 수 있으며, 수집된 데이터는 더 이상 필요하지 않을 때 삭제해야 한다.

3. **정보 교환 제한**: 국가 권한 당국 간 또는 국가 권한 당국과 위원회 간에 기밀로 교환된 정보는 사전 협의 없이 공개될 수 없다.

4. **권리와 의무**: 이 조항은 정보 교환 및 경고 발행에 관한 위원회, 회원국 및 관련 당국의 권리와 의무에 영향을 미치지 않는다.

5. **국제 정보 교환**: 위원회와 회원국은 필요한 경우 제3국의 규제 당국과 기밀 정보를 교환할 수 있다.

인공지능(AI)과 행정관리

법적 측면

제78조는 법적 기밀성 보호의 중요성을 강조하며, 지적 재산권과 영업 비밀의 보호를 법적으로 명확히 규정하고 있다. 이는 법적 분쟁에서 중요한 증거로 활용될 수 있는 데이터를 보호하고, 법적 절차의 공정성을 보장하는 역할을 한다. 또한, 데이터의 불필요한 수집을 방지함으로써 개인정보 보호법과의 조화를 이루고 있다.

행정적 측면

행정적으로, 제78조는 규제 당국이 AI 시스템의 위험 평가를 수행할 때 필요한 데이터만을 수집하도록 제한함으로써 행정 효율성을 높인다. 또한, 수집된 데이터의 보안을 강화하고, 데이터가 더 이상 필요하지 않을 때 삭제하도록 규정함으로써 데이터 관리의 투명성과 신뢰성을 높인다. 이는 행정 절차의 효율성을 높이고, 불필요한 데이터 수집으로 인한 자원 낭비를 줄이는 데 기여한다.

비즈니스 측면

비즈니스적으로, 제78조는 기업의 지적 재산권과 영업 비밀을 보호함으로써 기업의 혁신과 경쟁력을 유지하는 데 중요한 역할을 한다. 이는 기업이 AI 시스템을 개발하고 운영하는 과정에서 기밀 정보를 안전하게 보호할 수 있도록 하여, 기업의 신뢰성을 높이고, 시장에서의 경쟁력을 강화하는 데 기여한다. 또한, 데이터의 불필요한 수집을 방지함으로써 기업의 데이터 관리 비용을 절감하고, 데이터 보안 강화를 통해 기업의 리스크를 줄이는 데 도움을 준다.

제79조: 국가 차원에서 위험을 초래하는 AI 시스템 처리 절차

요약

1. 위험을 초래하는 AI 시스템은 사람의 건강이나 안전 또는 기본권에 위험을 초래하는 한, 규정 (EU) 2019/1020의 제3조 19항에 정의된 "위험을 초래하는 제품"으로 이해되어야 한다.

2. 회원국의 시장감시기관이 이 조 제1항에 언급된 바와 같이 인공지능 시스템이 위험을 초래한 다고 간주할 충분한 이유가 있는 경우, 해당 인공지능 시스템이 이 규정에 규정된 모든 요건 및 의무를 준수하는지 여부를 평가한다. 취약 계층에 위험을 초래하는 AI 시스템에 특별한 주 의를 기울여야 한다. 기본권에 대한 위험이 확인되는 경우, 시장감시당국은 제77조 (1)항에 언급된 관련 국가공공기관 또는 단체에 이를 알리고 전적으로 협조해야 한다. 관련 사업자는 필요에 따라 시장감시당국 및 제77조(1)에 언급된 기타 국가의 공공기관 또는 기관과 협력해 야 한다. 이러한 평가 과정에서 시장 감시 당국 또는 해당되는 경우 시장 감시 기관이 제77조 (1)항에 언급된 국가 공공 기관과 협력하여 AI 시스템이 이 규정에 명시된 요구 사항 및 의무 를 준수하지 않는 것을 발견하는 경우, 해당 운영자에게 AI 시스템이 규정을 준수하도록 모든 적절한 시정 조치를 취하도록 부당한 지체 없이 요구해야 한다. AI 시스템을 시장에서 철수시 키거나, 시장 감시 당국이 규정할 수 있는 기간 내에, 그리고 어떤 경우에도 근무일 기준 15일 이내 또는 관련 연합 조화 법률에 규정된 바에 따라 회수할 수 있다. 시장 감시 당국은 이에 따 라 관련 인증 기관에 알려야 한다. 규정(EU) 2019/1020의 18항은 이 단락의 두 번째 단락에 언 급된 조치에 적용된다.

3. 시장감시당국은 불이행이 자국의 영토에 국한되지 않는다고 판단하는 경우, 평가 결과 및 운 영자에게 취하도록 요구한 조치를 지체 없이 위원회 및 다른 회원국에 통보해야 한다.

4. 운영자는 연합 시장에서 사용할 수 있도록 한 모든 관련 AI 시스템과 관련하여 모든 적절한 시 정 조치가 취해지도록 해야 한다.

5. 인공지능 시스템의 운영자가 제2항에 언급된 기간 내에 적절한 시정 조치를 취하지 않는 경 우, 시장감시기관은 인공지능 시스템이 자국 시장에서 이용 가능하거나 사용되는 것을 금지 또는 제한하고, 해당 시장에서 제품 또는 독립형 인공지능 시스템을 회수하거나 리콜하기 위 한 모든 적절한 잠정조치를 취해야 한다. 그 기관은 지체 없이 위원회와 다른 회원국에 그러 한 조치들을 통지하여야 한다.

6. 제5항에 언급된 통지에는 사용 가능한 모든 세부 정보, 특히 규정을 준수하지 않는 AI 시스템 의 식별에 필요한 정보, AI 시스템 및 공급망의 출처, 규정 위반 혐의의 성격 및 관련 위험, 취 해진 국가 조치의 성격 및 기간, 관련 운영자가 제시한 주장이 포함되어야 한다. 특히, 시장 감

시 당국은 규정 미준수가 다음 중 하나 이상에 기인하는지 여부를 표시해야 한다.

(a) 제5조에 언급된 AI 관행의 금지 사항을 준수하지 않는 경우;

(b) 고위험 AI 시스템이 III장 섹션 2에 명시된 요구 사항을 충족하지 못하는 경우;

(c) 적합성 추정을 부여하는 제40조 및 제41조에 언급된 통일된 표준 또는 공통 사양의 결함;

(d) 제50조의 불이행.

7. 절차를 개시하는 회원국의 시장감시기관 이외의 시장감시기관은 부당한 지체 없이 해당 인공지능시스템의 미준수와 관련하여 채택된 조치 및 추가 정보를 집행위원회와 다른 회원국에 통보해야 하며, 통지된 국가 조치에 동의하지 않는 경우

8. 이 조 제5항에 언급된 통지를 받은 후 3개월 이내에 다른 회원국의 시장감시기관이 취한 잠정 조치에 관하여 회원국의 시장감시당국 또는 집행위원회가 이의를 제기하지 아니한 경우, 그 조치는 정당한 것으로 간주된다. 이는 규정(EU) 18/2019의 1020조에 따라 관련 운영자의 절차적 권리를 침해하지 않는다. 이 항에 언급된 3개월의 기간은 이 규정 제5조에 언급된 AI 관행의 금지를 준수하지 않는 경우 30일로 단축된다.

9. 시장 감시 당국은 해당 제품 또는 AI 시스템과 관련하여 해당 제품 또는 AI 시스템을 시장에서 철수하는 등 적절한 제한 조치가 지체 없이 취해지도록 해야 한다.

해설

도입 이유

EU 인공지능법(EU AI Act) 제79조는 인공지능 시스템이 건강, 안전 또는 기본권에 위험을 초래할 경우 이를 관리하기 위한 절차를 규정하고 있다. 이 조항은 인공지능 시스템의 잠재적 위험을 신속하게 식별하고 대응하기 위해 도입되었다. 특히, 인공지능 시스템이 취약한 그룹에 미치는 영향을 고려하여, 시장 감시 당국이 적절한 조치를 취할 수 있도록 한다.

조문 내용 요약

1. **위험 정의**: 인공지능 시스템이 건강, 안전 또는 기본권에 위험을 초래할 경우, 이를 "위험을 초

래하는 제품"으로 간주한다.

2. **평가 절차**: 시장 감시 당국이 인공지능 시스템의 위험을 평가하고, 규정 준수 여부를 확인한다. 특히, 취약한 그룹에 대한 위험이 있는 경우, 관련 국가 공공 기관과 협력한다.

3. **시정 조치**: 규정 위반이 확인되면, 운영자에게 시정 조치를 요구하고, 시장에서 철수하거나 회수하도록 명령할 수 있다.

4. **통보 의무**: 비준수 사항이 발견되면, 시장 감시 당국은 위반 사항과 조치 내용을 다른 회원국과 위원회에 통보해야 한다.

5. **제재 조치**: 운영자가 시정 조치를 이행하지 않을 경우, 시장 감시 당국은 해당 인공지능 시스템의 시장 접근을 금지하거나 제한할 수 있다.

법적 측면

제79조는 인공지능 시스템의 안전성과 규정 준수를 보장하기 위한 법적 근거를 제공한다. 이 조항은 시장 감시 당국이 인공지능 시스템의 위험을 평가하고, 필요한 경우 시정 조치를 명령할 수 있는 권한을 부여한다. 또한, 비준수 사항을 다른 회원국과 위원회에 통보함으로써, 유럽 연합 내에서 일관된 규제 접근 방식을 유지할 수 있다.

행정적 측면

행정적으로, 제79조는 시장 감시 당국이 인공지능 시스템의 위험을 신속하게 식별하고 대응할 수 있는 절차를 규정한다. 이 조항은 시장 감시 당국이 관련 국가 공공 기관과 협력하여, 인공지능 시스템의 위험을 평가하고 시정 조치를 취할 수 있도록 한다. 또한, 비준수 사항을 다른 회원국과 위원회에 통보함으로써, 유럽 연합 내에서 일관된 규제 접근 방식을 유지할 수 있다.

비즈니스 측면

비즈니스 측면에서, 제79조는 인공지능 시스템의 운영자에게 규정 준수의 중요성을 강조한다. 운영자는 인공지능 시스템이 규정을 준수하도록 보장해야 하며, 비준수 시 시정 조치를 취해야 한다. 이는 인공지능 시스템의 안전성과 신뢰성을 높이는 데 기여하며, 시장에서의 경쟁력을 유지하

인공지능(AI)과 행정관리

는 데 중요한 역할을 한다. 또한, 비준수 시 시장 접근이 제한될 수 있으므로, 운영자는 규정 준수를 위해 지속적으로 노력해야 한다.

제80조: 부속서 III의 적용에서 제공자가 고위험군이 아닌 것으로 분류한 AI 시스템을 처리하는 절차

요약

1. 시장감시기관이 제6조(3)에 따라 제공자가 비고위험으로 분류한 인공지능 시스템이 실제로 고위험이라고 간주할 충분한 이유가 있는 경우, 시장감시당국은 제6조(3)항 및 위원회 지침에 명시된 조건에 따라 해당 인공지능 시스템을 고위험 인공지능 시스템으로 분류하는 것과 관련하여 해당 인공지능 시스템에 대한 평가를 실시한다.

2. 평가 과정에서 시장 감시 당국이 해당 AI 시스템이 고위험하다고 판단하는 경우, 해당 제공자가 AI 시스템이 본 규정에 명시된 요구 사항 및 의무를 준수하도록 필요한 모든 조치를 취하고 시장 감시 당국이 규정할 수 있는 기간 내에 적절한 시정 조치를 취하도록 부당한 지체 없이 요구해야 한다.

3. 시장감시당국은 해당 인공지능시스템의 이용이 자국의 영토에 국한되지 않는다고 판단하는 경우, 평가 결과 및 제공자에게 취하도록 요구한 조치를 지체 없이 집행위원회와 다른 회원국에 통보해야 한다.

4. 제공업체는 AI 시스템이 본 규정에 명시된 요구 사항 및 의무를 준수하도록 필요한 모든 조치를 취해야 한다. 해당 AI 시스템의 제공자가 본 조 2항에 언급된 기간 내에 AI 시스템이 이러한 요구 사항 및 의무를 준수하지 않는 경우 제공자는 제99조에 따라 벌금을 부과받는다.

5. 제공업체는 유니온 마켓에서 사용할 수 있도록 한 모든 관련 AI 시스템과 관련하여 모든 적절한 시정 조치가 취해지도록 해야 한다.

6. 해당 AI 시스템의 제공자가 본 조 2항에 언급된 기간 내에 적절한 시정 조치를 취하지 않는 경

우 제79조 (5)부터 (9)까지 적용된다.

7. 이 조 제1항에 따른 평가 과정에서 시장감시당국이 제3장 제2항의 요건 적용을 회피하기 위해 제공자가 AI 시스템을 비고위험으로 잘못 분류한 것으로 입증하는 경우, 제공자는 제99조에 따라 벌금을 부과받는다.

8. 이 조항의 적용을 모니터링할 수 있는 권한을 행사함에 있어 규정 (EU) 2019/1020의 11항에 따라 시장 감시 당국은 이 규정의 71항에 언급된 EU 데이터베이스에 저장된 특정 정보를 고려하여 적절한 점검을 수행할 수 있다.

해설

도입 이유

EU 인공지능법 제80조는 인공지능 시스템의 위험 분류와 관련된 규제를 강화하기 위해 도입되었다. 이는 인공지능 시스템이 고위험으로 분류될 경우, 해당 시스템이 규제 요건을 준수하도록 보장하기 위한 것이다. 특히, 인공지능 시스템이 잘못 분류되어 발생할 수 있는 위험을 최소화하고, 시장 감시 당국의 역할을 명확히 하기 위해 마련되었다.

조문 내용 요약

1. **시장 감시 당국의 평가**: 시장 감시 당국은 제공자가 비고위험으로 분류한 인공지능 시스템이 실제로 고위험인지 평가할 충분한 이유가 있을 경우, 해당 시스템에 대한 평가를 수행한다.

2. **고위험 판정 시 조치**: 평가 결과 해당 시스템이 고위험으로 판정되면, 시장 감시 당국은 제공자에게 규제 요건을 준수하도록 필요한 모든 조치를 취할 것을 요구한다.

3. **국가 간 정보 공유**: 해당 시스템의 사용이 국가 내에 국한되지 않는 경우, 시장 감시 당국은 평가 결과와 조치 사항을 위원회와 다른 회원국에 신속히 통보한다.

4. **제공자의 의무**: 제공자는 해당 시스템이 규제 요건을 준수하도록 필요한 모든 조치를 취해야 하며, 이를 이행하지 않을 경우 벌금이 부과된다.

5. **적절한 시정 조치**: 제공자는 유럽 연합 시장에 제공된 모든 관련 인공지능 시스템에 대해 적

절한 시정 조치를 취해야 한다.

6. **시정 조치 미이행 시**: 제공자가 적절한 시정 조치를 취하지 않을 경우, 추가적인 벌금 및 제재가 적용된다.

7. **고의적 잘못 분류 시**: 제공자가 고의적으로 인공지능 시스템을 비고위험으로 잘못 분류한 경우, 벌금이 부과된다.

8. **시장 감시 당국의 권한**: 시장 감시 당국은 규제 준수를 모니터링하기 위해 적절한 검사를 수행할 수 있다.

법적 측면

제80조는 인공지능 시스템의 위험 분류와 관련된 법적 책임을 명확히 한다. 시장 감시 당국은 인공지능 시스템의 위험성을 평가하고, 고위험으로 판정된 시스템에 대해 규제 요건을 준수하도록 조치를 취할 권한을 가진다. 이는 인공지능 시스템의 안전성과 신뢰성을 보장하기 위한 법적 장치로 작용한다. 또한, 제공자가 고의적으로 잘못 분류한 경우 벌금을 부과함으로써 법적 책임을 강화한다.

행정적 측면

행정적으로, 제80조는 시장 감시 당국의 역할과 책임을 명확히 한다. 시장 감시 당국은 인공지능 시스템의 위험성을 평가하고, 필요한 경우 규제 요건을 준수하도록 조치를 취할 권한을 가진다. 이는 인공지능 시스템의 안전성을 보장하고, 잘못 분류된 시스템으로 인한 위험을 최소화하기 위한 행정적 절차를 마련한다. 또한, 국가 간 정보 공유를 통해 인공지능 시스템의 위험성을 효과적으로 관리할 수 있도록 한다.

비즈니스 측면

비즈니스 측면에서 제80조는 인공지능 시스템 제공자에게 중요한 의미를 가진다. 제공자는 인공지능 시스템이 규제 요건을 준수하도록 보장해야 하며, 이를 이행하지 않을 경우 벌금이 부과될 수 있다. 이는 제공자가 인공지능 시스템의 위험성을 정확히 평가하고, 규제 요건을 준수하도록 유도하는 역할을 한다. 또한, 고의적으로 잘못 분류한 경우 벌금이 부과되므로, 제공자는 인공지능 시스템의 분류에 신중을 기해야 한다. 이는 인공지능 시스템의 신뢰성을 높이고, 시장에서의 경쟁력을 강화하는 데 기여할 수 있다.

제81조: 노동조합 보호 절차

요약

1. 제79조 (5)항에 언급된 통지를 받은 날로부터 3개월 이내 또는 제5조에 언급된 AI 관행의 금지를 준수하지 않는 경우 30일 이내에 회원국의 시장감시기관이 다른 시장감시기관이 취한 조치에 대해 이의를 제기하는 경우 또는 위원회가 그 조치가 연합법에 위배된다고 간주하는 경우, 위원회는 지체 없이 해당 회원국의 시장감시당국 및 운영자 또는 운영자들과 협의를 시작하고, 국가적 조치를 평가한다. 위원회는 그 평가결과에 기초하여 제79조 (5)항에 언급된 통지로부터 6개월 이내 또는 제5조에 언급된 인공지능 관행 금지를 준수하지 않는 경우 60일 이내에 해당 국가적 조치가 정당한지 여부를 결정하고 그 결정을 해당 회원국의 시장감시기관에 통보한다. 위원회는 또한 다른 모든 시장감시당국에 그 결정을 통보하여야 한다.

2. 위원회가 관련 회원국이 취한 조치가 정당하다고 판단하는 경우, 모든 회원국은 해당 인공지능 시스템에 대해 지체 없이 해당 인공지능 시스템을 자국 시장에서 철수하도록 요구하는 등 적절한 제한 조치를 취하도록 보장하고, 이에 따라 위원회에 통보해야 한다. 위원회가 국가적 조치가 정당하지 않다고 판단하는 경우, 해당 회원국은 해당 조치를 철회하고 그에 따라 위원회에 통보한다.

3. 국가적 조치가 정당하다고 간주되고 AI 시스템의 미준수가 이 규정 제40조 및 제41조에 언급된 통일된 표준 또는 공통 사양의 결함에 기인하는 경우, 위원회는 규정(EU) No 1025/2012의 제11조에 규정된 절차를 적용한다.

도입 이유

제81조는 회원국 간의 인공지능 관련 조치에 대한 이의 제기 절차를 규정하고 있다. 이는 회원국 간의 조치가 상충될 때, 공정하고 일관된 해결책을 제공하기 위해 도입되었다. 특히, 인공지능 시스템의 비준수 문제를 해결하고, 시장에서의 공정한 경쟁을 보장하기 위한 것이다.

조문 내용 요약

1. **이의 제기 절차**: 한 회원국의 시장 감시 당국이 다른 회원국의 조치에 대해 이의를 제기하거나, 위원회가 해당 조치가 연합법에 위배된다고 판단할 경우, 위원회는 관련 회원국의 시장 감시 당국 및 운영자와 협의하여 해당 조치를 평가한다. 평가 결과에 따라, 위원회는 해당 조치가 정당한지 여부를 결정하고, 이를 관련 당국에 통보한다.

2. **조치의 정당성 판단**: 위원회가 해당 조치가 정당하다고 판단할 경우, 모든 회원국은 해당 인공지능 시스템에 대해 적절한 제한 조치를 취해야 하며, 이를 위원회에 통보해야 한다. 반면, 조치가 부당하다고 판단될 경우, 해당 회원국은 조치를 철회해야 한다.

3. **표준 또는 사양의 결함**: 조치가 정당하다고 판단되고, 인공지능 시스템의 비준수가 표준 또는 사양의 결함으로 인한 것이라면, 위원회는 특정 절차를 적용한다.

법적 측면

제81조는 회원국 간의 법적 충돌을 해결하기 위한 절차를 명확히 규정하고 있다. 이는 회원국 간의 조치가 상충될 때, 공정하고 일관된 해결책을 제공하기 위한 것이다. 또한, 인공지능 시스템의 비준수 문제를 해결하고, 시장에서의 공정한 경쟁을 보장하기 위한 것이다. 이 조문은 회원국 간의 협력을 촉진하고, 인공지능 시스템의 안전성과 신뢰성을 보장하는 데 중요한 역할을 한다.

행정적 측면

행정적으로, 제81조는 회원국의 시장 감시 당국이 다른 회원국의 조치에 대해 이의를 제기할 수 있는 절차를 제공한다. 이는 회원국 간의 조치가 상충될 때, 공정하고 일관된 해결책을 제공하기 위한 것이다. 또한, 위원회는 해당 조치를 평가하고, 정당성 여부를 판단하는 역할을 한다. 이는 회원국 간의 협력을 촉진하고, 인공지능 시스템의 안전성과 신뢰성을 보장하는 데 중요한 역할을 한다.

비즈니스 측면

비즈니스 측면에서, 제81조는 인공지능 시스템의 비준수 문제를 해결하고, 시장에서의 공정한 경쟁을 보장하기 위한 것이다. 이는 기업들이 인공지능 시스템을 개발하고 배포할 때, 표준과 규정을 준수하도록 유도한다. 또한, 기업들은 인공지능 시스템의 안전성과 신뢰성을 보장하기 위해 필요한 조치를 취해야 한다. 이는 시장에서의 공정한 경쟁을 촉진하고, 소비자 신뢰를 높이는 데 중요한 역할을 한다.

제82조: 위험을 초래하는 규정을 준수하는 AI 시스템

요약

1. 제79조에 따른 평가를 실시한 후, 제77조 (1)항에 언급된 관련 국가 공공기관과 협의한 후, 회원국의 시장감시기관이 고위험 인공지능 시스템이 이 규정을 준수함에도 불구하고 개인의 건강 또는 안전, 기본권에 위험을 초래한다고 판단하는 경우, 또는 공익 보호의 다른 측면에 대해 관련 운영자는 해당 AI 시스템이 시장에 출시되거나 서비스될 때 규정된 기간 내에 과도한 지체 없이 더 이상 그러한 위험을 초래하지 않도록 모든 적절한 조치를 취해야 한다.

2. 제공자 또는 기타 관련 운영자는 제1항에 언급된 회원국의 시장감시기관이 규정한 기한 내에 유럽연합 시장에서 사용할 수 있도록 한 모든 관련 AI 시스템에 대해 시정 조치가 취해지도록 해야 한다.

3. 회원국은 제1항에 따른 조사 결과를 즉시 위원회와 다른 회원국에 통보하여야 한다. 이 정보에는 사용 가능한 모든 세부 정보, 특히 관련 AI 시스템의 식별에 필요한 데이터, AI 시스템의

인공지능(AI)과 행정관리

원산지 및 공급망, 관련된 위험의 성격, 취한 국가 조치의 성격 및 기간이 포함되어야 한다.

4. 위원회는 지체 없이 관련 회원국 및 관련 사업자와 협의를 시작하고, 취해진 국가적 조치를 평가한다. 위원회는 그 평가 결과에 기초하여 그 조치가 정당한지 여부를 결정하고, 필요한 경우 다른 적절한 조치를 제안한다.

5. 위원회는 그 결정을 관련 회원국과 관련 사업자에게 즉시 전달하여야 한다. 또한 다른 회원국에도 알려야 한다.

해설

제82조는 고위험 AI 시스템이 규정을 준수하더라도 사람들의 건강, 안전 또는 권리에 위험을 초래할 경우, 해당 위험이 제거될 때까지 시스템의 출시를 금지하는 내용을 담고 있다. 이 조항은 AI 시스템의 안전성과 신뢰성을 보장하기 위해 도입되었다.

도입 이유

제82조는 고위험 AI 시스템이 규정을 준수하더라도 예상치 못한 위험을 초래할 수 있다는 점을 고려하여 도입되었다. 이는 AI 기술의 복잡성과 예측 불가능성을 반영한 것으로, 규정 준수만으로는 충분하지 않다는 인식에서 비롯되었다. 따라서, 추가적인 안전장치를 마련하여 공공의 안전과 권리를 보호하고자 한다.

조문 내용 요약

1. **위험 발견 시 조치**: 회원국의 시장 감시 당국이 고위험 AI 시스템이 규정을 준수하더라도 건강, 안전, 권리에 위험을 초래한다고 판단할 경우, 해당 시스템의 운영자에게 위험을 제거하기 위한 적절한 조치를 취할 것을 요구한다.

2. **시정 조치**: 제공자 또는 관련 운영자는 시장 감시 당국이 정한 기간 내에 모든 관련 AI 시스템에 대해 시정 조치를 취해야 한다.

3. **정보 공유**: 회원국은 이러한 위험 발견 시 즉시 위원회와 다른 회원국에 해당 AI 시스템과 위

험에 대한 모든 세부 정보를 제공해야 한다.

4. **위원회의 평가**: 위원회는 관련 회원국 및 운영자와 협의하여 국가 조치의 타당성을 평가하고, 필요시 추가 조치를 제안한다.

5. **결정 통보**: 위원회는 결정 사항을 관련 회원국과 운영자에게 즉시 통보하고, 다른 회원국에도 이를 알린다.

법적 측면

제82조는 법적 측면에서 AI 시스템의 안전성과 신뢰성을 강화하는 역할을 한다. 규정을 준수하더라도 추가적인 위험이 발견될 경우, 즉각적인 시정 조치를 요구함으로써 법적 책임을 명확히 한다. 이는 AI 시스템 제공자와 운영자가 지속적으로 시스템의 안전성을 모니터링하고, 필요한 경우 신속하게 대응할 수 있도록 한다. 또한, 회원국 간의 정보 공유와 협력을 통해 일관된 법적 대응을 가능하게 한다.

행정적 측면

행정적 측면에서는 시장 감시 당국의 역할이 중요하다. 제82조는 시장 감시 당국이 고위험 AI 시스템의 위험을 평가하고, 필요한 시정 조치를 명령할 수 있는 권한을 부여한다. 이는 행정 기관이 AI 시스템의 안전성을 지속적으로 감시하고, 공공의 안전을 보호하는 데 중요한 역할을 한다. 또한, 위원회와의 협의를 통해 국가 간의 일관된 행정적 대응을 보장한다.

비즈니스 측면

비즈니스 측면에서는 AI 시스템 제공자와 운영자가 지속적인 위험 모니터링과 시정 조치를 통해 시스템의 안전성을 유지해야 한다는 점에서 중요한 의미를 가진다. 이는 기업이 AI 시스템의 안전성과 신뢰성을 보장하기 위해 추가적인 자원을 투입해야 함을 의미한다. 또한, 규정을 준수하더라도 추가적인 위험이 발견될 경우 신속하게 대응할 수 있는 체계를 마련해야 한다. 이는 기업의 책임성을 강화하고, 소비자 신뢰를 높이는 데 기여할 수 있다.

제83조: 공식적인 규정 미준수

요약

1. 회원국의 시장감시기관이 다음 중 하나의 결과를 발견한 경우, 해당 제공자는 규정할 수 있는 기간 내에 관련 불이행을 종식시킬 것을 요구한다.

    (a) CE 마크가 제48조를 위반하여 부착된 경우;

    (b) CE 마크가 부착되지 않은 경우

    (c) 제47조에 언급된 EU 적합성 선언이 작성되지 않은 경우;

    (d) 제47조에 언급된 EU 적합성 선언이 올바르게 작성되지 않은 경우.

    (e) 제71조에 언급된 EU 데이터베이스의 등록이 수행되지 않은 경우;

    (f) 권한을 위임받은 대리인이 임명되지 않은 경우;

    (g) 기술 문서를 사용할 수 없을 경우.

2. 제1항에 언급된 불이행이 지속되는 경우, 해당 회원국의 시장감시당국은 고위험 인공지능 시스템이 시장에서 이용되는 것을 제한 또는 금지하거나 지체 없이 시장에서 리콜 또는 철수할 수 있도록 적절하고 비례적인 조치를 취한다.

해설

도입 이유

EU 인공지능법 제83조는 인공지능 시스템의 시장 감시 및 규제를 강화하기 위해 도입되었다. 이는 고위험 인공지능 시스템이 시장에 출시되기 전에 적절한 규제와 감독을 받도록 하여, 소비자 보호와 공공 안전을 보장하기 위함이다. 특히, CE 마크 부착, EU 적합성 선언, 기술 문서 제공 등 필수 요건을 준수하지 않는 경우, 시장 감시 당국이 신속하게 개입할 수 있도록 규정하고 있다.

조문 내용 요약

제83조는 두 개의 주요 항목으로 구성되어 있다. 첫째, 시장 감시 당국이 특정 비준수 사항을 발견했을 때, 관련 제공자에게 이를 시정하도록 요구할 수 있다. 둘째, 비준수가 지속될 경우, 시장 감시 당국은 해당 인공지능 시스템의 시장 접근을 제한하거나, 시장에서 회수 또는 철수시키는 적절하고 비례적인 조치를 취할 수 있다.

법적 측면

법적 측면에서 제83조는 시장 감시 당국에게 강력한 권한을 부여한다. 이는 비준수 사항을 발견했을 때, 제공자에게 시정 명령을 내릴 수 있는 권한을 포함한다. 또한, 비준수가 지속될 경우, 시장 접근 제한, 회수, 철수 등의 강력한 조치를 취할 수 있는 법적 근거를 제공한다. 이는 인공지능 시스템의 안전성과 신뢰성을 보장하기 위한 중요한 법적 장치이다.

행정적 측면

행정적 측면에서 제83조는 시장 감시 당국의 역할과 책임을 명확히 규정하고 있다. 이는 당국이 비준수 사항을 신속하게 식별하고, 적절한 시정 조치를 취할 수 있도록 하는 절차를 포함한다. 또한, 비준수가 지속될 경우, 당국이 취할 수 있는 다양한 행정적 조치를 명시하고 있다. 이는 인공지능 시스템의 규제와 감독을 강화하여, 공공 안전과 소비자 보호를 위한 행정적 기반을 제공한다.

비즈니스 측면

비즈니스 측면에서 제83조는 인공지능 시스템 제공자에게 중요한 규제 요건을 제시한다. 이는 제공자가 CE 마크 부착, EU 적합성 선언, 기술 문서 제공 등 필수 요건을 준수해야 함을 의미한다. 또한, 비준수 시 시장 접근 제한, 회수, 철수 등의 위험이 있음을 경고한다. 이는 제공자가 규제 요건을 철저히 준수하여, 시장에서의 신뢰성과 경쟁력을 유지할 수 있도록 하는 중요한 비즈니스 전략을 제시한다.

제83조는 인공지능 시스템의 안전성과 신뢰성을 보장하기 위한 중요한 규제 장치로, 법적, 행정

적, 비즈니스 측면에서 다양한 의미를 지니고 있다. 이는 인공지능 시스템의 시장 접근을 규제하고, 비준수 시 신속하게 개입할 수 있는 강력한 법적 근거를 제공함으로써, 공공 안전과 소비자 보호를 강화하는 데 기여한다.

제84조: AI 테스트 지원 구조 통합

요약

1. 위원회는 AI 분야에서 규정(EU) 2019/1020의 21(6)조에 나열된 작업을 수행하기 위해 하나 이상의 연합 AI 테스트 지원 구조를 지정해야 한다.
2. 제1항에 언급된 업무를 침해하지 않는 범위 내에서, 연합 AI 테스트 지원 구조는 이사회, 위원회 또는 시장 감시 당국의 요청에 따라 독립적인 기술 또는 과학적 자문을 제공해야 한다.

해설

도입 이유

제84조는 인공지능 시스템의 테스트와 지원을 위한 구조를 마련하기 위해 도입되었다. 이는 인공지능 기술의 안전성과 신뢰성을 보장하고, 시장 감시 당국 및 기타 관련 기관에 독립적인 기술적 또는 과학적 조언을 제공하기 위함이다. 이러한 구조는 인공지능 기술의 발전과 함께 발생할 수 있는 위험을 최소화하고, 규제 당국이 효과적으로 대응할 수 있도록 지원하는 역할을 한다.

조문 내용 요약

1. **지정**: 유럽연합 집행위원회는 인공지능 시스템의 테스트와 지원을 위한 하나 이상의 구조를 지정한다. 이는 Regulation (EU) 2019/1020의 제21조(6)에 명시된 임무를 수행하기 위함이다.
2. **독립적 조언 제공**: 지정된 구조는 위원회, 인공지능 위원회, 또는 시장 감시 당국의 요청에 따

라 독립적인 기술적 또는 과학적 조언을 제공한다.

법적 측면

법적 측면에서 제84조는 인공지능 시스템의 테스트와 지원을 위한 구조를 공식적으로 지정함으로써, 규제 당국이 인공지능 기술의 안전성과 신뢰성을 보장할 수 있는 법적 근거를 제공한다. 이는 인공지능 기술의 발전과 함께 발생할 수 있는 법적 문제를 사전에 예방하고, 규제 당국이 효과적으로 대응할 수 있도록 지원하는 역할을 한다. 또한, 독립적인 기술적 또는 과학적 조언을 제공함으로써, 규제 당국이 보다 객관적이고 신뢰할 수 있는 정보를 바탕으로 결정할 수 있도록 돕는다.

행정적 측면

행정적 측면에서 제84조는 인공지능 시스템의 테스트와 지원을 위한 구조를 마련함으로써, 규제 당국이 인공지능 기술의 안전성과 신뢰성을 보장할 수 있는 체계를 구축한다. 이는 규제 당국이 인공지능 기술의 발전과 함께 발생할 수 있는 위험을 최소화하고, 효과적으로 대응할 수 있도록 지원하는 역할을 한다. 또한, 독립적인 기술적 또는 과학적 조언을 제공함으로써, 규제 당국이 보다 객관적이고 신뢰할 수 있는 정보를 바탕으로 결정할 수 있도록 돕는다.

비즈니스 측면

비즈니스 측면에서 제84조는 인공지능 시스템의 테스트와 지원을 위한 구조를 마련함으로써, 기업들이 인공지능 기술의 안전성과 신뢰성을 보장할 수 있는 체계를 구축한다. 이는 기업들이 인공지능 기술의 발전과 함께 발생할 수 있는 위험을 최소화하고, 효과적으로 대응할 수 있도록 지원하는 역할을 한다. 또한, 독립적인 기술적 또는 과학적 조언을 제공함으로써, 기업들이 보다 객관적이고 신뢰할 수 있는 정보를 바탕으로 결정할 수 있도록 돕는다. 이는 기업들이 인공지능 기술을 보다 안전하고 신뢰할 수 있는 방식으로 개발하고, 시장에서 경쟁력을 유지할 수 있도록 지원하는 역할을 한다.

이와 같이, 제84조는 인공지능 시스템의 테스트와 지원을 위한 구조를 마련함으로써, 법적, 행정적, 비즈니스 측면에서 인공지능 기술의 안전성과 신뢰성을 보장하고, 규제 당국과 기업들이 효과적으로 대응할 수 있도록 지원하는 역할을 한다.

제85조: 시장 감시 당국에 불만을 제기할 권리

요약

다른 행정적 또는 사법적 구제책을 침해하지 않고, 본 규정의 조항을 위반했다고 간주할 근거가 있는 자연인 또는 법인은 관련 시장 감시 당국에 불만을 제기할 수 있다. 규정(EU) 2019/1020에 따라 이러한 불만 사항은 시장 감시 활동을 수행하기 위해 고려되어야 하며 시장 감시 당국이 수립한 전용 절차에 따라 처리되어야 한다.

해설

도입 이유

제85조는 인공지능 시스템의 시장 감시와 관련된 규정을 위반한 경우, 개인이나 조직이 이를 신고할 수 있는 절차를 규정하고 있다. 이는 인공지능 시스템의 안전성과 신뢰성을 보장하기 위한 중요한 조치로, 시장 감시 당국이 효과적으로 규제를 집행할 수 있도록 돕기 위해 도입되었다.

조문 내용 요약

제85조는 다음과 같은 내용을 포함하고 있다:

- **신고 권한**: 자연인 또는 법인은 이 규정의 위반이 있다고 판단될 경우, 관련 시장 감시 당국에 신고할 수 있다.
- **신고 처리 절차**: 이러한 신고는 시장 감시 활동을 수행하기 위해 고려되며, 시장 감시 당국이

설정한 전용 절차에 따라 처리된다.

법적 측면

법적 측면에서 제85조는 규제 준수의 투명성과 책임성을 강화한다. 개인이나 조직이 규제 위반을 신고할 수 있는 권리를 명시함으로써, 법 집행의 공정성과 효율성을 높인다. 이는 또한 규제 위반에 대한 억제 효과를 가지며, 인공지능 시스템의 안전성과 신뢰성을 보장하는 데 기여한다.

행정적 측면

행정적 측면에서 제85조는 시장 감시 당국의 역할과 책임을 명확히 한다. 시장 감시 당국은 신고된 위반 사항을 조사하고, 필요한 경우 적절한 조치를 취해야 한다. 이는 시장 감시 당국이 효과적으로 규제를 집행하고, 인공지능 시스템의 안전성을 보장하는 데 중요한 역할을 한다.

비즈니스 측면

비즈니스 측면에서 제85조는 기업들에게 규제 준수의 중요성을 강조한다. 기업들은 인공지능 시스템을 개발하고 운영할 때, 규제를 준수해야 하며, 위반 시에는 신고될 수 있다는 점을 인식해야 한다. 이는 기업들이 더 안전하고 신뢰할 수 있는 인공지능 시스템을 개발하도록 유도하며, 시장에서의 신뢰성을 높이는 데 기여한다.

제86조: 개인의 의사결정에 대해 설명할 권리

요약

1. 부속서 III에 열거된 고위험 AI 시스템의 결과물을 근거로 배포자가 내린 결정의 대상이 되는 사람(2항에 열거된 시스템 제외) 및 법적 효력을 발생시키거나 이와 유사하게 건강에 부정적인 영향을 미친다고 간주되는 방식으로 해당 개인에게 중대한 영향을 미치는 영향 받는 사람

안전 또는 기본권은 배포자로부터 의사 결정 절차에서 AI 시스템의 역할과 결정의 주요 요소에 대한 명확하고 의미 있는 설명을 얻을 권리가 있다.

2. 제1항은 동 항에 따른 의무의 예외 또는 제한이 연합법에 따라 연합 또는 국내법에 따른 AI 시스템의 사용에 대해서는 적용되지 아니한다.

3. 이 조항은 제1항에 언급된 권리가 연합법에 달리 규정되지 않은 경우에만 적용된다.

해설

도입 이유

제86조는 고위험 인공지능 시스템의 사용으로 인해 개인의 건강, 안전 또는 기본권에 중대한 영향을 미치는 결정이 내려질 경우, 해당 개인이 인공지능 시스템이 결정 과정에 어떻게 관여했는지에 대한 명확한 설명을 받을 권리를 보장하기 위해 도입되었다. 이는 인공지능 시스템의 투명성과 책임성을 높이고, 개인의 권리를 보호하기 위한 조치이다.

조문 내용 요약:

1. 고위험 인공지능 시스템의 출력에 기반하여 내려진 결정이 개인의 건강, 안전 또는 기본권에 중대한 영향을 미치는 경우, 해당 개인은 인공지능 시스템이 결정 과정에서 어떤 역할을 했는지에 대한 명확하고 의미 있는 설명을 받을 권리가 있다.

2. 단, 유럽 연합 또는 국가 법률에 따라 예외나 제한이 있는 경우에는 이 권리가 적용되지 않는다.

3. 이 조항은 유럽 연합 법률에 따라 이미 제공되지 않은 경우에만 적용된다.

법적 측면

제86조는 법적으로 인공지능 시스템의 투명성을 강화하고, 개인의 권리를 보호하는 데 중점을 두고 있다. 이는 인공지능 시스템이 법적 결정에 미치는 영향을 명확히 하고, 개인이 자신의 권리를 보호할 수 있도록 돕는다. 또한, 이 조항은 유럽 연합 법률과의 일관성을 유지하면서도, 국가별 법률에 따른 예외와 제한을 허용하여 법적 유연성을 제공한다.

행정적 측면

행정적으로 제86조는 고위험 인공지능 시스템을 사용하는 기관이나 기업이 해당 시스템의 역할과 결정 과정을 명확히 설명할 수 있는 절차와 시스템을 마련해야 함을 의미한다. 이는 인공지능 시스템의 사용에 대한 투명성을 높이고, 개인의 권리 보호를 위한 행정적 책임을 강화하는 데 기여한다. 또한, 이 조항은 행정 기관이 인공지능 시스템의 사용을 감독하고 규제하는 데 필요한 기준을 제공한다.

비즈니스 측면

비즈니스 측면에서 제86조는 고위험 인공지능 시스템을 사용하는 기업이 해당 시스템의 투명성과 책임성을 높이기 위한 조치를 취해야 함을 의미한다. 이는 기업이 인공지능 시스템의 사용에 대한 명확한 설명을 제공할 수 있도록 내부 절차를 마련하고, 직원 교육을 강화해야 함을 시사한다. 또한, 이 조항은 기업이 인공지능 시스템의 사용으로 인한 법적 리스크를 관리하고, 고객의 신뢰를 유지하는 데 중요한 역할을 한다.

제87조: 위반 신고 및 신고자 보호

요약

지침(EU) 2019/1937은 이 규정의 위반 보고 및 그러한 침해를 보고하는 사람의 보호에 적용된다.

해설

EU 인공지능법(EU AI Act) 제87조는 인공지능법 위반 사항을 보고하고 이를 보고하는 사람을 보호하는 조항이다. 이 조항은 2019년 EU 지침 2019/1937을 참조하여 작성되었으며, 이 지침은 위반 사항 보고와 보고자 보호에 관한 규칙을 설정하고 있다.

도입 이유

제87조는 인공지능법의 준수를 보장하고, 위반 사항을 보고하는 사람들을 보호하기 위해 도입되었다. 이는 인공지능 기술의 투명성과 책임성을 높이고, 법적 위반 사항을 신속하게 해결하기 위한 것이다. 또한, 보고자 보호를 통해 잠재적인 위반 사항을 더 쉽게 발견하고 해결할 수 있도록 한다.

조문 내용 요약

제87조는 인공지능법 위반 사항을 보고하는 절차와 보고자를 보호하는 방법을 규정하고 있다. 구체적으로, 2019년 EU 지침 2019/1937의 규정을 적용하여, 인공지능법 위반 사항을 보고하는 사람은 법적으로 보호받을 수 있다. 이는 보고자가 불이익을 당하지 않도록 보호하는 것을 목표로 한다.

법적 측면

법적 측면에서 제87조는 인공지능법의 준수를 보장하는 중요한 역할을 한다. 이 조항은 위반 사항을 보고하는 사람들에게 법적 보호를 제공함으로써, 법적 위반 사항이 은폐되지 않고 공개될 수 있도록 한다. 또한, 보고자 보호를 통해 법적 위반 사항을 신속하게 해결할 수 있는 기반을 마련한다.

행정적 측면

행정적 측면에서 제87조는 인공지능법의 효과적인 시행을 지원한다. 이 조항은 위반 사항을 보고하는 절차를 명확히 하고, 보고자 보호를 통해 행정 기관이 위반 사항을 신속하게 처리할 수 있도록 한다. 이는 인공지능 기술의 투명성과 책임성을 높이는 데 기여한다.

비즈니스 측면

비즈니스 측면에서 제87조는 기업들이 인공지능법을 준수하도록 유도하는 역할을 한다. 이 조항은 기업들이 법적 위반 사항을 은폐하지 않고, 투명하게 보고할 수 있도록 장려한다. 또한, 보고자 보호를 통해 기업 내부에서 위반 사항을 쉽게 발견하고 해결할 수 있는 환경을 조성한다. 이는 기업의 신뢰성과 투명성을 높이는 데 기여한다.

제88조: 범용 AI 모델 제공자에 대한 의무 집행

요약

1. 위원회는 제94조에 따른 절차적 보장을 고려하여 제5장을 감독하고 집행할 수 있는 독점적인 권한을 가진다. 위원회는 조약에 기초한 위원회의 조직권과 회원국과 유럽연합 간의 권한 분담을 침해하지 않고 이러한 임무의 이행을 AI 사무국에 위임한다.

2. 제75조 (3)항을 침해하지 않는 범위 내에서, 시장감시당국은 이 규정에 따른 임무의 이행을 지원하기 위해 필요하고 비례하는 경우 위원회에 이 조에 규정된 권한을 행사하도록 요청할 수 있다.

해설

도입 이유

이 조문은 인공지능(AI) 기술의 발전과 그에 따른 규제 필요성을 반영하여 도입되었다. 특히, 일반 목적 AI 모델에 대한 감독과 집행 권한을 명확히 하여, AI 기술의 안전성과 신뢰성을 확보하고자 한다. 이를 통해, AI 기술이 사회에 미치는 영향을 최소화하고, 사용자와 소비자의 권익을 보호하는 것을 목표로 한다.

조문 내용 요약

제88조는 유럽연합 집행위원회(이하 '위원회')가 일반 목적 AI 모델에 대한 감독 및 집행 권한을 독점적으로 가지며, 이를 AI 사무소에 위임할 수 있음을 명시하고 있다. 또한, 시장 감시 당국은 필요시 위원회에 도움을 요청할 수 있다.

법적 측면

법적으로, 제88조는 위원회의 권한을 강화하고, AI 기술에 대한 통일된 규제 체계를 마련하는 데

인공지능(AI)과 행정관리

중점을 둔다. 이는 각 회원국 간의 규제 차이를 줄이고, 일관된 법적 기준을 제공함으로써 법적 안정성을 높인다. 또한, 시장 감시 당국이 위원회에 도움을 요청할 수 있도록 하여, 법 집행의 효율성을 높인다.

행정적 측면

행정적으로, 제88조는 위원회와 AI 사무소 간의 역할 분담을 명확히 한다. 위원회는 감독 및 집행 권한을 가지며, AI 사무소는 이를 실질적으로 수행하는 역할을 맡는다. 이는 행정 절차의 효율성을 높이고, 전문성을 강화하는 데 기여한다. 또한, 시장 감시 당국이 필요시 위원회에 도움을 요청할 수 있도록 하여, 행정적 협력과 조율을 강화한다.

비즈니스 측면

비즈니스 측면에서, 제88조는 기업들이 AI 기술을 개발하고 활용하는 데 있어 명확한 규제 기준을 제공한다. 이는 기업들이 규제 준수에 필요한 절차와 요건을 명확히 이해하고, 이에 따라 사업 전략을 수립하는 데 도움을 준다. 또한, 일관된 규제 체계는 기업들이 유럽 시장에서 활동하는 데 있어 법적 불확실성을 줄이고, 안정적인 비즈니스 환경을 조성하는 데 기여한다.

제89조: 모니터링 작업

요약

1. AI 사무국은 이 항에 따라 할당된 업무를 수행하기 위해 범용 AI 모델 제공자가 승인된 실행 규범을 준수하는지 포함하여 이 규정의 효과적인 이행 및 준수를 모니터링하기 위해 필요한 조치를 취할 수 있다.
2. 다운스트림 제공자는 이 규정의 위반을 주장하는 불만을 제기할 권리가 있다. 불만 사항은 정당하게 추론되어야 하며 최소한 다음을 표시해야 한다.

(a) 해당 범용 AI 모델 제공자의 연락 창구;

(b) 관련 사실에 대한 설명, 관련 본 규정의 조항 및 다운스트림 제공자가 해당 범용 AI 모델의 제공자가 본 규정을 위반했다고 간주하는 이유;

(c) 요청을 보낸 다운스트림 제공자가 관련성이 있다고 간주하는 기타 정보(적절한 경우 자체 이니셔티브로 수집된 정보 포함).

해설

EU 인공지능법(EU AI Act) 제89조는 일반 목적 AI 모델을 사용하는 기업들이 규정을 준수하는지 모니터링하는 AI 사무소의 권한과 관련된 조항이다. 이 조문은 AI 모델 제공자와 이를 사용하는 하위 제공자 간의 규정 준수 문제를 해결하기 위해 도입되었다.

도입 이유

제89조는 일반 목적 AI 모델의 제공자들이 규정을 준수하도록 보장하기 위해 도입되었다. 이는 AI 기술의 투명성과 책임성을 높이고, 규정 위반 시 적절한 조치를 취할 수 있도록 하기 위함이다. 또한, 하위 제공자들이 규정 위반을 신고할 수 있는 권리를 명시함으로써, AI 생태계 내의 규정 준수 문화를 촉진하고자 한다.

조문 내용 요약

1. **AI 사무소의 권한**: AI 사무소는 일반 목적 AI 모델 제공자들이 규정을 준수하는지 모니터링할 권한을 가진다. 이는 승인된 실천 규범을 준수하는지 여부를 포함한다.

2. **하위 제공자의 신고 권리**: 하위 제공자는 규정 위반을 주장하는 신고를 할 권리가 있다. 신고는 충분한 이유를 갖추어야 하며, 다음 사항을 포함해야 한다:

○ 관련 AI 모델 제공자의 연락처
○ 관련 사실의 설명, 해당 규정 조항, 그리고 규정 위반 이유

○ 하위 제공자가 자체적으로 수집한 기타 관련 정보

법적 측면

법적 측면에서 제89조는 AI 사무소에 강력한 감독 권한을 부여한다. 이는 규정 준수 여부를 철저히 모니터링하고, 위반 시 적절한 제재를 가할 수 있는 법적 근거를 제공한다. 또한, 하위 제공자들이 규정 위반을 신고할 수 있는 법적 권리를 명시함으로써, 규정 준수에 대한 책임을 명확히 한다.

행정적 측면

행정적 측면에서는 AI 사무소가 규정 준수 모니터링을 효과적으로 수행하기 위해 필요한 자원과 인력을 확보해야 한다. 또한, 하위 제공자들의 신고를 처리하기 위한 명확한 절차와 시스템을 구축해야 한다. 이는 규정 준수 모니터링의 효율성을 높이고, 신고 처리의 투명성을 보장하는 데 기여할 것이다.

비즈니스 측면

비즈니스 측면에서는 일반 목적 AI 모델 제공자들이 규정을 준수하기 위해 내부 관리 시스템을 강화해야 한다. 이는 승인된 실천 규범을 준수하고, 규정 위반 시 신속히 대응할 수 있는 체계를 마련하는 것을 포함한다. 또한, 하위 제공자들과의 협력 관계를 강화하여 규정 준수 문화를 조성하는 것이 중요하다. 이는 기업의 신뢰성을 높이고, 장기적으로 비즈니스 성과에 긍정적인 영향을 미칠 것이다.

제90조: 과학 패널에 의한 체계적 위험 경고

요약

1. 과학 패널은 다음과 같이 의심할 만한 이유가 있는 경우 AI 사무소에 적격한 경고를 제공할 수

있다.

(a) 범용 AI 모델은 연합 수준에서 구체적으로 식별 가능한 위험을 제기한다.

(b) 범용 AI 모델은 제51조에 언급된 조건을 충족한다.

2. 이러한 적격한 경고가 있을 경우, 위원회는 AI 사무국을 통해 이사회에 통보한 후 사안을 평가할 목적으로 본 조에 규정된 권한을 행사할 수 있다. AI사무국은 제91조 내지 제94조에 따른 조치를 이사회에 통보하여야 한다.

3. 적격 경고는 정당하게 추론되어야 하며 최소한 다음을 표시해야 한다.

(a) 전신 위험이 우려되는 범용 AI 모델 제공자의 연락 창구;

(b) 관련 사실에 대한 설명과 과학 패널의 경고 이유;

(c) 과학 패널이 관련성이 있다고 간주하는 기타 정보(적절한 경우 자체 주도로 수집된 정보 포함).

해설

도입 이유

제90조는 일반 목적의 인공지능 모델이 유럽 연합 차원에서 중요한 위험을 초래할 가능성이 있는 경우, 과학 패널이 AI 사무소에 경고를 제기할 수 있도록 규정하고 있다. 이는 인공지능 기술의 발전과 함께 발생할 수 있는 잠재적 위험을 조기에 감지하고 대응하기 위한 것이다. 특히, 인공지능 모델이 사회적, 경제적, 윤리적 측면에서 중대한 영향을 미칠 수 있는 상황을 대비하기 위해 도입되었다.

조문 내용 요약

1. **과학 패널의 경고**: 과학 패널은 일반 목적의 인공지능 모델이 유럽 연합 차원에서 구체적이고 식별 가능한 위험을 초래할 가능성이 있다고 판단되거나, 제51조에 명시된 조건을 충족하는 경우 AI 사무소에 경고를 제기할 수 있다.

2. **위원회의 권한 행사**: 이러한 경고가 제기되면, 위원회는 AI 사무소를 통해 이 문제를 평가하

인공지능(AI)과 행정관리

기 위한 권한을 행사할 수 있다. AI 사무소는 이와 관련된 조치를 이사회에 통보해야 한다.

3. **경고의 요건**: 경고는 충분한 이유를 포함해야 하며, 인공지능 모델 제공자의 연락처, 관련 사실 및 경고의 이유, 과학 패널이 적절하다고 판단한 기타 정보를 포함해야 한다.

법적 측면

제90조는 인공지능 모델의 위험을 조기에 감지하고 대응하기 위한 법적 장치를 마련하고 있다. 이는 인공지능 기술이 초래할 수 있는 잠재적 위험을 최소화하고, 유럽 연합 차원에서의 일관된 대응을 보장하기 위한 것이다. 또한, 과학 패널의 경고가 충분한 이유를 포함해야 한다는 규정을 통해 경고의 신뢰성과 타당성을 확보하고 있다.

행정적 측면

행정적으로, 제90조는 AI 사무소와 과학 패널 간의 협력을 강화하고, 위원회가 인공지능 모델의 위험을 평가하고 대응할 수 있는 체계를 마련하고 있다. 이는 인공지능 기술의 발전에 따른 행정적 부담을 줄이고, 효율적인 대응을 가능하게 한다. 또한, 이사회에 조치를 통보함으로써 투명성과 책임성을 강화하고 있다.

비즈니스 측면

비즈니스 측면에서, 제90조는 인공지능 모델 제공자에게 잠재적 위험에 대한 경고를 받을 수 있는 가능성을 제시하고 있다. 이는 인공지능 모델 제공자가 자신의 기술이 초래할 수 있는 위험을 사전에 인지하고, 이에 대한 대응책을 마련할 수 있도록 유도한다. 또한, 경고의 요건을 명확히 함으로써 인공지능 모델 제공자가 경고를 받을 경우 필요한 정보를 준비할 수 있도록 돕는다.

제91조: 문서 및 정보를 요청할 수 있는 권한

요약

1. 위원회는 해당 범용 AI 모델 제공자에게 제53조 및 제55조에 따라 제공자가 작성한 문서 또는 제공자의 본 규정 준수 여부를 평가하기 위해 필요한 추가 정보를 제공하도록 요청할 수 있다.

2. 정보 요청을 보내기 전에 AI Office는 범용 AI 모델 제공자와 구조화된 대화를 시작할 수 있다.

3. 과학패널의 정당하게 입증된 요청이 있는 경우, 위원회는 제68조(2)에 따른 과학패널의 임무 수행을 위해 정보에 대한 접근이 필요하고 비례하는 경우 범용 인공지능 모델 제공자에게 정보요청서를 발행할 수 있다.

4. 정보 요청에는 법적 근거와 요청 목적을 명시하고, 필요한 정보를 명시하고, 정보 제공 기간을 설정하고, 부정확하거나 불완전하거나 오해의 소지가 있는 정보를 제공할 경우 제101조에 규정된 벌금을 표시해야 한다.

5. 해당 범용 AI 모델의 제공자 또는 그 대리인은 요청된 정보를 제공해야 한다. 법인, 회사 또는 회사의 경우 또는 제공자가 법인격이 없는 경우, 법률 또는 법령에 따라 이들을 대표할 권한이 있는 사람은 해당 범용 AI 모델 제공자를 대신하여 요청된 정보를 제공해야 한다. 정식으로 행동할 권한이 있는 변호사는 고객을 대신하여 정보를 제공할 수 있다. 그럼에도 불구하고 제공된 정보가 불완전하거나 부정확하거나 오해의 소지가 있는 경우 고객은 전적인 책임을 져야 한다.

해설

도입 이유

EU 인공지능법 제91조는 인공지능 모델 제공자가 규정을 준수하고 있는지 확인하기 위해 유럽연합 집행위원회가 문서나 정보를 요청할 수 있는 권한을 명시하고 있다. 이 조항은 인공지능 기술의 투명성과 책임성을 강화하고, 규제 당국이 필요한 정보를 신속하게 확보할 수 있도록 하기 위해 도입되었다. 이를 통해 인공지능 모델의 안전성과 신뢰성을 보장하고, 잠재적인 위험을 사전에 예방하고자 한다.

조문 내용 요약

1. **문서 요청 권한**: 유럽연합 집행위원회는 인공지능 모델 제공자에게 규정 준수를 평가하기 위해 필요한 문서나 추가 정보를 요청할 수 있다.

2. **구조적 대화**: 정보 요청 전에 AI 사무국은 인공지능 모델 제공자와 구조적 대화를 시작할 수 있다.

3. **과학 패널의 요청**: 과학 패널의 요청에 따라 집행위원회는 정보 접근이 필요하고 비례적인 경우 인공지능 모델 제공자에게 정보를 요청할 수 있다.

4. **요청 내용 명시**: 정보 요청 시 법적 근거, 요청 목적, 필요한 정보, 제공 기한, 잘못된 정보 제공 시의 벌금을 명시해야 한다.

5. **정보 제공 의무**: 인공지능 모델 제공자나 그 대표자는 요청된 정보를 제공해야 하며, 법적 대리인이 정보를 제공할 수 있지만, 정보가 불완전하거나 잘못된 경우 제공자가 책임을 진다.

법적 측면

법적 측면에서 제91조는 규제 당국이 인공지능 모델의 규정 준수를 효과적으로 모니터링하고 집행할 수 있는 법적 도구를 제공한다. 이 조항은 규제 당국이 필요한 정보를 신속하게 확보할 수 있도록 하여, 인공지능 모델의 안전성과 신뢰성을 보장하는 데 중요한 역할을 한다. 또한, 정보 제공 의무를 명확히 함으로써 인공지능 모델 제공자의 책임을 강화하고, 잘못된 정보 제공 시의 벌금을 명시하여 규정 준수의 중요성을 강조한다.

행정적 측면

행정적 측면에서 제91조는 규제 당국과 인공지능 모델 제공자 간의 소통을 강화하고, 필요한 정보를 신속하게 확보할 수 있는 절차를 마련한다. 구조적 대화를 통해 규제 당국과 제공자 간의 협력을 증진하고, 정보 요청 시 명확한 지침을 제공함으로써 행정 절차의 효율성을 높인다. 또한, 과학 패널의 요청에 따라 정보를 요청할 수 있는 권한을 부여하여, 과학적 평가와 규제 집행 간의 연계를 강화한다.

비즈니스 측면

비즈니스 측면에서 제91조는 인공지능 모델 제공자가 규정을 준수하고 있다는 것을 입증할 수 있는 투명한 절차를 마련한다. 이를 통해 인공지능 모델의 신뢰성을 높이고, 시장에서의 경쟁력을 강화할 수 있다. 또한, 규제 당국과의 구조적 대화를 통해 규제 요구사항을 명확히 이해하고, 필요한 정보를 제공함으로써 규제 준수 비용을 최소화할 수 있다. 정보 제공 의무를 명확히 함으로써, 인공지능 모델 제공자는 규정 준수의 중요성을 인식하고, 이를 위한 내부 절차를 강화할 수 있다.

제92조: 평가를 수행할 수 있는 권한

요약

1. AI 사무국은 이사회와 협의한 후 해당 범용 AI 모델에 대한 평가를 수행할 수 있다.
    (a) 제91조에 따라 수집된 정보가 불충분한 경우 제공자가 이 규정에 따른 의무를 준수하는지 평가하기 위해;
    (b) 특히 제90조 (1)항 (a)에 따라 과학 패널의 적격 경고에 따라 체계적 위험이 있는 범용 AI 모델의 연합 수준에서 체계적 위험을 조사한다.
2. 위원회는 제68조에 따라 설립된 과학위원회를 포함하여 위원회를 대신하여 평가를 수행할 독립적인 전문가를 임명할 수 있다. 이 업무를 위해 임명된 독립적인 전문가는 제68조 (2)항에 명시된 기준을 충족해야 한다.
3. 제1항의 목적상, 위원회는 API 또는 소스코드를 포함한 추가적인 적절한 기술적 수단 및 도구를 통해 해당 범용 AI 모델에 대한 접근을 요청할 수 있다.
4. 열람요구는 그 법적 근거, 그 목적 및 이유를 명시하고, 열람을 제공할 수 있는 기간과 열람을

제공하지 않을 경우 제101조에 규정된 벌금을 정하여야 한다.

5. 해당 범용 AI 모델의 제공자 또는 그 대리인은 요청된 정보를 제공해야 한다. 법인, 회사 또는 회사의 경우 또는 제공자가 법인격이 없는 경우, 법률 또는 법령에 따라 이들을 대표할 권한이 있는 사람은 해당 범용 AI 모델의 제공자를 대신하여 요청된 액세스 권한을 제공해야 한다.

6. 위원회는 독립적인 전문가를 참여시키기 위한 세부적인 조치와 그 선정 절차를 포함하여 평가의 세부 조치와 조건을 명시한 시행 법령을 채택한다. 이러한 시행 행위는 제98조 (2)항에 언급된 심사 절차에 따라 채택되어야 한다.

7. 관련 범용 AI 모델에 대한 액세스를 요청하기 전에 AI 사무소는 범용 AI 모델 제공자와 구조화된 대화를 시작하여 모델의 내부 테스트, 시스템 위험 방지를 위한 내부 보호 장치 및 제공자가 이러한 위험을 완화하기 위해 취한 기타 내부 절차 및 조치에 대한 자세한 정보를 수집할 수 있다.

해설

도입 이유

제92조는 인공지능 모델의 규제 준수 여부를 평가하고, 잠재적인 위험을 조사하기 위한 절차를 규정하고 있다. 이는 인공지능 기술의 발전과 함께 발생할 수 있는 시스템적 위험을 예방하고, 투명성과 책임성을 강화하기 위한 목적이다. 특히, 일반 목적의 인공지능 모델이 유럽 연합 차원에서 시스템적 위험을 초래할 가능성이 있는 경우, 이를 신속하게 평가하고 대응하기 위해 도입되었다.

조문 내용 요약

1. **평가의 목적**: AI 사무소는 규제 준수 여부를 평가하거나, 시스템적 위험을 조사하기 위해 일반 목적의 인공지능 모델을 평가할 수 있다.
2. **독립 전문가의 참여**: 필요 시, 독립 전문가를 임명하여 평가를 수행할 수 있다.
3. **모델 접근 요청**: 평가를 위해 AI 모델에 대한 접근을 요청할 수 있으며, 이는 소스 코드 포함이다.
4. **요청의 법적 근거**: 접근 요청 시 법적 근거, 목적, 이유 및 제공 기한을 명시해야 한다.

5. **정보 제공 의무**: 모델 제공자는 요청된 정보를 제공해야 한다.

6. **세부 절차**: 평가 절차 및 독립 전문가 참여 조건을 규정하는 시행 규칙을 채택한다.

7. **사전 대화**: 접근 요청 전에 모델 제공자와의 구조화된 대화를 통해 내부 테스트 및 위험 예방 조치를 파악할 수 있다.

법적 측면

제92조는 법적 투명성과 책임성을 강화하는 조항이다. AI 사무소와 유럽 연합 집행위원회는 인공지능 모델의 규제 준수 여부를 평가할 권한을 가지며, 필요 시 독립 전문가를 임명하여 평가를 수행할 수 있다. 이는 법적 절차의 공정성과 객관성을 보장하기 위한 장치이다. 또한, 모델 제공자는 요청된 정보를 제공할 법적 의무가 있으며, 이를 위반할 경우 제재를 받을 수 있다.

행정적 측면

행정적으로, 제92조는 AI 사무소와 유럽 연합 집행위원회가 인공지능 모델의 평가를 효율적으로 수행할 수 있도록 하는 절차를 규정하고 있다. 특히, 독립 전문가의 참여를 통해 평가의 전문성과 신뢰성을 높일 수 있다. 또한, 모델 제공자와의 사전 대화를 통해 내부 테스트 및 위험 예방 조치를 파악함으로써, 평가의 정확성과 효율성을 높일 수 있다.

비즈니스 측면

비즈니스적으로, 제92조는 인공지능 모델 제공자에게 규제 준수의 중요성을 강조하고 있다. 모델 제공자는 규제 준수를 위해 내부 테스트 및 위험 예방 조치를 철저히 해야 하며, 요청 시 관련 정보를 제공할 준비가 되어 있어야 한다. 이는 인공지능 기술의 신뢰성을 높이고, 시장에서의 경쟁력을 강화하는 데 기여할 수 있다. 또한, 규제 준수를 통해 법적 리스크를 최소화하고, 기업의 평판을 보호할 수 있다.

이와 같이, 제92조는 인공지능 모델의 규제 준수 여부를 평가하고, 시스템적 위험을 예방하기 위한 중요한 조항이다. 법적, 행정적, 비즈니스적 측면에서 모두 중요한 의미를 가지며, 인공지능 기술의 발전과 함께 그 중요성이 더욱 커질 것이다.

제93조: 조치를 요청할 수 있는 권한

요약

1. 필요하고 적절한 경우, 위원회는 제공자에게 다음을 요청할 수 있다.

    (a) 제53조 및 제54조에 규정된 의무를 준수하기 위한 적절한 조치를 취한다;

    (b) 제92조에 따라 수행된 평가가 연합 차원에서 체계적 위험에 대한 심각하고 실증적인 우려를 야기한 경우 완화 조치를 시행한다.

    (c) 시장에서 사용할 수 있는 것을 제한하거나 모델을 철회 또는 리콜한다.

2. 조치를 요청하기 전에 AI 사무국은 범용 AI 모델 제공자와 구조화된 대화를 시작할 수 있다.

3. 제2항에 언급된 구조화된 대화 중에 체계적 위험이 있는 범용 AI 모델 제공자가 연합 차원에서 체계적 위험을 해결하기 위한 완화 조치를 이행하겠다는 약속을 제안하는 경우, 위원회는 결정에 따라 그러한 약속을 구속력 있게 만들고 더 이상 조치를 취할 근거가 없음을 선언할 수 있다.

해설

제93조는 인공지능 제공자가 특정 의무를 준수하도록 요구할 수 있는 상황을 규정하고 있다. 이 조문은 인공지능 모델의 위험을 줄이고, 필요시 시장에서의 접근을 제한하거나 철회할 수 있는 권한을 부여함으로써, 유럽 연합 내에서의 시스템적 위험을 관리하기 위해 도입되었다.

조문 내용 요약

1. **필요한 경우**: 위원회는 제공자에게 다음과 같은 조치를 요청할 수 있다:

○ 제53조 및 제54조에 명시된 의무를 준수하기 위한 적절한 조치.

○ 제92조에 따라 수행된 평가에서 유럽 연합 수준에서의 시스템적 위험에 대한 심각하고 입증된 우려가 제기된 경우, 위험 완화 조치.

○시장에서의 접근 제한, 철회 또는 회수.

2. **사전 대화**: 조치를 요청하기 전에, AI 사무국은 일반 목적 AI 모델 제공자와 구조화된 대화를 시작할 수 있다.

3. **위험 완화 약속**: 구조화된 대화 중에, 시스템적 위험을 가진 일반 목적 AI 모델 제공자가 위험 완화 조치를 이행하겠다는 약속을 제안하면, 위원회는 결정으로 그 약속을 구속력 있게 만들고 추가 조치가 필요 없음을 선언할 수 있다.

법적 측면

제93조는 법적으로 인공지능 제공자에게 강력한 규제 프레임워크를 제공한다. 위원회는 제공자가 제53조와 제54조의 의무를 준수하도록 요구할 수 있으며, 이는 인공지능 시스템의 투명성과 안전성을 보장하기 위한 중요한 조치이다. 또한, 제92조에 따른 평가에서 시스템적 위험이 확인된 경우, 위원회는 위험 완화 조치를 요구할 수 있는 권한을 가지며, 이는 유럽 연합 내에서의 공공 안전을 보호하는 데 중요한 역할을 한다. 마지막으로, 시장에서의 접근 제한, 철회 또는 회수는 인공지능 모델이 유럽 연합 내에서의 시스템적 위험을 초래할 경우, 이를 효과적으로 관리할 수 있는 수단을 제공한다.

행정적 측면

행정적으로, 제93조는 AI 사무국과 위원회 간의 협력을 강조한다. AI 사무국은 제공자와의 구조화된 대화를 통해 문제를 해결할 수 있는 기회를 제공하며, 이는 행정적 효율성을 높이는 데 기여한다. 이러한 대화는 제공자가 자발적으로 위험 완화 조치를 제안할 수 있는 기회를 제공하며, 이는 규제 당국과 제공자 간의 협력을 촉진한다. 또한, 위원회는 이러한 약속을 구속력 있게 만들 수 있는 권한을 가지며, 이는 행정적 결정의 신속성과 효율성을 보장한다.

비즈니스 측면

비즈니스 측면에서, 제93조는 인공지능 제공자에게 중요한 영향을 미친다. 제공자는 제53조와 제54조의 의무를 준수해야 하며, 이는 인공지능 시스템의 투명성과 안전성을 보장하기 위한 중요한 조치이다. 또한, 제92조에 따른 평가에서 시스템적 위험이 확인된 경우, 제공자는 위험 완화 조치를 이행해야 하며, 이는 비즈니스 운영에 추가적인 부담을 초래할 수 있다. 그러나 이러한 조치는 유럽 연합 내에서의 공공 안전을 보호하기 위한 중요한 역할을 하며, 이는 장기적으로 비즈니스의 신뢰성을 높이는 데 기여할 수 있다. 마지막으로, 시장에서의 접근 제한, 철회 또는 회수는 제공자가 유럽 연합 내에서의 시스템적 위험을 초래할 경우, 이를 효과적으로 관리할 수 있는 수단을 제공한다.

제94조: 범용 AI 모델의 경제 운영자의 절차적 권리

요약

규정(EU) 2019/1020의 18항은 본 규정에 규정된 보다 구체적인 절차적 권리를 침해하지 않고 범용 AI 모델 제공자에게 mutatis mutandis를 적용한다.

해설

도입 이유

제94조는 인공지능 모델 제공자에게 적용되는 절차적 권리를 명확히 하기 위해 도입되었다. 이는 인공지능 모델 제공자가 규제 절차에서 공정한 대우를 받을 수 있도록 보장하기 위함이다. 또한, 이 조문은 인공지능 모델 제공자에게 규제 준수에 필요한 명확한 지침을 제공하여 법적 불확실성을 줄이고자 한다.

조문 내용 요약

제94조는 Regulation (EU) 2019/1020의 제18조를 인공지능 모델 제공자에게도 mutatis mutandis(필요한 변경을 가하여) 적용한다고 명시하고 있다. 이는 이 규정에서 제공하는 특정 절차적 권리에 영향을 미치지 않으며, 인공지능 모델 제공자에게도 동일한 절차적 권리가 적용됨을 의미한다.

법적 측면

법적 측면에서 제94조는 인공지능 모델 제공자에게 규제 절차에서의 권리를 보장한다. 이는 규제 당국이 인공지능 모델 제공자에게 공정하고 투명한 절차를 제공해야 함을 의미한다. 또한, 이 조문은 인공지능 모델 제공자가 규제 절차에서 자신의 권리를 보호할 수 있도록 법적 근거를 제공한다.

행정적 측면

행정적 측면에서 제94조는 규제 당국이 인공지능 모델 제공자에게 동일한 절차적 권리를 제공해야 함을 명확히 한다. 이는 규제 당국이 인공지능 모델 제공자에게 규제 절차에 대한 명확한 지침을 제공하고, 규제 절차에서의 공정성을 보장해야 함을 의미한다. 또한, 이 조문은 규제 당국이 인공지능 모델 제공자와의 소통을 강화하고, 규제 절차에서의 투명성을 높이는 데 기여한다.

비즈니스 측면

비즈니스 측면에서 제94조는 인공지능 모델 제공자에게 규제 준수에 필요한 명확한 지침을 제공하여 법적 불확실성을 줄인다. 이는 인공지능 모델 제공자가 규제 절차에서의 권리를 명확히 이해하고, 규제 준수에 필요한 조치를 취할 수 있도록 돕는다. 또한, 이 조문은 인공지능 모델 제공자가 규제 절차에서 공정한 대우를 받을 수 있도록 보장하여, 비즈니스 환경에서의 신뢰성을 높인다.

제95조: 특정 요구 사항의 자발적 적용을 위한 행동 강령

요약

1. AI 사무국과 회원국은 고위험 AI 시스템이 아닌 AI 시스템에 대한 자발적 적용을 촉진하기 위한 관련 거버넌스 메커니즘을 포함한 행동 강령의 작성을 장려하고 촉진하며, 이는 이러한 요구 사항의 적용을 허용하는 사용 가능한 기술 솔루션 및 업계 모범 사례를 고려하여 제3장 제2절에 명시된 요구 사항의 일부 또는 전부를 고려한다.

2. AI 사무국과 회원국은 다음과 같은 요소를 포함하되 이에 국한되지 않는 명확한 목표 및 핵심 성과 지표에 기초하여 모든 AI 시스템에 대한 특정 요구 사항의 자발적 적용에 관한 행동 강령의 작성을 촉진해야 한다.

    (a) 신뢰할 수 있는 AI에 대한 연합 윤리 지침에 규정된 적용 가능한 요소;

    (b) AI의 효율적인 설계, 교육 및 사용을 위한 에너지 효율적인 프로그래밍 및 기술을 포함하여 AI 시스템이 환경 지속 가능성에 미치는 영향을 평가하고 최소화한다.

    (c) AI 리터러시, 특히 AI의 개발, 운영 및 사용을 다루는 사람들의 리터러시를 촉진한다.

    (d) 포괄적이고 다양한 개발팀을 구성하고 그 과정에 이해관계자의 참여를 촉진하는 것을 포함하여 AI 시스템의 포괄적이고 다양한 설계를 촉진한다.

    (e) 장애인에 대한 접근성 및 양성 평등을 포함하여 취약한 사람 또는 취약한 사람 그룹에 대한 AI 시스템의 부정적인 영향을 평가하고 예방한다.

3. 행동 강령은 AI 시스템의 개별 제공자 또는 배포자 또는 이를 대표하는 조직 또는 둘 다에 의해 작성될 수 있으며, 여기에는 시민 사회 단체 및 학계를 포함한 이해 관계자 및 대표 조직의 참여가 포함된다. 행동 강령은 관련 시스템의 의도된 목적의 유사성을 고려하여 하나 이상의 AI 시스템을 포함할 수 있다.

4. 인공지능사무소와 회원국은 행동강령 작성을 장려하고 촉진할 때 스타트업을 포함한 중소기업의 구체적인 이해관계와 필요를 고려한다.

도입 이유

제95조는 인공지능 시스템의 자발적 준수를 촉진하기 위해 도입되었다. 이는 고위험 인공지능 시스템 외의 AI 시스템에 대해 자발적으로 특정 요구사항을 적용하도록 장려하는 것을 목표로 한다. 이를 통해 기술적 솔루션과 산업의 모범 사례를 고려하여 AI 시스템의 신뢰성과 안전성을 높이고, 환경적 영향을 최소화하며, AI 리터러시를 증진시키고, 포용성과 다양성을 보장하며, 취약한 그룹에 대한 부정적 영향을 방지하고자 한다.

조문 내용 요약

1. AI 사무소와 회원국은 고위험 AI 시스템 외의 AI 시스템에 대해 자발적으로 제3장 제2절의 요구사항을 적용하도록 장려하고 촉진한다.

2. AI 사무소와 회원국은 명확한 목표와 주요 성과 지표를 바탕으로 모든 AI 시스템에 대해 자발적으로 특정 요구사항을 적용하도록 촉진한다. 여기에는 신뢰할 수 있는 AI를 위한 윤리적 지침, 환경 지속 가능성, AI 리터러시 증진, 포용적이고 다양한 AI 시스템 설계, 취약한 그룹에 대한 부정적 영향 방지 등이 포함된다.

3. 자율 규범은 AI 시스템 제공자나 배포자, 또는 이들을 대표하는 조직에 의해 작성될 수 있으며, 이해관계자와 시민사회 조직, 학계의 참여를 포함할 수 있다.

4. AI 사무소와 회원국은 중소기업, 특히 스타트업의 특정 이익과 필요를 고려하여 자율 규범의 작성과 촉진을 장려한다.

법적 측면

제95조는 법적 구속력이 없는 자율 규범을 통해 AI 시스템의 책임성과 투명성을 높이고자 한다. 이는 법적 요구사항을 보완하는 역할을 하며, 자율 규범을 통해 AI 시스템의 윤리적 사용을 촉진하고, 법적 규제의 유연성을 제공한다. 또한, 자율 규범은 법적 분쟁 시 참고자료로 활용될 수 있으며, AI 시스템의 신뢰성을 높이는 데 기여한다.

행정적 측면

행정적으로, 제95조는 AI 사무소와 회원국이 자율 규범의 작성과 촉진을 지원하는 역할을 한다. 이는 행정 기관이 AI 시스템의 자율 규범을 모니터링하고, 필요한 경우 수정 및 보완할 수 있는 체계를 마련하는 것을 의미한다. 또한, 행정 기관은 자율 규범의 이행을 촉진하기 위해 교육 및 홍보 활동을 통해 AI 리터러시를 증진시키고, 포용성과 다양성을 보장하는 정책을 추진할 수 있다.

비즈니스 측면

비즈니스 측면에서 제95조는 AI 시스템 제공자와 배포자가 자율 규범을 통해 신뢰성과 경쟁력을 높일 수 있는 기회를 제공한다. 자율 규범을 준수함으로써 기업은 윤리적이고 책임 있는 AI 시스템을 개발하고 운영할 수 있으며, 이는 소비자 신뢰를 높이고 시장에서의 경쟁 우위를 확보하는 데 도움이 된다. 또한, 중소기업과 스타트업은 자율 규범을 통해 기술적 솔루션과 산업 모범 사례를 활용하여 혁신을 촉진하고, 시장 진입 장벽을 낮출 수 있다.

제96조: 이 규정의 이행에 관한 위원회의 지침

요약

1. 위원회는 이 규정의 실질적 이행에 관한 지침, 특히 다음 사항에 관한 지침을 개발한다.

   (a) 제8조 내지 제15조 및 제25조에 언급된 요건 및 의무의 적용;

   (b) 제5조에 언급된 금지된 행위;

   (c) 실질적 수정과 관련된 조항의 실제 이행;

   (d) 제50조에 규정된 투명성 의무의 실질적 이행;

   (e) 이 규정과 부속서 I에 열거된 연합 조화 법안 및 기타 관련 연합 법률과의 관계에 대한 자세한 정보(집행의 일관성 포함)

   (f) 제3조 (1)항에 규정된 인공지능 시스템의 정의의 적용. 위원회는 이러한 지침을 발표할 때

신생기업을 포함한 중소기업, 지방 공공 기관 및 이 규정의 영향을 가장 많이 받을 수 있는 부문의 요구에 특별한 주의를 기울여야 한다. 이 단락의 첫 번째 조항에 언급된 지침은 AI에 대해 일반적으로 인정되는 최신 기술뿐만 아니라 제40조 및 제41조에 언급된 관련 조화 표준 및 공통 사양 또는 연합 조화법에 따라 설정된 조화 표준 또는 기술 사양을 충분히 고려해야 한다.

2. 위원회는 회원국 또는 AI사무국의 요청에 따라 또는 자체적으로 필요하다고 판단되는 경우 이전에 채택된 지침을 업데이트한다.

해설

도입 이유

제96조는 인공지능법의 실질적인 적용을 위한 지침을 마련하기 위해 도입되었다. 이 조문은 인공지능 시스템의 정의, 금지된 관행, 투명성 의무 등 다양한 측면에서 규제의 실질적인 적용 방법을 명확히 하고자 한다. 특히, 중소기업, 지방 공공기관, 그리고 이 규제의 영향을 많이 받을 가능성이 있는 부문들의 필요를 고려하여 지침을 마련하는 것이 중요하다.

조문 내용 요약

1. **지침 개발**: 유럽연합 집행위원회는 이 규제의 실질적인 적용을 위한 지침을 개발해야 한다. 여기에는 다음과 같은 내용이 포함된다:

   ○ 제8조에서 제15조 및 제25조에 언급된 요구사항 및 의무의 적용

   ○ 제5조에 언급된 금지된 관행

   ○ 실질적인 수정과 관련된 조항의 실질적인 적용

   ○ 제50조에 명시된 투명성 의무의 실질적인 적용

   ○ 이 규제와 다른 EU 법률 간의 관계에 대한 상세 정보

   ○ 인공지능 시스템의 정의 적용

2. **지침 업데이트**: 회원국, AI 사무소, 또는 집행위원회의 요청에 따라, 필요시 이전에 채택된 지침을 업데이트해야 한다.

법적 측면

법적 측면에서 제96조는 인공지능법의 실질적인 적용을 보장하기 위한 중요한 역할을 한다. 이 조문은 규제의 명확성과 일관성을 높이기 위해 구체적인 지침을 제공함으로써 법적 불확실성을 줄인다. 또한, 중소기업과 같은 특정 그룹의 필요를 고려하여 지침을 마련함으로써 법적 형평성을 증진한다. 이는 규제의 일관된 집행을 보장하고, 법적 분쟁을 최소화하는 데 기여한다.

행정적 측면

행정적 측면에서 제96조는 규제의 실질적인 적용을 위한 명확한 지침을 제공함으로써 행정 부담을 줄인다. 집행위원회는 지침을 통해 규제의 적용 방법을 명확히 함으로써, 회원국과 기업들이 규제를 준수하는 데 필요한 행정적 절차를 간소화할 수 있다. 또한, 지침의 업데이트를 통해 변화하는 기술 환경에 신속하게 대응할 수 있는 유연성을 제공한다.

비즈니스 측면

비즈니스 측면에서 제96조는 기업들이 인공지능법을 준수하는 데 필요한 명확한 지침을 제공함으로써, 규제 준수 비용을 줄이고, 비즈니스 환경의 예측 가능성을 높인다. 특히, 중소기업과 스타트업의 필요를 고려한 지침은 이들 기업이 규제를 준수하는 데 필요한 자원을 효율적으로 사용할 수 있도록 돕는다. 이는 기업들이 혁신을 지속하면서도 규제를 준수할 수 있는 환경을 조성하는 데 기여한다.

제97조: 위임의 행사

요약

1. 위임된 행위를 채택할 수 있는 권한은 이 조에 규정된 조건에 따라 위원회에 부여된다.

2. 제6조 (6) 및 (7), 제7조 (1) 및 (3), 제11조 (3), 제43조 (5) 및 (6), 제47조 (5), 제51조 (3), 제52조 (4) 및 제53조 (5) 및 (6)에 언급된 위임 행위를 채택할 수 있는 권한은 다음 날로부터 5년 동안 위원회에 부여된다. 2024년 5월 2일 목요일 23:26:47 +0000. 위원회는 5년의 임기가 끝나기 9개월 전까지 권한위임에 관한 보고서를 작성하여야 한다. 권한의 위임은 유럽의회 또는 이사회가 각 기간이 끝나기 3개월 전까지 그러한 연장에 반대하지 않는 한, 동일한 기간의 기간 동안 암묵적으로 연장된다.

3. 제6조 (6) 및 (7), 제7조 (1) 및 (3), 제11조 (3), 제43조 (5) 및 (6), 제47조 (5), 제51조 (3), 제52조 (4) 및 제53조 (5) 및 (6)에 언급된 권한 위임은 유럽 의회 또는 이사회에 의해 언제든지 취소될 수 있다. 취소 결정은 그 결정에 명시된 권한 위임을 종식시킨다. 이 규정은 유럽연합 관보에 게재된 다음 날 또는 그 이후에 발효된다. 이미 시행 중인 위임 행위의 유효성에 영향을 미치지 않는다.

4. 위임법안을 채택하기 전에, 위원회는 2016년 4월 13일 제정된 '더 나은 입법에 관한 기관간 협정'에 규정된 원칙에 따라 각 회원국이 지정한 전문가들과 협의한다.

5. 위원회는 위임된 법률을 채택하는 즉시 이를 유럽의회와 이사회에 동시에 통보한다.

6. 제6조 (6) 또는 (7), 제7조 (1) 또는 (3), 제11조 (3), 제43조 (5) 또는 (6), 제47조 (5), 제51조 (3), 제52조 (4) 또는 제53조 (5) 또는 (6)조에 따라 채택된 위임 행위는 유럽 의회에 해당 법률을 통지한 후 3개월 이내에 유럽 의회 또는 이사회가 이의를 제기하지 않은 경우에만 발효된다. 이사회 또는 해당 기간이 만료되기 전에 유럽 의회와 이사회가 모두 위원회에 이의를 제기하지 않을 것임을 통보한 경우. 이 기간은 유럽의회 또는 이사회의 발의에 따라 3개월 연장된다.

도입 이유

제97조는 유럽연합 집행위원회(이하 '위원회')가 특정 법률이나 규정을 채택할 수 있는 권한을 부여받는 절차를 규정하고 있다. 이는 법률의 세부 사항을 신속하고 효율적으로 조정하기 위해 도입되었다. 위원회가 전문가와 협의하여 필요한 조치를 취할 수 있도록 함으로써, 법률의 유연성과 적응성을 높이는 것이 목적이다.

조문 내용 요약

1. **권한 부여 조건**: 위원회는 제97조에 명시된 조건에 따라 위임 법령을 채택할 수 있는 권한을 부여받는다.
2. **권한 부여 기간**: 제6조(6) 및 (7), 제7조(1) 및 (3), 제11조(3), 제43조(5) 및 (6), 제47조(5), 제51조(3), 제52조(4) 및 제53조(5) 및 (6)에 언급된 위임 법령을 채택할 수 있는 권한은 5년 동안 부여된다. 이 기간은 유럽의회나 이사회가 반대하지 않는 한 자동으로 연장된다.
3. **권한 철회**: 유럽의회나 이사회는 언제든지 위임 법령 채택 권한을 철회할 수 있다. 철회 결정은 유럽연합 공식 저널에 게재된 다음 날부터 효력을 발휘한다.
4. **전문가 협의**: 위원회는 위임 법령을 채택하기 전에 각 회원국이 지정한 전문가와 협의해야 한다.
5. **통지 및 발효**: 위원회가 위임 법령을 채택하면 이를 유럽의회와 이사회에 동시에 통지해야 하며, 유럽의회나 이사회가 3개월 이내에 반대하지 않는 한 발효된다.

법적 측면

제97조는 위원회가 법률의 세부 사항을 조정할 수 있는 권한을 부여함으로써 법률의 유연성을 보장한다. 이는 법률이 변화하는 기술 환경에 신속하게 대응할 수 있도록 한다. 또한, 유럽의회와 이사회가 위임 법령에 대해 반대할 수 있는 권한을 보유함으로써, 민주적 통제와 균형을 유지한다. 이러한 절차는 법률의 투명성과 책임성을 높이는 데 기여한다.

행정적 측면

행정적으로, 제97조는 위원회가 전문가와 협의하여 법률의 세부 사항을 조정할 수 있는 절차를 규정하고 있다. 이는 법률의 시행 과정에서 발생할 수 있는 문제를 신속하게 해결할 수 있도록 한다. 또한, 위원회가 위임 법령을 채택할 때 각 회원국의 전문가와 협의함으로써, 법률의 일관성과 조화를 유지할 수 있다. 이러한 절차는 법률의 효과적인 시행을 보장하는 데 중요한 역할을 한다.

비즈니스 측면

비즈니스 측면에서, 제97조는 기업이 법률의 변화에 신속하게 대응할 수 있도록 한다. 위원회가 법률의 세부 사항을 조정함으로써, 기업은 변화하는 규제 환경에 적응할 수 있는 유연성을 갖게 된다. 이는 기업이 혁신을 지속하고 경쟁력을 유지하는 데 도움이 된다. 또한, 법률의 일관성과 조화를 유지함으로써, 기업은 예측 가능한 규제 환경에서 운영할 수 있다. 이는 기업의 안정성과 신뢰성을 높이는 데 기여한다.

제98조: 위원회 절차

요약

1. 위원회는 위원회의 지원을 받는다. 해당 위원회는 규정(EU) No 182/2011의 의미 내에서 위원회이다.
2. 이 단락을 참조하는 경우 규정(EU) No 182/2011의 5항이 적용된다.

해설

도입 이유

EU 인공지능법 제98조는 인공지능 기술의 규제와 감독을 위해 유럽연합 집행위원회(Commis-

인공지능(AI)과 행정관리

sion)가 지원을 받을 수 있도록 하는 규정을 명시하고 있다. 이는 인공지능 기술의 발전과 사용이 급증함에 따라, 이를 효과적으로 규제하고 감독하기 위해 전문적인 지원이 필요하다는 인식에서 비롯되었다. 특히, 인공지능 기술이 사회적, 경제적, 윤리적 측면에서 큰 영향을 미칠 수 있기 때문에, 이를 적절히 관리하기 위한 체계적인 접근이 필요하다.

조문 내용 요약

1. **위원회의 지원**: 유럽연합 집행위원회는 규제와 감독을 위해 위원회의 지원을 받는다. 이 위원회는 Regulation (EU) No 182/2011에 따라 구성된다.
2. **적용 규정**: 제98조의 특정 문단이 언급될 경우, Regulation (EU) No 182/2011의 제5조가 적용된다.

법적 측면

법적 측면에서 제98조는 유럽연합 집행위원회가 인공지능 기술의 규제와 감독을 효과적으로 수행할 수 있도록 법적 근거를 제공한다. Regulation (EU) No 182/2011에 따라 구성된 위원회는 집행위원회가 인공지능 기술과 관련된 결정을 내릴 때 필요한 전문 지식과 조언을 제공한다. 이는 인공지능 기술의 복잡성과 빠른 발전 속도를 고려할 때, 법적 규제의 일관성과 정확성을 보장하는 데 중요한 역할을 한다.

행정적 측면

행정적 측면에서 제98조는 유럽연합 집행위원회가 인공지능 기술의 규제와 감독을 위해 필요한 행정적 지원을 받을 수 있도록 한다. 이는 집행위원회가 인공지능 기술과 관련된 다양한 문제를 효과적으로 다룰 수 있도록 돕는다. 예를 들어, 위원회는 인공지능 기술의 윤리적 문제, 데이터 보호, 투명성 등의 문제를 다룰 때 필요한 전문 지식과 자원을 제공받을 수 있다. 이는 인공지능 기술의 규제와 감독이 보다 효율적이고 체계적으로 이루어질 수 있도록 한다.

비즈니스 측면

비즈니스 측면에서 제98조는 인공지능 기술을 개발하고 사용하는 기업들에게 중요한 의미를 가진다. 유럽연합 집행위원회가 인공지능 기술의 규제와 감독을 효과적으로 수행할 수 있도록 지원을 받음으로써, 기업들은 보다 명확하고 일관된 규제 환경에서 활동할 수 있게 된다. 이는 기업들이 인공지능 기술을 개발하고 상용화하는 과정에서 법적 불확실성을 줄이고, 규제 준수 비용을 절감하는 데 도움이 된다. 또한, 이는 인공지능 기술의 혁신과 발전을 촉진하는 데 중요한 역할을 할 수 있다.

제99조: 벌칙

요약

1. 본 규정에 규정된 조건에 따라, 회원국은 운영자에 의한 본 규정 위반에 적용되는 경고 및 비금전적 조치를 포함할 수 있는 처벌 및 기타 집행 조치에 관한 규칙을 제정하고, 이러한 규정이 적절하고 효과적으로 이행되도록 하기 위해 필요한 모든 조치를 취해야 한다. 따라서 제96조에 따라 위원회가 발행한 지침을 고려한다. 이에 대한 처벌은 효과적이고 비례적이며 설득력이 있어야 한다. 신생기업을 포함한 중소기업의 이익과 경제적 생존 가능성을 고려해야 한다.
2. 회원국은 지체 없이 늦어도 제1항에 언급된 처벌 및 기타 집행조치에 관한 규칙을 위원회에 통지하고, 그 후의 개정사항을 지체 없이 위원회에 통지하여야 한다.
3. 제5조에 언급된 AI 관행 금지를 준수하지 않을 경우 최대 35,000,000유로의 행정 벌금 또는 위반자가 기업인 경우 이전 회계연도의 전 세계 연간 총 매출액의 최대 7% 중 더 높은 금액의 벌금이 부과된다.
4. 제5조에 규정된 것 이외의 운영자 또는 통보기관과 관련된 다음 조항을 준수하지 않을 경우 최대 15,000,000유로의 행정 벌금 또는 위반자가 사업체인 경우 이전 회계연도의 전 세계 연간 총 매출액의 최대 3%에 해당하는 벌금이 부과된다. (둘 중 더 높은 값으로 부과된다.):

(a) 제16조에 따른 제공자의 의무;

(b) 제22조에 따른 권한있는 대리인의 의무;

(c) 제23조에 따른 수입업자의 의무;

(d) 제24조에 따른 유통업체의 의무;

(e) 제26조에 따른 배치자의 의무;

(f) 제31조, 제33조(1), (3) 및 (4) 또는 제34조에 따른 인증기관의 요건 및 의무;

(g) 제50조에 따른 제공자 및 배포자에 대한 투명성 의무.

5. 요청에 대한 응답으로 인증 기관 또는 국가 관할 당국에 부정확하거나 불완전하거나 오해의 소지가 있는 정보를 제공하는 경우 최대 7,500,000유로의 행정 벌금 또는 위반자가 사업인 경우 이전 회계 연도의 전 세계 연간 총 매출액의 최대 1% 중 더 높은 금액의 벌금이 부과된다.

6. 신생기업을 포함한 중소기업의 경우, 이 조에 언급된 각 벌금은 제3항, 제4항 및 제5항에 언급된 비율 또는 금액 중 더 낮은 금액에 한한다.

7. 행정 벌금의 부과 여부를 결정할 때와 각 개별 사례의 행정 벌금 금액을 결정할 때 특정 상황의 모든 관련 상황을 고려하고 적절한 경우 다음 사항을 고려한다.

(a) 침해의 성격, 중대성, 지속 기간, AI 시스템의 목적, 그리고 적절한 경우 영향을 받는 사람의 수 및 그로 인한 피해 수준을 고려한 결과;

(b) 다른 시장 감시 당국이 동일한 위반에 대해 동일한 운영자에게 이미 행정 벌금을 부과했는지 여부;

(c) 다른 연합 또는 국내법의 위반에 대해 다른 당국이 이미 동일한 운영자에게 행정 벌금을 부과했는지 여부, 그러한 침해가 본 규정의 관련 침해를 구성하는 동일한 활동 또는 누락의 결과인 경우;

(d) 침해를 저지른 운영자의 규모, 연간 매출액 및 시장 점유율;

(e) 침해로 인해 직접 또는 간접적으로 얻은 재정적 이익 또는 회피된 손실과 같이 사건의 상황에 적용할 수 있는 기타 가중 또는 완화 요소;

(f) 침해를 시정하고 침해로 인해 발생할 수 있는 부작용을 완화하기 위해 국가 관할 당국과의 협력 정도;

(g) 운영자가 구현한 기술적 및 조직적 조치를 고려한 운영자의 책임 정도;

(h) 침해가 국가 관할 당국에 알려지게 된 방식, 특히 운영자가 침해를 통지했는지 여부와 통지한 경우 어느 정도까지 통지했는지;

(i) 침해의 고의 또는 과실;

(j) 영향을 받는 사람이 입은 피해를 완화하기 위해 운영자가 취한 조치.

8. 각 회원국은 그 회원국에 설립된 공공기관 및 단체에 대하여 행정벌금을 부과할 수 있는 범위에 관한 규칙을 정한다.

9. 회원국의 법체계에 따라, 행정 벌금에 관한 규정은 관할 국가 법원 또는 해당 회원국에 적용되는 다른 기관에서 벌금을 부과하는 방식으로 적용될 수 있다. 해당 회원국에서 이러한 규칙의 적용은 동등한 효력을 가진다.

10. 이 조에 따른 권한의 행사는 효과적인 사법적 구제 및 적법한 절차를 포함하여 연합 및 국내법에 따라 적절한 절차적 보호조치를 따라야 한다.

11. 회원국은 이 조에 따라 당해 연도에 부과된 행정벌금 및 관련 소송 또는 사법절차에 관하여 매년 위원회에 보고하여야 한다.

해설

도입 이유

EU 인공지능법 제99조는 인공지능 시스템의 오용 및 남용을 방지하고, 규제의 효과성을 높이기 위해 도입되었다. 이 조문은 회원국들이 위반 행위에 대해 효과적이고 비례적이며 억지력 있는 처벌 규정을 마련하도록 요구한다. 이는 인공지능 기술의 발전과 함께 발생할 수 있는 잠재적 위험을 최소화하고, 공정한 경쟁 환경을 조성하기 위한 것이다.

조문 내용 요약

1. 처벌 규정 마련: 회원국은 이 규정의 위반 행위에 대해 경고 및 비금전적 조치를 포함한 처벌 규정을 마련해야 한다. 이 규정은 효과적이고 비례적이며 억지력이 있어야 하며, 중소기업

인공지능(AI)과 행정관리

(SME)과 스타트업의 경제적 생존 가능성을 고려해야 한다.

2. **통지 의무**: 회원국은 처벌 규정 및 기타 집행 조치를 위반 행위 발생 시점까지 지체 없이 위원회에 통지해야 한다.

3. **금전적 처벌**: 특정 AI 관행의 위반은 최대 3,500만 유로 또는 전년도 전 세계 연간 매출의 7%에 해당하는 금액 중 더 큰 금액으로 처벌될 수 있다.

4. **기타 위반 행위**: 기타 위반 행위는 최대 1,500만 유로 또는 전년도 전 세계 연간 매출의 3%에 해당하는 금액 중 더 큰 금액으로 처벌될 수 있다.

5. **허위 정보 제공**: 허위 또는 오해의 소지가 있는 정보를 제공하는 행위는 최대 750만 유로 또는 전년도 전 세계 연간 매출의 1%에 해당하는 금액 중 더 큰 금액으로 처벌될 수 있다.

6. **중소기업에 대한 예외**: 중소기업의 경우, 각 처벌 금액은 해당 조항에서 언급된 비율 또는 금액 중 더 낮은 금액으로 제한된다.

7. **처벌 결정 시 고려 사항**: 처벌 여부 및 금액 결정 시, 위반 행위의 성격, 중대성, 지속 기간, 피해 규모, 협력 정도 등 다양한 요소를 고려해야 한다.

8. **공공 기관에 대한 처벌**: 각 회원국은 공공 기관에 대한 처벌 규정을 마련해야 한다.

9. **적절한 절차 보장**: 처벌 권한 행사는 적절한 절차적 보호 장치를 포함해야 한다.

10. **연례 보고 의무**: 회원국은 매년 위원회에 처벌 내역을 보고해야 한다.

법적 측면

법적 측면에서 제99조는 회원국들이 인공지능법을 효과적으로 집행할 수 있도록 명확한 지침을 제공한다. 이 조문은 처벌 규정이 효과적이고 비례적이며 억지력이 있어야 한다는 원칙을 강조하며, 이는 법 집행의 일관성과 공정성을 보장하는 데 중요한 역할을 한다. 또한, 중소기업과 스타트업의 경제적 생존 가능성을 고려하도록 요구함으로써, 법적 규제가 지나치게 가혹하지 않도록 균형을 맞추고 있다.

행정적 측면

행정적 측면에서 제99조는 회원국들이 처벌 규정을 마련하고 이를 위원회에 통지하는 절차를 명확히 규정하고 있다. 이는 회원국 간의 일관된 법 집행을 촉진하고, 위반 행위에 대한 신속한 대응을 가능하게 한다. 또한, 연례 보고 의무를 통해 회원국들이 처벌 내역을 투명하게 공개하도록 함으로써, 법 집행의 투명성과 책임성을 강화하고 있다.

비즈니스 측면

비즈니스 측면에서 제99조는 기업들이 인공지능법을 준수하도록 유도하는 중요한 역할을 한다. 높은 금전적 처벌 규정은 기업들이 규정을 준수하지 않을 경우 큰 경제적 손실을 입을 수 있음을 경고하며, 이는 기업들이 법을 준수하도록 강력한 동기를 부여한다. 또한, 중소기업과 스타트업에 대한 예외 규정을 통해, 이들 기업들이 과도한 규제 부담을 지지 않도록 배려하고 있다. 이는 혁신과 성장을 촉진하는 동시에, 공정한 경쟁 환경을 조성하는 데 기여한다.

제100조: 노동조합 기관, 기관 및 단체에 대한 행정 벌금

요약

1. 유럽 데이터 보호 감독관은 이 규정의 범위에 속하는 연합 기관, 단체, 사무소 및 기관에 행정 벌금을 부과할 수 있다. 행정 벌금 부과 여부를 결정할 때, 그리고 각 개별 사례에 대한 행정 벌금 금액을 결정할 때 특정 상황의 모든 관련 상황을 고려하고 다음 사항을 충분히 고려해야 한다.

   (a) 침해의 성격, 중대성, 지속 기간 및 그 결과, 관련 AI 시스템의 목적뿐만 아니라 적절한 경우 영향을 받는 사람의 수 및 그들이 입은 피해 수준을 고려한다.

   (b) 연합 기관, 단체, 사무소 또는 기관이 시행하는 기술적 및 조직적 조치를 고려한 책임의 정도;

   (c) 영향을 받는 사람들이 입은 피해를 완화하기 위해 연합 기관, 단체, 사무소 또는 기관이 취한 모든 조치;

   (d) 침해를 시정하고 침해로 인해 발생할 수 있는 부정적인 영향을 완화하기 위해 유럽 데이터

인공지능(AI)과 행정관리

보호 감독관과의 협력 정도(동일한 주제와 관련하여 유럽 데이터 보호 감독관이 유럽 연합 기관, 단체, 사무소 또는 기관에 대해 이전에 명령한 조치의 준수를 포함)

(e) 연합 기관, 단체, 사무소 또는 기관에 의한 유사한 이전 침해;

(f) 침해가 유럽 데이터 보호 감독관에게 알려지게 된 방식, 특히 유럽 연합 기관, 단체, 사무소 또는 기관이 침해를 통지했는지 여부와 통지한 경우 그 범위;

(g) 연합 기관, 단체, 사무소 또는 기관의 연간 예산.

2. 제5조에 언급된 AI 관행 금지를 준수하지 않을 경우 최대 1,500,000유로의 행정 벌금이 부과된다.

3. AI 시스템이 제5조에 규정된 것 이외의 이 규정에 따른 요구 사항 또는 의무를 준수하지 않을 경우 최대 750,000유로의 행정 벌금이 부과된다.

4. 본 조항에 따라 결정을 내리기 전에 유럽 데이터 보호 감독관은 유럽 데이터 보호 감독관이 수행하는 절차의 대상인 연합 기관, 단체, 사무소 또는 기관에 침해 가능성에 관한 문제에 대해 심리할 기회를 제공해야 한다. 유럽 데이터 보호 감독관은 관련 당사자가 의견을 제시할 수 있는 요소와 상황만을 근거로 결정을 내려야 한다. 고소인이 있는 경우 소송 절차와 밀접하게 관련되어야 한다.

5. 소송절차에서 당사자의 방어권은 충분히 존중되어야 한다. 그들은 개인 데이터 또는 비즈니스 비밀을 보호하는 개인 또는 기업의 정당한 이익에 따라 유럽 데이터 보호 감독관의 파일에 액세스할 수 있다.

6. 이 조의 과태료 부과에 의하여 징수된 기금은 연합의 일반 예산에 기여한다. 벌금은 벌금이 부과된 연합 기관, 단체, 사무소 또는 기관의 효과적인 운영에 영향을 미치지 않는다.

7. 유럽 데이터 보호 감독관은 매년 본 조에 따라 부과된 행정 벌금과 위원회가 개시한 소송 또는 사법 절차에 대해 위원회에 통지해야 한다.

해설

도입 이유

EU 인공지능법 제100조는 유럽 데이터 보호 감독관(European Data Protection Supervisor,

EDPS)이 EU 기관, 기구, 사무소 및 기관이 인공지능(AI) 관련 규정을 위반할 경우 행정 벌금을 부과할 수 있도록 규정하고 있다. 이 조항의 도입 이유는 AI 시스템의 오용 및 남용을 방지하고, EU 내에서 AI 기술의 책임 있는 사용을 촉진하기 위함이다. 이를 통해 AI 기술이 개인의 권리와 자유를 침해하지 않도록 하고, 투명성과 책임성을 강화하여 신뢰할 수 있는 AI 환경을 조성하려는 목적이 있다.

조문 내용 요약

1. **행정 벌금 부과 권한**: EDPS는 이 규정의 적용을 받는 EU 기관, 기구, 사무소 및 기관에 대해 행정 벌금을 부과할 수 있다. 벌금 부과 여부와 금액 결정 시, 구체적인 상황의 모든 관련 사정을 고려해야 한다.

2. **벌금 부과 기준**: 벌금 부과 시 고려해야 할 요소로는 위반의 성격, 중대성, 지속 기간, 피해자 수 및 피해 정도, 기술적 및 조직적 조치, 피해 경감 조치, EDPS와의 협력 정도, 유사한 이전 위반 사례, 위반이 EDPS에 알려진 경위, 해당 기관의 연간 예산 등이 있다.

3. **벌금 한도**: 제5조에 명시된 AI 관행 금지 위반 시 최대 150만 유로, 기타 규정 위반 시 최대 75만 유로의 벌금이 부과될 수 있다.

4. **절차적 권리**: 벌금 부과 결정 전에 해당 기관은 의견을 제출할 기회를 가져야 하며, EDPS는 당사자들이 의견을 제시할 수 있었던 요소와 상황에만 근거하여 결정을 내려야 한다.

5. **방어권 보장**: 당사자들은 EDPS의 파일에 접근할 권리를 가지며, 개인 데이터 또는 비즈니스 비밀 보호의 정당한 이익을 제외하고는 방어권이 완전히 보장되어야 한다.

6. **벌금 사용**: 벌금으로 징수된 자금은 EU의 일반 예산에 기여하며, 벌금이 부과된 기관의 효과적인 운영에 영향을 미치지 않아야 한다.

7. **연례 보고**: EDPS는 매년 이 조항에 따라 부과된 행정 벌금과 관련된 소송 또는 사법 절차를 위원회에 통보해야 한다.

법적 측면

법적 측면에서 제100조는 EDPS의 권한을 명확히 하고, AI 규정 위반 시의 제재 수단을 구체화한다. 이는 법적 구속력을 가지며, EU 기관들이 AI 규정을 준수하도록 강제하는 역할을 한다. 또한, 벌금 부과 절차에서 당사자의 방어권을 보장함으로써 공정한 절차를 유지하고, 법적 안정성을 제공한다. 이러한 법적 장치는 AI 기술의 책임 있는 사용을 촉진하고, 규정 위반 시의 법적 책임을 명확히 함으로써 법적 투명성과 신뢰성을 강화한다.

행정적 측면

행정적 측면에서 제100조는 EDPS가 AI 규정 위반을 감시하고 제재할 수 있는 권한을 부여함으로써, AI 기술의 책임 있는 사용을 촉진한다. 이는 EU 기관들이 AI 시스템을 도입하고 운영할 때, 규정을 준수하도록 유도하는 역할을 한다. 또한, 벌금 부과 절차에서 EDPS와의 협력 정도를 고려함으로써, 기관들이 규정 위반 시 신속하게 대응하고, 피해를 최소화할 수 있도록 한다. 이러한 행정적 장치는 AI 기술의 투명성과 책임성을 강화하고, 규정 준수 문화를 조성하는 데 기여한다.

비즈니스 측면

비즈니스 측면에서 제100조는 AI 기술을 사용하는 기업들에게 중요한 의미를 가진다. 이는 기업들이 AI 시스템을 도입할 때, 규정을 준수하도록 유도하고, 규정 위반 시의 법적 및 재정적 리스크를 명확히 한다. 또한, 벌금 부과 기준에서 기술적 및 조직적 조치를 고려함으로써, 기업들이 AI 시스템의 안전성과 신뢰성을 강화하도록 유도한다. 이러한 비즈니스 장치는 기업들이 AI 기술을 책임 있게 사용하고, 규정 준수를 통해 신뢰를 구축하는 데 기여한다.

제101조: 범용 AI 모델 제공자에 대한 벌금

요약

1. 위원회는 범용 AI 모델 제공자가 고의 또는 과실로 다음을 위반했다고 판단하는 경우, 전년도 전 세계 연간 총 매출액의 3% 또는 15,000,000유로 중 더 높은 금액을 초과하지 않는 벌금을

부과할 수 있다.

(a) 본 규정의 관련 조항을 위반한 경우;

(b) 제91조에 따른 문서 또는 정보 요청에 응하지 않았거나 부정확하거나 불완전하거나 오해의 소지가 있는 정보를 제공한 경우

(c) 제93조에 따라 요구된 조치를 준수하지 않은 경우;

(d) 제92조에 따른 평가를 수행하기 위해 체계적 위험이 있는 범용 AI 모델 또는 범용 AI 모델에 대한 접근을 위원회에 제공하지 않았다. 과태료 또는 정기 과태료 납부액을 정할 때에는 침해의 성격, 중대성 및 기간을 고려하여야 하며, 비례성과 적절성의 원칙을 충분히 고려해야 한다. 위원회는 또한 제93조(3)에 따라 이루어진 약속 또는 제56조에 따라 관련 실천 강령에서 이루어진 약속을 고려한다.

2. 제1항에 따른 결정을 채택하기 전에, 위원회는 예비 조사 결과를 범용 AI 모델 제공자에게 전달하고 의견 청취 기회를 부여해야 한다.

3. 이 조에 따라 부과되는 벌금은 효과적이고 비례적이며 설득력이 있어야 한다.

4. 본 조에 따라 부과된 벌금에 대한 정보도 적절한 경우 이사회에 전달되어야 한다.

5. 유럽연합 사법재판소는 이 조에 따라 벌금을 부과하는 위원회의 결정을 심사할 수 있는 무제한의 관할권을 가진다. 부과된 벌금을 취소, 감액 또는 증액할 수 있다.

6. 위원회는 이 조 제1항에 따른 결정의 채택 가능성을 고려하여 소송절차에 대한 상세한 조치 및 절차적 안전장치를 포함하는 이행 행위를 채택한다. 이러한 시행 행위는 제98조 (2)항에 언급된 심사 절차에 따라 채택되어야 한다.

해설

EU 인공지능법(EU AI Act) 제101조는 일반 목적 인공지능 모델 제공자에 대한 벌금 부과에 관한 규정을 다루고 있다. 이 조문은 인공지능 모델의 안전성과 신뢰성을 보장하기 위해 도입되었다.

도입 이유

EU 인공지능법 제101조는 인공지능 모델의 제공자가 규정을 준수하지 않을 경우, 이에 대한 벌금을 부과함으로써 규정 준수를 강제하기 위해 도입되었다. 이는 인공지능 기술의 발전과 함께 발생할 수 있는 위험을 최소화하고, 사용자와 사회 전반에 미치는 부정적인 영향을 방지하기 위한 것이다. 특히, 인공지능 모델의 투명성과 책임성을 높이기 위해 이러한 규제가 필요하다.

조문 내용 요약

1. **벌금 부과 기준**: 일반 목적 인공지능 모델 제공자가 규정을 위반할 경우, 연간 총 세계 매출액의 최대 3% 또는 1500만 유로 중 더 큰 금액의 벌금을 부과할 수 있다.
2. **위반 행위**: 규정 위반, 문서나 정보 제공 요청 불이행, 잘못된 정보 제공, 특정 조치 불이행, 인공지능 모델 접근 불허 등이 포함된다.
3. **벌금 결정 요소**: 위반의 성격, 중대성, 지속 기간 등을 고려하여 벌금의 금액을 결정한다.
4. **절차적 보호**: 벌금 부과 전에 제공자에게 예비 결과를 통보하고 의견을 제출할 기회를 제공한다.
5. **법적 검토**: 유럽연합 사법재판소는 벌금 결정에 대해 무제한 관할권을 가지며, 벌금을 취소, 감액 또는 증액할 수 있다.
6. **세부 절차**: 집행 절차와 절차적 보호 장치를 포함한 세부 규정을 채택한다.

법적 측면

법적 측면에서 제101조는 인공지능 모델 제공자에게 명확한 규제 프레임워크를 제공한다. 이는 규정 준수를 강제하고, 위반 시 적절한 제재를 가함으로써 법적 안정성을 확보한다. 또한, 벌금 부과 절차에서 제공자에게 의견 제출 기회를 제공함으로써 절차적 정당성을 보장한다. 유럽연합 사법재판소의 무제한 관할권은 벌금 결정의 공정성과 투명성을 높이는 역할을 한다.

행정적 측면

행정적 측면에서 제101조는 집행 기관인 유럽연합 집행위원회(EC)에 강력한 권한을 부여한다. EC는 규정 위반 여부를 조사하고, 벌금을 부과할 수 있는 권한을 가지며, 이를 통해 인공지능 모델의 안전성과 신뢰성을 보장한다. 또한, 벌금 부과 절차에서 세부 절차와 절차적 보호 장치를 마련함으로써 행정적 효율성을 높인다. 이는 규정 준수 여부를 신속하고 정확하게 판단할 수 있도록 돕는다.

비즈니스 측면

비즈니스 측면에서 제101조는 인공지능 모델 제공자에게 규정 준수의 중요성을 강조한다. 높은 벌금 부과 가능성은 기업이 규정을 철저히 준수하도록 유도하며, 이는 인공지능 모델의 품질과 신뢰성을 높이는 데 기여한다. 또한, 규정 준수를 통해 기업은 시장에서의 신뢰도를 높일 수 있으며, 이는 장기적으로 비즈니스 성과에 긍정적인 영향을 미칠 수 있다. 그러나, 벌금 부과의 가능성은 기업에게 추가적인 규제 부담을 줄 수 있으며, 이에 대한 대비가 필요하다.

결론

EU 인공지능법 제101조는 인공지능 모델 제공자의 규정 준수를 강제하고, 위반 시 적절한 제재를 가함으로써 인공지능 기술의 안전성과 신뢰성을 보장하기 위해 도입되었다. 법적, 행정적, 비즈니스 측면에서 이 조문은 중요한 의미를 가지며, 인공지능 모델의 투명성과 책임성을 높이는 데 기여한다.

제102조~111조: 내용 생략/규정 또는 지침의 개정 사항들임.

제112조: 평가 및 검토

요약

1. 위원회는 부속서 III에 규정된 목록과 제5조에 규정된 금지된 인공지능 관행 목록의 개정 필요성을 이 규정 발효 후 1년에 1회, 그리고 제97조에 규정된 권한위임 기간이 끝날 때까지 평가

한다. 위원회는 그 평가 결과를 유럽의회와 이사회에 제출한다.

2. 이 규정의 발효일로부터 4년 그리고 그 후 4년마다 위원회는 다음 사항을 평가하여 유럽의회 및 이사회에 보고한다.

   (a) 부속서 III에 기존 영역 제목을 확장하거나 새로운 영역 제목을 추가하는 수정의 필요성;

   (b) 제50조의 추가적인 투명성 조치를 요구하는 인공지능 시스템 목록의 개정;

   (c) 감독 및 거버넌스 시스템의 효율성을 강화하는 개정.

3. 이 규정의 발효일로부터 5년 및 그 후 4년마다 집행위원회는 이 규정의 평가 및 검토에 관한 보고서를 유럽의회 및 이사회에 제출한다. 보고서에는 집행 구조와 식별된 결함을 해결하기 위한 연합 기관의 필요성에 대한 평가가 포함되어야 한다. 조사 결과에 기초하여, 해당 보고서에는 적절한 경우 이 규정의 개정 제안이 첨부되어야 한다. 보고서는 공개되어야 한다.

4. 제2항에 언급된 보고서는 다음 사항에 특히 주의를 기울여야 한다.

   (a) 이 규정에 따라 할당된 업무를 효과적으로 수행하기 위한 국가 관할 당국의 재정, 기술 및 인적 자원의 상태;

   (b) 회원국이 이 규정의 위반에 대해 적용하는 처벌, 특히 제99조 (1)항에 언급된 행정 벌금의 상태;

   (c) 이 규정을 지원하기 위해 개발된 조화 표준 및 공통 사양을 채택한다.

   (d) 이 규정의 적용 이후 시장에 진입하는 사업체의 수와 그 중 중소기업의 수.

5. [이 규정 시행일로부터 4년], 위원회는 AI 사무소의 기능, AI 사무소가 그 임무를 수행하기에 충분한 권한과 역량을 부여받았는지 여부, 그리고 AI 사무소 및 그 집행 역량을 업그레이드하고 자원을 늘리기 위해 이 규정의 적절한 시행 및 집행에 적절하고 필요한지 여부를 평가해야 한다. 위원회는 평가보고서를 유럽의회와 이사회에 제출한다.

6. 이 규정 시행일로부터 4년 이후 4년마다 위원회는 범용 AI 모델의 에너지 효율적인 개발에 대한 표준화 결과물 개발 진행 상황 검토에 대한 보고서를 제출하고, 구속력 있는 조치 또는 조치를 포함한 추가 조치 또는 조치의 필요성을 평가한다. 보고서는 유럽의회와 이사회에 제출되어야 하며, 공개되어야 한다.

7. 이 규정의 발효일로부터 4년 및 그 후 3년마다, 위원회는 고위험 AI 시스템 이외의 AI 시스템에 대한 제3장 섹션 2에 명시된 요구 사항 및 고위험 AI 시스템 이외의 AI 시스템에 대한 기타

추가 요구 사항의 적용을 촉진하기 위해 자발적 행동 강령의 영향과 효과를 평가해야 한다.

8. 제1항부터 제7항까지의 목적상, 이사회, 회원국 및 국가 관할 당국은 위원회의 요청이 있을 경우 지체 없이 위원회에 정보를 제공해야 한다.

9. 제1항부터 제7항까지에 언급된 평가 및 검토를 수행함에 있어서, 위원회는 이사회, 유럽의회, 이사회 및 기타 관련 기관 또는 출처의 입장과 결과를 고려한다.

10. 위원회는 필요한 경우, 특히 기술의 발전, 인공지능 시스템이 건강과 안전, 기본권에 미치는 영향, 그리고 정보사회의 발전 상황을 고려하여 이 규정을 개정하기 위한 적절한 제안서를 제출한다.

11. 이 조 제1항부터 제7항까지에 언급된 평가 및 검토를 안내하기 위해, AI 사무국은 관련 조항에 명시된 기준에 따라 위험 수준을 평가하기 위한 객관적이고 참여적인 방법론을 개발하고 다음 각 호에 새로운 시스템을 포함시킬 것을 약속한다.

    (a) 부속서 III에 명시된 목록(기존 영역 표제의 확장 또는 해당 부속서의 새로운 영역 표제 추가 포함)

    (b) 제5조에 규정된 금지 행위 목록

    (c) 제50조에 따라 추가적인 투명성 조치가 필요한 AI 시스템 목록.

12. 제10항에 따른 본 규정의 개정 또는 부속서 I의 제B절에 열거된 부문별 연합 조화 입법과 관련된 위임 또는 이행 행위는 각 부문의 규제적 특수성과 그 안에 확립된 기존의 거버넌스, 적합성 평가 및 집행 메커니즘 및 당국을 고려해야 한다.

13. [이 규정의 발효일로부터 7년] 집행위원회는 이 규정의 시행에 대한 평가를 실시하고, 이 규정의 적용 첫 해를 고려하여 유럽의회, 이사회 및 유럽경제사회위원회에 보고한다. 조사 결과에 기초하여, 해당 보고서에는 적절한 경우 집행 구조 및 식별된 결함을 해결하기 위한 연합 기관의 필요성과 관련하여 이 규정의 개정 제안이 수반되어야 한다.

인공지능(AI)과 행정관리

해설

도입 이유

제112조는 인공지능 기술의 빠른 발전과 그로 인한 사회적, 경제적 영향에 대응하기 위해 도입되었다. 이 조항은 인공지능 시스템의 안전성과 투명성을 보장하고, 기술 발전에 따른 규제의 유연성을 유지하기 위한 것이다. 특히, 인공지능 시스템이 건강, 안전, 기본권에 미치는 영향을 지속적으로 평가하고, 필요 시 규제를 수정하는 것이 목적이다.

조문 내용 요약

1. **연간 평가**: 유럽연합 집행위원회는 매년 금지된 인공지능 관행 목록과 관련 규정을 평가하고, 필요 시 수정안을 제출한다.

2. **4년 주기 평가**: 규제의 효과성, 감독 시스템의 성과, AI 사무소의 자원 등을 4년마다 평가하고, 필요 시 수정안을 제출한다.

3. **5년 주기 보고서**: 규제의 구조와 집행 필요성을 평가하여, 필요 시 수정안을 제출한다.

4. **특정 사항 평가**: 국가 당국의 자원 상태, 벌금 상태, 표준화 진행 상황 등을 평가한다.

5. **AI 사무소 평가**: AI 사무소의 권한과 자원을 평가하고, 필요 시 강화한다.

6. **에너지 효율성 평가**: 일반 목적 AI 모델의 에너지 효율성 개발 진행 상황을 평가한다.

7. **자발적 행동 강령 평가**: 자발적 행동 강령의 영향과 효과를 평가한다.

8. **정보 제공**: 평가와 검토를 위해 필요한 정보를 제공받는다.

9. **다양한 의견 수렴**: 평가와 검토 시 다양한 기관의 의견을 반영한다.

10. **기술 발전 반영**: 기술 발전과 AI 시스템의 영향을 반영하여 규제를 수정한다.

11. **위험 평가 방법론 개발**: 위험 수준 평가를 위한 방법론을 개발한다.

12. **부문별 특수성 고려**: 부문별 규제 특수성을 고려하여 규제를 수정한다.

13. **집행 평가**: 규제의 집행 상태를 평가하고, 필요 시 수정안을 제출한다.

제2편 | AI 행정관리_EU 인공지능법 해설　　　　　　　　　　　　　　　　　　　　　335

법적 측면

제112조는 법적 안정성과 유연성을 동시에 추구한다. 매년 및 4년 주기의 평가와 보고서를 통해 규제의 효과성을 지속적으로 모니터링하고, 필요 시 수정안을 제출함으로써 법적 안정성을 유지한다. 또한, 기술 발전과 사회적 변화에 따라 규제를 유연하게 수정할 수 있는 근거를 제공하여, 법적 유연성을 확보한다. 이는 인공지능 기술의 빠른 발전에 대응하기 위한 필수적인 조치이다.

행정적 측면

행정적으로, 제112조는 유럽연합 집행위원회와 국가 당국 간의 협력을 강화한다. 평가와 검토를 위해 필요한 정보를 제공받고, 다양한 기관의 의견을 반영함으로써, 규제의 효과성을 높인다. 또한, AI 사무소의 권한과 자원을 평가하고, 필요 시 강화함으로써, 규제의 집행력을 높인다. 이는 인공지능 기술의 안전성과 투명성을 보장하기 위한 중요한 행정적 조치이다.

비즈니스 측면

비즈니스 측면에서, 제112조는 인공지능 기술의 발전과 시장 진입을 촉진한다. 규제의 효과성을 지속적으로 평가하고, 필요 시 수정함으로써, 기업들이 규제에 적응할 수 있는 시간을 제공한다. 또한, 표준화 진행 상황을 평가하고, 자발적 행동 강령의 효과를 평가함으로써, 기업들이 규제에 맞춰 기술을 개발할 수 있도록 지원한다. 이는 인공지능 기술의 발전과 시장 진입을 촉진하기 위한 중요한 비즈니스적 조치이다.

제113조: 발효 및 적용

요약

이 규정은 유럽연합 관보에 게재된 날로부터 20일째 되는 날부터 시행한다. 다음부터 적용된다. [이 규정의 발효일로부터 24개월]. :

(a) I장과 II장은 다음부터 적용된다. [이 규정의 시행일로부터 6개월]

(b) 제3장 제4장, 제V장, 제VII장 및 제12장 및 제78조는 다음부터 적용된다. [이 규정 시행일로부터 12개월], 제101조를 제외;

(c) 제6조 (1) 및 이 규정의 해당 의무는 다음부터 적용된다. [이 규정 시행일로부터 36개월].

해설

도입 배경

EU 인공지능법(EU Artificial Intelligence Act, 이하 AI Act)의 제정 배경은 인공지능(AI) 기술의 급격한 발전과 그로 인한 사회적, 경제적, 법적 영향을 규제하고자 하는 필요성에서 비롯되었다. 과거에는 AI 기술이 제한된 분야에서만 사용되었으나, 현재는 의료, 금융, 교통 등 다양한 분야에서 광범위하게 활용되고 있다. 이로 인해 AI의 오용 및 악용 사례가 증가하고 있으며, 개인의 기본권 침해, 안전 문제, 그리고 민주주의 및 법치주의의 위협 등 여러 가지 문제가 대두되고 있다. 미래에는 이러한 문제들을 해결하고, AI 기술이 보다 안전하고 신뢰할 수 있게 발전할 수 있도록 규제의 필요성이 더욱 커질 것이다.

조문내용 요약

EU AI Act의 제113조는 이 규정의 발효일과 적용 시기를 명시하고 있다. 본 조문은 다음과 같은 내용을 포함한다:

1. 이 규정은 유럽연합 관보에 게재된 날로부터 20일 후에 발효한다.
2. 적용 시기는 발효일로부터 24개월 후이다.
3. 다만, 다음과 같은 예외가 있다:
   - 제1장 및 제2장은 발효일로부터 6개월 후 적용된다.
   - 제3장 제4절, 제5장, 제7장, 제12장 및 제78조는 발효일로부터 12개월 후 적용되며, 제101조는 제외된다.

- 제6조 제1항 및 이에 따른 규정은 발효일로부터 36개월 후 적용된다.

법적 측면

제113조는 AI Act의 적용 시기를 명확히 하여 법적 안정성을 제공한다. 법적 측면에서 이는 규제 대상인 기업 및 기관들이 새로운 규제에 적응할 수 있는 준비 기간을 제공하며, 법 집행 기관들이 규제의 효율적 집행을 위한 준비를 할 수 있게 한다. 특히, 다양한 조항의 적용 시기를 다르게 설정하여 규제의 단계적 시행을 도모하는 것은 규제 충격을 완화하고, 법적 혼란을 최소화하기 위한 전략으로 볼 수 있다.

행정적 측면

행정적 측면에서 제113조는 규제의 시행을 위한 명확한 타임라인을 제공하여 각국의 행정 기관들이 체계적으로 준비할 수 있도록 한다. 이는 새로운 규제에 맞춰 인력 배치, 예산 편성, 교육 및 훈련 프로그램 등을 계획하고 실행하는 데 중요한 역할을 한다. 또한, 단계적 시행을 통해 초기 시행에서 발생할 수 있는 문제점을 조기에 파악하고 개선할 수 있는 기회를 제공한다.

비즈니스 측면

비즈니스 측면에서 제113조는 기업들이 새로운 규제에 맞춰 비즈니스 모델을 조정할 수 있는 시간을 제공한다. 이는 기업들이 AI 시스템의 개발, 마케팅, 운영 등의 측면에서 필요한 변화를 계획하고 실행할 수 있게 한다. 또한, 규제의 단계적 시행은 기업들이 규제 준수를 위해 필요한 자원을 효율적으로 배분하고, 비용을 관리하는 데 도움이 된다. 규제의 명확한 시행 시기는 기업들에게 법적 불확실성을 줄여 주어, 안정적인 비즈니스 환경을 조성하는 데 기여한다.

결론 및 한국 행정에 대한 제언

제113조는 EU AI Act의 발효 및 적용 시기를 명확히 규정함으로써 법적 안정성과 예측 가능성을 제공한다. 이는 법적, 행정적, 비즈니스 측면에서 모두 중요한 의미를 가지며, 규제의 단계적 시행을 통해 초기 시행에서 발생할 수 있는 문제를 완화할 수 있는 장점이 있다. 한국에서도 유사한 AI

규제를 도입할 때, 단계적 시행을 고려하고 명확한 타임라인을 제시하는 것이 중요하다. 이는 기업들이 규제에 적응할 수 있는 시간을 제공하고, 규제 충격을 완화하며, 법적 안정성을 제공하는 데 기여할 것이다. 또한, 행정 기관들은 규제의 효율적 집행을 위해 체계적인 준비와 교육 프로그램을 마련하는 것이 필요하다.

• 부속서Annex 목록

부속서 목록과 링크는 다음과 같다.[34]

Annex I: List of Union Harmonisation Legislation

Annex II: List of Criminal Offences Referred to in Article 5(1), First Subparagraph, Point (h)(iii)

Annex III: High-Risk AI Systems Referred to in Article 6(2)

Annex IV: Technical Documentation Referred to in Article 11(1)

Annex V: EU Declaration of Conformity

Annex VI: Conformity Assessment Procedure Based on Internal Control

Annex VII: Conformity Based on Assessment of the Quality Management System and an Assessment of the Technical Documentation

Annex VIII: Information to be Submitted upon the Registration of High-Risk AI Systems in Accordance with Article 49

Annex IX: Information to be Submitted upon the Registration of High-Risk AI Systems Listed in Annex III in Relation to Testing in Real World Conditions in Accordance with Article 60

Annex X: Union Legislative Acts on Large-Scale IT Systems in the Area of Freedom, Security and Justice

Annex XI: Technical Documentation Referred to in Article 53(1), Point (a) - Technical Documentation for Providers of General-Purpose AI Models

Annex XII: Transparency Information Referred to in Article 53(1), Point (b) - Technical Documentation for Providers of General-Purpose AI Models to Downstream Providers that Integrate the Model into Their AI System

Annex XIII: Criteria for the Designation of General-Purpose AI models with Systemic Risk Referred to in Article 51

---

34) 부속서에도 중요한 내용들이 많이 있으며, 원문을 보기 원하는 경우에는 이 목록 링크를 접속하면 바로 볼 수 있다. The AI Act Explorer ｜ EU Artificial Intelligence Act 2024.11.11.

인공지능(AI)과 행정관리